Johann Georg Meusel

Leitfaden zur Geschichte der Gelehrsamkeit

Johann Georg Meusel

Leitfaden zur Geschichte der Gelehrsamkeit

ISBN/EAN: 9783741119408

Manufactured in Europe, USA, Canada, Australia, Japa

Cover: Foto ©Thomas Meinert / pixelio.de

Manufactured and distributed by brebook publishing software
(www.brebook.com)

Johann Georg Meusel

Leitfaden zur Geschichte der Gelehrsamkeit

Leitfaden

zur

Geschichte der Gelehrsamkeit

---

von

Johann Georg Meufel.

Zweyte Abtheilung.

Leipzig, bey Gerhard Fleifcher, dem Jüngern,
1799.

Dritter Zeitraum.

Von Auguſt bis zur ſogenannten groſsen Völkerwanderung.

Vom J. 14 nach Chr. Geb. bis 400.

1. Allgemeine Beſchaffenheit der Kultur der Wiſ-
ſenſchaften.

Kultur oder Aufklärung erſtreckte ſich nunmehr blos
über Rom und Italien und über die von den Römern
eroberten Länder; und dort war ſie entweder völlig griechiſch, wie in dem eigentlichen Griechenland und in Aegypten, oder ſie war nachgeahmte und gewiſſermaſsen verbeſſerte griechiſche Kultur, wie zu Rom und in den übrigen Provinzen des römiſchen Reichs. Die griechiſche Kultur wirkte indeſſen mehr auf die ſchönen, als höhern Wiſſenſchaften, beſonders Philoſophie, die gröſtentheils nur
Gegenſtand müſsiger Spekulation war, folglich den Einfluſs
in das Ganze nicht hatte, den ſie haben konnte. Der
gröſte Theil der Griechen blieb ſo abergläubiſch, als vorher. Durch die Eroberungen der Römer und durch Cicero's Schriften wurde etwas mehr philoſophiſcher Geiſt
oder, welches einerley iſt, Aufklärung unter dem Menſchengeſchlecht verbreitet. Freylich hätte man ſich weit

II.   E

mehr davon verfprechen follen: aber felbft die vornehmften Römer beherrfchte noch der gröfte Aberglaube. Nach
der fogenannten goldenen Zeit der fchönen — bey
weitem nicht aller — Wiffenfchaften und Künfte fanken
diefe auch mit dem Verfalle der Sitten und des Staats. Obgleich alle Prinzen aus Auguft's Haufe Freunde, und zum
Theil Kenner, der Wiffenfchaften waren; fo verurfachte
doch der von ihnen und ihren Günftlingen ausgeübte Despotismus den allmähligen Verfall derfelben. Die wahre
Gefchichte verftummte nach und nach. Wo ein befferes
Genie aufblickte, mufste es Wahrheitsliebe und feinern
Gefchmack mit dem Leben büfsen. Die Beredfamkeit war
ftaubigen Pedanten überlaffen, die Philofophie abergläu-
bifchen und nach Subtilitäten hafchenden Sophiften, die
Erziehung den Sklaven, das Wohl aller dem Winke der
Tyrannen. Dafs diefes Zeitalter feine Schwäche fühlte,
fieht man aus Quinctilian und aus dem vortrefflichen Gefpräch über den Verfall der Beredfamkeit, auch aus Petron
und den andern Satirikern. Die letzten Pfleger der Gelehrfamkeit waren Vefpafian, Trajan, Hadrian und die Antonine. Zwar fehlte es den nächftfolgenden Zeiten nicht an
Menge der Gelehrten oder diefen an Fleifs: aber allen,
oder doch den allermeiften, mangelte der Geift der Alten,
ihr Gefühl des Wahren, Erhabenen und Grofsen, ihr natürlicher und veredelter Gefchmack, ihr reiner, körnigter
und männlicher Ausdruck. Statt diefer Eigenfchaften liebten fie die orientalifche Ueberfpannung, den falfchen
Schimmer und übertriebenen Putz. Die Werke der Kunft
erlagen unter den gehäuften Zierrathen; fie waren nicht
mehr Kopieen der fchönen Natur; und den Werken der
Gelehrfamkeit fehlte es an Gründlichkeit und Gefchmack:
dafür ftarrten fie von fpielendem Witze und gefuchten
Schönheiten. Gegen Ende des 2ten Jahrhunderts wurde

der Verfall am merklichsten, und die darauf folgenden
Jahrhunderte erzeugten weder einen Gelehrten der ersten
Gröfse, noch einen Künstler voll Einsicht und Geschmack.
Anfser der durch Despotismus gehemmten Denk - und
Schreibfreyheit, waren daran Schuld: die langwierigen
Kriege und verheerenden Einfälle unkultivirter Völker in
das römische Reich, der Mifsbrauch der Philosophie oder
vielmehr ihres Namens, der Unfug der Wahrfagerey, Magie u. dgl. der auch Unschuldigen oft den Zorn des Regenten zuzog. Der Ueppigkeit, Weichlichkeit, schlechten
Erziehung, Versemacherey, Theaterwuth, und anderer
Urfachen zu geschweigen. Auch die Ausbreitung der christlichen Religion trug dazu bey; nicht, als wenn die Natur
derfelben und der Wiffenfchaften einander zuwider wären,
fondern wegen verfchiedener, damahls eintretenden Nebenumftände; befonders, dafs fo viele Theile der Gelehrfamkeit enge mit den heydnifchen Religionsbegriffen verknüpft
waren und dadurch den Chriften verhafst wurden. Die
erften chriftlichen Kaifer von Konftantin dem iften an begünftigten die Gelehrfamkeit nur in fo fern, als fie dies
ohne Unterftützung der heydnifchen Religion thun zu dürfen glaubten; und man kann nicht läugnen; dafs die Religion der Chriften auf einer andern Seite und in der Folge
den Wiffenfchaften erfpriefslich würde. Die von demfelben Kaifer veranftaltete Verlegung der Refidenz nach Konftantinopel that dem Occident grofsen Schaden, indem diefe Stadt von nun an der vornehmfte Mufenfitz wurde, fo
dafs das, was am Ende diefes Zeitraumes noch von Gelehrfamkeit übrig war, fich allein in Konftantinopel und in den
benachbarten Gegenden Europens und Afiens aufhielt.

J. G. Herder's Urfachen des gefunkenen Gefchmacks bey
den verfchiedenen Völkern, da er geblühet u. f. w.
B. 1775. 8. -- C. Meiners Gefchichte des Ver-

falls der Sitten und der Staatsverfaſſung der Römer.
Leipz. 1782. 8. — D. H. Hegewiſch uber die
Entſtehung des Gelehrtenſtandes bey den Römern; in
deſſen kleinen Schriften S. 1 u. ff.

II. Beförderer der Wiſſenſchaften.

Die römiſchen Kaiſer Veſpaſian, Trajan, Hadrian, Marc Aurel, der Philoſoph, Alexander Severus, Konſtantin der 1ſte und Julian.

III. Männer von groſſem Einfluſs in die Wiſſen-
ſchaften überhaupt.

L. Annaeus Seneca, C. Plinius Secundus,
Plutarchus, Lucianus, Origenes und Euſebius.

IV. Lehranſtalten.

1.

Die Schulen der Juden blüheten noch in Judaea,
bis zu Jeruſalems Zerſtöhrung, und in Aegypten, bis ſie
ſich wegen vieler Verfolgungen empörten. Doch hatten
ſie noch unter dem Kaiſer Hadrian Schulen; z. B. zu Be-
thoron, zu Jafne oder Jarunia in Judaea, wo der
Rabbi Jochanan, Sohn des Zachaeus, der erſte Rektor
und das Haupt der vertriebenen Juden war, dem hernach
der Rabbi Gamaliel, ein Enkel des alten Gamaliels, in
dieſer Würde folgte; ferner zu Tiberias, welcher der
R. Joſe und der R. Juda der Heilige vorſtanden.
Nach dem Tode des letztern moſten alle Juden Paläſtina
verlaſſen: doch kamen ſie zum Theil unter Antoninus
Pius wieder dahin. In Babylon und andern Morgenländern wurden ſie weniger geſtöhrt. Es kamen dort die 3
ſchon im vorigen Zeitraum vorhandenen hohen Schulen zu

Nahardea, Sora und Pumbeditha fehr empor.
Indeffen blieben alle diefe Lehranftalten ein ausfchliefsen-
des Eigenthum der Priefter, die fich blos mit Auslegung
der heil. Bücher, oder mit näherer Beftimmung der religiöfen Gefetze, oder mit neuen Caerimonien befchäftigten.

2.

Die heydnifchen Schulen in Aegypten, in denen griechifche Philofophie, Mathematik, Jurisprudenz,
Medicin, Magie und Aftrologie getrieben wurde, litten
bey den Kriegsunruhen fehr: doch erhielt fich die alexandrinifche noch in Anfehn, befonders durch Unterftützung der Kaifer Hadrian und beyder Antonine.

3.

Die Schulen in Griechenland waren in grofsen
Verfall gerathen: doch ermunterten die eben genannten
Kaifer die Mufen auch dort, befonders zu Athen, von
wo fie eine Zeit lang entwichen waren. Sie verforgten
auch die Lehrer in den afiatifchen und griechifchen Schulen mit beffern Befoldungen.

4.

Die Schulen in Rom und in Italien ftanden zu Anfang diefes Zeitraumes im Flor. Vefpafian war der erfte,
der den Lehrern Befoldungen aus der Staatskaffe reichen
liefs: und dies war von Dauer. Quinctilian war der
erfte, der zum öffentlichen Lehrer der Beredfamkeit in
Rom ernannt wurde. Hadrian legte dafelbft das Athe-
naeum, eine Art von hoher Schule, an. Diefe und andere Anftalten wurden erweitert, je nachdem die Kaifer
die Litteratur mehr oder weniger begünftigten. Antoni-

tus Pius beschränkte sie nicht mehr, bis dahin, auf Rhetoren; sondern dehnte sie auch auf die Philosophen aus; und zwar nicht blos in Rom, sondern in allen Provinzen, indem er den Lehrern der Beredsamkeit und Philosophie sowohl Rang als Gehalt gab. Indessen blieb Rom in Italien, so wie im Occident überhaupt, der vornehmste Musensitz. Die Einrichtung des dortigen Studienwesens im 4ten Jahrh. lernt man am besten aus der Constitution Valentinians des ersten de studiis liberalibus urbis Romae et Constantinopolis (in Cod. Theod. L. 1. Cf. Conringii D. ad hunc locum. Helmst. 1674 4; et in eius Opp. T. 6. p. 1 sqq.). Ihr zu Folge gab es damahls in Rom öffentliche und Privatlehrer. Jene lehrten im Kapitol, und es waren ihrer 10 latein. und eben so viel griech. Grammatiker, 3 latein. und 5 griech. Rhetoren, ein Weltweiser und 2 Rechtsgelehrte.

Unter den übrigen italienischen Städten war schon zu Plinius Zeit Mediolanum als Sitz der Litteratur berühmt, wo aus ganz Italien ein grosser Zusammenfluss junger Leute zur Erlernung der Wissenschaften war.

5.

Aufser Italien war im Occident kein Land, wo wissenschaftliche Institute häufiger gewesen wären, als Gallien. Massilia war schon zu Strabo's Zeit ein Hauptsitz der Litteratur und Philosophie. Der Geschmack daran hatte sich zugleich dem ganzen übrigen benachbarten Gallien mitgetheilt; und es war schon damals allgemeine Sitte, dafs die dortigen Städte Lehrer jener Wissenschaften öffentlich aufstellten und besoldeten. Auch in den folgenden Jahrhunderten wurde durch die Freygebigkeit der Kaiser fortdauernd dafür gesorgt. In der Folge kommen ansehnliche Schulen zu Burdegala, Tolosa und Narbo vor. — Aufser-

dem waren berühmte Lehranstalten zu Karthago in
Afrika: nur die Disciplin unter den Studirenden gerieth
gegen das Ende dieses Zeitraumes sehr in Verfall.

6.

Als Konstantin der iste im J. 330 seine Residenz zu
Konstantinopel aufschlug und dieses neue Rom gleich-
sam ein Bild des alten werden sollte; so würden, neben
einer Menge anderer Institute, auch die wissenschaftlichen
auf diesen neuen Kaisersitz übergetragen. So wie in jenem ein Kapitel war; so wurde auch in diesem eines angelegt; und so wie das Kapitol des alten Roms damahls der
Platz war, wo Grammatiker und Rhetoren oder Sophisten
—. damahls gleich bedeutende Ausdrücke; man unterschied sie von den Grammatikern, als einer geringern Gattung von Gelehrten — lehrten; so erhielt dieselbe Bestim-
mung auch das Kapitol der neuen Residenz. Diese öffentliche Schule hies das Auditorium. Es waren bey ihr
eben so viele Lehrer, als zu Rom, angestellt: darinn aber
unterschieden sich Rom und Konstantinopel von andern
Städten, daß dort auch zugleich Lehrer der Philosophie
und Jurisprudenz gebraucht wurden; dergleichen ausser
ihnen nur Berytus hatte. In dieser Phönizischen Stadt
war eine Hauptschule der Rechtsgelehrsamkeit, zwar schon
in der andern Hälfte des 3ten Jahrb. berühmt: aber die
eigentliche Zeit ihres Flores fällt ins 4te Jahrh.

7.

Die christlichen Schulen stiftete Christus selbst,
ohne sich an einen gewissen Ort oder an festgesetzte Stunden
zu binden, ungefähr wie Sokrates. Aus seiner Schule oder,
durch ihn gebildet, entstanden die Apostel und viele
andere Zöglinge, die man gewöhnlich Jünger nennet.

Auf diefe folgten die apoftolifchen Männer, die zwar nicht von Chriftus, aber doch von den Apofteln waren unterrichtet worden; und nach ihnen kamen die Kirchenväter (Patres ecclefiae). Die erften förmlichen Schulen entftanden aus der Verwandlung jüdifcher Synagogen, worinn der fogenannte Engel der Kirche oder der Gemeine als Auffeher die erfte Sorge für den Unterricht übernahm; woraus nachher Bifchöffe worden. Diefe hielten in den erften Zeiten felbft Schule und unterrichteten die Lehrlinge, die man Katechumenen, fo wie in der Folge die Lehrer Katecheten, nannte. Die Chriften hatten auch frühzeitig in gröfsern Städten, z. B. in Alexandria, Gymnafien. Späterhin traten heydnifche Gelehrte zur chriftlichen Religion und brachten ihre Kenntniffe mit in die chriftlichen Schulen; z. B. im 2ten Jahrh. Ariftides, ein bekehrter Platoniker zu Athen, wo er die erfte chriftl. Schule eröffnete; Juftin der Märtyrer, der in Rom zuerft eine chriftl. Schule anlegte; Theophilus, ein heydnifcher Philofoph, der ein Chrift und Bifchoff zu Antiochien wurde, wo hernach Tatianus eine chriftliche Schule ftiftete, die in der Folge Malchion in gröfsern Flor brachte. Athenagoras, ein bekehrter Philofoph, wurde der erfte Rektor der Katechetenfchule zu Alexandria. Lactantius im 4ten Jahrh. brachte die Schule zu Nikomedia, wo er Beredfamkeit lehrte, in grofse Aufnahme. Julius Africanus aus Lybien legte zu Nikopolis (ehedem Emaus) eine Schule an.

Vergl. Ge. Gottfr. Keuffelii hiftoria originis atque progreffus fcholarum inter Chriftianos. Helmft. 1743. 8.

V. Bibliotheken.

1.

Die jüdifchen giengen in Paläftina und Aegypten häufig zu Grunde: doch wurden unter günftigern Umftänden einige wieder angelegt, und die bey den morgenländifchen Schulen erhielten fich.

2.

Die Bibliothek zu Alexandria hatte Auguft mit einem Gebäude, Sebafteum oder Augufteum genannt, vergröfsert: aber der Fanatismus der Chriften zerftörte fie; wenigftens diejenige im Serapeum. — Zu Athen finden wir während diefes Zeitraumes keiner öffentlichen Bibliotheken erwähnt: allein die ganze damahlige Art zu ftudiren fetzt wenigftens einen beträchtlichen Büchervorrath voraus, wenn es auch vielleicht nur Privatfammlungen waren. Die erfte öffentliche Bibl. zu Konftantinopel fcheint Konftantius, Konftantins Sohn, geftiftet zu haben: aber die gröfsten Verdienfte um fie erwarb fich Julian; indem er für fie die königlichen Hallen erbaute und alle Handfchriften, die er zufammenbringen konnte, dort aufftellte. Sie wuchs nach und nach zu 120,000 Bänden an, und ift auch befonders deshalb merkwürdig, weil dabey fieben, aus dem kaiferl. Fifcus befoldete, griechifche und römifche Abfchreiber angeftellt wurden, die theils neue Abfchriften verfertigen, theils die alten ausbeffern mufsten. — Zu Antiochien war eine beträchtliche öffentliche Bibl., die in dem Tempel Trajans ftand, aber fchon unter Jovian vernichtet ward.

3.

Nach Auguſt's Beyſpiel legten mehrere ſeiner Nachfolger
öffentliche Bücherſammlungen in Rom an; z. B. Tiber
in dem von ihm erbauten Theil des Palatiums, der unter
dem Namen Aedes Tiberiana bekannt iſt, Berühmter aber iſt die in dem Friedenstempel errichtete
Bibl., für deren Stifter man Veſpaſian zu halten pflegt. Die
Schickſale dieſer ältern Bibl. bey den groſsen Feuersbrün
ſten unter Nero und ſeinen Nachfolgern ſind ungewiſs. Soviel aber weiſs man, daſs Domitian, der doch übrigens
wenig Sinn für Wiſſenſchaften hatte, für die Wiederher
ſtellung der durch Feuersbrünſte vernichteten Bibl. Sorge
trug. Im 2ten Jahrh. wurde Trajan der Stifter einer
Bibl. die nach ſeinem Vornamen die Ulpiſche genannt
wurde. Sie ward beſonders geprieſen, wegen ihres Reichthums an Libris linteis; und war, ſo wie die Palatina,
zugleich der Verſammlungsplatz der Gelehrten. Sie ward
weiterhin in die diocletianiſchen Bäder verſetzt. Die capitoliniſche Bibl. gieng unter Commodus zu Grunde, als der Blitz ins Capitol ſchlug. Die Geſchichte des
3ten Jahrhunderts erwähnt noch der aus 62000 Bänden be
ſtehenden Bibl. des jüngern Gordianus, die ihm ſein
Lehrer Serenus Sammonicus vermacht hatte.

VI. Zuſtand der philologiſchen Wiſſenſchaften.

1.

In Anſehung der jüdiſchen Philologie iſt zu bemerken, daſs ſich zwar Esdrä im vorigen Zeitraume mit der
Kritik der Bibel beſchäftigte, daſs er aber nicht an der
Maſora Theil hatte. Vermuthlich erſt zur Zeit des um
die Geburt Chriſti lebenden Rabbi Hillel fieng man an,
über die Bibel im eigentlichſten Verſtande zu kritiſiren.

Man fchrieb die gemachten Kritiken auf, machte fie bekannt, und fchätzte fie nachgehends, weil fie von den alten und den gelehrteften Rabbinen herkamen, fehr hoch.
Dergleichen kurz vor, zu und nach Chrifti Zeit bekännt
gewordene Kritiken, nennten die nachmahls lebenden Juden Traditionen. Diefer wird auch unter andern im
Thalmud unter dem Namen Mafora gedacht. Denn Mafora, von סמר, heißt nichts anders, als Traditio. Wenn
alfo im Thalmud der Mafora gedacht wird; fo darf man
nicht an das vollftändige Werk denken; fondern an die vor
der Mitte des 2ten Jahrh. bekannt gewefenen Kritiken
der Bibel, die man von ehemals lebenden gelehrten Juden
übrig hatte. Nun wurden aber von neuern Juden noch
immer mehrere Kritiken aufgefetzt; und endlich, weil man
glaubte, durch diefe Anmerkungen die Bibel hinreichend
vor Verfälfchungen in Sicherheit gefetzt zu haben, wurden fie insgefamt, die ältern fowohl als die neuern, gegen das 5te und 6te Jahrh. gefammlet; und diefe Sammlung ift die Mafora im engften Verftande.

In diefem Zeitraum entftand auch der erfte Thalmud.
Rabbi Juda Hakkadofch, von Sephoris in Galilaea,
der unter dem Käifer Antoninus Pius lebte und von diefem
gefchätzt wurde (†nach 190), verewigte feinen Namen vorzüglich dadurch, daß er die Traditionen und Meynungen
der alten Rabbinen fammlete, in ein Syftem brachte, und
fo die Mifchnah (das zweyte Gefetz) oder den Haupt-
theil des Thalmuds verfertigte, unter dem Titel: Sepher
Mifchnajoth d. i. Sammlung der fortgepflanzten Lehren. Sie befteht aus 6 Theilen, und die darinn enthaltenen Gefetze betreffen: die Früchte, die Fefte, die Wei-
ber, die von Menfchen und Vieh verurfachten Schaden,
die Opfer und die Reinigung. Ausgaben: Venedig,

durch Dan. Bomberg (1520) gr. fol.   Die Mischnah
allein von Wilh. Surenhuyfen Amst. 1698 — 1703.
6 Theile fol.   Er hat eine latein. Ueberf. beygefügt und
Anmerkungen, wie auch die Commentarien von Maimonides und Bartenora.   Teutfch mit Anmerk. von J. J.
Rabe, Onolzb. 1760 — 1763. 6 Theile 4. —   R. Jochanan, Schüler des vorigen, Rektor der Schule in Paläftina († 279) trug, nebft zwey andern Rabbinen, das,
was ihnen ihre Lehrer mündlich vorgetragen und dictirt
hatten, ebenfalls zufammen; und hieraus entftand die aus
4 Theilen beftehende Gemarah oder der Commentar
über die Mifchnah (um 230). Beyde machen den jeru-
falemifchen Thalmud aus. Er heift fo, nicht, als
wenn er in Jerufalem gemacht worden wäre, fondern weil
er für die Schulen in Paläftina, wo Jerufalem die Hauptftadt war, verfertigt wurde. Ausgabe: Cracoviae 1609.
fol. Die beyden erften Traktate teutfch von Rabe.
Halle 1777. 1781. 4. — Der Thalmud ift auf alle
Fälle ein merkwürdiges Buch, da ein fo altes, fo grofses
und in fo viele Länder zerftreutes Volk, nächft der Bibel,
feine Religion darauf gründet, und es als eine authenti-
fche Auslegung und Erläuterung der göttlichen Gefetze
anfieht. Denn, die wenigen Karäer ausgenommen,
nehmen es alle Juden oder fogenannte Rabbaniten an,
fich in Rechtsfachen und Gebräuchen darnach zu richten,
und fehen es dabey insgemein als einen von ihren Vorfahren hinterlaffenen Inbegriff der Wiffenfchaften an. Auf
der andern Seite ftehen freylich auch viel alberne und ab-
gefchmackte Dinge darinn. — Vergl. J. C. Wolf de
Talmud f. corpore doctrinae Judaicae; in deffen Bibl.
Hebr. P. 2. L. 4. P. 4. p. 438 — 443.

Noch lebten in diefem Zeitraum folgende berühmte
jüdifche Gelehrte: Akibha (lebendig gefchunden 120),

den man gewöhnlich als den Urheber der Kabbala oder
kabbaliftifchen Philofophie betrachtet. — Simeon Ben Jochai (um 120) Schüler des ehengenann-
ten, Verfaffer des Buches Sohar, das von den Kabbaliften für klaffifch gehalten wurde. (Vergl. unten Nr. IX).
Nathan aus Babylon (um 120), dem man einen kurzen
Begriff der jüdifchen Sittenlehre und einen Commentär
darüber beylegt. Wenn man fich auch hierinn irren follte; fo mufs man doch zugeben, dafs beyde Bücher ftark
interpolirt find. Wie dem auch fey; das erfte vornämlich
hat bey Juden und Chriften grofses Anfehn erhalten, ift
auch in den Thalmud eingefchaltet worden. Befte Ausgabe: Pirke Abhoth, h. e. Capitula patrum f. Ethica
Ebraea; cum verfione latina, annotationibus et locis parallelis V. et N. T. illuftrata a J. P. Hartmanno. Giffae
1708. 4.

2.

Die meiften griechifchen Grammatiker waren
Lexikographen. Ihr Verdienft befteht theils in Auffuchung
der Eigenthümlichkeiten einzelner Schriftfteller, theils in
erleichterter Ueberficht des grofsen Reichthums der griech.
Sprache, theils in Erhaltung mancher Bruchftücke aus verlohrnen Schriftftellern, theils in fchätzbaren Beyträgen
zur Kritik und Interpretation derer, die wir noch befitzen.
Vorzüglich find zu nennen: Hephaeftion von Alexandria (um 160) hinterlies ein noch vorhandenes brauchbares
Handbuch von den Sylbenmaafen und der Theorie der
Dichtkunft. Ausgabe cum fcholiis antiquis et animadverff. J. C. de Pauw. Traj. ad Rhen. 1726. 4. — Julius Pollux aus Naukratis (um 180), Rhetor zu Athen,
fchrieb ein Onomafticum in 10 Büchern, worinn die fyno-
nymifchen Wörter und Redensarten der griech. Sprache

unter gewiſſe Artikel gebracht ſind und zugleich viel Licht
über Alterthümer verbreitet wird. Ausgabe: Gr. et
Lat. cum notis variorum cura H. Lederlini et T. Hem-
ſterhuſii. Amſt. 1706. 2 Voll. fol. — Phrynichus,
ein Sophiſt aus Bithynien, um dieſelbe Zeit, von dem wir
noch haben: Eclogae nominum et verbprum At-
ticorum, cum notis omnium editorum, et ſuis ed. J. C.
de Pauw. Traj. ad Rhen. 1739. 4. — Aelius Moeris
(um 190), ſchrieb ein attiſches Wörterbuch, das ſehr interpolirt wurde. Ausgabe: Lexicon Atticum, cum J. Hudſoni,
St. Bergleri, Cl. Sallierii aliorumque notis; ſecundum ordinem MStorum reſtituit, emendauit animadverſionibusque il-
luſtrauit J. Pierſonus; acc. Aelii Herodiani Philaete-
rus e MS. nunc primum editus; item eiusd. fragmentum e
MSS. emendatius atque auctius. Lugd. Bat. 1759. 8. —
Heſychius von Alexandria (vor 300) ſammlete aus andern-
Grammatikern und Scholiaſten ein Gloſſarium, zu dem
nachher Mehrere Zuſätze machten, die oft an unrechten
Stellen eingerückt ſind, vorzüglich bey den Gloſſis ſacris.
Für den Forſcher der griech. Litteratur unentbehrlich.
Ausgaben: cum notis doct. viror. edidit ſuasque animadv.
adiecit J. Alberti. Lugd. Bat. 1746. — Voll. II (poſt
Alberti obitum) ed. Ruhnkenius. ib. 1766. fol. Heſy-
chii Lexicon ex codice MS. bibliothecae D. Marci reſtitu-
tum et ab omnibus Muſuri correctionibus repurgatum; ſive,
Supplementa ad editionem Heſychii Albertinam; auctore
Nic. Schow. Lipſ. 1792. 8 mai. (Vergl. Gött. gel.
Anz. 1792. S. 1641—1644). Gloſſae ſacrae, graece; ex
univerſo illius opere excerpſit notisque illuſtravit J. C. G.
Erneſti. ib. 1785. 3. — Vergl. J. A. Erneſti Proluſio de Gloſſariorum Gr. vera indole et recto uſu. ib. 1742.
4; und vor dem erſten B. der Albertiſchen Ausg. des H.
— Timaeus, ein Sophiſt (um 300?) compilirte aus bes-

fern verlohrnen Grammatikern ein Lexicon der dem Plato
eigenen Worte; er felbft verräth wenig Kenntnifs der platonifchen Philofophie und Sprache, rückt auch viel Gloffen
ein, die gar keinen Bezug auf Plato haben. Ausgabe
von Ruhnken, und zwar Ed. 2da auctior. Lugd. Bat.
1789. 8 mai. — Valerius Harpokration von Alexandria (um 350?) hinterlies ein fehr brauchbares Wörterbuch über die 10 attifchen Redner. Ausgabe: von
Jac. Gronov. Lugd. Bat. 1696. 4. — Ammonius,
Sprachlehrer eben dafelbft (um 390) fchrieb ein, meiftens
aus ältern Schriftftellern gleichen Inhalts zufammengetragenes Werkchen über die griech. Synonymen. Ausgabe; cum felectis Valkenarii notis atque animadverff.
edidit fuasque obferv. adiecit C. F. Ammon, Erlang. 1787. 8 mai.

3.

Das fogenannte goldene Zeitalter der römifchen
Sprache war dahin. Die Urfachen ihres Verfalls liegen
theils in dem Verluft der röm. Freyheit, theils in den Zer-
rüttungen unter der Regierung der Kaifer, theils in der
Verbreitung der Sprache unter fo mancherley Nationen,
theils darinn, dafs die griechifche Sprache Hoffprache wurde und fogar den Vorzug vor der Mutterfprache erhielt,
theils auch in der Denkart der erften Chriften, welche
die Bemühung, die röm. Sprache fchön zu reden und zu
fchreiben, für etwas Profanes hielten, folglich ihre Kultur
vernachläffigten, auch Redensarten, die von den Sitten
und der Sprache der Juden entlehnt waren, einmifchen.
Schon im erften Jahrh. verlohr die röm. Sprache von ihrer
Reinigkeit und Eleganz; mehr im 2ten, noch mehr aber
im 3ten Jahrhundert.

Bekanntſchaft mit Litteratur blieb auch zur Zeit der Monarchie nothwendiges Erfoderniſs der feinern Ausbildung. Damahls kam auch der Name Litterator auf. Zuerſt findet man ihn in dem Leben des Kaiſers Marc Aurel von Jul. Capitolinus (cap. 2.) Wahrſcheinlich beſchäftigte ſich Euphorio, der ihn führte, mit den Kenntniſſen, die zum Verſtehen und zum Gebrauch der Dichter und der klaſſiſchen Autoren nothwendig waren, oder mit dem Studium dieſer Autoren ſelbſt. Beydes gehörte ehedem für die Grammatiker: da ſie aber in jener Stelle beſonders genannt ſind; ſo ſcheint dieſe Trennung theils durch die Erweiterung und tiefere Ergründung der Sprachwiſſenſchaft, theils durch die vermehrte Zahl guter Schriftſteller und berühmter Dichter veranlaſst worden zu ſeyn. Uebrigens machten die Grammatiker die erſten Verſuche in der Kritik. Bey ihrem Unterricht ſchrieben die Schüler die Erläuterungen derſelben ihren Exemplarien bey, und dergleichen Gloſſen (gloſſae interlineares) ſchlichen ſich ſpäterhin oft in den Text ein. Viele beſchäftigten ſich auſſchlieſſend mit dem gelehrten Sprachunterricht (Grammatik in unſerm Sinne). Den älteſten Verſuch, den wir kennen, machte Aelius Donatus, lateiniſcher Sprachlehrer zu Rom (334), von dem wir noch einige grammatiſche Schriften haben. Sie wurden von den nachherigen Sprachlehrern zum Grunde gelegt und mit Anmerkungen über einzelne Lehren und Worte bereichert. Auſſer Donat bemerken wir noch:

Aſconius Pedianus (um 50) von Padua, lehrte die Grammatik zu Rom, und ſchrieb Commentarien über einige Reden Cicero's, woraus ſich anſehnliche Fragmente erhalten haben. — Rhemnius Fannius Palaemon (um 50) ſchrieb einen Abriſs der Grammatik, der im Mittelalter zur Fortſetzung des Sprachunterrichts nach dem

Donat gebraucht und daher Ars secunda genannt wurde, weil die Donatische Ars prima hieß. — M. Valerius Probus von Berytus (um 70) verbefferte den Text der Klaffiker, befonders Terenz'ens und Virgil's; fchrieb auch Grammaticarum inftitutionum l. 2.— Cenforinus (um 238) compilirte gelehrte Unterfuchungen, und nennte diefe Sammlung, weil er fie jemand zum Geburtstag überreichte, fehr unfchicklich de die natali; für alte Gefchichte ziemlich intereffant. Ausgabe: cum perpetuo commentario H. Lindenbrogii etc. ex recenfione Sig. Havercampi. Lugd. Bat. 1743. 8. — Nonius Marcellus (um 337) aus Tivoli, von dem wir compendiofam doctrinam de proprietate fermonum haben, die wegen der vielen, zum Theil aus verlohrnen Schriftftellern genommenen Stellen, fchätzbar ift. — Flav. Mallius Theodorus (um 400) fchrieb in einem angenehmen, deutlichen Stil ein Werkchen über die Sylbenmaafe. Ausgabe von J. F. Heufinger Lugd. Bat. 1766. 8 mai.

VII. Zuftand der hiftorifchen Wiffenfchaften,

I.

In den beyden erften Jahrhunderten diefes Zeitraumes wurde die Gefchichte noch vorzüglich gut kultivirt: doch artete fie auch da fchon, zumahl in Griechenland, aus in Witzeley und Hang zu glänzen. Nur in Rom zeigt fie fich unter den erften Kaifern noch von einer vortheilhaften Seite: aber bald darauf ward auch fie mit in den Verfall des Gefchmacks und der Sitten fortgeriffen. Denn die defpotifche Regierungsform entzog den Hiftorikern die zur Pragmatik unentbehrlichen genauen Kenntniffe der Begebenheiten und ihrer Triebfedern. Kamen fie

II.   F f

auch in den Befitz derfelben; fo verwehrte man ihnen den
öffentlichen Gebrauch; ja, fie durften nicht einmahl von
den Vorfällen der vergangenen Zeit nach ihrer Einficht
und Empfindung urtheilen. Nach Möglichkeit haben jedoch Verfchiedene diefe Hinderniffe überwunden; und wir
haben aus jener Zeit fowold vorzügliche pragmatifche Hiftoriker, als lehrreiche Biographen und hiftorifche Dichter
von hohem Werth. Diefe Blüthenzeit der Gefchichtkunde
dauerte nicht lang. Dio Caffius fchlofs die Reibe guter Gefchichtfchreiber. Er fchon klagte über Mangel an bewähr-
ten Nachrichten, und trägt felbft fchon Spuren des finken-
den Gefchmacks an fich. Die nach ihm folgenden find
Biographen, nämlich die Verfaffer der Gefchichte der
Augufte, deren Werth nicht an Sueton und Plutarch rei-
chet; dann Auszugmacher, welche grofsen Schaden ftifteten. Sehr viele Hiftoriker diefes Zeitraums find verlohren; welches defto mehr zu bedauern ift, da grofse Geifter darunter waren, z. B, Fabius Rufticus, den ein
Tacitus für den beften Gefchichtfchreiber erkannte. Die
vorzüglichen griechifch fchreibenden Hiftoriker waren
folgende.

2.

Flavius Jofephus, von Jerufalem aus der hohen-
priefterlichen und königlichen Familie der Afmonäer, wurde wegen feiner Klugheit und Tapferkeit zum Statthalter
in Galiläa ernannt und in dem Krieg, den die Römer in Ju-
däa führten, bey Eroberung der Stadt Jotapata von Vefpafian gefangen, der ihn aber einige Jahre hernach frey
lies. Bey der Belagerung Jerufalems war er gegenwärtig,
und diente zum Dolmetfcher und Unterhändler zwifchen
den Römern und Juden. Nach der Zerftöhrung feiner Vaterftadt lies er fich in Rom nieder, erlangte das Bürger-

recht, und befchlofs dort fein Leben (nach 93). Schrif,
ten: 1. Vom jüdifchen Krieg und von der Zerftöhrung
Jerufalems 7 Bücher. Anfangs ebräifch oder in fyrifch-
chaldäifchem Dialekt gefchrieben: nachher aber überreichte er das Werk dem K. Vefpafian griechifch. Wegen feiner Glaubwürdigkeit, als Augenzeuge, beruft er fich auf
den Kaifer Titus, der es nicht nur hilligte, fondern auch
durch eigenhändige Unterfchrift befahl, es bekannt zu
machen. 2. Jüdifche Alterthümer 20 Bücher, oder jüdifche Gefchichte von Erfchaffung der Erde bis auf das 12te
Regierungsjahr des K. Nero. Es fteht viel Merkwürdiges
darinn, befonders von der Gefchichte feiner Zeit. In der
Chronologie ift er fich nicht immer gleichftimmig: dies ift
aber mehr eine Verfälfchung feiner Zahlen, als ein Verfehn von ihm. Er folget meiftens der Zeitrechnung der
70 Dolmetfcher. 3. Vom Alterthum des jüdifchen Volks
gegen Apion 2 Bücher. Eine polemifche Schrift, worinn
aber viel Merkwürdiges von der alten Geographie vorkommt. 4. Sein eigenes Leben. — Ausgaben: von
Sig. Havercamp. Lugd. Bat. 1726. 2 Voll. fol. von
Franz Oberthür. Lipf. 1782 — 1785. 3 Voll. 8 mai.
— Vergl. J. A. Ernefti Exercitationes Flavianae; in
eiusd. Opufc. philol. (Lugd. Bat. 1776. 8 mai.) p. 359
fqq. Meufelii Bibl. hift. Vol. I. P. 2. p. 209 — 236. —
Wenn auch diefer Hiftoriker hier und da Leichtgläubigkeit
und Aberglauben blicken läfst; fo werden doch feine Werke wegen ihres anziehenden Inhalts und wegen der darinn
verbreiteten Gelehrfamkeit und Eleganz, immer lefens-
würdig bleiben.

Plutarchus von Chaeronea in Boeotien (um 100)
Schüler des Philofophen Ammonius zu Athen, lehrte in
Rom, und bekleidete unter Trajan und Hadrian die höch.

ften Ehrenftellen, Hierber gehören von feinen vielen
Schriften 44 Biographieen merkwürdiger Griechen und
Römer, davon je zwey und zwey, die beynahe zu gleicher Zeit gelebt haben, mit einander verglichen werden;
daher fie Vitae parallelae heifsen: doch fehlen hier
und da die Vergleichungen. Aufser ihnen find noch 5
einzelne vorhanden. Fernet: De Iside et Oside liber, worinn viele Erläuterungen ägyptifcher Alterthümer
vorkommen. Wie auch Quaestiones Romanae, betreffend alte Gewohnheiten der Römer. — Ausgaben:
Opp. omnia gr. et lat. principibus ex editionibus castigavit
virorumque doctorum fuisque adnotationibus inftruxit J. J.
Reiske. Lipf, 1774 — 1782. 12 Voll. 8 mai. — cum
adnotationibus variorum adjectaque lectionis diverfitate,
opera J. G. Hutten. Tubing. 1791 — 1798. 11 Voll.
8 mai. (noch nicht geendigt). — Vitae parallelae, cum
fingulis aliquot; gr. et lat. etc. recenfuit Auguftin.
Bryah. Lond. 1729. 5 Voll. 4; (Mofes du Soul
brachte diefe Ausgabe vollends zu Stande, als Bryan darüber geftorben war). Franz. mit Anmerk. von Dacier.
à Paris 1721. 8 Voll. 4. à Amft. 1735. 10 Voll. 8;
De Iside et Oside; gr. et anglice, cum commentario a
Sam. Squire. Cantabr. 1744. 8; Teutfch mit Erläut. von J. S. Semler. Breslau 1748. 8. —. Die
Biographieen Plutarch's enthalten einen Schatz von Begebenheiten aus der griech. u. röm. Gefchichte: doch find fie
nicht alle gleich gut. Pl. fchildert nicht allein die Menfchen, wie fie öffentlich erfcheinen, fondern auch als
Privatperfonen. Seine Parallelen find fcharffinnig und
zeugen von einer weit ausgebreiteten hiftorifch philofophifchen Kenntnifs. — Vergl. Weguelin für les biogra-
phies de Plutarque; in Mém. de l'Ac. de Bérlin 1783. p.
504 fqq.

§1. Arrianus von Nikomedien, ein eifriger Schüler Epiktet's (um 150), den die Athener und Römer wegen seiner Gelehrsamkeit mit dem Bürgerrecht beehrten. K. Hadrian machte ihn zum Statthalter in Kappadocien, wo er wider die Alanen und andere rohe Völker Krieg führte. Er war auch Conful zu Rom. Schriften: De expeditione Alexandri M. L. 7. De rebus Indicis L 1. — Ausgaben: Expeditionis Alexandri l. 7, recenfiti et notis illuftrati a F. Schmieder. Lipf. 1798. 8 mai. Hift. Indica cum Vulcanii interpretatione latina, permultis locis caftigatiore; recenfuit et illuftravit idem. Hal. 1798. 8. Englifch mit Anmerk. von Roowe. Lond. 1729. 2 Voll. 4. Vergl. Chaufepié f. v. Arrien. Vincent im 4ten Zeitr. VII. 4. F. Schmiederi Specimen 1 et 2 Notarum criticarum in Arriani de Alex. exped. l. 7. Hal. 1795. 8 mai. — Für Alexanders Gefchichte bleibt A. Hauptfchriftfteller, da er die beften Quellen, vorzüglich die verlohrnen Schriften des Ariftobulus u. Ptolemaeus, mit Kritik nurzte; und die Indica, in welche er Nearch's Reifenachrichten faft ganz aufgenommen, enthalten die erfte zuverläffige Befchreibung von Indien, die wir befitzen. In Anfehung der Schreibart ift A. Xenophons Nachahmer.

Appianus aus Alexandria (um 150) advocirte Anfangs zu Rom; weiterhin wurde ihm die Einnahme der kaiferl. Einkünfte übertragen. Er fchrieb eine Römifche Gefchichte von Troja's Zerftörung bis auf Auguft in 24 Büchern, und ordnete die Begebenheiten nach den Provinzen, ohne fie zu einem Ganzen zu verbinden. Von den erften 5 Büchern befitzen wir nur Fragmente (das Buch Parthica ift unächt); im 6ten erzählt er die fpanifche Gefchichte; im 7ten, den Krieg mit Hannibal; im

ßten die punifchen, im 9ten, wovon nur Bruchftücke
übrig find, die macedonifchen u. a. Begebenheiten; in
andern Büchern die bürgerlichen Kriege der Römer. Der
Verluft des 24ften Buches, das eine Statiftik des röm.
Reichs enthielt, wird am meiften bedauert. — Ausgabe:
von Joh. Schweighaeufer. Lipf. 1785. 3 Voll.
8 mai. (Die vorher einzeln gedruckten Exercitatt. in
Appiani Romanas hiftorias, et de impreffis at
manu fcriptis hift. Appiani codicibus, find in
den 3ten B. hinein gearbeitet worden). — Vergl. Allg.
teut. Bibl. B. 69. S. 220—226. Ein correcter Abdruck
des Originals von L. H. Teucher, Lemgov. 1796—
1797. 2 Voll. 8. — A. hat das unverkennbare Gepräge
eines Gefchichtfchreibers vom zweyten Rang, da er Gefchichten, welche Augenzeugen und glaubwürdige Erzähler verzeichnet hatten, vergleicht, beurtheilt und nach
einem gewiffen Zweck mit Auswahl ordnet, und in feinem
eigenen Stil bearbeitet und vorträgt.

Paufanias aus Caefarea in Kappadocien (um 170),
Schüler des Sophiften Herodes von Athen, durchreifte
nicht allein Griechenland und Macedonien, fondern auch
den gröfsten Theil Afiens bis zu dem Orakel des Jupiter
Ammon, und ftarb hernach zu Rom im hohen Alter. Er
fchrieb alle Merkwürdigkeiten, die er auf feinen Reifen
gefehn und gehört hatte, forgfältig auf, und daher entftand
das in mehrerm Betracht fchätzbare Werk in 10 Büchern:
Ελλάδος περιήγησις, worinn die Tempel und andere öffentliche Gebäude, die Kunftwerke, die Fefte, die Spiele,
die Sitten und Gebräuche der Athener, Korinthier, Lace-
dämonier, Meffenier, Elier, Achäer, Arkadier, Boeotier
und Phoeenfer, genau befchrieben find. — Ausgabe:
Graece, recenfuit, emendavit, explanavit J. F. Facius.

Lipf. 1794—1797. 4 Voll. 8 mai. (der 4te B. enthält
die latein. Ueberf. Romuli Amafaei). Franz. mit Anmerk. von Gedoyn. Paris 1731. 2 Voll. 4. Amft.
1733. 4 Voll. 8. Teutfch mit Anmerk. von J. E. Gold-
hagen. 2te verbefferte Ausgabe. Berl. 1798. 2 Bände
gr. 8. — Das Werk — obgleich nachläffig im Ausdruk, oft
zu weitfchweifig und voll von Provinzialifmen — ift für uns
fehr fchärzbar, nicht allein wegen vieler darinn erzählten
Begebenheiten, die zur politifchen Gefchichte Griechen-
landes, zum Theil aus verlohrnen Schriftftellern gefchöpft,
gehören, fondern auch wegen der glaubwürdigen Berich-
te von Wiffenfchaften und Künften.

Cl. Aelianus, ein Italiener aus Praenefte, trieb
aber die griechifche Sprache von Jugend auf fleiffig. Zu
Lehrern hatte er hauptfächlich die Rhetoren Paufanias und
Herodes von Athen. Hernach lehrte er felbft zu Rom die
Rhetorik (um 220). Hierher gehören feine Variae hiftoriae oder 14 Bücher vermifchte Erzählungen, die entweder eine Kollektaneenfammlung waren, oder Auszüge
eines fpätern Schriftftellers aus einem gröfsern Werke
Aelians find. — Ausgaben: — curavit editionem indicemque graecitatis adjecit C. G. Kühn. Lipf. 1779. 8. —
curavit editionem, notas fuas indicemque adjecit G. B.
Lehnert. ib. 1793. Partes 2. 8 mai. Teutfch mit
Anmerk. von J. H. F. Meinecke. Quedlinb. 1775.
8. — Die Sammlung ift vorzüglich deshalb fchärzbar,
weil fie viele Auszüge aus verlohrnen Schriftftellern und
allerhand Nachrichten enthält, die zur Erläuterung anderer
Autoren dienen können. Der Erzählungston ift nicht immer der befte, die Auswahl fchlecht, und die Schreibart
fehr ungleich.

Dio Caffius Coccejanus von Nicaea (um 229) spielte unter den Regierungen der Kaifer Pertinax, Makrinus und Alexander Severus eine grofse politifche Rolle, war zweymahl Conful, darauf Proconful in Afrika, Dalmatien und Ober-Panonien. Bey der Rückkehr nach Rom lief er Gefahr, von den Praetorianern feiner Strenge wegen ermordet zu werden: aber der Kaifer nahm ihn in Schutz, ernannte ihn zum 2tenmahl zum Conful, und erlaubte ihm endlich auf wiederhohltes Bitten die Rückkehr in feine Vaterftadt, wo er fein Leben befchlofs. Bey feinem Aufenthalt in Rom begab er fich oft nach Capua, und fchrieb dort den gröfsten Theil feiner Gefchichte des römifchen Staats, die aus 80 Büchern beftand und bis zur Regierung des K. Alex. Severus reichte. Von Commodus an befchrieb er die Begebenheiten umftändlicher, weil fie fich bey feinem Leben ereignet hatten. Von diefem Werke find die 34 erften Bücher und der erfte Theil des 36ften verlohren gegangen; fo auch die 30 letzten Bücher, aufser einer Epitome und Fragmenten. Alfo haben wir nur noch 21 ganze Bücher und die 2te Hälfte des 35ften; welches von dem Feldzuge Lucull's gegen Mithridates anfängt. Wir befitzen auch noch das 55fte bis 60fte Buch, aber fehr verftümmelt; dann noch das 61fte bis 80fte in Auszügen von Xiphilinus, einem Mönche des 11ten Jahrh. — Ausgabe: von J. A. Fabricius u. H. S. Reimarus. Hamb. 1750—1752. 2 Voll. fol. Dionis Caffii fragmenta cum novis eorundem lectionibus, a Jac. Morellio nunc primum edita. Baffoni 1798. 8. Vergl. Erlang. gel. Zeit. 1798. S. 315—318. Teutfch von J. A. Wagner. Frankf. am M. 1784—1787. 4 B. 8; und mit Anmerk. von A. J. Penzel. 2ten Bandes 1fte Abtheil. (der 1fte u. die 2te Abth. des 2ten find meines Wiffens noch nicht erfchienen). Leipzig 1786. gr. 8. —

Diefes Werk ift am meiften zu fchätzen, wegen der Menge
von Begebenheiten, die wir ohne daffelbe gar nicht wiſſen
würden. So lang D. als Augenzeuge fpricht, darf feine
hiſtoriſche Treue nicht bezweifelt werden; denn man bemerkt bald, wenn er fich Menfchlichkeiten zu Schulden
kommen läſt, wenn er auf gut höfifch fchmeichelt, läſtert.
In der ältern Gefchichte bedarf er einer forgfältigern Prüfung; er fcheint leichtgläubig, abergläubifch und von Vorurtheilen eingenommen zu feyn. Die eingemifchten, oft
allzulangen Reden, worinn er die Perfonen ihrem Charakter fehr gemäſs reden läſt, darf man nicht überfchla-
gen, indem fie oft die Stelle der Gefchichte felbſt vertreten. — Vergl. (Schirach's) hiſt. Zweifel u. Beobacht.
(Halle 1768. 8). S. 21—71. Menfelii Bibl. hiſt.
Vol. 4. P. 1. p. 319—322.

Herodianus, von deſſen Lebensumſtänden man
nichts weiſs, fchrieb eine röm. Gefchichte in 8 Büchern
rom Tode Marc Aurel's bis auf den jüngern Gordian, fo
wie er fie felbſt gefehn und gehört und in feinen Aemtern
zu erfahren Gelegenheit hatte, mit gefundem Urtheil und
in einem einfachen, gefälligen Stil. — Ausgaben:
e recenſione Henr. Stephani. cum varietate lectionis trium
codd. MſC. nova Bergleri verſione, notis variorum et indicibus verborum ac rerum, curante T. G. Irmifch. Lipf.
1789—1792. 3 Voll. 8 mai. — ex recenſione F. A. Wolfii. HaL 1792. 8. — Vergl. F. A. Strothii Spe-
cimina V animadverfionum, in librum I et II Herodiani.
Quedlinb. et Goth. 1776—1780. 4.

3.

Kein Zweig der römifchen Litteratur blühte in
diefem Zeitraume herrlicher, als der hiſtoriſche. Die

großen Thaten der Vorzeit lieferten dem Hiſtoriker uher-
ſchöpflichen Stoff; die Vergleichung des Vergangenen
und des Gegenwärtigen, oder das Vorgefühl der ſchreck-
lichen Zukunft, die Beobachtung der unerhörten Sittenverderbs, gaben ihm Anlaß genug, denſelben philoſophiſch zu behandeln, und ſeinen Werken auch in Hinſicht
auf Sittlichkeit Werth zu verſchaffen. Ungeachtet des die
Wahrheit niederdrückenden Deſpotiſmus, der Verdorben-
heit der Denkart, des Geſchmacks und der Sprache, beſitzen wir doch einen Tacitus, einen Sueton, einen Am-
mian. Alle müſſen jedoch mit der vorſichtigſten Kritik
geleſen werden. Ihr Charakter, mit weniger Ausnahme,
iſt: rhetoriſche Behandlung der Geſchichte, viel Declamation und Raiſonnement, faſt immer Ein Geſichtspunkt, woraus alles angeſehn wird, und ſelten ein ganz reiner, feh-
lerfreyer Ausdruck.

C. Vellejus Paterculus (geb. vor Chr. 19. †
ungefähr 30 nach Chr.) aus einem ritterlichen Geſchlecht,
bekleidete Militär - und Civil-Bedienungen; ſchmeichelte
ſich in die Gunſt des Kaiſers Tiber und deſſen Miniſters
Sejan ein. Des letztern Fall traf auch ihn; wahrſcheinlich
ward er mit den Freunden des geſtürzten Lieblings hingerichtet. Er ſchrieb eine kurze römiſche Geſchichte in 2
Büchern. Von dem erſtern fehlt der Anfang: das letztere
geht bis zu Tiber's Regierung. — Ausgaben: — recenſuit et commentatio perpetuo illuſtravit J. F. Gruner.
Cohurgi 1762. 8. — cum integris animadverſionibus
doctorum curante Dav. Ruhnkenio. Lugd. Bat. 1779.
2 Voll. 8 mai. (Bey dieſer Ausgabe iſt die vorige nicht
benutzt worden). — V. ahmt Salluſten, jedoch nicht
ſklaviſch, nach. Sein Werk iſt ein Magazin niedriger
Schmeicheleyen, aber dennoch leſenswürdig; weil es ele-

gant und in der Sprache der damahligen feinem Welt abgefaßt ist, weil es manchen anderwärts nicht gemelde-
ten Umstand enthält und weil deffen Urheber Meister in
Charakterfchilderungen ist. Er befaß die Kunst, Urfachen und Folgen der Begebenheiten aufzufuchen, ihre
Verbindungen zu entwickeln, und fie aus dem richtigften Standpunkte und im gehörigen Lichte darzuftellen.
Die eingeftreuten Betrachtungen find zwar oft mit zu
viel Künfteley und zu gefuchten Gegenfätzen überladen, aber im Ganzen treffend und Früchte tiefer Staats-
und Menfchenkenntniß. — Vergl. Henr. Dodwelli Annales Velleiani f. Vita Velleii pro temporum ordine
difpofita; befonders gedruckt, aber auch bey vielen Ausgaben des V. (z. B. der Burmannifchen, Grunerifchen u.
Ruhnkenifchen). J. F. Herel's krit. Beobacht. über die
röm. Gefch. des Vell. Pat. Erfurt 1791. 4; auch in den
Actt. At. Erfurt. 1791.

Valerius Maximus (um 30), ein Patricier, der
unter Sext. Pompejus in Afien Kriegsdienfte that, und
unter Tiber zu Rom privatifirte, fchrieb 9 Bücher dicto-
rum factorumque memorabilium, ein hiftorifches Vade mecum oder Exempelbuch, wodurch zwar die
Gefchichtswiffenfchaft felbft nichts gewonnen hat, das
aber doch eine nützliche und angenehme Leferey gewäh-
ret, obgleich der Verf. hier und da witzelt und den
Schmeichler macht. — Ausgabe von Joh. Kapp cum
varietate lectionis notisque perpetuis et indicibus copiofis.
Lipf. 1782. 8.

C. Corn. Tacitus aus Rom (um 90) bekleidete
Staatsämter und zuletzt das Confulat. Den Anfang feiner
hiftorifchen Arbeiten machte er mit der Gefchichte feiner
Zeit, betitelt Hiftoriae. Sie fieng mit dem K. Galba
an und giehg bis auf Domitian's Abfterben. Es find aber

nur noch 5 Bächer übrig, worinn die Gefchichte eines
Jahres und etwas darüber enthalten ift. Hernach gieng
er an die Gefchichte vor feiner Zeit, und befchrieb fie
von Auguft's Tod an bis zu Nero's Abfterben, unter dem
Titel Annales. Davon find noch vorhanden die 6 erften
Bücher (jedoch das 5te verftümmelt), und das 11te bis
16te. Die Gefchichte geht darinn bis auf den Tod des
Thrafia und Paetus, fo dafs etwas über 2 Jahre am Ende
fehlen. Weiter haben wir noch die Schrift de fitu, moribus et populis Germaniae, verfertiget im J. 98.
Zu gleicher Zeit befchrieb T. das Leben feines Schwiegerva-
ters Jul. Agricola. — Ausgaben: Opp. omnia, ex recenfione J. A. Ernefti, cum notis integris Jufti Lipfii
et J. F. Gronovii, quibus et fuas adfecit, Lipf. 1772. 2
Voll. 8 mai. — cum varietate lectionum felecta novisque
emendationibus; acc, notae et index hiftoricus ftudiis focie-
tatis Bipontinae (i. e. G. C. Crollii) 1779—1780. 4 Voll.
8 mai. Franz. avec des notes politiques et hiftoriques, P.
1-4 par Amelot de la Houffaye P. 5-8 par Mr. L. C. D.
G***. à Amft. et à la Haye 1716—1734. 8 Voll. gr. 12.
Engl. von Th. Gordon Lond. 1753. 5 Voll. 12. (Es
find 21 politifche Abh. dabey); — von Arthur Mur-
phy (mit einem Verfuch über das Leben und den Geift
des Tacitus und mit Anmerkungen. eb. 1793. 4 Voll. 4.
Teutfch mit Anmerk. von J. S. Müller. Hamb. 1765
u. ff. 3 B. 8; von J. S. Patzke. Magdeb. u. Halle
1765 — 1777. 6 B. 8; und von K. F. Bahrdt. Halle
1780 — 1781. 2 B. 8. — De morib. Germ. cum perpetuo et pragmatico commentario etc. a J. C. Dithmaro.
Acc. in appendice notae aliorum. Francof. ad Viadr.
1749. 8. Teutfch, nebft einem Kommentar, von K.
G. Anton. Leipz. 1781. 8 — mit erklärenden Anmerkungen, einigen Ausführungen, Abhandl. u. einem

geogr. hiſt. Wörterbuch von J. H. M. Erneſtl. Nürnb.
u. Altd. 1791. 8. — Agricola — ad exemplar Bipont.
recudendum curavit, emendavit et novam verſionem ger-
manicam adiecit Mich. Engel. Lipſ. 1788. 8. — T.
ſcheint ſich zwar auch nach Salluſt gebildet zu haben, iſt
aber doch ſowohl in Behandlung der Geſchichte, als in der
Schreibart, originell. Er mahlt mehr wie ein Dichter, als
wie ein Geſchichtſchreiber. Er iſt aber noch mehr Redner, als Dichter, mehr Moraliſt und witziger Kopf, als
Redner; und mehr als alles übrige — Staatsmann. Es iſt
ſo recht ſeine Laune, Staatsſprache anzunehmen und con-
ſultatoriſch ſich auszudrücken. Er ſetzt in Erſtaunen; er
überraſcht: aber ſelten rührt er, weil er die Einbildung
trifft und das Herz verfehlt. Nicht ſelten ſind ſeine Begriffe durch die Kürze und den Scharfſinn der Schreibart ſo
zuſammengepfropft, dafs ſeine Ausleger viele Zeilen ver-
ſchwenden müſſen, um eine einzige zu erklären. Dafs
daher Dunkelheit entſtehen müſſe, begreift ſich. —
Vergl. Chriſto. Forſtneri in 16 libros Annalium Taciti notae politicae, emendatiores. Francof. 1662. 2 Voll.
12. Tibere; diſcours politiques ſur Tacite; par M. Amelot de la Houſſaye. à Amſt. 1786. 8. Teutſch
Augsb. 1772. 4 8. Obſervations on Tacitus, in which
his character as a writer and hiſtorian is impartially con-
ſidered and compared with that of Livy; by Th. Hunter.
Lond. 1752. 8. Zum Theil teutſch in: Heinr. St.
Joh. Vitzgraf Bolingbroke und Jac. Hervey u.
ſ. w. überſetzt von J. G. Hamann. Mitau 1774. 8.
D. II für l' Art pſychologique de Tacite; par M. Wegu-
lin; in Nouv. Mém. de l' Ac. des Sciences de
Berlin a. 1779. p. 424 — 453. D. III (für l' art caracté-
riſtique, moral et politique de Tacite); ib. a. 1780. p.
487 — 503. J. Hill über die Talente und den Charakter

des Geſchichtſchreibots, mit Anwendung auf die Schriften
des Tacitus; in den Abh. der kön. Geſ. der Wiſſ. zu
Edinburgh; aus dem Engl. von J. G. Buhle (Gött. 1789.
8). Th. I. S. 123—194. Hegewiſch über den ſchriftſtelleriſchen Charakter des Tacitus; in der Berl. Monats-
ſchrift 1789. Jul. S. 7—30. J. H. L. Meierotto de
Taciti moribus. Berol. 1790. fol. — J. C. Dithmar
de fide Taciti in rebus Germanorum; in eius Diſſ. acadd.
p. 403—413. G. C. Gebaueri Veſtigia iuris Germanici antiquiſſima in Taciti Germania obvia ſ. Diſſ. 22 in varia
illius libelli loca. Gött. 1766. 8. G. A. Arndt D. Qua-
tenus Taciti de Germania libello fides ſit tribuenda? Lipſ.
1776. 4. K. G. Anton. über des Tacitus Abh. de mor.
Germ. in den Provinzialblättern (Deſſau 1782. 8). —
Meuſelii Bibl. hiſt. Vol. 4. P. I. p. 347—362.

C. Suetonius Tranquillus († nach 121) Grammatiker und Rhetor zu Rom, eine Zeit lang Trajan's und
Hadrian's geheimer Sekretär, hatte folglich Zutritt zum
kaiſerl. Archiv, und dies kam ihm bey Bearbeitung ſeiner
Biographieen der erſten 12 röm. Kaiſer ſehr zu Statten.
Auſſerdem hat man noch von ihm: Liber de illuſtribus grammaticis, de claris rhetoribus etc. —
Ausgaben: — ex recenſione Oudendorpii, cum
nott. Graevii, Gronovii et Duckeri. Lugd. Bat.
1751. 8. — notis illuſtravit J. A. Erneſti. Lipſ. 1775.
gr. 8. Franz. von Heinr. Ophellot de la Pauſe, avec
des Melanges philoſ. et des notes. à Paris 1771. 4 Voll. 8,
(es iſt auch das Original dabey). — S. ſchildert größtentheils das Privatleben der Kaiſer, nicht chronologiſch, ſondern nach einer Claſſification der Gegenſtände. Sein Werk
liefert eine Menge intereſſanter Nachrichten und iſt für
die röm. Alterthümer unter den Kaiſern ein Hauptbuch.

Hier und da fcheint er parteyifch zu feyn. Oft mifcht er
unnütze Kleinigkeiten ein, und hafchet zu fehr nach
Anekdoten. Nach unfern Sitten verftöfst er manchmal,
gegen den guten Ton. — Vergl. Meufel z. a. O.
p. 313 — 319.

Q. Curtius Rufus, von deffen Lebensumftänden
man nichts weifs, und der blos feiner Schreibart wegen
hier unter den beffern Schriftftellern Platz bekommt, befchrieb die Thaten Alexander's in 10 Büchern. Die beyden erften fehlen, und find von Joh. Freinsheim mit
vieler Kunft fupplirt worden. Seine Quellen kennt man
nicht. Die Begebenheiten weifs er fehr intereffant darzuftellen. Viele von den eingewebten Reden find Meifter-
ftücke. Ob er aber durchgehends hiftorifchen Glauben
verdiene, ift eine andere Frage. Manches ift handgreif-
lich falfch, manches fonft verdächtig. Sein Werk ift mehr
Roman, als wahre Gefchichte. Die Diction ift im Ganzen
ächt römifch. — Ausgaber — cum notis var. ed. H.
Snackenburg, Delphis, et (L. B) 1724. 4 — e recenfione et cum fupplementis J. Freinshemii, varietate lectionis atque perpetua adnotatione illuftrati a D. J. T. Cunze.
Vol. I. P. I. Helmft. 1795. 8 mai, — Vergl. M. Ra-
deri vita (?) Curtii, cum judiciis variorum de eodem;
praemiffa Raderianae editioni Curtii (Col. 1628. fol.).
Curtius reftitutus in integrum, et vindicatus per modum
fpeciminis a variis accufationibus et immodica crifi J. Cleri-
ci, a J. Perizonio. Lugd. Bat. 1703. 8.

L. Annaeus Florus fchrieb noch vor 117 Epitome hiftoriae Romanae in 4 Büchern: es ift aber
mehr eine Lobrede, als Gefchichte des röm. Volks. —
Ausgaben: von K. A. Duker cum nott. var. Lugd.

Bat. 1722. 8. ib. 1744. 8. — von J. F. Fifcher.
Lipf. 1760. 8. — Vergl. C. H. Hautotter de fa-
fpecta Flori fide, ib. 1747. 4. J. M. Heinze de Floro,
non hiftorico, fed rhetore. Vinar. 1787. 4; et in eius
Syntag. opufc. fchol. (Gött. 1788. 8) p. 260 fqq.

Juftinus (um 160) machte einen Auszug in 44 Büchern aus des Trogus Pompejus Univerfalgefchichte
vom Ninus bis zum Auguft. — Ausgaben: — ex recenfione Graevii et Gronovii, cum eorund. notis, curante
J. F. Fifchero, Lipf. 1757. 8. Teutfch mit erläu-
ternden Anmerk, von Oftertag. Frankf. 1792. 2 B.
8. — Vergl. J. C. Gatterer vom Plan des Trogus
und feines Abkürzers des Juftins; in deffen hift. Bibl.
B. 3. S. 18 — 192.

Aulus Gellius (um 160), ein römifcher Rhetor,
der den Winter auf einem Landgut in Attica zu verleben
pflegte. Dort las und excerpirte er eine Menge griechifcher und römifcher, zum Theil verlohrner Schriftfteller.
Daher der Titel feiner Compilation: Noctes Atticae
l. 20. Man liefet fie mehr der Sachen als des Ausdrucks
wegen (denn diefer ift eben nicht elegant); denn für Gefchichte, Alterthümer, Jurisprudenz und Sprachkunde ift
fie uns höchft fchätzbar. — Ausgabe: Editio Gronoviana; praefatus eft et excurfus (fie betragen nicht gar
einen Bögen) operi adiecit J. L. Confudi (curavit no-
tulasque adfperfit E. C. A. Otho). Lipf. 1762. 2 Partes
8. Franz. diftribuées dans un nouvel ordre, avec un
commentaire, par l'Abbé de V. (Jof. Donzé de Ver-
teüil). à Paris 1776 — 1777. 3 Voll. 12.

Hiftoriae Auguftae fcriptores minores 6: Ael. Spar-
tianus, Jul. Capitolinus, Ael. Lampridius,
Vulcatius Gallicanus, Trebellius Pollio, Flav.

Vopiſcus (im 3ten u. 4ten Jahrh.). Zur Kenntniſs der
röm. Geſchichte jener Zeit ſind ſie unentbehrlich: obgleich
in Anſehung des Stils keineswegs muſterhaft. — Ausgaben: — cum nott. integris Caſauboni, Salma-
ſii et Gruteri. Lugd. Bat. 1671. 2 Voll. 8. Handaus-
gabe, cum indice Latinitatis (von J. P. Schmid). Lipſ.
1774. 8 mai. Franz. (von W. de Moulines) à Berl.
1783. 3 Voll. 8. — Vergl. Mémoire ſur les Ecrivains
de l'hiſt. Auguſte; par de Moulines; in Mém. de l'Ac.
des Sc. de Berlin a. 1780. p. 534—544.

Sext. Aurel. Victor (um 350), ſchrieb: De Cae-
ſaribus liber — ab Auguſto uſque ad conſula-
tum decimum Conſtantii et Juliani tertium.
Ganz kurz, mit Benutzung der Quellen und unparteyiſch:
doch nicht ohne Fehler. Es wird ihm noch beygelegt:
ein Auszug aus dieſem Buche, der bis auf Theodos geht,
und einen ſpätern Verf. hat; ferner: Origo gentis Romanae, Excerpte aus verlohrnen Hiſtorikern; de viris
illuſtribus urbis Romae, wahrſcheinlich ein Auszug aus dem verlohrnen Werk des Nepos. — Ausgaben: cum nott. var. ed. J. Arntzenius. Amſt. et Traj.
1733. 4. — ex recenſione J. F. Gruneri. Erlang.
1787. 8.

Eutropius (um 370), Geheimſchreiber Conſtantin's
des erſten, begleitete den K. Julian auf ſeinem Feldzuge
nach Perſien, wurde nachher Proconſul in Aſien, endlich
Praefectus Praetorio. Auf Befehl des K. Valens ſchrieb er
in einem trockenen, aber deutlichen Stil Breviarium
hiſtoriae Rom. in 10 B. bis zum Tode des K. Jovian,
mit viel Unparteylichkeit und eigener Beurtheilungskraft.
Ausgaben: cum Paeanii metaphraſi graeca et cum
ſuis atque varior. notis ed. Henr. Verheyk. Lugd.

II. Gg

Bat. 1762. 8. — recenf. et nott. illuftravit J. F. Gruner.
Cob. 1768. 8. Paean's Metaphrafe befonders von J. F. S.
Kaltwaffer, Goth. 1780. 8.

Ammianus Marcellinus aus Antiochia (um 380),
zwar ein Grieche, der aber lateinifch fchrieb und anfehnliche militärifche und bürgerliche Bedienungen bekleidete. Bey feinem Aufenthalt in Rom verfertigte er eine Gefchichte von den röm. Kaifern, feit Domitian bis auf den
Tod des K. Valens, in 51 Büchern, wovon die 13 erften
verlohren find; die übrigen 18 beginnen vom J. 353. —
Ausgaben: cum obff. Lindenbrogii, Henr. et
Hadr. Valefiorum fuisque ed. Jac. Gronovius,
Lugd. Bat. 1693. fol. et 4. — ex recenfione Valefio-
Gronoviana; indicem dignitatum nec non gloffarium latinitatis adiecit A. W. Ernefti. Lipf. 1773. 8 mai. Franz.
mit Anmerk. von W. de Moulines, Berl. 1775. 3
Voll. 12. Teutfch mit erläut. Anmerk. von J. A. Wagner, Frankf. am M. 1792. 2 B. 8. — A. fchreibt
männlich und weit beffer, als die meiften latein. Schriftfteller feiner Zeit: doch hat fein Ausdruck viel Eigenes
und Graecifirendes; und man merkt wohl den Ausländer
und Soldaten bey der Lektür des Werks, das übrigens
einen grofsen Schatz von Nachrichten enthält, die fonft
nirgends vorkommen. Wahrheitsliebe ift faft überall fichtbar. Für die Geographie ift A. ein wichtiger Mann.

4.

Auf die Chronologie wurde von den meiften Gefchichtfchreibern mehr Rückficht genommen, als ehedem;
befonders von Jofephus und Dio Caffius. Aufserdem erwarben fich Verdienfte um fie:

Cl. Ptolemaeus (von dem hernach mehr) hinterlies ein fehr brauchbares chronol. Verzeichnifs der affyr.
med. perf. griech. u. röm. Regenten, von Nabonaffar an
bis auf Antoninus Pius. — Ausgabe: Ptolemai canon
regnorum etc. gr. et lat. Lond. 1620. 4.

Sext. Jul. Africanus aus Syrien (um 220), ein
Chrift, fchrieb eine Chronographie von Erfchaffung der
Erde bis 221, wovon nur noch Fragmente bey Eufebius
und fpätern Chronographen übrig find. Er ift der Urhe-
ber der alexandrinifch-chriftlichen Jahrrechnung, der zu
Folge bis auf Chriftus 5501 Jahre verfloffen find.

5.

Noch weit mehr gewann die Geographie. Denn
obgleich ihre Bearbeiter meiftens noch fehr irrige Begriffe
in Anfehung der math. und phyf. Erdkunde hatten, und
viele Länder und Völker noch nicht kannten oder nicht
richtig kannten; fo machten fie doch ftärkere Fortfchritte,
als die Geographen des vorigen Zeitraumes. Hierzu trug
viel bey die Ausdehnung des römifchen Reichs im weftlichen und öftlichen Europa und in Afia bis an Sina's Gränzen und ins innere Arabien. Vom mittlern Afrika hatten
fie genauere Kenntnifs, als wir. Viele grofse geogr. Werke find verlohren, z. B. von Vipfanius Agrippa. Die
noch vorhandenen hierher gehörigen Autoren find:

Strabo von Amafea in Kappadocien (17 n. Chr.Geb.)
unternahm grofse Reifen in Aegypten, Afien, Griechenland und Italien, und verfafste im hohen Alter feine Erd-
befcheibung in 17 Büchern, davon das 7te nicht mehr vollftändig ift. Er befchreibt darinn die Gröfse, Lage und
Eintheilung der damahls bekannten Länder, erzählt ihre
Gefchichte und fchildert ihre Regierungsform, Sitten u. f.
w. wodurch das Werk dem Hiftoriker eben fo intereffant,

wie dem Geographen , wird. Er hat kein eigenes Syſtem,
ſondern das Eratoſtheniſche , das er mit tiefer Einſicht
verbeſſerte und mit vielen Zuſätzen bereicherte. — Ausgabe: — Graeca ad optimos Codices Mſptos recenſuit,
varietate lectionis adnotationibusque illuſtravit, Xylandri-
verſionem emendavit J. P. Siebenkees. T. 1. Lipſ.
1796. 8. — T. 2. a J. P. Siebenkees et C. H.
Tzſchucke. ib. 1798. 8 mai. Teutſch, durchgehends von neuem diſponirt, mit Anmerk. Zuſätzen, er-
läuternden Riſſen, einigen Land:harten u. vollſt. Regiſtern
verſehen v. A. J. Penzel. Lemgo 1775 — 1777. 4 B.
gr. 8. — Vergl. J. F. Hennicke D. Geographicorum
Strabonis fides ex fontium, unde is hauſit, auctoritate aeſti-
manda, et auctorum recenſús ordine alphabetico diſpoſitus,
cum fragmentorum indice, ſecundum Strabonis librorum
ſeriem concinnato. Gött. 1791. 8.

Fl. Arrianus (ſ. vorhin 2.) Periplus Ponti
Euxini (eine Beſchreibung der Oerter auf ſeiner Reiſe
von Trapezunt nach Byzanz) und Periplus maris Ery-
thraei; in Hudſon's Samml. Vol. 1. — Vergl. J.
G. Hager Pr. de Fl. Arriano, geographo antiquo illiusque periplis. Chemnicii 1766. 4; u. deſſen geogr.
Bücherſaal B. 2. S. 140 — 193. (Es werden dort alle Ausgaben und Ueberſetzungen aller Arrianiſchen Schriften
recenſirt).

Cl. Ptolemaeus (im 2ten Jahrh.) aus Ptolemais
in Aegypten, ſtudirte zu Alexandria Mathematik, beſonders Aſtronomie und Geographie, und ſchrieb, mit Benutzung der Vorarbeit des Tyriers Marinus ein Syſtem der Geographie in 8 Büchern. — Ausgaben: Gr. et lat. cum tabb. geogr. éd. G. Mercator.
Amſt. 1605. fol. — opera P. Bertii. ib. 1619. fol. mai.

— Pt. war der erfte, der die Lage der Oerter nach den Graden der Länge und Breite, obgleich nicht immer richtig, beftimmte. . Viel geht aber auch' auf Rechnung der Abfchreiber, die das Werk jämmerlich verunftaltet haben. Er legte den geometrifchen Grund zur Verfertigung der Landkarten und der Projektionen der Erdkugel. Vergl. Abr, Ortelii Nomenclator Ptolemaicus. Antverp. 1579. fol. G. M. Raidelii Comment. de Cl. Ptolemaei geographia eiusque codd, tam Mfptis, quam typis expreffis. Norib. 1737. 4. C. Crufii Pr. de Geographicorum, quae fub Ptolemaei nomine circumferuntur, fide et auctoritate,; in eius opufc. a Klotzio editis p. 251 fqq.

Agathemer (im 3ten Jahrh.) hinterlies 2 Bücher einer kleinen Geographie, worinn er meiftens dem Ptolemaeus folget, aber doch auch manche fonft nicht bekannte Nachrichten liefert. Sie fteht im 2ten Theil der Hudfonifchen Sammlung; nebft einer Abh. von Dodwell über Agathemer.

Von Paufanias, der auch hierher gehört, f. vorhin.

Pomponius Mela aus Spanien (um 40) hinterlies eine in 3 Bücher abgetheilte Geographie, gewöhnlich betitelt de fitu orbis. — Ausgabe: curante J. Kappio. Curiae 1781. 8. — M. ift der erfte lateinifche Geograph, der ein fyftematifches Lehrbuch fchrieb. Ob er es gleich nicht fagt; fo fieht man doch, dafs er die Griechen, befonders den Eratofthenes, ftark benutzte. In der Befchreibung des weftlichen Europa hat er vollftändigere und beffere Nachrichten. Sein Stil ift gedrängt, deutlich und rein. — Vergl. Hager's geogr. Bücherfaal. B. 2. S. 483—538. B. 3. S. 296 u. ff. S. 510 u. ff.

C. Plinius Secundus, der ältere, aus Verona, that Kriegsdienfte in Teutfchland als Praefectus Alae, ferzte fich bey Vefpafian in grofses Anfehn und genofs deffen höchftes Zutrauen. Er war auch Procurator in Spanien. Seine Staatsbedienungen konnten feinen Eifer zu ftudieren nicht vertilgen. Seine Wifsbegierde brachte ihm den Tod, als er den erften Ausbruch des Vefuvs zu genau beobachten wollte (79). Von feinen vielen Schriften haben wir nur noch die 37 Bücher naturae hiftoriarum; ein Werk, das mannichfache wiffenfchaftliche Kenntniffe begreift, das aus ungefähr 2000 gröfstentheils verlohrnen Schriften, bisweilen etwas eilfertig und ohne Sachkenntnifs, gefammlet und dem Natur- Alterthums- und Kunftforfcher unentbehrlich ift. Hierher gehört hauptfächlich das 2te bis 6te Buch; nämlich das 2te von der math. und phyf. Geographie, die übrigen von den Eintheilungen der Länder, den Namen der vornehmften Oerter und ihren Merkwürdigkeiten. Auch fie find gröfstentheils aus Griechen und Römern compilirt: eigen aber find ihm die Zufätze vom öftlichen und nördlichen Europa und die Nachrichten von Indien. — Ausgaben: — emendavit et illuftravit J. Harduinus. Parif. 1723. 3 Voll. fol. — cum interpretatione et notis integris J. Harduini itemque cum commentariis aliorum; recenfuit varietatemque lectionis adiecit J. G. F. Franzius. Lipf. 1778 — 1791. 10 Voll. 8 mai. Franz. avec le texte Latin rétabli d'après les meilleures leçons manufcrites accompagnée de notes critiques pour l'éclairciffement du texte et d'obfervations fur les connoiffances des anciens comparées avec les découvertes des modernes. à Paris 1771—1781. 2 Voll. 4. (Die Ueberf. von Poinfinet de Sivry: die Anmerk. von Guettard, Meufnier de Querlon, de Sivry u. Court de Gebelin). Teutfch mit An-

merk. von G. Groffe. Frankf. 1781—1788. 12 B.
gr. 8. — Pl. wufste nicht allein alles, was man damahls
zu wiffen brauchte; fondern er vermochte auch fehr leicht,
allgemeine Wahrheiten zu abftrahiren, die oft unerwartet
da ftehen und nicht beffer angebracht werden konnten.
Er war im Befitz einer Feinheit in den Bemerkungen, von
denen Gefchmack und Eleganz abhängen, und feinen Le-
fern theilt er eine gewiffe Kühnheit im Denken mit, die
der Keim der Philofophie ift. Sein Stil ift gedankenreich
und witzig, bisweilen fehr gekünftelt und, wenn er auf
philofophifche Lieblingsmaterien kommt, declamatorifch
und weitfchweifig. Da Pl. bey manchen Materien der
erfte war, der lateinifch davon fchrieb; fo ftöft man auf
neue Worte und barbarifche Ausdrücke. — Vergl. Ant.
Jof. Comitis a Turre Rezzonici Difquifitiones Plinianae, in quibus de utriusque Plinii patria, rebus geftis,
fcriptis codicibus, editionibus atque interpretibus agitur.
Parmae 1763 — 1767. 2 Voll. fol. — Ein übrigens
unbekannter Grammatiker C. Jul. Solinus hinterlies
eine Compilation, gröfstentheils Excerpte aus Plin's Werk,
betitelt: Polyhiftor. Sie hat einzig ihren Werth
durch die Ergänzungen und Verbefferungen, die für Plin
daraus gefchöpft werden können, durch die Auszüge aus
verlohrnen Schriftftellern und durch Saumaife'ns Commentar: Cl. Salmafii exercitationes Plinianae in Solini
polyhiftora etc. Traj. ad Rhen. 1689. 2 Voll. fol.

Eine Erdbefchreibung, in frühern Zeiten angefangen
und bis 360 fortgefetzt, bekannt unter dem Titel: Itine-
rarium Antonini Augufti, fcheint zum Gebrauch
der Reifenden gefchrieben zu feyn. Bey vielen Ländern
find die Entfernungen und Weiten der Oerter nach Nacht-
quartieren beftimmt. S. Itineraria vetera Roma-

norum, cum nott. var. ed. P. Wesseling. Amst.
1735. 4. Vergl. Meuselii Bibl. hist. Vol. 4 P. 1.
p. 127 — 131.

VIII. Zustand der mathematischen Wissenschaften.

1.

Sie erhielten keinen sonderlichen Zuwachs, die Astro-
nomie ausgenommen. Und doch konnte Ptolemäus die
verkehrte, der Kultur der Sternkunde nachtheilige Hypo-
these annehmen, der zu Folge die Erde im Mittelpunkt
unsers Planetensystem liege und die Sonne und Gestirne
sich um sie herum bewegen sollen! Rühmlicher war es
ihm, dass er die Bewegung der Fixsterne bemerkte.
Die griechischen Gelehrten, besonders die Alexandriner,
leisteten noch das Meiste.

2.

Agrippa beobachtete im J. 83 in Bithynien eine Be-
deckung des Siebengestirns vom Monde. — Menelaus
von Alexandria (um 100), der sich auch mit der Theorie
der krummen Linien beschäftigte, stellte zu Rom astrono-
mische Beobachtungen an. Man hat von ihm Sphaeri-
corum libros 3, aber nur lateinisch aus einer arabi-
schen Uebersetzung von Marinus Mersennus in dessen universae geometriae mixtaeque mathé-
maticae synopsi (Paris. 1644. 4) p. 204 sqq. —
Theon von Smyrna (um 115), auf dessen Beobachtungen Ptolemäus seine Theorie der Venus und des
Merkurs gründete. Ism. Bouillaud gab von ihm griechisch u. latein. mit Anmerk. heraus: eorum, quae in
mathematicis ad Platonis lectionem utilia
sunt, expositio. Paris. 1644. 4. — Ptolemäus,

deſſen vorhin unter den Geographen erwähnt wurde,
führte Hipparch's Entwurf zum Grund eines vollſtändigen
aſtronomiſchen Lehrgebäudes aus, in μεγάλη σύνταξις
τῆς ἀςρονομίας, magnae conſtructionis ſ. alma-
geſti libri 13. Baſil. 1538. fol. (dahey iſt der griechiſche Kommentar Theon's von Alexandrien in 11 Büchern). Es iſt wirklich das erſte Lehrgebäude der Aſtronomie, worinn die Beſchaffenheit der ganzen Himmelsku-
gel und die Bewegung der Geſtirne erklärt und bewieſen
wird. Pt. ſcheint ſeine Beobachtungen 125 — 140 zu Alexandrien angeſtellt zu haben. Sinnreich war ſeine Theorie vom Mond und von den übrigen Planeten, deren
ſcheinbar unordentlichen Lauf zu erklären, er die Epicy-
clen zu Hülfe nahm, und in Anſehung der Breite bey
Merkur und Venus ihren eccentriſchen Kreiſen eine Li-
bration zuſchrieb. Hipparch's Verzeichniſs der Fixſterne
nahm er in ſein Werk auf und vermehrte es. Dieſes älteſte Sternenverzeichniſs iſt freylich noch ſehr unvollkommen; denn es enthält nicht mehr, als 1022 in 48 Bilder
vertheilte Sterne. Pt. beſchreibt einige, unſerm Aſtrola-
bium ſehr ähnliche Werkzeuge. Schade, daſs er viel zur
Ausbreitung der Aſtrologie mit beytrug! — Vergl. Cl.
Ptolemäus Beobachtung und Beſchreibung der Geſtirne und
der Bewegung der himmliſchen Sphäre, mit Erläuterungen, Vergleichungen der neuern Beobachtungen und
einem ſtereographiſchen Entwurfe der beyden Halbku-
geln des geſtirnten Himmels für die Zeit des Ptolemäus
von J. E. Bode. Berl. u. Stettin 1795. 8. — Serenus ſchrieb 2 Bücher von den Cylinder - und Kegel-
ſchnitten, die Halley mit dem Apollonius (ſ. vorigen Zeitraum) herausgab. — Philo von Tyana handelte von beſondern krummen Linien, die durch den Durchſchnitt gewiſſer Flächen entſtehen. — Demetrius aus Alexandrien

fchrieb auch von den krummen Linien. (Newton's übertriebenes Urtheil, daß die Alten in diefer Materie weit mehr Entdeckungen, als die neuern, gemacht hätten). — Von Nikomachus, deffen Lebenszeit ungewiß ift, hat man eine Einleitung in die Rechenkunft, von welcher die Arithmetik des Boëthius eine freye Ueberfetzung ift, und worüber mehrere commentirt haben. — Diophantus aus Alexandrien (um 360) fchrieb 13 Bücher von der Rechenkunft, davon fich die 6 erften erhalten haben, und ein Buch de numeris multangulis. Beyde Werke graece et latine, cum commentariis C. G. Bacheti et obfervationibus D. P. de Fermat; acc. doctrinae analyticae inventum novum, collectum ex variis eiusdem D. de Fermat epiftolis. Tolofae 1670. fol. Das erfte Werk ift unter allen griechifchen das erfte und einzige, worinn man Spuren der Analytik findet, die man in der Folge, nach ihrem vermeyntlichen Erfinder, dem Araber Geber, Algeber benannt hat. Einige Stellen beweifen, daß D. die Auflöfungen der quadratifchen Gleichungen gekannt habe. Seine Aufgaben find meiftens fehr fchwer: er hat fie aber nicht immer gut und richtig genug aufgelöft. — Pappus aus Alexandrien (um 380), von deffen Schriften man noch in Handfchriften libros mathematicarum collectionum von der Mitte des 2ten bis zu Ende des 8ten Buches hat. Es ift aber davon noch nichts im Original erfchienen, als 1) libri fecundi propofitio 15 usque ad 27 (in Wallifii Opp. math. T. 3. p. 595 fqq.); 2) Praefatio libri 7 (ante Apollonii Pergaei libr. de fectione rationis, Oxon. 1706. 8); und 3) aliquot lemmata libri 7 (in Marci Meibomii dialogo de proportionibus p. 154 fqq.). Das 3te bis 8te B. hat man in einer lat. Ueberf. von F. Commandinus,

mit deffen Commentar. Bonon. 1659. fol. Diefes Werk
zeugt von den tiefen Einfichten feines Urhebers in die
Geometrie, und ift in der Gefchichte der Mathematik unentbehrlich, befonders weil er zeigt, wie die Alten ihre
Unterfuchungen angeftellt haben. Ihm war fogar bekannt, wie aus dem Mittelpunkt der Schwere einer Figur
ihre Abmeffung zu finden fey. — Theon lehrte mit
ihm zu gleicher Zeit in Alexandrien. Von feinen Schriften find noch übrig: 1. Recenfio elementorum
Euclidis. 2. Fafti Graeci priores und fragmenta commentarii in Ptolemaei canonem expe-
ditum f. recenfionem chronologicam regum a
Nabonaffaro ad Antoninum Pium. 3. Scholia
in Aratum (find interpolirt). 4. Commentarius in
magnam Ptolemaei fyntaxin. Vergl. Obff. in The-
onis Faftos graecos priores et in eiusd. fragmentum in ex-
peditos canones; acc. de canone regum aftronomico, eiusque auctoribus, editionibus, Mfptis, et quae eo pertinent,
differtatio, in qua duplex canon regum aftronomicus nude
primum editus ex codice Mfpto Lugduno-Batavo, et eiusd.
quoque codicis ampla notitia exhibetur. Lugd. Bat. 1735.

4. — Theon's Tochter, Hypatia, lehrte zu Alex. Philofophie und Mathematik, fchrieb über den Apollonius
und Diophantus, und verfertigte auch aftron. Tafeln; von
welchem allem nichts mehr übrig ift.

3.

Diefer Zeitraum brachte mehrere Schriften über die
Kriegskunft hervor; z. B. der Grieche Onofander, ein
platonifcher Philofoph (um 50) fchrieb: ςρατηγικὸς λέγος,
Unterricht eines Feldherrn. Er gründet fich durchgehends
auf die Erfahrung, befonders der Römer, und ift von
neuern Feldherrn hochgeachtet worden. — Ausgaben

ad codicum manufc. fidem expreſſus, et ex antiquorum ta-
cticorum poriſſimum collatione, notis perpetuis criticis
emendatus, nec non figuris aeri incitis illuſtratus; acc. duo
indices — una cum verſione gallica Liberi Baronis de Zur-
lauben etc, cura; Nic. Schwebelii. Norimb. 1762.
fol. Franz. mit Anmerk. von Guiſchard; in deſſen
Mém. milit. fur les Grecs et les Romains (à la Haye
1758. 8) T. 2. p. 49 — 106. Teutſch mit Anmerk.
von A. H. Baumgärtner; in deſſen vollſtänd. Samml.
aller Kriegsſchriftſteller der Griechen (Frankenthal u.
Mannheim 1779. gr. 4); und mit einem beſondern Titelblatt. Mannh. 1786. — Sext. Jul. Frontinus
(um 100), ein Römer, bekleidete die höchſten Civil- und
Kriegsbedienungen, und hinterlies eine Compilation de
ſtratagematibus in 4 Büchern, die beſonders dadurch
Werth erhält, daſs er ſeine Vorſchriften hiſtoriſch erläutert und dabey verlohrne Geſchichtſchreiber benutzt hat.
Die Schreibart iſt kurz, natürlich und rein. — Ausgabe: curante Fr. Oudendorpio; editio altera multo au-
tior et emendatior. Lugd. Bat. 1779. 8 mai. — chro-
nologica et hiſtorica annotatione indicibusque in uſum lectionum inſtructi a G. F. Wiegmann. Gött. 1798.
8 mai. — Fl. Arrianus (ſ. oben VII, 2) de acie
inſtruenda (Nachrichten von den Uebungen zu Pferde
bey den alten Römern) und Inſtructio aciei adverſus Alanos (ſcheint ein Stück des Buches de bello
adverſus Alanos zu ſeyn, den A. ſelbſt geführt hat).
— Ausgabe: cum interpretibus latinis et notis; ex recenſione Nic. Blancardi. Amſt. 1683. 8. (Es ſind
noch andere Schriften von A. dabey). — Aelianus,
ein Grieche, (um 130) ſchrieb Ταχτιϰα ſ. de militaribus
ordinibus inſtituendis. — Ausgabe: opera et ſtudio
Sixti Arcerii, qui praeter verſionem et notas, addidit

illuftrium aliquot praeliorum e veteribus defcriptiones, cum
acierum nonnullis iconifmis tabulis aen. expreffis. Lugd.
Bat. 1613. 4. Teutfch mit Anmerk. v. Baumgärtner (f. vorhin Onofander). — Polyaenus, ein Ma-
cedonier (um 165) befchrieb Kriegsliften berühmter Feldherrn in 8 Büchern, wovon das 6te und 7te nicht mehr
vollftändig find; fo dafs die aus 900 Exempeln beftandene
Sammlung nur 830 enthält. — Ausgabe: recenfuit,
Vultejii verfionem lat. emendavit et indicem graecum adiecit Sam. Mufinna. Berol. 1756. 8. Franz. mit
Anmerk. Paris 1743. 3 Voll. 12. (Es ift auch Fron-
tin dabey). Teutfch mit Anmerk. Frankf. am M.
1793 — 1794. 2 B. 8. — Modeftus (um 270) de vo-
cabulis rei militaris; inter Veteres de re militari fcriptores. (Vefal. 1670. 8).

IX. Zuftand der philofophifchen Wiffenfchaften.

I.

Aufser dem, was fchon zu Anfang diefes Zeitraumes
im Allgemeinen erinnert wurde, ift hier noch zu bemerken, dafs, bey der defpotifchen Alleinherrfchaft der Römer über alle kultivirte Gegenden des Erdbodens, und unter den damit verknüpften Umftänden, Philofophie zwar
getrieben, aber nicht vervollkommnet noch veredelt wurde. Mit dem Untergang der republikanifchen Verfaffung
wich nicht allein der Anlafs zur Bearbeitung derjenigen
Theile diefer Wiffenfchaft und zu den Kenntmiffen, die
dem Bürger und Staatsmann einer Rep. nöthig find, fondern der hohe Sinn, den die praktifche Philofophie, befonders die ftoifche, einflöfste, machte den römifchen
Defpoten alle Philofophie verdächtig; und fie verfolgten
fie deshalb auf mancherley Art. — Die Logik blieb da

ftehen, wo die Griechen fie gelaffen hatten. Die Moral,
immer die Lieblingswiffenfchaft der alten Philofophen, war
es auch in Rom: nur, dafs fie noch fehr mangelhaft war,
und nicht Beweggründe genug darbor, mit Nachdruk auf
den Willen zu wirken, und weil fie mitunter wohl gar
der Sinnlichkeit das Wort redete. Die Lehren, die wir
unter dem Namen der Metaphyfik zufammenfaffen, waren
bey den Griechen äufserft mangelhaft, und blieben es auch
bey den Römern, weil fie ganz auf abftracten Begriffen
beruhen, welche mehr als gewöhnliches Nachdenken er-
fodern.

2.

Die alten philofophifchen Schulen wurden unter den
Griechen fortgefetzt. Die ftoifche Philofophie lehrten:
Athenodorus, Q. Sextius, Annäus Cornutus,
Mufonius Rufus (von deffen Grundfätzen Fragmente
übrig find. Vergl. Dan. Wyttenbachii D. de Mu-
fonio Rufo, philofopho ftoico. Amft. 1783. 4), Epicte-
tus (von Hierapolis in Phrygien, um 90, kam nach Rom,
gieng aber, bey Verfolgung der Philofophen durch Domitian, nach Nikopolis in Griechenland, und lehrte Philofophie mit großem Beyfall. Von feinen Schriften hat fich
nichts erhalten: aber fein Schüler Arrianus fchrieb feine Difcourfe auf, und brachte fie auf die Nachwelt. Er ift
auch Verf. des, wahrfcheinlich daraus gezogenen Enchi-
ridions oder Handbuches, das bündig und deutlich die
Hauptgrundfätze der ftoifchen praktifchen Philofophie enthält. Ausgaben: Gr. et Lat. cum fcholiis graecis et novis animadverff. curavit C. G. Heyne; altera ed. emend.
et auct. Varfav. et Dresd. 1776. 8 min. — cum Cebe-
tis tabula gr. et lat. Graeca ad fidem veterum librorum denuo recenfuit, lat. verf. diligenter recognovit et emendavit

J. Schweighäufer. Lipf. 1798. 8 mai. — Vergl.
Vie d'Epictete et fa philofophie; par Giles Boileau.
2de ed. revue et augmentée. à Paris 1665. 12. — Arrian's Diff. find öfters mit dem Enchiridion gedruckt;
vorzüglich cum notis integris J. Schegkii et Hier.
Wolfii felectisque aliorum doctorum annott. recenfuit et notis et indice illuftravit J. Uptonus.
Lond. 1741. 2 Voll. 4. —. Simplicius, ein Philofoph
zu Alexandrien im 6ten Jahrhundert, fchrieb einen griech.
Commentar über das Enchiridion, der auch, nebft Sau-
maifen's Commentar über diefen Commentar, befindlich
ift bey der Ausgabe des Enchir. von Dan. Heinfius. L.
B. 1640. 4), und Kaifer M. Aurelius Antoninus
Philofophus († 180). hieng der ftoifchen Schule fo feft
an, dafs er fich fogar in Kleidung, Diät und andern Neben-
fachen nach ihren Vorfchriften richtete. Seine griechifch
gefchriebenen 12 Bücher Betrachtungen über fich
felbft, philofophifche Selbftgefpräche, find ein herrliches
Denkmahl eines mit feiner moralifchen Verbefferung un-
abläffig befchäftigten Fürften. Es find aber keine zufam-
menhängende, fondern zerftreute Gedanken, wie fie ihm
zu verfchiedenen Zeiten und an verfchiedenen Orten, oft
mitten im Geräufche der Regierungsgefchäfte, einfielen.
Der Stil, obgleich nicht verwerflich, hat, befonders wegen mancher neuen Worte, einige Dunkelheit. Ausgaben: de rebus fuis libri 12, locis haud paucis repurgati,
fuppleti, reftituti; verfione infuper latina nova, lectionibus item variis locisque parallelis ad marginem adiectis, ac
commentario perpetuo explicati, ftudio Th. Gatakeri.
Cantabr. 1652, 4; in eiusd. Opp. (Traj ad Rh. 1698.
fol.); acc. tertiae editioni, a Georgio Stanhope cu-
ratae, Andr. Dacerii annot. felect. ex gallico latinitate
donatae. Lond, 1707. 4. — von Joh. Pet. de Joly,

unter dem Titel: Pugillaria Imperatoris M. Aur.
Antonini, graece scripta, disiecta membra-
tim et, quantum fieri potuit, restituta pro ratione argumentorum. Parif. 1774. 12. (Es sind viele
Handsch. bey diefer Ausgabe gebraucht worden.) —cum syl-
labo variarum lect. et coniecturarum, partim veterum partim nunc recens additarum (cura S. F. N. Mori). Lipf.
1775. 8 mai.   Teutfch mit Anmerkungen und Verfuchen zur Darftellung ftoifcher Philofopheme, von J. W.
Reche. Frankf. 1797. 8. — Vergl. J. D. Köleri D.
de philofophia M. Aur. Antonini in theoria et praxi. Altd.
1717. 4.   C. F. Walchii Comm. de religione M. Aur.
Antonini, in nnmis celebrata; in Actt. Soc. lat Jen. p. 209
fqq. C. Meiners de M. A. Antonini ingenio, moribus
et fcriptis; in Commentt. Soc. reg. Gött. 1785. T. 6.
p. 107 fqq.

3.

Die peripatetifche Philofophie wurde durch die
Ausleger des Ariftoteles ausgebreitet, von denen kurz vor
diefem Zeitraum Andronikus von Rhodus der vornehmfte ift.   Er machte fich um die Wiederherftellung
des Textes der Ariftotelifchen Schriften verdient, und foll
Verfaffer der Paraphrafe von Ariftoteles Ethic. ad Nic.
feyn. (Ed. Dan. Heinfii Lugd. Bat. 1607. 4. ib.
1617. 8. Cantabr. 1679 8). Aufser andern ähnlichen
Männern ift noch zu merken: Alexander von Aphro-
difias in Karien (um 200), öffentlicher Lehrer der peripat. Philofophie zu Athen oder zu Alexandrien, der an
Gründlichkeit alle Nachfolger des Arift. übertraf.   Weil er
zugleich deffen Worten und Meynungen vollkommen treu
blieb; fo erwarb er fich durch deffen Auslegung nicht allein den Titel des Exegeten, fondern auch das Ver-

trauen aller folgenden Ausleger unter den Griechen, Lateinern und Arabern. Seine Anhänger hiefsen A l e x a n-
d r e e r, zum Unterfchied der mehr fynkretiftifchen Peripatetiker. . (Das genaueste Verzeichnifs feiner vielen Commentarien anderer Schriften, nebft deren Ausgaben, liefert, mit H a m b e r g e r's Beyhülfe, A d e l u n g zum Jä-
c h e r). — T h e m i ftiu s, von dem hernach unter den Rednern, gehört auch hierher.

4.

Manche, die als Volksphilofophen glänzen wollten,
fanden in den Fabeln, womit die Gefchichte und Philofophie des P y t h a g o r a s verunftaltet waren, Stoff. fich
durch Schwärmerey und vorgebliche Wunder bey dem
Pöbel von allen Ständen in Achtung zu fetzen. Zu ihnen
gehört hauptfächlich A p o l l o n i u s v o n T y a n a in Kappadocien (um 60). Er war von feinem 16ten Jahre an
ein ftrenger Pythagoräer, reifte weit und breit herum,
und hielt fich zuletzt wechfelsweife zu Smyrna und Ephefus auf, und unterhielt die leichtgläubigen Einwohner mit
feinen Orakelfprüchen und Abentheuern. Im Jahr 98 ftarb
er oder wurde, wie man fagte, unfichtbar. Seiner Wunder und Weiffagungen wegen fetzten ihn die Heyden
Chrifto entgegen. Dennoch wurde er zu Anfang des
4ten Jahrh. durchgehends für einen Betrüger und Zauberer
gehalten; ja, fchon bey feinem Leben erklärte ihn Euphrades, den er doch ganz für fich eingenommen hatte,
für einen unwiffenden und fchädlichen Menfchen. A.
fchrieb verfchiedenes, wovon aber nichts übrig ift, als 85
Briefe, gegen deren Aechtheit fich aber Manches einwen-
den läfst: wenigftens ift fehr glaublich, dafs fie P h i l o-
ftratus, durch deffen Hände fie giengen, verfchönert
und erweitert habe. — V e r g l. P h i l o ftratus unten

II. Hh

X.B. Bayle in Dict. G. Olearii D. de Apollonio, vor
feiner Ausg. der Philoftrate. I. L. Moshemii, D. de
Apollonii talismanibus; in Bibl. Brem. Cl. 3. fafc. 1. p. 1.
fqq. Eiusd. D. de exiftimatione Apollonii, cum fpicile-
gio brevi de fcriptis eiusdem; in eius obff. facr. (Amft.
1721. 8.) p. 260 fqq. p. 383 fqq. Beyde auch in deffen
von Miller gefammleten Commentt. et Oratt. varii arg.

5.

Die Emanationslehre, mit Ideen der neoplatonifchen
Philofophie vermifcht, und auf die chriftliche Religion angewandt, brachte bey den Chriften die fogenannte gnofti-
fche Philofophie hervor, durch welche die Kirche
eine lange Zeit zerrüttet wurde und viele Uneinigkeiten
unter ihren Gliedern entftanden. Die Valentinianer,
eine Abart der Gnoftiker, welche pythagorifch platonifche
Ideen mit dem Chriftenthum zu verbinden fuchten, brachten beynahe daffelbe vor. Die beffer gefinnten Lehrer eiferten fehr gegen beyde, und verfielen darüber ins andre
Extrem. Von der beffern heydnifchen Philofophie machten
die Chriften erft in dem zweyten Jahrhundert Gebrauch.
Der Uebertritt einiger Philofophen zum Chriftenthum und
die Vertheidigung deffelben gegen gelehrte Heyden, verfchaffte der platonifchen Philofophie, die fich am beften
zur Theorie des Chriftenthums zu fchicken fchien, Einfluß. Juftin der Märtyrer, Tatian, Theophilus von Antiochien u. f. w. verdienen hier ihre Stelle. (S. mehreres von ihnen bey der Theologie). Vergl.
C. F. Röfslers Abh. über die Philofophie der erften
chriftl. Kirche; in deffen Bibl. der Kirchenväter Th. 6.
Eiusd. D. de originibus philofophiae ecclefiafticae. Tubing. 1781, 4. Auch in felect. hiftor. philof. Theol.
T. 1. pag. 27—48. (Lipf. 1787. 8.) — 10. Franc.

Buddei D. de haerefi Valentiniana; in eius hift. philof.
Ebraeor. p. 561—736.

6.

Die ächte Philofophie des Plato fieng auch in diefem
Zeitraume wieder an, obgleich nicht in ihrer Reinheit,
empor zu kommen, und ward von einigen in wiffenfchaftlichen, von andern in populären Schriften
vorgetragen. Zu den erftern gehören: Galenus,
der Arzt; Alcinous um den Anfang des 2ten Jahrh.
(der eine Einleit. in die plat. Philof. fchrieb), Albinus,
fein Zeitgenoffe, (der eine ähnliche Einleit. fchrieb, welche, nebft derjenigen vom Alcinous, I. F. Fifcher in
feiner Ausgabe einiger Gefpräche von Plato am beften
edirte, Lipf. 1783. 8.), Theon von Smyrna, Taurus, Numenius. Zu den andern: Favorinus, Plutarchus (der fich in feinen philof. Schriften als ein uner-
müdeter Forfcher der Wahrheit und ächter Freund der
Weisheit und Tugend auszeichnet; z. B. de superfti-
tione; quomodo adulator ab amico internofci
poffit; de audiendis poëtis; Platonicae quaeftiones; convivium feptem fapientum. Der
Tractat de educatione puerorum ift feines Namens
unwürdig. Ausgabe: Plutarchi Moralia, i. e. Opera,
exceptis vitis, reliqua; Graeca emendavit, notationem
emendationum, et Latinam Xylandri interpretationem ca-
ftigatam fubiunxit, animadverfiones explicandis rebus ac
verbis, item indices copiofos, adiecit Dan. Wytten-
bach. T. I. Oxon. 1795. 4 mai. et 8 mai. und in den
oben angeführten Opp.); Cl. Ptolemaeus und Lucius Apulejus (von Madaura in Africa, um 160; ftudirte zu Karthago, Athen und Rom; und war als Redner,
Rechtsgelehrter und Philofoph, aber auch wegen feines

Hh 2

Hanges zum Wunderbaren und zur Schwärmerey, fehr berühmt. Von feinen Schriften gehören hierher: D e habitudine doctrinarum et nativitate Plato- nis libri 3 und de Deo Socratis. — Opera cum var. lectt. Altenb. 1778. 2 Voll. 8 min. — Sie verra- then Gelehrfamkeit, aber auch das Zeitalter, wo Aber- glaube aller Art die Menfchheit beherrfchte. Die Schreib- art ift nicht ohne Witz, verräth aber den Schwulft und das Rauhe eines Afrikaners). Vergl. J. J. Jägle (Praef. Oberlino) L. Apulejus, Aegyptiis myfteriis ter initiatus. Argent. 1786. 4. — Gewiffermafsen kann man auch hierher rechnen: Dio Chryfoftomus, Maximus Tyrius und Lucian; von denen hernach. So auch den alexandrinifchen Juden Philo, der eine ganz grie- chifche Erziehung gehabt hatte, und daher auch an der damahls zu Alexandrien herrfchenden morgenländifch - pla- tonifchen Philofophie Gefchmack fand. Er zeichnete fich befonders durch feine allegorifche Erklärungsart der bibli- fchen Bü▪▪r aus, die er vorzüglich übertrieb, die aber auch nothwendig war, wenn die morgenl. unplatonifche Philofophie nur einigermafsen zum Gefetz Mofis paffen follte. Seine vielen Schriften theilt man ein in kosmo- poëtifche, hiftorifche und gefetzliche. Hier- her gehört nur diejenige über den Urfprung der Welt und einige geringere, die zwar viel griechifche Gelehrfam- keit, aber auch einen herrfchenden Hang zu aller Art von Schwärmerey verrathen. — Ausgaben: von Th. Mangey. Lond. 1742. 2 Voll. fol. — von A. F. Pfeiffer. Erlang. 1785—1792. 5 Voll. 8 mai. (Noch nicht vollendet). I. A. Fabricii D. de Platonifmo Phi- lonis. Lipf. 1693. 4. und in deffen Opufc. (Hamb. 1738) pag. 147 fqq.

7.

Weit geringer war die Zahl der Anhänger anderer philosoph. Sekten, die sich einigen Namen erworben haben; wie z. B. die Epikurer: Celfus (der das Christenthum beftritt), Diogenes von Laërte in Cilicien (nach 250). Wir haben von ihm in griechifcher Sprache 10 Bücher de vita, placitis et acute dictis clarorum philofophorum. — Ausgaben: Gr. et lat. cum integris annotatt. Jf. Cafauboni, Th. Aldobrandini et Mer. Cafauboni; latinam Ambrofii verfionem complevit et emendavit Marc. Meibomius etc. Amftel. 1692. 2 Voll. 4. Gr. et lat. ad fidem optimorum librorum quam correctiffime recenfiti et nunc primum in capita, eaque in numeros, diftributi, infertis 26 Philofophorum figuris aeri incifis et additis indicibus, ante vulgatis longe locupletioribus a P. D. Longolio. Curiae Regnitianae 1739. 8 mai. Lipf. 1759. 8 mai. — (Zwar eine Compilation ohne Verftand, Gefchmack und Wahl, und in einem lahmen Stil abgefafst: aber dennoch allen Dankes werth, weil wir ohne fie von der alten Gefchichte der Philofophie wenig wiffen würden); und die Skeptiker, an deren Spitze Sextus Empirikus fteht, ein Arzt von der Sekte der Empiriker, der wahrfcheinlich gegen das Ende des 2ten Jahrh. blühte, und mit einer feltenen Gelehrfamkeit philofophifchen Scharffinn, Witz und Laune in einem hohen Grade verband. Schrieb in griech. Sprache: 1) Pyrrhoniani Compendii f. Commentariorum fcepticorum l. 3.; auch Hypotypofes betitelt, enthalten die meiften Lehrfätze des Syftems der Skeptiker. 2) Adverfus Mathematicos l. 11. eine Anwendung der pyrrhonifchen Kunft auf alle damahls geltende philofophifche Syfteme und andere Wiffenfchaften. — Ausgabe: — Graeca ex MSS. Codd.

castigavit, verfiones emendavit fupplevitque et toti operi
notas addidit I. A. Fabricius. Lipf. 1718. fol. — ex
recenfione Fabricii curavit et commentario illuftravit J. G.
Mund. Vol I. P. I. Hal. 1796. 4. — In diefen Werken
fteckt ein unbefchreiblicher Schatz nützlicher Kenntniffe.
Ihr Urheber ift in Darftellung der ältern philof. Syfteme
treu und wahr; er erfcheint überall als gründlicher fleiffiger Forfcher und Kenner derfelben. Aber er zeigt auf
der andern Seite auch feine Skeptis mit folchem Eifer, oft
fo treffend, und im Ganzen fo intereffant, dafs man weder
feiner Gelehrfamkeit, noch diefer Skepfis, Achtung verfa-
gen kann. Um ihm wegen mancher unbedeutender Kritiken Gerechtigkeit wiederfahren zu laffen, mufs man fich
in fein Zeitalter und in den Zuftand der Philofophie während deffelben verfetzen. — Vergl. Buhlen's Lehrbuch
der Gefch. der Phil. Th. 3. S. 308 — 448.

8.

Aus perfifchen, chaldäifchen, chriftlichen und jüdifchen Ideen bildete fich nach und nach, zumahl unter den
Juden, noch vor Chriftus, jene abergläubifche morgenländifche Philofophie, die bey ihnen den Namen der Kabbala (mündliche Ueberlieferung) annahm. Zwar ift diefes, der Aufklärung fo nachtheilige Ungeheuer, ihrem
Vorgeben nach, fo alt, als ihr Volk: aber es ift wahrfcheinlich genug, dafs fie vor der Wegführung nach Babel
nichts davon gewufst haben. Indeffen ift doch das Buch
Jezirah, worinn diefer Unfinn enthalten ift, eines der
älteften nach jenem Zeitpunkt, das den Talmud an Alter
übertrifft. Es begreift die morgenländifch-pythagorifche
Philofophie in der ihr eigenthümlichen Tracht, d. h. in
derjenigen allegorifchen und myftifchen Schreibart, in
welche diefe Philofophie gewöhnlich eingekleidet wurde.

Zwey andere ähnliche Bücher, S o h a r. und B a h i r, find jünger. Der grofse Punkt, um welchen fich diefe fogenannte Philofophie drehte, war die ftufenweis gefchehene Entwickelung aller Dinge aus dem Wefen Gottes. Eine Lehre, die von den frühesten orientalischen Schulen an bis auf Plato in einen fehr bildlichen und allegorifchen Vortrag eingekleidet wurde, bey den Juden aber von der wildeften und ungereimteften Art war. Sie theilten fie in die theoretifche und praktifche; und beyde hatten wieder ihre Uiterabtheilungen. Vergl. Origines philofophiae myfticae f. Cabbalae veterum Ebraeorum brevis delineatio; in Obff Hal. T. I. p. 1—26. Remarques fur l'antiquité et l'origine de la Cabale; par M. de la N a u z e; in M é m. de l'A c. des I n f c r. T. 9. Teutfch in Hifsmann's Mag. B. 1. S. 245 u. f. J. F. K l e u k e r über die Natur und den Urfprung der Emanationslehre bey den Kabbaliften. Eine gekr. Preisfchrift. Riga 1786. gr. 8.

9.

Zu Ende des 2ten und Anfang des 3ten Jahrh. entftand zu Alexandrien eine Art e k l e k t i f c h e r Philofophie, die nicht allein die Pythagorifche mit der Platonifchen, fondern auch beyde mit den alten Orientalifchen Emanztionsfyftemen zu verbinden fuchte; eine Erfcheinung, die der Aufklärung und Philofophie jener Zeit überaus nachtheilig ward, weil beyde dadurch wieder um mehrere Jahrhunderte zurückgefetzt wurden. Auf diefe fogenannte n e u p l a t o n i f c h e oder A l e x a n d r i n i f c h e Philofophie foll zuerft P o t a m o verfallen feyn: da man aber faft gar nichts Zuverläffiges von ihm weifs; fo nimmt man mit fichererm Grund den Aegypter A m m o n i u s S a c c a s als Stifter derfelben an (um 220.) Von chriftlichen Eltern gebohren, trat er zum Heydenthum, und

und widmete fich ganz der Philofophie. Weil fein Syftem
allen bisherigen Zänkereyen der ältern Schulen und der Un-
einigkeit 'er verfchiedenen Religionsverwandten einEnde zu
machen fchien; fo verdunkelte nicht nur feine Schule alle
übrige, fondern es hörten ihn auch viele nachherige chriftliche Lehrer.   Er hinterlies keine Schriften, und ftarb
wahrfcheinlich 243, ungefähr 80 J. alt.   Unter feinen vielen Schülern find vorzüglich berühmt: Longinus (von
dem hernach), Herennius und Origenes: am aller-
berühmteften aber Plotinus von Lykopolis in Aegypten
(ft. 270).   Ammonius hatte feine Philofophie feinen Schülern als ein Geheimnifs anvertraut: Plotin hingegen lehrte fie öffentlich zu Rom.   Er fand defto mehr Beyfall, je
dunkler, verworrener und räthfelhafter fein Vortrag war,
der auch in feinen noch übrigen Schriften herrfcht. Man
kann darinn den fchwermüthigen, von einer zügellofen
Einbildungskraft beherrfchten Mann nicht verkennen; fo
viele Mühe fich auch Porphyrius gegeben haben will, gefunden Menfchenverftand hinein zu bringen. Es find ihrer
54, in 6 Enneaden abgetheilt.   Marfilius Ficinus,
der fie auch ins Latein. überfetzte, gab fie heraus zu Bafel
1580 fol.   Vergl. Porphyrius de vita Plotini et ordine fcriptorum eius cum Plotini Opp. (Vergl. Heumann
in Actt. Phil. St. 1. S. 138—159). Diefer Porphyrius
(eigentlich Malchus) aus Batanea in Syrien, hörte erft
den Longin zu Athen, hernach den Plotin zu Rom. Nachdem er fich eine Zeit lang in Sicilien und zu Karthago aufgehalten hatte, kehrte er nach Rom zurück, und lehrte
Philofophie und Beredfamkeit mit nicht weniger Beyfall,
als fein Lehrer, zumahl da er ihm an Entzückungen, Erfcheinungen und andern theurgifchen Schwärmereyen
nichts nachgab. († nach 300). Schriften: Vita Pythagorae et Plotini; de abftinentia ab efu ani-

mantium; fententiae ad intelligibilia ducen-
tes (eine Art von Einleitung zu Plotin's Schriften); de
antro Nympharum; ifagoge de quinque voci-
bus f. praedicabilibus etc. — Ausgaben: Vita
Pyth. Sententiae etc. de antro Nympharum, Luc. Holfte-
nius lat. vertit, diff. de vita et fcriptis Porphyrii et ad vitam Pyth. obff. adiecit. Rom. 1630. 8. Vita Pyth. ed.
Lud. Küfter. Amft. 1707. 4. De abftin. ed. c. nott.
J. de Rhoer. Traj. 1767. 4. De antro ed. cum animadverff. R. M. de Goens, ib. 1765. 4. — Jamblichus
von Chalcis in Koele-Syrien fteht feinem Lehrer Porphyr
weder in Anfehung des Ruhmes noch der theurgifchen
Schwärmerey nach. Er lehrte die Verbindung der Menfchen
mit Dämonen durch magifche Verrichtungen, und that —
Wunder. (†vor 333). Schriften: De myfteriis Ae-
gyptiorum (Vergl. Meiners in Judicio de libro, qui
de myft. Aeg. infcribitur et Jamblicho plerumque vindicari
folet; in Commentt. Soc. Goett. per a. 1781. Vol. 4);
de vita Pythagorica f. Commentarii Pythago-
rici L 10., davon aber nur das 1fte, 2te, 3te, 4te und
7te gedruckt find. Ausgaben: de myft. Aeg. a Th.
Gale, cum verf. et nott. Oxon. 1678. fol. de vita Pyth.
liber gr. et lat. notis perpetuis illuftratus a L. Kuftero.
Amft. 1707. 4. Den ftärkften Gewinn aus diefen Schriften
zieht die Gefchichte der Philofophie. — Vergl. G. E.
Hebenftreitii D. de Jamblichi, Philofophi Syri, doctrina, Chriftianae religioni, quam imitari ftudet, noxia,
Lipf. 1764. 4. Introductio in librum Jamblichi tertium
de generali mathematum fcientia; auct. I. G. Friis.
Hafn. 1790. 4

Seitdem durch den K. Konftantin die chriftl. Religion
die herrfchende geworden war, durften die Neuplatoniker

nicht ohne Lebensgefahr öffentlich lehren: doch gab es
ihrer noch fehr viele, z. B. Aedefius aus Cappadocien,
der zu Pergamum unter ſtarkem Zulauf lehrte: vor allen
übrigen aber zeichnete ſich K. Julian fehr vortheilhaft
aus. Durch ihn erhob ſich die eklektiſche Philoſophie wieder etwas, und hatte einige fehr gelehrte Anhänger, z. B.
Eunapius aus Sardus in Lydien (um 390), deſſen Lebensbeſchreibungen der Philoſophen und Sophiſten feiner
Zeit die Hauptquelle für die Geſchichte dieſer Philoſophie iſt,
ob es ihm gleich an allen hiſtoriſchen Talenten fehlt. Gr.
et lat. interprete Hadr. Junio. Genevae 1616. 8.

Die meiſten dieſer Philoſophen waren wirklich Männer von Scharfſinn und thätigem Eifer für die Wiſſenſchaften; allein, da ſie den wahren Zweck der Philoſophie ver-
fehlten; ſo dienten ihre Arbeiten mehr dazu, den menſchlichen Verſtand zu verfinſtern, als zu erleuchten. Die
gemeinnützigſten Kenntniſſe wurden von den Neuplatoni-
kern vernachläſſigt, indeſs ihr Geiſt ſich in metaphyſiſchen
Wortſtreitigkeiten erſchöpfte, die Geheimniſſe der un-
ſichtbaren Welt zu erforſchen ſuchte, und ſich bemühte,
den Ariſtoteles mit Plato über Gegenſtände zu vereinigen,
in Anſehung welcher beyde eben ſo unwiſſend waren, als
der übrige Theil des Menſchengeſchlechts. Sie ſchmei-
chelten ſich mit dem Beſitz des Geheimniſſes, die Seele
aus ihrer körperlichen Gefangenſchaft zu befreyen, gaben
vertraute Unterredungen mit Dämonen und Geiſtern vor,
und verwandelten das Studium der Weltweisheit in Beſchäftigung mit Magie. Die alten Philoſophen hatten über den
Volksaberglauben geſpottet: Plotin's und Porphyr's Schüler
verkleideten ihn in den dünnen Schleyer der Allegorie,
und wurden feine wärmſten Vertheidiger. Da die Chriſten dieſe Afterphiloſophie häufig und begierig ergriffen;

fo kann man leicht urtheilen, wie fehr ihre Religion dadurch entftellt, und was für unfäglicher Schaden ihr dadurch auf viele Jahrhunderte hinaus zugewachfen ift. Die
Neuplatoniker waren indeffen keine fo abgefagten Feinde
der Chriften, als man ehehin gewöhnlich glaubte. Vergl.
J. L. Moshemii Comment. de turbata per recentiores
Platonicos ecclefia; in deffen Diff. hift. eccl. p. 85 fqq. und
in deffen Ueberf. von Cudworth. C. A. G. Keil
D. de cauffis alieni Platonicorum recentiorum a religione
Chriftiana animi. Lipf. 1785. 4. Eiusd. Commentationes VI. de doctoribus veteris ecclefiae culpa corruptae per
Platonicas fententias theologiae liberandis. ib. 1793—1798.
4. C. F. Roesler D. de commentitiis philofophiae Am-
monianae fraudibus et noxis. Tub. 1786. 4. C. Meiners Beytrag zur Gefchichte der Denkart der erften Jahrhunderte nach Chr. Geb. in einigen Betrachtungen über die
neuplatonifche Philofophie. Leipz. 1782. 8. Neuplatonifche Philofophie, von Fülleborn; in deffen Beytr.
St. 3. S. 70—85. Tiedemann's Geift der fpekul. Philof. B. 3. S. 263—455.

10.

Unter den Römern fand die Philofophie nur wenig
Freunde, und diefe giengen auf der von den Griechen ge-
machten Bahn gemächlich fort, liefsen fich vom Geifte des
Zeitalters, der Sucht, über alles zu declamiren, hinreif-
fen, fuchten einzig im blumenreichen, mit blendendem
Witz und gezwungenen neuen Wendungen angefüllten
Vortrage ein Verdienft, und lebten entweder felbft ihren
Maximen nicht gemäfs, oder, wenn fie auch dies thaten;
fo fehlte ihnen doch Kraft oder Methode, ihrem Syftem
Einflufs in die Handlungsweife ihrer Mitbürger zu verfchaf-
fen. Denn entweder — und dies thaten die meiften —

fchrieben fie in griech. Sprache oder ftellten fo unerreich-
bare Ideale eines Weifen auf, oder bedienten fich einer
fo unverftändlichen Sprache, dafs, auch ohne die übrigen
eintretenden Nebenumftände, Philofophie unmöglich ins
Herz dringen und eine moralifche Revolution bewirken
konnte. Der grofse Haufe fpielte mit Magie, Aftrologie,
Daemonologie; und nur ein kleiner Theil aus den höhern
Ständen ergab fich der ftoifchen und epikurifchen
Philofophie. Zu den erftern gehört L. Annaeus-Se-
neca, der unter dem Kaifer Claudius aus feinem Vaterlande
Spanien nach Rom kam. Nachdem er Quaeftor gewefen
und auf Meffalinens Veranftaltung eine Zeit lang nach
Corfica war verwiefen worden, machte ihn Agrippina,
Nero's Mutter, zum Hofmeifter ihres Sohns, unter deffen
Regierung ihn die Ränke der Hofleute ums Leben brachten (65). Schriften: De ira l. 3; de confolatione l. 3;
de providentia; de animi tranquillitate; de conftantia fapientis; de clementia; de brevitate vitae; de vita beata;
de otio aut feceffu fapientis; de beneficiis. Ausgaben:
Opp. omnia, integris Lipfii, J. F. Gronovii et felectis
variorum commentariis illuftrata etc. — Amft. 1672. 2
Voll. 8. — acc. a viris doctis ad Senecam annotatorum
delectus. Lipf. 1702. 2 Voll. 8. ib. 1770. 2 Voll. 8 mai.
— recognovit et illuftravit F. E. Rühkopf. Vol. 1. Lipf.
1797. 8 mai. Teutfch, mit Vorerinnerungen und
Anmerk. wie auch mit einer Einleitung über Seneca's Leben, Charakter, Schriften, Schreibart u. f w. von J. F.
Schilke Halle und Leipz. 1796. gr. 8. — Quintilian
in Inft. orat. X. 1: Senecae et multae et magnae vir-
tutes fuerunt: ingenium facile et copiofum plurimum, ftudii, multarum rerum cognitio: in qua tamen aliquando ab
iis, quibus inquirenda quaedam mandabat, deceptus eft.
Tractauit etiam omnem fere ftudiorum materiam; nam et

orationes eius, et epiftolae, et dialogi feruntur. In philofophia parum diligens, egregius tamen vitiorum infecta-
tor fuit. Multae in eo claraeque fententiae, multa etiam
morum gratia legenda: fed in eloquendo c. r upta plera-
q e, atque eo pernici fiffima quod abundant dulcibus vitiis. — Multa probanda in eo, multa etiam admiranda
funt; eligere modo curae fit, quod utinam ipfe feciffet!
Digna enim fuit illa natura, quae meliora vellet, quae,
quod voluit, effecit. — Vergl. Hift. literaria de Efpaña por
Rafael y Pedro Rodriguez Mohedano (Madrid
1780. 4 T. 6. (Diefer ganze B. handelt von S. und deffen Schriften. S. Meufel's Hift. Litt. von 1793.
S. 326—331). Vie de Seneque; par M. Diderot. à
Londres 1782. 2 Voll. in 8. Teutfch von Epheu
(Hanker). Deffau u. Leipz. 1782. 8. Seneca, der Sit-
tenlehrer, nach dem Charakter feines Lebens und feiner
Schriften entworfen von Felix Nüfcheler. 1 Bänd-
chen. Zürich 1783. 8. *(Vergl. Allg. teut. Bibl. B. 63.
S. 259).

. Der andere Römer, der die epikurifche Philofophie vorzog, war C. Plinius Secundus maior. (S.
vorhin VII. 5).

Anhang von der Paedagogik.

Unter den Römern, fo weit ihre Herrfchaft reichte,
vorzüglich aber in Rom felbft, artete die ehemahlige
Strenge in der Erziehung immer mehr und mehr in Weichlichkeit aus. Quintilian, der überhaupt in feinem unfterblichen Werk (von dem hernach) die bewährteften Regeln der Pädagogik ertheilt, Juvenal, befonders in der
14ten Satire, der jüngere Plinius und andere fchildern
diefen Verfall des Erziehungswefens deutlich und kläglich

genug. Die Erlernung der griechi**en Sprache wurde ein wefentlicher Theil des freyen Unterrichts. Aus
den Schulen der Grammatiker kamen die Jünglinge in diejenigen der Rhetoren, wo der Unterricht, nach Petron's
Zeugnifs, gewöhnlich fehr verkehrt ertheilt wurde. Die
meiften jungen Römer aus den höhern Volksklaffen. giengen nach Athen, um dort ihre Studien zu vollenden. Von
den Kaifern bekümmerten fich zwar einige um die öffentlichen Schulen, und forgten dafür, dafs die Schüler in der
römifchen Sprache geübt würden: aber die eigentliche Erziehung nahm immer mehr und mehr ab, bis die chriftl.
Religion ihre wohlthätigen Wirkungen verbreitete, und
einzelnen Familien häusliche Zucht wieder gab. Die Wiffenfchaften hingegen wurden durch die verheerenden Einfälle fremder Völker in die einfamen Klöfter verfcheucht,
wo fie entweder vergeffen oder nicht nach ihrer Beftimmung angewendet wurden.

X. Zuftand der fchönen Künfte und Wiffenfchaften.

A. Dichtkunft.

I.

Die Dichtkunft fowohl, als die Redekunft, geriethen
nach und nach in Verfall. Unter den Griechen war er
fchon gegen Ende des vorigen Zeitraumes fehr merklich.
In Rom blühten noch zu Anfang des gegenwärtigen die
fchönen Wiffenfchaften und Künfte: aber fehr fchnell folgten fie dem Hinfinken des Staats, der Sitten und des Gefchmacks. Ob man gleich den Dichtern nach Auguft's Regierung keineswegs einen gewiffen Werth abfprechen
kann; fo fehlt doch bey den meiften viel, dafs fie an Geift,
Stärke der Gedanken, Feinheit des Witzes und angemef-
fenem melodifchen Ausdruck ihren Vorgängern gleich ge-

kommen wären. Sie waren nicht blos Nachahmer
der Griechen, sondern auch der vaterländischen Muster.
Schwulst, Witzeleyen und alles, was nur auf entfernte
Weise den Schein der Neuheit hatte, galt für Schönheit.
Der Despotismus tödtete mit dem letzten Reste von Freyheit
auch alles Edle, Schöne und Grosse in der Dichtkunst. Die
grossen Köpfe, welche die Natur nicht aufhörte hervorzubringen, wurden unterdrückt und scheu gemacht, oder
erhielten eine schiefe Richtung. Die Poësie ward ein Gewerbe; nicht Begeisterung entflammte, wie sonst, die Seele zum Gesang, sondern der Wunsch, sich irgend einem
Grossen zu empfehlen. Versemacher kamen jetzt in Menge
zum Vorschein: desto weniger von der Natur berufene
Dichter. Bis zu Domitians Regierung gab es noch Dichter
von mittlerm Werth: nachher fiel die Poësie immer mehr,
und die Dichter jener Zeit verdienen wenig Achtung.

2.

Von griechischen Dichtern kann man nur anfüh-
ren: den Cilicier Oppian (um 200?) mit seinen zwar
unterhaltenden, aber an dichterischem Werth sehr gerin-
gen Lehrgedichten vom Vogel- und Fischfange; die vielleicht von 2 verschiedenen Dichtern herstammen. (Gr. et
lat. ed. J. G. Schneider. Argent. 1776. 8. Oppiani
poëmata — T. 1. Cynegetica ad quatuor MSS. Codd. fidem
recensuit et suis auxit animadverss. J. N. Belin de Ballu.
ib. 1786. 4. n. 8); und Babrius oder Gabrias mit
seinen Fabeln (s. oben Zeitraum I. Nr. X. 6).

Hierher dürfte wohl auch der vielseitige Lucianus
zu rechnen seyn. Zu Samosata in Syrien gebohren, lebte
er zwischen 122 und 200. Er studirte zu Antiochien Philosophie und Redekunst, unternahm viele Reisen, und starb
als kaiserl. Praefectus über einen Theil Aegyptens. Unter

feinem Namen find noch 83 Schriften, meiftens im Dialo
genftil verfaßt, vorhanden, deren einige aber nicht ächt
zu feyn fcheinen. Die vornehmften find: Timon, Pro-
metheus, Dialogi Deorum et Mortuorum,
Charon f. contemplantes, vitarum auctio, Pi-
fcator vel revivifcentes, quomodo hiftoria
fcribenda fit, imagines, de imaginibus, amo-
res (zweifelhaft: aber fehr fchön), Philopatris (eben
fo). Ausgaben: Gr. et lat. cum notis Tib. Hemfter-
hufii ed. J. F. Reitz. Amft. 1743. 4 Voll. 4. Die
dabey befindl. lat. Ueberf. die gewiffermafsen die Stelle
eines Kommentars vertreten kann, ift von J. M. Gefs-
ner). — ad ed. Reitzii accurate expreffa cum varietate
lectionis et annotationibus. Biponti 1789—1793. 10
Voll. 8 mai. Franz. mit Anmerk. (von Belin de
Ballu): à Paris 1788—1789. 6 Voll. gr. 8. Teutfch,
mit Anmerk. von C. M. Wieland. Leipz. 1788—1791.
6 Bände gr. 8.) L. entzückt durch die feine Laune,
die er über alles verbreitet, und durch die Eleganz feiner
fatyrifchen Züge. Seine Mine ift durchgehends fchalkhaft
und verbeffernd. Man fchätzt an ihm den Mann, der die
Welt gefehn und die Menfchen von Grund aus ftudirt hat;
den Gelehrten, der die klaffifchen Dichter, Redner, Gefchichtfchreiber und Philofophen mit dem fchärfften Nachdenken gelefen hat, der ihre Fehler belacht und tadelt,
und fich ihre Schönheiten fo zu eigen gemacht hat, dafs
man felbft die ältern Schriftfteller mit vorzüglicher Aufmerkfamkeit gelefen haben mufs, wenn man alle feine
von ihnen erborgten Züge entdecken und die häufigen
Anfpielungen auf Stellen derfelben erkennen und verftehen will. Seine geläuterten Einfichten veranlafsten ihn,
das heydnifche Götterfyftem zu verlachen und in feinen
Dialogen die Fabeln von den Thorheiten der Götter auf

das bitterſte durchzuziehen. Er war der erſte, der den
komiſchen Ton in die Dialogen brachte, und er iſt der
Vater der in Menge nach ihm geſchriebenen Geſpräche im
Reiche der Todten. Dem Chriſtenthum iſt dadurch mehr
Vortheil zugewachſen, als durch alle Apologieen der Kirchenväter. Seine Schreibart iſt der Satire ungemein an-
gemeſſen und hat den höchſten Grad der Richtigkeit und
Genauigkeit. Er ſetzt faſt kein Wort vergebens; jedes
hat ſeine eigene und angemeſſene Bedeutung. Seine
Compoſition iſt ſo harmoniſch, daſs man mehr ein Gedicht,
als Proſa, zu leſen glaubt.

Auch einige von griechiſchen Sophiſten geſchriebene
Romane fodern hier ihren Platz. Bey dieſer, erſt am
Ende des vorigen Zeitraums entſtandenen Dichtart fand
ihre regelloſe Phantaſie, ihr Haſchen nach ſchön klingen-
den Redensarten, ihr Fleiſs im Zuſammenleſen des Guten
aus den ältern Schriftſtellern, freyen Spielraum, und groſse
Erfindungskunſt war auch nicht dazu erfoderlich. Mit un-
ſern heutigen Romanſchreibern haben ſie wenig oder keine
Aehnlichkeit. Wir nennen nur folgende: Achilles
Tatius von Alexandrien (um 460), ein Chriſt und Bi-
ſchoff, ſchrieb: Klitophon und Leucippe in 8 Büchern (ex ed. B. G. L. Boden. Lipſ. 1786. 8 mai). —
Heliodórus von Emeſa (um 390), Biſchoff zu Tricca,
in Africa, ſchrieb: Aethiopica, oder die Liebe des
Theages und der Chariklea (ex ed. J. Bourdelotii.
Pariſ. 1619. 8.; et J. P. Schmidii. Lipſ. 1772. 8. Cf.
Philol. Bibl. B. r. S. 381—393). — Longus (zwiſchen
300 u. 400), der beſte von allen dieſen Erotikern. Sein
Schäferroman: Daphne und Chloë, athmet mehr Natur,
ſtrengere Achtung auf Wahrſcheinlichkeit, nicht ganz ver-
unglückte Darſtellung der Charaktere, als ſeine Kollegen;

übrigens dieselbe Jagd nach rednerischen Gemeinplätzen, um die niedlichen Sprachfloskeln anzubringen, (ex ed. B. G. L. Boden. Lipf. 1777. 8. Ex recenfione et cum animadverff. J. B. C. d'Anffe de Villoifon. Parif. 1778. 8 mai.). — Xenophon von Ephefus (um 400?) hinterlies in 5 Büchern die Liebesgefchichte der Anthia und des Abrokomas (ex ed. Ant. Cocchi. Lond. 1726. 8). — Chariton von Aphrodifium (um 400?) fchrieb: Liebesgefchichte des Chaereas und der Kallirrhoë in 8 Büchern. (cum commentario J. P. d'Orvillii. Amft. 1750. 4. ex ed. Reiskii. Lipf. 1783. 8 mai. Franz. mit Anmerk. à Paris 1763. 2 Part. 8). — Vergl. Saxii Onomaft. T. 1. p. 472—474. F. W. B. von Ramdohr's Venus Urania Th. 3. Abth. 1. S. 355—420.

3.

Die epifchen Dichter der Römer pflegten fich Virgil'n zum Mufter zu nehmen. Die didactifchen ftehen dem Range nach zuletzt; fie waren oft nicht vielmehr, als Ueberfetzer. In der Satire hingegen arbeiteten vortreffliche Köpfe, und ihre Werke gehören zu den fchönften Ueberbleibfeln der röm. Litteratur; wenn fie gleich von Flecken, Auswüchfen und bisweilen Fehlern im Ausdruck nicht ganz frey find. Für das Epigramm hat diefer Zeitraum viele Mufter aufzuweifen. Der Chronologie nach erfcheinen die röm. Dichter auf folgende Art.

Caefar Germanicus, Auguft's Enkel († 19), verfertigte ein Lehrgedicht Phaenomena et Prognoftica betitelt, oder vielmehr eine freye Ueberfetzung deffelben Werks von Aratus, in Hexametern. Die Phaenomena haben fich ganz erhalten: von den Progn. find nur einige Bruchftücke übrig. Eigenes dichterifches Ta-

lent blickt hier und da durch. — Ausgabe: cum nott.
var. ed. J. C. Schwarz. Cob. 1715. 8.

Phaedrus, ein Thrazier, und Auguſt's Freygelaſſe-
her, lebte noch nach 31, und machte die Römer zuerſt
mit der aeſopiſchen Fabel bekannt. Die von ihm ſelbſt
veranſtaltete Sammlung von Fabeln beſteht aus 5 Büchern.
Sie ſind in freyen Jamben geſchrieben; der Stoff iſt gröſtentheils Aeſop'en abgeborgt: die Einkleidung aber, bey der
er ſich einer ſimpeln, ungeſchmückten Schreibart bedient,
iſt ihm eigen. Die Verſe ſind wohlklingend, leicht und
natürlich. — Ausgaben: cum not. var. a Pet. Burmanno. Hag. Com. 1718. 8. Von demſelben mit einem
ganz neuen eignen Kommentar. Leidae 1727. 4 — ex
recenſ. Burmanni cum ſelectis notis et ſuis obſſ. ed. J. G. S.
Schwabe. Hal. 1779—1781. 3 Tom. 8. — Vergl.
J. F. Chriſtii de Phaedro eiusque fabulis proluſio. Lipſ.
1746. 4. — uberior expoſitio. ib. 1747. 4. J. N. Fun-
ckii pro Phaedro eiusque fabulis apologia. Lipſ. et Rint.
1747. 8. Romulus und Rimicius; in Leſſing's Beytr. zur
Geſch. u. Litt. I. 43—82.

T. Petronius Arbiter, aus der Gegend von Mar-
ſeille. K. Claudius übergab ihm die Verwaltung des Pro-
conſulats von Bithynien, und Nero machte ihn nach ſeiner
Rückkunft zum Conſul. Weil er die Luſtbarkeiten dieſes
letztern anzuordnen hatte, ſo bekam er den Beyhamen
Arbiter. Um den Ränken der Hofleute, die ihn aus der
Welt ſchaffen wollten, zuvor zu kommen, ließ er ſich die
Adern öffnen, und ſtarb frölich und ſcherzend (66). Es
ſind von ihm Theile, vielleicht Epiſoden, eines ſatiriſchen
Werks (Satyricon) übrig, das, nach Varro's Weiſe,
mit untergemiſchten Verſen geſchrieben iſt. Unter der
Perſon des Trimalchio werden die Thorheiten und Aus-
ſchweifungen des K. Claudius, mit unter nur allzunatür-

lich, gefchildert. Die Sprache ift. unnachahmlich fchön; der Witz neu und fein; überall blickt der Welt- und Hofton und ein feiner Beobachtungsgeift durch. — Ausgabe: ex recenfione P. Burmanni paffim reficta, cum fuppl. Nodobianis et fragmentis Petronianis: notas criticas aliasque et indicem uberrimum addidit Conr. Gottlob Anton. Lipf. 1781. 8 mai. Franz. mit Anmerk. von Lavaur, Paris 1726. 12. — Vergl. Saxii Onomaft. T. J. p. 241 fq.

Seneca (f. vorhin IX. 11) war auch Dichter. Unter feinem Namen exiftiren noch 10 Trauerfpiele, von denen man jedoch nicht weifs, ob fie wirklich ihm oder feinem Vater, dem Rhetor, oder beyden zuzufchreiben find. In allen, die Octavia ausgenommen, herrfcht diefelbe Manier; fie haben diefelben Schönheiten und diefelben Fehler mit einander gemein; beyde find aus Einer Quelle, aus dem Geifte der Zeit, gefloffen, in welcher ihre Verfaffer gelebt zu haben fcheinen. Vielleicht wurden diefe Tragoedien nicht einmahl für die Bühne verfertigt, fondern man wählte die dramatifche Form, als ein bequemes Mittel für rhetorifche Uebungen. In den meiften kommen Spuren vor, welche griechifche Mufter verrathen, nach denen der Verfaffer arbeitete. Hier und da ftöfst man doch auf fchöne Sentenzen und kühne Bilder. Ausgabe: cum nott. var. ed. J. C. Schroeder. Delphis 1728. 4 — Vergl. Leffing's theatr. Bibl. St. 2. D. H. G. de Pilgram (praef. Klotzio) D. de vitiis tragoediarum, quae vulgo Senecae tribuuntur. Goett. 1765. 4. Jakobs in den Nachtr. zu Sulzer B. 4. S. 2. S. 332—408.

A. Perfius Flaccus von Volaterra ftudirte vom 12ten Jahr an zu Rom, und war von Jugend auf ein warmer Verehrer des Stoicifmus, womit ihn Annaeus Corn.-

tus bekannt machte. Diefer vertilgte die meiften feiner
Schriften nach deffen frühzeitigem Tode (geb. 34 geft. 62)
aus Achtung für ihn; fo dafs wir nur 6 Satiren von ihm befitzen, worinn er feine lafterhaften Zeitgenoffen mit Bitterkeit geiffelt. Weit hergehohlte Allegorieen, Anfpielungen auf uns unbekannte Menfchen und Dinge, häufige
Auslaffungen und zu kühne Metaphern machen den Sinn
diefer Satiren hin und wieder räthfelhaft. Horaz war fein
Mufter: da er aber, eine ganz andere Laune und andere
Grundfätze hatte; fo muffen feine Gedichte einen eigenen
Ton und eine eigene Farbe erhalten. — Ausgaben:
cum Perfii vita, vetere fcholiafte, et If. Cafauboni notis, qui eum recenfuit et commentario illuftravit, una cum
eiusd. Perfiana Horatii imitatione; editio auctior et emendatior ex ipfius auctoris códice; cura Mer. Cafauboni;
acc. Graecorum interpretatio et index auctorum, rerum er
verborum locupletiffimus. Lugd. Bat. 1695. 4 — Text
und Ueberf. mit Einleitungen und Erläuterungen verfehen
von Fülleborn. Züllichau 1794 (eigentl. 1793) 8.

M. Annaeus Lucanus, Herzensfreund des vorigen, geb. zu Cordua in Spanien 38, aber fchon als Kind
von 8 Monaten nach Rom gebracht. Sein Oheim, L. A.
Seneca, hatte die Aufficht über den jungen Nero, und dadurch gelangte L. zu deffen Vertraulichkeit. Er wurde
Quaeftor und Augur. Aber fein Stolz zog ihm die Ungnade des Kaifers zu; weshalb er fich in eine Verfchwörung gegen ihn einlies, deren Entdeckung ihm das Leben
koftete (65). Von mehrern Gedichten, die er gefchrieben
haben foll, hat fich nur die in 10 Bücher abgetheilte Phar-
falia erhalten, weder ein epifches, noch didactifches,
fondern hiftorifches Gedicht, worinn der bürgerliche Krieg
zwifchen Caefar und Pompejus befungen wird, dem die

lerzte Hand fehlt, dem man das Streben, durch Gelehrfamkeit dem Vortrage Würde und der Schreibart Feyer-
lichkeit zu geben, anſieht, dem zu wenig Handlung und
zu viel Declamation beygemiſcht iſt, das aber dennoch
groſſe Achtung verdient. Viele Schilderungen, Reden und
Gleichniſſe ſind vortreflich und zeugen von einer Geiſtes-
ſtärke und Originalität; dergleichen man bey Virgil'n vergebens ſucht — Ausgabe: von P. Burmann, Leiden
1740. 4. Engliſch in Verſen, mit einer trefflichen Vorrede von Welwood, Lond. 1718. fol. ib. 1753. 2 Voll.
8. — Vergl. J. G. Meuſelii D. II. de Lucani Pharſalia.
Hal. 1767—1768. 4.

C. Valerius Flaccus (70?), von dem man nicht
viel mehr mit Gewiſsheit weiſs, als daſs er eine Epopöe vom
Zuge der Argonauten verfertigt hat, wovon wir 7 Geſänge und den Anfang des 8ten beſitzen. Apollonius von
Rhodus ſcheint ihm zum Muſter gedient zu haben, und er
kommt ihm ſehr nahe. Es ſind ihm mehrere Schilderungen und Situationen gelungen: aber im Ganzen fehlt es
ihm an Intereſſe, Lebhaftigkeit und Anmuth; ſeine Sprache
iſt zu ſtudirt, ſein Ausdruck zu holprig und dunkel. —
Ausgaben: cum nott. var. ed. P. Burmannus. Lugd.
Bat. 1724. 4 — cum nött. Burmanni integris ſelectisque
variorum ed. T. C. Harles. Altenb. 1781. 8.

P. Papinius Statius von Neapel (um 80), kam
aber bald nach Rom, wurde von K. Domitian ſehr geehrt
und bereichert, und begab ſich in ſeinem 35ſten Lebens-
jahr auf ſeines Vaters Landgut bey Neapel, wo er das Jahr
darauf ſtarb. Wir haben von ihm: 1. Thebais oder von
Eroberung der Stadt Theben in 12 Geſängen; wobey er
wahrſcheinlich ein verlohrnes Gedicht des Griechen An-
timachus ver Augen hatte. 2. Achilleis, von den

Begebenheiten vor dem trojanischen Krieg, 2 Gesänge, ein unvollendetes Gedicht nach einem fehlerhaften Plan; denn es sollte nicht eine Haupthandlung, sondern das ganze Leben Achills darinn besungen werden. In beyden Gedichten herrscht grosse, aber nicht immer gut angebrachte Belesenheit. Der Ausdruck ist schön und gröstentheils von Virgil entlehnt, aber auch schwülstig, dunkel und gezwungen. 3. Silvae oder vermischte Gedichte in 5 Büchern; theils Gelegenheitsgedichte, theils mit unter gut gelungene Spiele der Phantasie und mancherley Einfälle. — Ausgaben: Casp. Barthius recensuit et animaduertt. locupletiss. illustravit etc. Cygneae 1664. 4 Voll. 4. — accuratissime illustrati a J. Veenhusen. Lugd. Bat. 1671. 8. Sylvas ex vetustis exemplaribus recensuit et notas atque emendationes adjecit Jer. Marklandus. Lond. 1728. 4. — Vergl. Saxii Onomast. T. 1. p. 273 sq.

M. Valerius Martialis aus Bilboa in Spanien (um 80). Von seinem 23sten Jahr an lebte er in Rom, und stand beym K. Domitian, der ihm ansehnliche Vorzüge ertheilte, in grosser Gunst. Unter Trajan gieng er nach Bilboa zurück, und starb um 100, Schriften: 14 Bücher Epigrammen, deren viele äusserst witzig und beissend spottend sind; viele aber auch unter das Mittelgut und Auskehricht gehören. — Ausgabe: cum Petri Scriverii animadversionibus; acc. Jani Gruteri notae etc. Lugd. Bat. 1619. 16. Teutsch von Ramler und Andern. Leipz. 1787—1791. 5 Theile 8. Nachlese aus dem Martial. Berl. 1794. 8. — Vergl. Lessing's vermischte Schr. Th. 1. S. 193—281.

C. Silius Italicus (um 80), auch ein Spanier, grosser Verehrer Virgil's und Cicero's, kaufte deshalb Tu-

fculanum und das Gut bey Neapel, wo Virgil begraben
war, und feyerte jährlich deſſen Todestag. Er war Conſul
und Proconſul in Kleinaſien. Sein hiſtoriſches Gedicht,
Punica in 17 Geſängen hat den 2ten puniſchen Krieg
zum Gegenſtand; es trägt demnach alle Mängel dieſer
Dichtart an ſich. In Anſehung des poëtiſchen Werthes
ſteht es weit unter Lucan's Pharſale; doch hat es einige
ſchöne Epiſoden. Es enthält übrigens, nach der Weiſe
jener Zeit, viel Gelehrſamkeit, Erdkunde; Geſchichte
und Mythologie. — Ausgaben: varietate lectionis et
commentario perpetuo illuſtravit I. C. T. Erneſti, Lipf.
1791—1792. 2 Voll. 8 mai. — var. lect. et perpetua
adnotatione illuſtr. a G. A. Ruperti. Goett. 1795. (eigentlich 1794) — 1798.) 2 Voll. 8 mai. — Vergl.
Ruperti de Silii vita et carmine; vor dem 1ſten B. ſeiner Ausgabe.

Decimus Junius Juvenalis (um 100) von
Aquino im Neapolitaniſchen, legte ſich erſt auf Beredſamkeit und nach ſeinen mittlern Jahren auf Dichtkunſt. Weil
er aber durch eine Stelle in ſeiner 7ten Satire dem K. Domitian verdächtig wurde; ſo ſetzte er ihn über eine Kohor-
te, die damahls in dem äuſſerſten Aegypten ſtand, und
verwies ihn unter dieſem Schein der Ehre von Rom. Seine
16 Satiren ſind in 5 Bücher eingetheilt. — Ausgabe:
cum ſcholiis veterum et fere omnium eruditorum commentariis, recenſuit, concinnavit et ſua illis ſpicilegia adiecit
H. C. Henninius. Lugd. Bat. 1695. 4. Teutſch in
einer metr. Ueberſ. und mit Anmerk. von K. F. Bahrdt.
Deſſau 1781. 8. Juvenals und Sulpizia's ſämmtl. Satiren,
nebſt beyder Leben und Summarien nach dem beygefüg-
ten Henniniſchen Grundtexte in Verſe überſ. und mit Anmerk. begleitet von F. G. Abel. Lemgo 1785. gr. 8. —

J. kann allen Satirikern, die ihren Spott mit grellen Farben auftragen wollen, zum Muster dienen. Er geht nicht so leise und fein mit den Laftern feiner Zeitgenoffen um, wie Horaz, qui ridendo verum dixit: fondern, er reißt ihnen die Larve ab, wenn auch das Geficht darüber blutrünftig werden follte. Sein Ausdruck ift rein, obgleich felten gefeilt genug. — Vergl. J. A. Vulpii liber de fatirae latinae natura et ratione eiusque fcriptoribus. Patavii 1744. 8.

Apulejus (f. oben IX. 7) fchrieb: Metamorphofeos f. fabularum Milefiarum libri XI; gewöhnlich, aber nicht richtig genug: de afino aureo; ein unterhaltender Roman, worinn die Thorheit der Zauberey, die Schandthaten der heydnifchen Priefter, die unbeftraften Räuberbanden u. dgl. m. fatirifch durchgezogen werden; übrigens Nachahmung eines ähnlichen Werks des Lucius aus Patrae. — Ausgabe; cum nott. var. et Fr. Oudendorpii ed. Ruhnkenius. L. B. 1786. 4 mai. — A. befaß eine reiche Ader von Witz und Laune und eine äufferft lebhafte Phantafie: aber fein Ausdruck ift häufig höchft gefucht, hart, koftbar und fchwülftig, und feine Perioden find meiftens fehr verwickelt und gekräufelt.

Dionyfius (um 160?) fchrieb Difticha, und gab ihnen wahrfcheinlich den Titel Cato, weil ihr Inhalt moralifch ift; daher der Verf. gewöhnlich Cato genannt wird. Diefe Sittenfprüche find voll praktifcher Lebensklugheit: der Stil ift aber nicht zu empfehlen. Ausgaben: von Arntzen. Amft. 1754. 8. (von einem Ungenannten) ib. 1759. 8. (Es ift eine Hift. critica Catoniana u. a. dabey).

M. Aurel. Olympius Nemefianus von Karthago (um 280) fchrieb ein Lehrgedicht: Cynegeticon f. de venatione, ohne den Gratius Falifcus, der zu Ende des vorigen Zeitraums lebte und von dem ein ähnliches Gedicht exiftirt, gekannt und benutzt zu haben. Auch find noch Bruchftücke aus feinem Gedicht vom Vogelfang übrig. 4 Eklogen, die ihm gewöhnlich beygelegt werden, foll, nach ahdern, der folgende gedichtet haben. Die darinn herrfchende poëtifche Schreibart verdient Beyfall. N. ahmt Virgil'n nach; aber keineswegs fklavifch. — Ausgaben: Gewöhnlich mit dem Gratius, z. B. Lond. 1699. 8. Ferner inter Poëtas lat. rei venat. L. B. et Hag. Com. 1728. 4; und inter Wernsdorfii Poët. lat. min. T. L.

T, Julius Calpurnius aus Sicilien (um 280), fchrieb 7, vielleicht auch die 4 eben erwähnten Eklogen. Auch ihm war Virgil Mufter, dem er jedoch in Abficht der Fehler näher kommt, als der Tugeriden. Doch find feine Idyllen nicht alle gleich fehlerhaft: in mehrern find die Gemählde ländlicher und dem Theokrit genauer nachgebildet, als Virgil's Schilderungen. Aber die Sprache ift weitfchweifig, hart und oft fchwülftig. Ausgabe: ed. Wernsdorf l. c. T. 2.

Decimus Magnus Aufonius aus Bourdeaux (um 380), Grammatiker und Lehrer des K. Gratian, unter deffen Regierung er die höchften Ehrenftellen bekleidete. Wir haben von ihm eine Sammlung vermifchter Gedichte, Idyllen, Epigrammen u. f. w. die fich durch guten Ausdruck empfehlen, von Seiten der Erfindung aber ohne alles Verdienft find. — Ausgabe: — recenfuit etc. differtationem de vita et fcriptis Aufonii fuasque animad. adiunxit J. B. Souchay. Parif. 1730. 4.

Cl. Claudianus aus Alexandria (um 390) wurde von K. Theodos dem ıften als tapferer Krieger fehr gefchätzt. Bey feinem Aufenthalt in Rom ließ ihm der Senat eine Ehrenfäule von Erz fetzen. Wir haben von ihm verfchiedene hiftorifche Gedichte, z. B. de bello Getico er Gildonico; 2 Epopöen: de raptu Proserpinae und Gigantomachia (unvollendet), Satiren, Epigrammen und Briefe. — Ausgaben: — cum var. lect. et interpret. perpetua ed. J. M. Gesner. Lipf. 1759. 8 mai. — 2 P. Burmanno. (maiore). Amst. 1760. 4. — Unter allen spätern röm. Dichtern ist Cl. am meisten zu empfehlen: ob er gleich ein Ausländer und ganz als Grieche erzogen worden war. Wenn er gleich Virgil'n nicht gleich kommt, wie in der Aufschrift seiner Statue versichert wird; so ragt er doch weit über alle Dichter seiner Zeit hervor. Er besaß ein wirklich dichterisches Genie, und weiß sich oft sehr erhaben und elegant auszudrücken. Es herrschet in seinen Gedichten grofse Mannigfaltigkeit edler Gedanken und poëtischer Wendungen, auch viel Gelehrsamkeit. — Vergl. Vie et merites de Claudien, par M. Meriani in Mém. de l'Ac. de Berlin T. 20. B. G. Walchii oberiores commentationes de Claudiani carmine, de raptu Proserpinae inscripto. Goett. 1770. 4.

4.

Unter den Hirtenstämmen der Araber blühte die Poëfie schon in sehr frühen Zeiten. Der Stolz auf ihren alten Ursprung, auf ihre reiche, unvermischte Sprache und auf ihre nie unterjochte Unabhängigkeit; der Reichthum grofser und wilder Naturscenen ihres Laudes; die einsamen und gefahrvollen Streifereyen in den öden Wildnissen; die steten Kriege der Stämme unter einander; die Rachsucht, mit der jeder das seinem Stamme zugefügte Unrecht zu rächen sucht, und die hieraus entspringende Achtung für Muth und Tapferkeit: alle diese Umstände zusammen mufsten bey einem Volke, dessen Phantasie schon, vermöge des Himmelstriches, unter dem es lebt, im hohen Grade lebhaft und feurig ist, den poëtischen Geist sehr

fehr früh wecken und diefem eine ganz eigene Richtung
geben. Die grofse Achtung, die der vom ganzen Stamme
genofs, der die Thaten der Tapfern und die Tugenden
der Edeln in Liedern befang, und durch diefe auf die fpä-
ten Nachkommen brachte, mufste jener natürlichen Neigung noch mehr Schwung geben. Faft alle die Dichtungen, die uns aus den Zeiten vor Mohamed noch übrig find,
gehören diefen Wüftenbewohnern (Beduinen). Die Darftellung der arab. Dichter ift einfach und künftlos, aber
lebhaft und mahlend. Ihre Bilder und Gleichniffe find
kühn, uns vielleicht oft fremd, aber faft immer treffend
und ftets überrafchend. Der Stil ift durchgehends kurz,
heftig und abgebrochen. Weder Mannigfaltigkeit der
Form, noch Kunft in der Anlage und im Plane darf man
in diefen Gedichten erwarten. Blos 7 gröfsere Gedichte,
worinn man einen gewiffen einförmigen Plan wahrnimmt,
find noch aus den Zeiten vor Muhamed übrig. Alle aber
find in abgemeffenen Sylbenmaafsen, und gereimt, abge-
fafst. Jeder Vers eines Gedichtes endigt fich ftets
mit demfelben Reime, wie der erfte Vers. — Die
älteften und fchönften Lieder diefer Hirtenftämme fchrieb
zuerft Abu Tamam, felbft ein geehrter Dichter feiner
Zeit; ungefähr 200 J. nach Muhamed nieder, und ordnete
fie in eine Sammlung von 10 Büchern. Proben aus dem
1ften, 2ten und 3ten gab Alb. Schultens (als Anhang
der von ihm herausgegebenen Erpenifchen Grammatik,
Leiden 1748); aus dem 10ten Reiske (in Hirt's arab.
Anthologie, Jena 1774), und ein einziges aus dem 8ten
Jones (in Poëfeos Afiaticae comment. p. 351 der Leipz.
Ausgabe). Derfelbe Jones gab heraus: The Moallakat,
or feven arabian poëms which were fufpended on the tem-
ple at Mecca; with a translation and arguments. Lond.
1783. 4. — Vergl. Arabifche Dichtkunft vor Mohammed

von E. F. K. Rosenmüller; in den Nachtr. zu Sulzers
Theorie B. 5. St. 2. S. 245—268.

5.

Hier kommen auch die caledonifchen oder
fchottifchen, oder vielmehr irländifchen Celten
in Betrachtung. Im Frieden waren fie gaftfrey, und liebten Mufik und Tanz. Es traten alfo Barden auf, welche
die Helden der Vorzeit in Nationalgefängen verewigten;
und von diefen haben fich mehrere im fchottifchen Hochlande durch Tradition bis auf unfere Zeit erhalten. Neuheit und Kühnheit der Bilder, tiefes innigftes Gefühl, hoher Flug der Phantafie und vertraute Bekanntfchaft mit der
Natur charakterifiren fie. Der berühmtefte diefer Barden,
der zugleich Heerführer war, ift Offian, Sohn des Königs Fingal, der wahrfcheinlich gegen Ende des 3ten
Jahrh. lebte. Seine Gedichte haben fich bey den Schotten
durch mündliche Ueberlieferung fragmentarifch erhalten,
wurden von dem Schotten Mac Pherfon gefammlet und
ins Englifche überfetzt. Zuerft das Heldengedicht Fingal. Lond. 1761. 4. Hernach: Temora in eight books,
together with feveral other poems compofed by Offian.
ib. 1763. 4. Endlich: Works of Offian etc. To
which is fubjoined a critical Diff. on the poems of Offian.
ib. 1765. 2 Voll. 4. In einem Jahr erfchienen 3 Ausgaben und hernach noch mehrere. (Vergl. Bibl. der
fchön. Wiff. B. 2. S. 245-261. B. 3. S. 13-38). Teutfch:
Fingal, mit einigen kleinern Gedichten, von Witten-
berg. Hamb. 1764. 8. Sämmtl. Werke von Denis.
Wien 1767—1769. 3 Bände in 4. u. 8. Mit deffen eigenen poët. Werken. eb. 1782. 5 B. 4. eb. 1791—1792.
6 B. 4. von Edmund v. Harold. Düffeld. 1775. 3 B.
8. 2te Aufl. ebend. 1798. 8. Neuentdeckte Gedichte

Oſſians, von demſelben. eb. 1787. 8. Ital. in reimfreye
Verſe und mit Anmerk. von Geſarotti. Parma 1764.
2B. 4. Franz. von le Tourneur. Paris 1777. 2 B.
12. In Latein. Verſe von Mac-Ferlan. Lond.
1777. 4. — Vergl. die bey Oſſians Works befindliche,
auch beſóndern (1763) gedruckte Abh. Teutſch von
O. A. H. Oelrichs. Hannov. 1785. 8. An Enquiry in
the authenticity of the poems aſcribed to Oſſian; by W.
Shaw. Lond. 1781. 8. Dagegen erſchien: An Anſwer
to Mr. Shaw's Enquiry etc. by John Clark. ib. 1782. 8.
Sulzer unter dem Artikel Oſſian. Oſſian's und andere
altſchottiſche Gedichte findet man in: The Works of the
Caledonian Bards, translated from the Galic (by J. Clark).
Lond. 1778. 8. Teutſch, Leipz. 1779. 8. Freuden-
theil über die Celtiſchen Barden, nach Oſſian; in den
Nachtr. zu Sulzer's Theorie B. 3. St. 2. S. 237—252. Galic Antiquities conſiſting of a hiſtory of the Druids, parti-
cularly of thoſe of Caledonia; a Diſſ. on the authenticity
of the poems of Oſſian; and a Collection of ancient poems,
transl. from the Galic of Ullin, Oſſian, Orran etc. by
John Smith. Edinb. 1780. 4. Teutſch, Leipz. 1781.
2 Bände 8. Derſelbe Smith lieferte hernach die Origi-
nale jener Gedichte, Lond. 1782. 8.

B. Redekunſt.

I.

Wahre Beredſamkeit fand unter den Griechen
ſchon im vorigen Zeitraum nicht mehr Statt; jetzt ſank ſie
immer tiefer, wurde ein unterhaltendes Spiel müſſiger
Köpfe: doch blieb ſie, bey der gerichtlichen Verfaſſung
der alten Welt, von einigem Nutzen; und durch die So-
phiſtenſchulen wurde doch die Theorie derſelben ausgebil-

det. Die Vermehrung der Theoretiker aber brachte wie-
derum eine Vermehrung der praktischen, zum Theil trefflichen Redekünftler hervor, deren Kunft endlich zu einer
blofsen wohlklingenden Wortkrämerey herabfank. Hier
die vorzüglichern!

Dio Chryfoftomus von Prufa in Bithynien (um
100) war, nachdem er gelehrte Reifen nach Aegypten
und in andre Länder unternommen hatte, ein Sophift, und
fpitzte feine Feder gegen die gröften Redner und Dichter:
in der Folge aber ftuditte er die ftoifche Philofophie und
declamirte wider die Sophiften. Domitian hätte ihn beynahe umbringen laffen: in defto gröfserer Gunft ftand er
bey Nerva und Trajan. — Schriften: 80 Reden oder
vielmehr Abhandlungen, moralifchen, politifchen und
philologifchen Inhalts. — Ausgabe: — ex recenf. et
cum animadv. Reiskii. Lipf. 1784. 2 Voll. 8 mai. Mit einem neuen Titelblatt. 1798. (Von feiner Wittwe zum
Druck befördert). — D. ift ein lefenswürdiger Schriftfteller, der zur Erläuterung des gelehrten Alterthums reichen Stoff darbietet. Sein rednerifches Talent ift nicht
zu verkennen; feine Sprache ift elegant, nur zu gefucht
und oft wegen der langen Perioden ziemlich dunkel.

Aelius Ariftides von Adrianopel (um 170), lebte
zu Smyrna, als Priefter des Aefkulap, in deffen Tempel
ihm eine Ehrenfäule gefetzt wurde, weil er den K. Mark-
Aurel zur Wiederaufbauung der durch Erdbeben verwü-
fteten Stadt durch feine Beredfamkeit bewogen hatte. —
Schriften: 53 Reden, die zu feiner Zeit für Meifter-
ftücke galten, aber mit Flitterftaat überladen find; und 2
Bücher von der Redekunft. — Ausgabe: Gr. et Lat.
cum nott. var. quibus fuas adiecit Sam. Jebb. Oxon.
1722. 4. Vor diefer Ausgabe ftehen: J. Maffoni col-

lectanea hiſtorica, Ariſtidis annum et vitam ſpectantia, ordine, quantum licuit, chronologico.

Maximus von Tyrus (um 180), ein Sophiſt und
platoniſcher Philoſoph, hielt ſich wechſelsweiſe zu Rom
und in Griechenland auf. Wir haben von ihm 41 philoſo-
phiſche Diſſertationen. Ausgabe: Gr. et lat. ex recenſione J. Daviſii, cum notis J. Marklandi, recudi curavit ſuasque animadv. adiecit J. J. Reiske. Lipſ. 1774.
2 Voll. 8 mai. —Caſaubonus nennt zwar dieſen Schriftſteller mellitiſſimum Platonicorum und Petit aucto-
rem inprimis elegantem in philoſophia ac di-
ſertum: dennoch iſt gewiſs, daſs er oft der unausſteh-
lichſte Sophiſt und Schwätzer iſt, der als Philoſoph ganz
falſche und verkehrte Grundſätze hegt.

Fl. Philoſtratus der ältere aus Lemnos (um
200), ein Sophiſt, der erſt zu Athen, hernach zu Rom
Rhetorik lehrte. Wir haben von ihm noch: Apollonii
Tyanenſis vita l. 8. (Man hält es für ein abſichtlich
aufgeſtelltes Gegenſtück zu dem Leben Chriſti); Heroica
(es werden 21 Helden, die dem trojaniſchen Kriege bey-
wohnten, dialogiſch beſchrieben, es iſt zugleich eine Kritik der Iliade); Imagines 66 l. 2. (Beſchreibung der
Gemählde in der Gallerie zu Neapel); vitae Sophi-
ſtarum l. 2; Epiſtolae 63 etc. — Ausgaben:
von Gottfr. Olearius. Lipſ. 1709. fol. Vita Apollonii
franz. mit einem Commentar von Blaſius de Vige-
nère. (Paris 1611. 4. Imagines franz. mit Anmerk. u.
Kupfern von demſelben. ib. 1637. fol. Die 2 erſten
Bücher von Apollonius engl. mit vielen Anmerk. über
alle 8 Bücher, von Karl Blount. Lond. 1680. fol. —
Dieſe Werke ſind für uns ſehr ſchätzbar, ſowohl wegen
der Kenntniſs vieler gelehrten Männer des Alterthums, als
auch der Geſchichte der Philoſophie und der bildenden

Künfte. Der Stil ift gedrängt und angenehm, aber freylich nicht frey von den Fehlern des Zeitalters. — Vergl.
Sur les tableaux de Philoftrate, par M. le Comte de Caylus; in Hift. de l'Ac. des Infcr, T. 29. p. 156—160.
Teutfch in den Abh. des Grafen B. 2. S. 191 u. ff.
Torkill Baden de arte ac iudicio Fl Philoftrati in de-
fcribendis imaginibus. Hafn. 1792. 4. Heynii Philoftrati imaginum illuftratio. Partic. 1—5. Goett. 1796—
1798. fol.

Philoftratus der jüngere, Schwefterfohn des
vorigen (um 215), war auch Rhetor, und fügte zu den
Gemähldefchilderungen feines Oheims noch 18 hinzu. Man
findet fie auch in der Olear. Ausg.

Athenaeus von Naukratis in Aegypten (um 210),
fchrieb ein grofses Werk, unter dem Titel: Δαιπνοσοφιςαι
f. eruditorum convivalium fermonum l. 15,
worinn aber viele Lücken find. Die beyden erften Bücher
und der Anfang des 3ten fehlen ganz. — Ausgaben:
Gr. et lat. ex recenfione If. Cafauboni c. notr. Jac.
Dalechampii. Lugd. 1657. 2 Voll. fol. — curavit,
viror. doct. emendationes, adnotationes vel editas vel in-
editas adiecit, indices novos confecit G. H. Schaefer.
P. I, Athenaei textum graecum continens. Lipf. 1796. 8.
Traduit tant fur les textes imprimés que fur plufieurs ma-
nufcrits par M. Lefebure de Villebrune. à Paris
1789. 4 Voll. 4. (Vergl. Goett. gel. Anz. 1789. S.
1969—1973. A. L. Z. 1791. B. 4. S. 353—357). —
Das Werk des A. ift für den Humaniften und Alterthumsforfcher ein wahrer Schatz, worinn über Litteratur und
Privatleben der Alten, über Naturwiffenfchaft, Pflanzen-
und Arzneykunde, viel Licht verbreitet wird. Liebhaber
der Kunftgefchichte können auch viel daraus lernen.

II.   **Kk**

Libanius von Antiochia (um 350), ſtudirte zu
Athen, reiſte alsdann nach Konſtantinopel, und erhielt
bey ſeiner Rückkehr nach Athen ein Lehramt, bald hierauf
aber zu Konſt. und in der Folge zu Nicomedia, wo der
nachherige K. Julian ſein Schüler, Leſer und Bewunderer
wurde. Unter dieſem Kaiſer wurde er Quaeſtor, lebte
hernach lang in ſeiner Vaterſtadt unter vielen Verdrieſs-
lichkeiten, die ihm die andern Sophiſten zuzogen, und
ſtarb dort um 395. — Schriften: 1. Progymnaſmata; 2. 45 Declamationes. 3. 45 Orationes. 4.
Epiſtolae etc. — Ausgaben: Orationes et declamationes, ad fidem codd. mſſ. rec. et perpetua annot. illuſtravit J. J. Reiske. Vol. 1. Altenb. 1784. (eigentl.
1783). 4 mai. Daſſelbe Vol. 1. erſchien hernach ibid.
1791. 8 mai. Vol. 2—4. ib. 1793—1797. 8 mai. (Reis-
kens Wittwe beſorgte die Ausgabe). Epiſtolae, gr. et lat.
cum nott. J. C. Wolfii. Amſt. 1738. fol. — In den
Reden und Declamationen dieſes Sophiſten findet man
viele Stellen, die von einer ſtarken Beredſamkeit und
glücklichen Nachahmung des Atticiſmus zeugen: er iſt aber
doch nicht von den Fehlern ſeines Jahrhunderts frey. Für
die gleichzeitige Geſchichte liefert er manche wichtige
Nachrichten und Erläuterungen. — Vergl. J. W. Ber-
ger Diſſ. 6 de Libanio. Vitemb. 1696—1698. 4.

Fl. Cl. Julianus (um 350), Neffe Kaiſer Konſtan-
tin des 1ſten, erhielt, bey den vortrefflichſten Anlagen,
eine elende chriſtliche Erziehung, und ſuchte hernach zu
Nikomedien und Athen durch Umgang mit heydniſchen
Philoſophen ſich ſchadlos zu halten und ſelbſt zu bilden.
Unter mancherley Ränken und Hinderniſſen wurde er ein
vortrefflicher Feldherr und durch ſeine Armee Kaiſer. —
Schriften; Reden; Briefe; Caeſares (eine witzige Sa-

tire über die Laſter der vorherigen Kaiſer); Miſopogon
(eine Satire auf die Antiochier, die ihn ſeines Bartes we‑
gen belacht hatten); verſchiedene kleinere Schriften. —
Ausgaben: Opp. c. nott. Petavii ex rec. Ez Span‑
hemii. Lipſ. 1696. fol. Caeſares, c. nott. var. et Span‑
hemii verſione latina et gallica, ex rec. J M. Heuſin‑
geri. Gothae 1736 et 1741. 8. — ex rec. et cum annott.
T. C. Harleſii. Erlang. 1785. 8. — Philoſophiſcher
Scharfſinn, Reichthum der Gedanken, ausgebreitete Ge‑
lehrſamkeit, Witz und ein Ausdruck, bey dem man ſein
Jahrhundert vergeſſen kann, ſind das Charakteriſtiſche die‑
ſes Schriftſtellers. — Vergl. H. P. C. Henkii comment.
de theologia Juliani. Helmſt. 1777. 4. Select works of the
Emp. Julian and ſome pieces of the ſophiſt Libanius, trans‑
lated from the greek, with notes from Petav, la Blet‑
terie, Gibbon etc. by John Duncombe. Lond.
1784. 2 Voll. 8.

Himerius von Pruſa (um 360), einer der mittel‑
mäſigſten Rhetoren, der zu Athen lehrte. — Himerii
Sophiſtae Eclogae, e Photii myriobiblio repetitae, et de‑
clamationes — accurate recenſuit, emendavit, latina ver‑
ſione et commentario perpetuo illuſtravit, denique diſſ de
vita Himerii praemiſit Gottl. Wernsdorf. Goett.
1790. 8.

Themiſtius, Euphrades (um 360), einer der
gelehrteſten und beredteſten Sophiſten, wurde in vielen
Staatsgeſchäften und Geſandſchaften gebraucht. — Schrif‑
ten: 33 Reden und Paraphraſen ariſtoteliſcher Schriften.
— Ausgaben: Opp. gr. Venet. 1570. fol. Orationes
gr. et lat. c. nott. Petavii et Harduini. Pariſ. 1684.
fol. — Sachkenntniſſe, Ordnung, Deutlichkeit und Ge‑
fälligkeit des Vortrags zeichnen dieſen Redner aus. Für
die Geſchichte jener Zeit iſt er nicht ganz unbrauchbar. —

Vergl. B. F. Schmieder de Themiſtio, tolerantiae pa-
trono. Hal, 1789. 4.

2.

Die Rhetoren dieſer Zeit ſind jetzt noch leſenswer-
ther, als die meiſten bisher genannten Sophiſten oder
Redner; z. B.

Hermogenes von Tarſus (um 160), hinterlies eine Rhetorik in 5 Büchern, wovon die 4 letzten erhalten
ſind. Gr. et lat. cum comment. C. Laurentii. Gener.
1614. 8. Er gab auch heraus Progymnaſmata, die Pri-
ſcian, ohne den H. zu nennen, in das Lat. überſ. und
A. H. L. Heeren zuerſt griech. edirt hat in der Bibl. der
alt. Litt. St. 8.

Dionyſius Caſſius Longinus (um 260). Sein
Vaterland iſt ungewiſs. Zu Athen wurde er von ſeinem
Oheim, Phronto, einem Rhetor, erzogen. Nach einer
Reiſe, auf welcher er den Unterricht des Ammonius Saccas
und anderer Philoſophen genoſs, lehrte er zu Athen vorzüglich Kritik und Philoſophie. In der Folge wurde er
der Königin Zenobia von Palmyra bekannt und von ihr
zum Lehrer der griech. Sprache angenommen. Bey dem
unglücklichen Krieg, den K. Aurelian gegen ſie führte,
wurde er, als einer ihrer Rathgeber, hingerichtet. Wegen ſeiner mannigfachen Kenntniſſe nannte man ihn eine
lebendige Bibliothek und eine wandelnde Studirſtube. Von
ſeinen vielen Schriften hat ſich blos die Abh. περὶ ὕψυς,
vom Erhabenen, gerettet, doch auch nicht unverſtümmelt.
— Ausgaben: Gr. et lat. ex rec. Zach. Pearcii,
animadv. interpretum excerpſit, ſuas et novam verſionem
adiecit S. F. N. Morus. Lipſ 1769. 8 mai. Hierzu gehört
Eiusd. libellus animadverſionum ad Longinum. ib. 1773. 8.
— Gr. et lat. cum nott. J. Toupii; acc. emend. Dav.

Ruhnkenii. Oxon. 1778. 4 et 8. Franz. von Boileau
mit feinen und der Madame Dacier Anmerk. in deffen
Werken, z. B. Amft. 1729. fol. Dresd. 1767. 8.
Teutfch, mit dem Original und mit Sacherklärungen
von K. H. Heinecke, Dresd. 1748. 8. — mit Anmerk.
u. einem Anhange von J. G. Schloffer. Leipz. 1781. 8.
— Zum Studium der griech. Litteratur und der fchönen
Wiff. überhaupt ift L. unentbehrlich. Er hat nicht allein
die Begriffe vom Erhabenen meifterhaft entwickelt, fondern auch andere nützliche äfthetifche Regeln eingeftreut.
Ueberdies befitzt er vor den neuern Aefthetikern darinn
ein eigenthümliches Verdienft, dafs er die Art angiebt,
wie man fich zum Grofsen und Erhabenen bilden könne,
und dafs er fich zugleich in Erklärung und Beurtheilung
der Beyfpiele und Mufter mit einem Grade der Empfindung
ausdrückt, die den Lefer begeiftert und feine Seele zu gleichem Gefühl erhebt. Bey dem Erhabenen im Ausdruck,
oder bey dem, was der Ausdruck zur Verfinnlichung des
Erhabenen beyträgt, hält fich L. länger auf, als bey dem
eigentlich Erhabenen in der Sache und in den Gedanken
felbft. Seine Kritiken über alle Schriftfteller überhaupt
und über einzelne Stellen, vornämlich über Homer, find
unvergleichlich, meiftens kurz, aber fehr richtig, und
zeugen von dem geläutertften Gefchmack.

Alciphron (um 290?) fchrieb niedliche Briefe, die
man als eine Reihe mimifcher Gemählde betrachten mufs,
welche die Denkart und Lebensweife verfchiedener Stände
in mannigfachen Lagen lebhaft und oft ziemlich anziehend
darftellen. Bisweilen vergifst er fich, oder vernachläffigt
den Charakter der Perfon, in deren Namen der Brief gefchrieben feyn foll. — Ausgabe: — ex fide aliquot
codd. recenfitae, cum Bergleri comment. integro; cui

alior. crit. et fuas notat. verf, emendatam indiculumque adiecit J. A. Wagner. Lipf. 1798. 2 Voll. 8 mai. — Vergl.
Saxii Onomaft. T. 1. p. 383 fqq.

Aphthonius von Antiochien (um 315?) fchrieb Progymnafmata über des Hermogenes Rhetorik, welche lange
Zeit das einzige Lehrbuch der Beredfamkeit waren. —
Ausgabe: Gr. et lar. Amft. 1649. 8. — Auch haben
wir noch 40, von ältern Dichtern, Aefop, Phaedrus u. f. w.
entlehnte Fabeln von ihm. — Ausgabe: Progymn. et
fab. Parif. 1597. 8.

Theon von Alexandrien (nach 315) fchrieb auch
Progymnafmata, welche diejenigen des Hermogenes und
Aphthonius erläutern. — Ausgabe: Aphthonii et Theo-
nis progymn. ed. J. Scheffer. Upfal. 1680. 8.

Ariftaenetus von Nicaea († 358), foll Verfaffer
der Brieffammlung feyn, die fich unter feinem Namen erhalten hat. Die darinn herrfchende Manier hat viel Aehnliches
mit der Alciphronifchen; die Schreibart ift gefchmückt,
oft mit Blumen und fchimmerndem Witz überladen. Im
Ausdruck verdienen fie den Alciphronifchen vorgezogen
zu werden. — Ausgabe: cum emend. ac coniect. J.
Merceri, J. C. de Pauw etc. nec non ineditis antehac
J. Tollii, P. d'Orvillii, Valkenarii et alior. curante F. L. Abrefch, qui fuas lect. addidit. Zwoll. 1749.
8 — Vergl. Virorum aliquot eruditor. ad Ariftaeneti
Ep. coniecturae, communicatae cum editore noviffimo
(Abrefch), qui fuas notas adiecit; acc. Cl. Salmafii et
Th. Munkeri notae ad Arift. Amft. 1752. 8.

3.

Die römifche Beredfamkeit mufste ihre Stärke ver-
lieren, da die republ. Regierungsform aufhörte: indeffen
erhielt fie fich doch noch, weil die Gewohnheit, Reden

bey öffentlichen Vorfällen zu halten, fortdauerte; dann
auch durch die mündliche Verhandlung der Gerichtshän-
del. Die Prinzen aus der Auguſtiſchen Familie waren alle
gute Redner, Nero ausgenommen. Cajus Caligula ordnete
in Gallien redneriſche Wettkämpfe an. Auch Titus war
Redner. Seneca fieng eine neue verſchlimmernde Epoche
der Redekunſt an und verdarb ſie durch Einführung eines
übertriebenen Schmuckes, durch Wortſpiele und ſchim-
mernde Antitheſen. Dies wurde überall nachgeahmt, ſo
ſehr auch Kenner, z. B. Quinctilian, dagegen eiferten. Es
kam die Mode auf, daſs man angehende Redner Reden
auf erdichtete Fälle und nach aufgegebenen Materien aus-
arbeiten ließ. Dieſe Probeſtücke nannte man Declamationen. Demetrius Phalereus ſoll dieſe Uebung
bey den Griechen eingeführt haben, und Plotius Gal-
lus bey den Römern. Der Unterricht ward ganz anders
gegeben, als durch Lehrvortrag. Der Rhetor declamirte
vor, und an ſeinem Beyſpiel muſten die Zuhörer ſelbſt
ablernen, wie ſie declamiren und ſich daraus den guten
Vortrag überhaupt abſtrahiren ſollten. Unter dieſen Lehrern bildeten ſich zum Theil beredte Männer, die eine
Art herumziehender Virtuoſen waren, die öffentlich auftraten und ſich für Geld hören ließen. Einige trugen ihre
Concepte in der Taſche mit ſich, ohne ſie jedoch ableſen
zu dürfen: andere aber, die mehr Dreiſtigkeit und Fähig-
keit beſaſſen, ließen ſich von den Herumſtehenden ein
Thema aufgeben und führten es aus dem Stegreif aus.
Die merkwürdigſten Römer dieſes Faches ſind folgende:

C. Plinius Secundus Caecilius wurde von ſeinem oben erwähnten Oheim adoptirt und gebildet. Hernach genoſs er den Unterricht Quinctilians und Nicetas, eines griech. Sophiſten. Als er in ſeinem 19ten Jahre Pro-

zeſſe zu führen anfieng, erwarb er ſich dadurch groſſen
Anſehn und bahnte ſich den Weg von einer Ehrenſtufe
zur andern. In den letzten Jahren der Regierung Domitians, deſſen Tod ihm das Leben erhielt, verwaltete er
die Praetur. Unter Nerva und Trajan erhielt er die Auf-
ſicht über die Schatzkammer; wofür er letzterem in der
noch vorhandenen Lobrede dankte. Nachher wurde er
Proconſul von Bithynien, wo er ſich durch allerley vortreffliche Anſtalten groſſen Ruhm und von dem Kaiſer neue
Gnadenbezeugungen erwarb, die vorzüglich in dem Augu-
rat beſtanden. Im J. 107 lebte er noch: wie lange nachher noch, weiſs man nicht. Pl. war in allen nur damahls
blühenden Wiſſenſchaften bewandert, war Freund, Verehrer und Beförderer anderer Gelehrten. S c h r i f t e n :
P a n e g y r i c u s , C a e ſ a r i T r a i a n o dictus; quem
ex codd. mſſ. libriſque collatis recenſuit ac notis obſerva-
tionibuſque, item et numis aere exſcriptis illuſtravit ſimul-
que adiectis integris pariter atque excerptis viror. erud.
commentationibus inſtruxit C. G. S c h w a r z. Norimb. 1746.
4. — recenſuit notiſque illuſtravit G. E. G i e r i g. Lipſ.
1796. 8 mai. F r a n z. mit Anmerk. von dem Grafen
C o a r d i d e Q u a r t. Turin 1724. fol. (Es iſt das Origi-
nal dabey). T e u t ſ c h mit Anmerk. von J. A. S c h ä f e r.
Ansbach 1784. 8. — Dieſe Rede, die von jeher als ein
Meiſterſtück bewundert wurde, beſitzen wir nicht ſo, wie
Pl. ſie gehalten hat, ſondern umgearbeitet und erweitert.
Die Sprache iſt blühend, gedrängt und ſorgfältig gefeilt.
Ueberall blickt Genie und Würde hervor, aber auch die
Künſteley des Zeitalters. — E p i ſ t o l a r u m l i b r i 10,
cum nott. var. per G. C o r t i u m et P. D. L o n g o l i u m.
Amſt. 1734. 4. — cum annott. perpetuis J. M. G e ſ n e r i.
Lipſ. 1739. 8. Ed. 2da auctior et emendatior per A. W.
E r n e ſ t i. ib. 1770. 8. E n g l. mit Anmerk. von dem Gra-

fen Joh. v. Orrery. Lopd. 1751. 2 Voll. 8. Teutfch
mit Anmerk. und Plins Leben von E. A. Schmid. Deſſap
u. Leipz. 1782. 8. J. A. Schäfer's Probe einer Ueberf.
der fämmtl. Br. des Pl. Ansbach 1796. 4. — Für unfere
Zeit geben diefe Briefe beffere Mufter zur Nachahmung,
als die Ciceronianifchen. Sie haben an Eleganz, Feinheit
in Wendungen und Ausdrücken, an Kürze, Präcifion und
Scharffinn eingeftreuter moralifcher Grundfätze, an richtigen Erfahrungen der tiefften Menfchenkenntnifs, und En-
digung der meiften Briefe mit einem witzigen Gedanken,
fo viel Eigenes, dafs fie für eine eigene Briefgattung gehalten werden können. Der Brieffteller erfcheint durchgehends als ein fo rechtfchaffener, wohldenkender Mann,
in allem, was er thut und fpricht, fo mufterhaft, dafs man
gerne fo einen Mann in feinen Privatbriefen an feine ver-
trauten Freunde fprechen hört. Sie find auch für die Gefchichte wichtig. — Wahrfcheinlich ift auch von diefem
Pl. Dialogus de oratoribus f. de cauffis corruptae eloquentiae. Ausgabe: — recenfuit, variet.
lectionis et coniecturas eruditorum adiecit, adnotatione felecta et fua illuftravit J. H. A. Schulze. Lipf. 1788. 8 mai.
Teutfch mit Anmerk. und Erläut. von J. J. H. Naft.
Halle 1787. gr. 8. — Diefes Gefpräch, das andere dem
Tacitus, andere dem Quinctilian beylegen, enthält einen,
mit lebhaften Farben entworfenen Abrifs der röm. Beredfamkeit, eine gute Charakterfchilderung der vorzüglichften Redner, die in Rom bis auf Vefpafians Zeit geblüht
haben, eine Vergleichung der neuern Redner mit den alten, und vornämlich eine Darftellung der politifchen Urfachen, welche bald fchädlichen, bald vortheilhaften Einflufs in die röm. Eloquenz hatten. — Vergl. J. Maffon
vita Plinii, per annos digefta. ed. 2da. Amft. 1709. 8.
J. A. Schäfer's 4 Progr. über den Charakter des jüngern

Plinius. Ansb. 1786—1791. 4. Leben, moral. Charakter und fchriftftellerifcher Werth des jüngern Plinius; von
G. E. Gierig. Dortmund 1798. gr. 8.

Man hat noch eine Sammlung von 12 Lobreden auf
fpätere Kaifer diefes Zeitraums, die, unter einer Menge
übertriebener und falfch fchimmernder witziger Wendungen, manche originelle und erhabene Gedanken äuffern.
Sie haben überdies Werth für den Hiftoriker, der die Kunft
verfteht, aus declamatorifchen Tiraden und fchmeichleri-
fchen Uebertreibungen hiftorifche Wahrheit hervor zu fuchen. Die Redner heiffen: Cl. Mamertinus der ältere (um 290), Eumenius Auguftodunenfis, deffen
Zeitgenoffe (der Vorzüge vor den übrigen befitzt), Na-
zarius (um 320), P. Optatius Porphyrius, deffen
Zeitgenoffe, Cl. Mamertinus der jüngere (um 360),
Aufonius (f. vorhin unter den Dichtern), Latinus
Pacatus Drepanius (um 380), deffen Rede an K.
Theodos im Namen der Provinz Gallien die befte unter
allen ift. — Ausgaben: — cum nott. et obff. crit. ed.
Arntzenius. Amft. 1753. 4. recenfuit ac notis integris
C. G. Schwarzii et excerptis aliorum, additis etiam fuis,
illuftravit W. Jaeger. Norimb. 1779—1780. 2 Voll.
8 mai.

Unter den Rhetoren nennen wir nur folgende: M.
Annaeus Seneca von Cordua (um 30), Vater des Philofophen, hinterlies: Declamationen über erdichtete
gerichtl. Vorfälle in 10 B. oder vielmehr Excerpte aus dergleichen Reden (controverfiae), die er bey feinen
Lehrern gehört hätte; und ein Buch Staatsreden (fuafo-
riae), auch über erdichtete Gegenftände. Man findet fie
in den meiften Ausgaben des Philofophen Seneca.

M. Fabius Quinctilianus geb. zu Calahorra in
Spanien im J. 42 († nach 118). Sein Vater, ein Rhetor,

nahm ihn mit sich nach Rom, wo er in der Folge selbst eine Rednerschule errichtete. Er war einer der erften, der
von Vespasian eine Besoldung empfieng. Nach 20 Jahren
legte er sein Lehramt nieder und schrieb auf Anhalten seiner Freunde das Werk de institutione oratoria l.
12. — Ausgaben: von P. Burmann c. nott. var.
Lugd. B. 1720. 2 Voll. 4. — von Cl. Capperonnier.
Parif. 1725. fol. — von J. M. Gefner. Goett. 1738. 4. —
von G. L. Spalding. Vol. I. Lipf. 1798. 8 mai. — Diefes Werk ist unter den alten einzig in seiner Art. Es enthält, bey den Regeln, zugleich das beste Muster der
Wohlredenheit: obgleich nicht zu läugnen ist, dafs Q. in
dem, was eigentlich kunstmäßig ist, die Strenge der Griechen nicht beobachtet. Für die Pädagogik, für die Lektür
und für das Studiren giebt er herrliche Regeln. Der Stil
ist ganz nach Cicero gebildet, lichtvoll und harmonisch. —
Vergl. H. Dodwelli Annales Quinctilianei. Oxon.
1698. 8; auch in der Burmann. Ausgabe.

Aufser den Briefen des Seneca, Plinius u. f. w.
haben wir auch noch eine Sammlung von

Q. Aurel. Symmachus aus Rom (um 385), ei-
nem Manne, der die höchsten Ehrenstellen bekleidete und
bey den Kaisern in grofsem Ansehn stand. Sie sind von
feinem Sohne nach des Vaters Absterben, in 10 Bücher
vertheilt, herausgegeben worden. Für die Zeitgeschichte
find sie sehr wichtig: aber, ungeachtet der ängstlichen
Nachahmungssucht, den Plinischen durchaus unähn-
lich. — Ausgabe: — ex rec. J. P. Parei, cum
Lexico Symmachiano. Ed. 3tia. Neapoli Nemet.
1642. 8.

XI. Zuſtand der Staatswiſſenſchaften.

1.

Die Theorie der Politik wurde in keinem eignen Werk bearbeitet; auch iſt ihr auf keine andere Weiſe ſonderlicher Vorſchub geſchehen: man müſste denn eine und die andere Plutarchiſche Schrift (z. B. Wie man von ſeinen Feinden Nutzen ziehen könne?) hierher rechnen wollen.

2.

Ueber Oekonomie haben wir aus dieſer Zeit folgende römiſche Schriftſteller:

L. Jun. Moderatus Columella von Cadiz (um 50). Wann er nach Rom gekommen ſey, iſt unbekannt; auch weiſs man ſonſt nichts Wichtiges von ihm. Er ſchrieb: de re ruſtica l. 12 und de arboribus liber, und handelte darinn von allen Theilen der Oekonomie in einem reinen eleganten Stil. Im 10ten B. ſteht ein artiges Lehrgedicht vom Gartenbau. — Ausgaben: in der oben angeführten Schneider'iſchen Ausg. der Scriptt. de re ruſtica, — curante J. M. Geſnero; T. 1, cui et ſuas adſperſit notas I. H. Refs. Flensb. 1795. 8. Teutſch mit Anmerk. von Riem. Dresd. 1791. 8. — Vergl. Hiſt. lit. de Eſpaña por Mohedano. T. 8.

Palladius Rutilius Taurus Aemilianus (um 395?) ſchrieb de re ruſtica l. 14; eigentl. Excerpte aus ältern Schriftſtellern. Das letzte Buch enthält ein Lehrgedicht vom Baumpfropfen, das dem Columelliſchen weit nachſteht. — Ausgabe: Schneider u. ſ. w.

Coelius (gewöhnlich, aber ohne Grund, Apicius), von deſſen Zeitalter ſich nichts Gewiſſes beſtimmen läſst, ſchrieb: de opſoniis et condimentis L 10, und

gab ihnen den Titel von dem berühmten röm. Schlemmer
Apicius. Der Stil ist gedrängt, bleibt sich aber nicht
gleich. — Ausgaben: — cum not. var. cura Mart.
Lilteri. Amst. 1708. 8. — cum lectt. var. atque indice
ed. J. M. Bernhold. Marcobreit. 1787. 8.

XII. Zuſtand der phyſikaliſchen Wiſſenſchaften.

I.

Die Naturlehre und die Naturgeſchichte blieben bey den Griechen ſo mangelhaft, als ihre Landsleute ſie im vorigen Zeitraume gelaſſen hatten. Ariſtoteles
war noch lange das Non plus ultra dieſer Wiſſenſchaften.
Der Aberglaube des Zeitalters ſchadete ihnen ſo ſehr, daß
ſie eher einige Schritte zurück, als vorwärts, thaten. Die
beſſern Schriftſteller, die ſich mit ihnen beſchäftigten, waren nichts, als Compilatoren, die noch überdies oft ziemlich gedankenlos compilirten. Wir nennen nur:

Apollonius Diſkolus von Alexandrien (um 130)
ein Grammatiker, ſammlete wunderbare, Geſchichten meiſtens aus noch vorhandenen Geſchichten des Ariſtoteles und Theophraſtus: aber auch aus verlohrnen Werken anderer Griechen. — Ausgabe: Gr. et lat. c. nott.
Xylandri et Meurſii ed. J, H, Teucherus. Lipſ.
1792. 8.

Phlegon von Tralles in Lydien (um 140), veran-
ſtaltete eine ähnliche Sammlung wunderbarer Geſchichten
und ſchrieb eine Abh. über Leute, die ein hohes Alter erreicht haben. — Ausgabe: Opuſcula gr. et lat. c. nott.
Meurſii et Xylandri, cura J. G. F. Franzii. Hal.
1775. 8.

Aelianus (ſ. verhin VII. 2) ſchrieb eine Naturgeſchichte der Thiere in 17 Büchern, aus andern, beſonders

den ariſtoteliſchen, Schriften zuſammengetragen, zwar
mit neuen, aber auch ſehr fabelhaften Zuſätzen — Ausgabe: Gr. et lat. cum priorum interpretum et ſuis animadv.
ed. J. G. Schneider. Lipſ. 1784. 8 mai.

2.

Die Römer benutzten die Vorarbeiten der Griechen,
und blieben faſt durchaus bey deren Reſultaten ſtehen.
Zu neuen Beobachtungen fehlten ihnen Werkzeuge und
Aufmunterungen. Man benutzte nicht einmahl gehörig
die durch die röm. Waffen weiter ausgebreitete Erdkunde
und die dadurch verurſachten Reiſen gutunterrichteter
Männer; auch nicht die koſtbaren Schauſpiele, wozu die
halbe, damahls bekannte Welt die ſeltenſten Thiere lieferte. Faſt Plinius nur allein verdient Achtung (ſ. vorhin VII. 5). Seine Thiergeſchichte iſt freylich nicht ſo originell, als Ariſtoteles Arbeit, ſie enthält aber doch mehrere
Thiere, die dieſer nicht kannte. Nur iſt zu bedauern,
daſs er oft zu leichtgläubig iſt, und ſelbſt bey bekannten
Thiergattungen ſich fabelhafter Nachrichten ſchuldig macht.
Uebrigens ſind ſeine Beſchreibungen mehrentheils ſehr
kurz und unvollſtändig.

L. A. Seneca (ſ. vorhin IX. 11) erwarb ſich um die
Naturlehre Verdienſte, indem er nicht nur die Beobachtungen ſeiner Vorgänger ſtudirte, ſondern auch die Natur
ſelbſt beobachtete. In der Jugend hatte er die Materialien
geſammlet; erſt in reifern Jahren zog er die Reſultate, und
dieſen gab er durch die Art der Einkleidung ein Intereſſe,
wie ſeine ihm eigenthümliche Manier es denſelben nur immer geben konnte. Hieraus entſtanden ſeine Naturalium
quaeſtionum l 7; ein in ihrer Gattung einziges Werk.
Teutſch mit Anmerk. von F. E. Rubkopf. Leipz.
1794. 8.

3.

In das erste Jahrhundert fällt die älteste Nachricht von der Verwandlung der Metalle oder der Auffuchung des Steins der Weifen. Man nannte diefe Grille in der Folge befonders Chemie; eigentlich Alchemie. Da Diocletian im J. 296 das höchftweife Gefetz gab, dafs alle ägyptifche Bücher von der Goldmacherkunft verbrannt werden follten; fo fcheint diefe Schwärmerey fchon lange vorher geherrfcht zu haben. Etwas weiter hin findet man fchon eine Anwendung des Wortes Alchemie auf die Aftrologie.

XIII. Zuftand der medicinifchen Wiffenfchaften.

1.

Griechen und Römer bearbeiteten fie in den erften Zeiten diefer Epoche um die Wette; jene mit eigenthümlichem Forfchungsgeift: diefe gröftentheils als Nachahmer und Kopiften. Unter jenen behauptete die alexandrinifche Schule forrdauernd ihren alten Ruhm. Sie und die durch fie näher beftimmte und allgemeiner eingeführte medicinifche Terminologie fcheint eine Haupturfache gewefen zu feyn, warum röm. Aerzte lieber in griechifcher, als in ihrer Mutterfprache, fchrieben. Nach dem Epochenmacher Galenus aber unterlag Arzneykunde dem Geifte des Zeitalters. Leichtgläubigkeit und Hang zur Magie und zu allem Wunderbaren zwang die Aerzte zur Charlatanerie; und bald genug galten Amulete, Talismane und magifche Formeln mehr, als alle Kunft und Erfahrung. Medicin fank fo tief, dafs fie bey den Arabern faft neu entftehen und ausgebildet werden mufste, um den Namen einer Wiffenfchaft zu verdienen.

2.

Die medicinische Hauptfekte in diefem Zeitraume machten die fchon oben erwähnten Methodiker aus, Sie heiffen fo, weil fie fich eine eigene Verfahrungsart oder Methode vorgefchrieben hatten, nach welcher fie die Kranken behandelten. Den Grund dazu legte noch im vorigen Zeitraume Themifon aus Laodicea, Schüler des Afklepiades. Er erweiterte den Lehrfatz feines Meifters dahin, dafs nicht allein in den Gefäfsen, fondern in allen übrigen Theilen des Körpers ein Misverhältnifs Statt finden könne; dies fey entweder Erfchlaffung, oder Einfchnürung, oder eine Mifchung von beyden; hierauf follen alle Urfachen der Krankheiten beruhen. Themifon fuchte die Beftimmungen des menfchl. Körpers, die mehrern Krankheiten gemein find, (κοινστητες, Communitäten) zur Norm feiner Theorie zu machen, ohne zu bedenken, dafs diefe Beftimmungen eben fo und öfters noch mehr verborgen feyen, als alle Urfachen der Dogmatiker. Diefe Idee von den gemeinfchaftl. Beftimmungen des widernatürlichen Zuftandes hätte indeffen den grofsen Nutzen, dafs fie in der Folge zur Erfindung der Indicationen Gelegenheit gab. Themifon war auch der erfte, der die chronifchen Krankheiten abgefondert von den hitzigen vortrug. Nicht lange nach ihm machte fich ein Freygelaffener des K. Auguft, Anton Mufa, durch die glückliche Kur feines Herrn berühmt. Diefer Methodiker fchrieb viel über die Bereitung der Arzneymittel und über den Nutzen gewiffer Bereitungen, die in der Folge noch unter feinem Namen berühmt waren. Man hat noch ein Paar Schriften von ihm. (Vergl. J. C. G. Ackermann de Ant. Mufa et libris, qui illi adfcribuntur. Alt. 1786. 4; et in eius Opufc. Norimb. 1797. 8 mai.). Theffalus von Tralles (um 60 n. Chr.) bildete die

fogenannte Methode dadurch aus, daſs er den Communitäten mehr Anwendung auf alle Theile der Kunſt gab.
Auch war er es zuerſt, der des Aſklepiades Idee von der
Proportion der Atomen zu ihren Poren dazu brauchte, um
eine neue Indication zu ſchaffen, die alsdann erfüllt werden müſſe, wenn die gewöhnl. Anzeigen der Zuſammen-
ziehung und Erſchlaffung fehlſchlagen, nämlich die Me-
taſynkriſe oder gänzliche Umwandelung des Verhält-
niſſes der Poren zu ihren Atomen. Ihren höchſten Glanz
erlangte die methodiſche Schule von Soranus aus Epheſus (um 100), der, in Alexandrien erzogen, unter Trajan und Hadrian nach Rom kam und mit groſsem Ruhm die
Medicin lehrte und ausübte. Er ſcheint die Meynungen
ſeiner Vorgänger zuerſt auf feſte Grundſätze zurückge-
bracht zu haben; daher findet man auch, daſs er die Alten
gar nicht etwa verachtet, ſondern ſie aus methodiſchen
Principien zu widerlegen ſucht. Sein Buch über die Kno-
chenbrüche hat am beſten edirt Ant. Cocchi, Florent.
1754. fol. Moſchion, bekannt durch ein Buch über
die weiblichen Krankheiten, gehört auch hierher: vorzüglich aber Caelius Aurelianus, aus Sicca in Numi-
dien (deſſen Zeitalter höchſt ungewiſs iſt). Denn obgleich
ſein in barbariſchem Latein abgefaſstes Werk (libri 5
tardarum ſ. chronicarum paſſionum u. libri 3
celerum ſ. acutarum paſſionum faſt ganz aus
Schriften griechiſcher Aerzte zuſammengeſetzt iſt; ſo iſt
es doch eines der brauchbarſten, weil es die Lehren der
Methodiker vollſtändig vorträgt, und Galens Darſtellung
derſelben parteyiſch ſcheint. A. v. Haller (der den
Soranus für den eigentlichen Verf. hält) hat es am beſten
edirt im 10 u. 11ten Th. ſ. Artis medicae principum 1774.

3.

Die Anatomie wurde zwar von den Methodikern nicht vernachläffigt, aber doch nicht fo begünftigt, als in Alexandrien gefchah. Rufus von Ephefus (unter Trajan; fchrieb 3 Bücher von den Benennungen der Theile des menfchl. Körpers), und Morrinus (den Galen den Wiederherfteller der Anatomie nennet, deffen viele Schriften über diefe Wiffenfchaft verlohren find, die aber Galen benutzt hat) find die einzigen Zergliederer, die hier genannt zu werden verdienen.

Die Materia medica wurde hauptfächlich von folgenden bearbeitet: Menekrates aus Zeophleta unter Tiber (Erfinder des Diachylon - Pflafters), Servilius Damokrates (erfand eine Menge zufammengefetzter Mittel, die er in Verfen befchrieb), Philo von Tarfus (berühmt als Erfinder eines beruhigenden Mittels, das nach ihm Philonium hies), Afklepiades Pharmacion (einer der berühmteften Erfinder vieler inneren und äufferen Mittel), Scribonius Largus (der den K. Claudius auf feinem Zug nach Britannien begleitete, und urfprünglich lateinifch fchrieb: de compofitione medicamentorum; ex ed. J. M. Bernholdi. Argent. 1786. 8.), Andromachus aus Kreta, Leibarzt des K. Nero (kommt zuerft unter dem Beynamen Archiater vor, der Erfinder des Theriak, deffen Bereitung er in einem, von Galen, aufbewahrten, Gedicht befchrieb).

Das einzige vollftändige Werk über die Materia medica, das uns aus dem Alterthum übrig blieb, hat den Pedanius oder Pedakius Diofkorides aus Anazarba in Cilicien zum Verfaffer (um 64?). Es ift in 5 Bücher abgetheilt, und nicht blos aus ältern Aerzten zufammen-

getragen, fondern D. bauet auf eigene Erfahrungen.
Durch Reifen, die er im Gefolge römifcher Heere unternahm, hatte er auch ausländifche Naturprodukte kennen
gelernt, und forfchte in der Folge nach ihren Wirkungen.
Diefe erklärte er, als Dogmatiker, durchgehends aus den
Elementarqualitäten der Arzneymittel, wobey er aber
noch nicht auf die verfchiedenen Grade Rückficht nahm,
die erft fpäter eingeführt wurden. Obgleich feine Schreibart nicht die befte ift; fo erwarb er fich doch durch diefes
Werk einen fo dauerhaften Ruhm, dafs in dem gröften
Theil der kultivirten Welt 17 Jahrh. lang Botanik und Materia med. nur aus dem D. gelernt wurden. Noch jetzt
fehen ihn ganze halb-kultivirte Nationen, wie die Mauren
und Türken, für ihr Idol in diefen Wiffenfchaften an. In
der That zweckten die Bemühungen aller fpätern Schriftfteller dahin ab, den D. entweder abzufchreiben, oder
Auszüge aus ihm zu liefern, oder Commentarien über fein
Werk zu verfertigen. Noch im 16ten Jahrh. glaubte man,
dafs alle in Teutfchland, Frankreich und England gefunde-
ne Pflanzen fchon von D. befchrieben worden wären; und
erft fpät kam man zu der Ueberzeugung, dafs man jetzt
wenigftens den vierten Theil feiner Gewächfe gar nicht
kenne. Seine Theriaca und Alexipharmaca find
faft als blofse Commentarien des im vorigen Zeitraum auf-
geführten Nikander's anzufehen. Die 2 Bücher περὶ εὐπο-
ρίϛων (de facile parabilibus medicamentis)
fcheinen nicht ächt zu feyn. — Ausgabe: Opera quae
exflant, omnia, ex nova interpretatione J. A. Sarraceni.
Francof. 1598. fol.

5.

Gegen das Ende des erften Jahrh. entftanden neue
Trennungen unter den Aerzten, indem fie fich in Pneu-

Pneumatiker und Eklektiker theilten. Den erften Namen führten die Dogmatiker zur Zeit der herrfchenden methodifchen Sekte. Sie wichen nämlich darinn
am meiften von der letztern ab, dafs fie, ftatt der fogenannten Synkrife der Grundkörperchen, ein thätiges Prin-
cip von geiftiger Befchaffenheit annahmen, das fie πνευμα
nannten, und auf deffen Verhältnifs Gefundheit und
Krankheit beruhen follte. Sie leiteten zwar im Allgemeinen die meiften Krankheiten von dem Geift her, nahmen
aber doch auch Rückficht auf die Mifchung der 4 Elemente. In der Pathologie find ihre Verdienfte nicht zu verkennen; fie waren die Erfinder vieler neuen Gattungen
von Krankheiten. Athenaeus aus Attalia in Cilicien,
ein fehr berühmter Arzt in Rom, war der Stifter diefer
Schule, und faft der einzige, der, im ftrengften Sinne,
Pneumatiker genannt zu werden verdient. Die Semiotik
trug er nicht als eine eigene Wiffenfchaft, fondern als einen Theil der Therapie vor: ftatt derfelben trennte er aber
die Materia med. von der eigentl. Heilkunde. Die Diätetik
bearbeitete er fehr forgfältig. Seine Grundfätze der Mat.
med. waren aber nichts weniger als geläutert. Schon fein
Schüler, Agathinus von Sparta, wich von ihm darinn
ab, dafs er fich mit den Empirikern und Methodikern zu
vereinigen fuchte. Daher wurde die von ihm geftiftete
Schule die eklektifche oder hektifche genannt,
einige hiefsen ihn auch den Epifynthetiker. Man
weifs übrigens wenig von ihm. Weit berühmter wurde
deffen Schüler Archigenes von Apamea, der zu Trajans Zeit in Rom Arzt war, und bey feinen Zeitgenoffen
fowohl, als bey der Nachwelt, in ungemeinem Anfehen
ftand; und er wird von vielen als Stifter der eklektifchen
Sekte aufgeftellt. Er war nicht allein ein gröfserer Freund
der dialektifchen und analytifchen Methode, als feine Vor-

gänger, fondern fuchte auch einen Vorzug darinn, den
bisherigen Sprachgebrauch zu ändern und ganz neue Worte zu fchaffen, die felbft Galen nicht immer verftand.
Am auffallendften äufferte fich fein verwirrter und dunkler
Vortrag in der Lehre vom Pulfe, worüber er ein, im Alterthum berühmtes, von Galen mit einem Commentar be-
gleitetes Werk fchrieb. Seine Mat. med. war auf keine
feften Grundfätze gebaut. Er war zu fehr Dialektiker, um
feine Dogmatik auch in die Praxis einzuführen.

6.

Wahrfcheinlich zu Archigenes Zeit lebte einer der
vortrefflichften Schriftfteller, und, nächft dem Hippokrates, der befte Beobachter unter den alten Aerzten, A r e -
t a e u s aus Cappadocien. Er fchrieb in griech. Sprache 8
Bücher über die Urfachen, Kennzeichen und Heilung der
hirzigen Kränkheiten. — Ausgaben: Gr. et lat. cum
nott. var. ed. H. B o e r h a a v e. Lugd. Bat. 1731, u. mit
einem neuen Titelblatt 1735. fol. u. im 5ten Band der
von H a l l e r beforgten Artis medicae principes
(1772). — Faft jede Krankheit, die A. befchreibt, fcheint
er felbft gefehn und jedes merkwürdige Phänomen wahr-
genommen zu haben: nur wird an feinen Schilderungen
ausgefetzt, dafs der Eifer für Wahrheit oft der Neigung,
durch üppige Diction zu glänzen, nachfteht. — Vergl.
J. W i g a n de Aretaei aetate; vor feiner und Boerhaa-
ven's Ausgabe.

7.

Zu der Zeit, wo verderbliche Spaltungen in den me-
dicinifchen Schulen entftanden waren, wo einer Seits die
Sucht, neue Syfteme zu gründen, die Dialektik mit der
Theorie zu vereinigen, und jeden anders Denkenden zu

verketzern, allgemein herrschte, wo anderer Seits der
Werth des praktischen Arztes nur nach der Menge der,
oft abgeschmackten, Zubereitungen beftimmt wurde, und
wo an Feftfetzung vernünftiger Regeln der Behandlung der
Kranken nicht zu denken war — da trat Cl. Galenus
von Pergamum auf, und machte die Aerzte wieder auf
den Weg aufmerkfam, den Hippokrates zuerft, und nach
ihm faft Niemand wieder betreten hatte, auf den Weg der
Natur und Wahrheit. Er war geb. 131. Sein Vater, ein
Baumeifter, gab ihm eine gelehrte Erziehung; er wurde
in die Geheimniffe der ariftotel. Philofophie eingeweiht,
deren Grundfärze in allen feinen Schriften hervorleuchten.
Aber auch in der platonifchen und ftoifchen Philofophie
bekam er Unterricht. Er ftudirte hierauf unter verfchiedenen Lehrern die Arzneykunde, und gieng hernach auf
Reifen, um feine Kenntniffe, vorzüglich in der Naturgefchichte, zu bereichern. Er wählte alsdann Alexandrien
zum Aufenthalt, um befonders in der Anatomie gröfsere
Fortfchritte zu machen. In feinem 28ften Jahre kehrte er
ins Vaterland zurück, und übernahm die Kur der öffentlichen Kämpfer. Ein Aufruhr bewog ihn, in feinem 34ften
Jahre nach Rom zu ziehen, wo er, durch einige glückliche Kuren und anatomifche Fertigkeit, der Gegenftand
des Neides aller Aerzte wurde; wodurch er in der Folge
bewogen wurde, wieder auf Reifen zu gehen. Nachdem
er fich wieder eine Zeitlang als Leibarzt des K. Commodus
in Rom aufgehalten hatte, kehrte er ins Vaterland zurück,
und ftarb 200 oder 201. — Schriften: Auffer vielen
verlohren gegangenen, die zum Theil philofophifchen,
geometrifchen und grammatifchen Inhalts waren, befitzen
wir noch von ihm 170 gröfsere und kleinere; z. B. von
den einfachen Heilmitteln; von der Kenntnifs und Heilung
der Affecten; von der Verfchiedenheit der Fieber; von

der Heilungsmethode; Commentarien über Hippokrates;
von den Lehrſätzen des Hipp. u. Plato 9 Bücher; von den
Muſkeln; von den Knochen; von dem Gebrauch der
Theile des menſchl. Körpers 17 Bücher; Ermahnung zum
Studiren. Einige ſind verſtümmelt: andere unächt; be-
ſonders diejenigen, die nur lateiniſch vorhanden ſind. —
Ausgabe: mit den Werken des Hippokrates von Renat
Chartier in 13 Folianten. Pariſ. 1679. fol. Vergl.
Lettre de M. de Villiers ſur l'édition grecque et latine
des oeuvres d'Hippocrate et de Galene, publiée par R.
Chartier. à Paris 1776. gr. 4. Mehrere Galeniſche
Schriften ſind einzeln gedruckt. — Abgerechnet die Ver-
änderlichkeit in manchen ſeiner Urtheile, die Spitzfündigkeiten in ſeinem Vortrage, ſeine auffallenden Logoma-
chieen, die aſiatiſche Weitſchweifigkeit ſeiner Schreibart,
die öftern Wiederhohlungen in ſeinen Schriften, ſeine
Ruhmſucht und ſeinen Aberglauben — verdient der groſse,
vielumfaſſende Geiſt Galen's Bewunderung. Die Anatomie
blieb ſtets ſeine Lieblingsbeſchäftigung; beſonders machte
er in der Myologie wichtige Entdeckungen. Seine Phyſiologie war hauptſächlich auf die Lehre von den Kräften
des Körpers gebaut. Indem er hier das peripatetiſche Syſtem aufnahm und weiter ausbildete, entfernte er ſich zugleich ungemein weit von der Corpuſcular-Philoſophie, auf
welche die damahligen Syſteme gegründet waren. Ungeachtet er ſich um die Theorie unſterblich verdient gemacht
hat, ſo findet man doch faſt gar keine einfache, hippokra-
tiſche Beſchreibung und Geſchichte von Krankheiten bey
ihm. Die groſse Vorliebe für die Theorie ſcheint ihn ge-
hindert zu haben, ein guter Beobachter zu werden. Seine
Grundſätze der allgemeinen Therapie ſind weit brauchbarer, als ſeine einzelnen Kurmethoden. Die Chirurgie
hatte er zu Pergamum und an andern Orten mit glückli-

chem Erfolge felbſt ausgeübt; aber in Rom enthielt er
fich, der Sitte der Stadtärzte gemäſs, aller Operationen.
— Seine Commentarien über den Hippokrates bieten
die trefflichſten Regeln zur Kunſt der Kritik dar.

8.

Die oben erwähnte Emanationsphilofophie, die Magie und Aſtrologie verdarben auf Jahrhunderte faſt alles
Gute, das Galen geſtiftet hatte. Man verrichtete Wunderkuren durch Hülfe der Dämonen; wozu alfo weiter Heilkunde? Der Dämonen gab es eine unzählige Menge;
alle Wirkungen in der Natur, befonders alle Krankheiten,
wurden ihnen beygemeſſen. Die Kirchenväter felbſt hal-
fen diefen Unfinn weiter ausbreiten. Hatten doch fchon
die Apoftel die Arzneykunde vermittelſt Auflegung der Hände und der Salbung mit dem heil. Oel ausgeübt! Diefes
Chriſma blieb alle Zeit ein Haupterforderniſs zur Mittheilung der Gaben des heil. Geiſtes und zur Kur der Krankheiten. (Vergl. J. A. Schmidii D. de curatione morborum per oleum fanctum. Jen. 1695. 4). Bald kamen die
Exorcifmen dazu, die man in jeder fchrecklich und gefährlich fcheinenden Krankheit anwandte.

9.

Was die Römer noch befonders betrifft; fo ſtand zu
Anfang diefes Zeitraumes (um 15) A. Corn. Celfus
unter ihnen auf, der zwar zur Erweiterung der Arzneykunſt nichts beytrug, aber mit Eleganz und Gefchmack
davon fchrieb in feinen 8 Büchern de medicina. Sie
find ein Theil eines gröfsern verlohrnen Werks; einer
Art von Encyklopaedie, und enthalten zwar gröftentheils
chirurgifche Materien; aber auch mehrere Data zur Beurtheilung des damahligen Zuſtandes der Anatomie, der innern Medicin und anderer Theile der Arzneykunſt. Aus-

gaben: — cum notis variorum et fuis ed. C. C. K r a u f e.
Lipf. 1766. 8. — ex recenfione L. T a r g a e; acc. notae
variorum et G. M a t t h i a e Lexicon Celfianum. L u g d.
Bat. 1785. 4 mai. — Vergl. J. B. M o r g a g n i in
Celfum et Sammonicum epiftolae, in quibus de utriusque
auctoris variis editionibus, libris quoque manufcriptis et
commentatoribus differitur. L u g d. B a t. 1735. 4. Bey
der Paduanifchen Ausgabe des Celfus und Sammonicus
(1750. 8) befinden fich 6 neue Briefe von M o r g a g n i
gleichen Inhalts. J. L. B i a n c o n i Lettere fopra Celfo.
R o m a 1779. 8. T e u t f c h von C. C. K r a u f e. Leipz.
1781. 8. — Ein anderer Römer Q. S e r e n u s S a m m o -
n i c u s (†212) fchrieb ein Gedicht, de m o r b i s et m o r -
b o r u m r e m e d i l s, faft ganz aus dem Werke des ältern
Plinius, ohne Sinn und Nachdenken compilirt, das nur
für die Gefchichte der Medicin einigen Werth hat. —
A u s g a b e: — textum recenfuit, lectionis varietatem, notas interpretum felectiores fuasque adiecit J. C. G. A c k e r -
mann. Lipf. 1786. (eigentl. 1785) 8 mai. — Von
T h e o d o r u s P r i f c i a n u s (um 370) haben wir ein in
holperichtem Latein gefchriebenes Werk über die Krankheiten in 4 Büchern, das zuerft unter dem Namen des Q.
O c t a v i u s H o r a t i a n u s erfchien, worinn zwar Spuren
eines denkenden Kopfes, aber auch die elendeften aber-
gläubifchen Mittel vorkommen. — A u s g a b e: B a f i L
1532. 4. Th. Prifciani, Archiatri, quae exftant, T. I;
novum textum conftituit, lectiones difcrepantes adiecit J.
M. B e r n h o l d. (Norimb. 1791). 8. (In diefem B. ift
das 1fte und der Anfang des 2ten Buches; mehr kam nicht
heraus).

Diefe und andere nach Galen lebende Empiriker waren blofse Kompilatoren, die die ältern empirifchen Schriften, befonders die Plinifche Naturgefchichte, plünderten

und das daraus gehohlte Gute durch Unwiſſenheit und Aberglauben entſtellten. Zur Vervollkommnung der Kunſt
trugen ſie gar nichts bey: wohl aber zu ihrer Verſchlim-
merung. — Vergl. J. C. G. Ackermann's Beyträge
zur Geſchichte der Sekte der Empiriker nach den Zeiten
des Galenus; in Wittwer's Archiv für die Geſchichte
der Arzneykunde B. 1. St. 1. S. 1—47. (Eigentl. nur die
Einleitung. Die Behandlung des Gegenſtandes ſelbſt wird
noch erwartet).

XIV. Zuſtand der juriſtiſchen Wiſſenſchaften.

1.

Da in dieſem Zeitraum nur der Römiſche Staat in
Betrachtung kommen kann; ſo bemerkt man, daſs die Jurisprudenz durch den Untergang der republikaniſchen Verfaſſung nicht allein nichts verlohr, ſondern unter der mo-
narchiſchen vielmehr gewann. Die Deſpoten untergruben
die Beredſamkeit und begünſtigten die Rechtsgelehrten,
deren letzter Grundſatz doch immer blinder Gehorſam gegen ſolche Geſetze war, welche die Fürſten ſelbſt geben
konnten. Mit dem ſteigenden Anſehn der Juriſten, beſonders ſeit Hadrians Zeit, vervollkommnete ſich die Wiſſenſchaft. Schon früher hatte man über ſie, meiſtens nach
ſtoiſchen Grundſätzen, zu philoſophiren angefangen; jetzt
entſtanden zwey Sekten: die Proculianer und Sabinianer. Jene hatten den Antiſtius Labeo zum Stifter, der den Schlendrian der alten Juriſpr. angriff und ihr,
mit Hülfe ſeiner Philoſophie und Geſchichtkunde, eine beſſere Geſtalt gab. Durch ihn erhielten die Begriffe
genauere Beſtimmung, und die Geſetze wurden auf
allgemeine Grundſätze zurückgeführt. Ihren Namen bekamen ſeine Anhänger von Sempr. Proculus. Das

Haupt der Sabinianer war C. Atejus Capito, der seine Responsen streng nach den Ausprüchen der alten Juristen ertheilte, übrigens aber natürliche Billigkeit empfahl. Von dem Namen seines Schülers Masurius Sabinus, der zuerst seine Responsen schriftlich ausstellte, wurde seine Sekte benannt. Beyde Partheyen giengen zu weit. Sie dauerten bis unter Hadrian, wo ihre Hitze durch das Edictum perpetuum abgekühlt wurde.

2.

Durch diesen Kaiser wurden grosse Veränderungen getroffen, nicht nur in der Form der Reichsverwaltung, sondern auch in der Gerichts und Gesetzverfassung. Gesetzkundige Männer erlangten viel Gewicht und starken Einflus in die Regierung. Die Juristen brauchten nicht, wie vorher, die Erlaubnifs zu practiciren (facultatem respondendi) erst von den Imperatoren zu erbitten. Hadrian hatte immer Juristen zu geheimen Räthen. So bildete sich allmählig das Consistorium principis. Da das oben erwähnte Jus honorarium den Gang der Rechtspflege immer mehr und mehr erschwerte und der Sektengeist viel Unheil stiftete; so hielt Hadrian für rathsam, der Gerichtsbarkeit der Magistratspersonen eine bestimmte Norm vorzuschreiben. Er lies daher (131) durch Salvius Julianus, einen der berühmtesten Juristen jener Zeit, eine Sammlung aus allen bis dahin bekannt gemachten Edicten der Praetoren verfertigen; worinn nur diejenigen aufgenommen wurden, die für selbige Zeit brauchbar waren, und denen man einige neue beyfügte. Dieser neue Codex hies Edictum perpetuum, galt aber nur in Rom und in Italien, nicht aber in den Provinzen. Es haben sich nur Bruchstücke davon erhalten, deren Sammlung und Anordnung wir den Bemühungen eines Baro, Paraeus, Ranchinus, Godefroy, Noodt und Heineccius verdanken. Wilh. Ranchin's Edictum perpetuum erschien zuerst zu Paris 1597. 8; und findet sich auch in Hotomanni Hist. iuris Vol. II. p. 305 — 360, mit deffen schätzbaren Anmerkungen. Neu aufgelegt zu Paris 1784 unter dem Titel: Edictum perpetuum Adrianeum, 8. Cfi Gothofredi Series edicti perpetui; in eius Fontibus iuris civ. Rom. Dieser Commentar umfaßt aber nur die 27 ersten Bücher. Die vereinigten Ranchinischen, Gothofredischen und Noodtischen Resultate enthält Abr. Wieling's Werk, unter dem Titel: Fragmenta Edicti perpetui, in usum lectionum publicarum. Franequ. 1733. 4. Manche Berichtigungen seiner Vorgänger lieferte Heineccius in seiner Schrift über das Edict. perp. (in Opusc. posth. Hal. 1744. 4). Vergl. C. G. Haubold über die Versuche, das praetorische Edict herzustellen; in Hugo's civilist. Magazin B. 2. H. 3. S. 288 u. ff. (Berl. 1796).

3.

Dieses neue Gesetzbuch wurde von mehrern angesehenen Juristen in Commentarien erläutert; sie befolgten deffen Einrichtung und Ordnung in ihren Schriften über das Civilrecht; ja, die Compilatoren der Pandekten fanden für gut, die nämliche Ordnung bey Verfertigung derselben zu beobachten. Von jener Zeit an scheint der Sektengeist erkaltet zu seyn, so daß die meisten Juristen die Mittelstraße zwischen den erwähnten Sekten giengen und sie zu vereinigen suchten; weswegen sie Miscelliones und Herciscundi genannt wurden. Die vorzüglichsten waren: Sext. Pomponius (von deffen Enchiridion iuris noch ein guter Theil in den Pandekten übrig ist — cum comment. J. Cujacii, animadv. C. A. Ruperti,

praetermiſſis C. van Bynkershoek, recenſione prae-
termiſſorum C. Waechtleri; in Ublli Opuſc. ad hiſt.
iuris. Hal. 1735. 4.); Cajus (von deſſen Inſtitutionen
der auf Befehl des weſtgothiſchen Königs Alarich .verfer-
tigte Auszug vorhanden iſt; — ex recenſione A. Schul-
tingii, cum animadv. crit. G. Meermanni; ed. a C.G.
Haubold. Lipſ. 1792. 8 mai.); Aemilius Papinianus (gelangte zu den höchſten Ehrenſtellen; zuletzt war
er Praefectus praetorio und Vormund der Kaiſer Caracalla
und Geta. Als hernach jener dieſen hinrichten ließ, und
Pap. auf deſſen Verlangen den Brudermord nicht verthei-
digen wollte, wurde auch er umgebracht 212. Bey ſeinen
wichtigen Aemtern fand er doch noch Zeit zum Bücher-
ſchreiben. Ueber das, was in den Pandekten von ihm
ſteht, hat Everh. Otto ein Inventarium gemacht in
dem Buche: Papinianus ſ. de vita A. Papiniani diatriba
repetitae praelectionis. Brem. 1743. 8. Vergl. Bavii
Voorda Papinianus ſ. optimi ICti et viri forma in A. Pa-
piniano ſpectata; L. B. 1770. 4.); Domitius Ulpia-
nus (aus Tyrus, ſchwang ſich in Rom unter dem K. Severus bis zur Würde eines Praefectus praetorio, ward aber
von den Soldaten ſeiner ſtrengen Kriegszucht wegen ermordet 228. Von der Menge ſeiner Werke haben ſich
nur Bruchſtücke erhalten, die man geſammlet hat, unter
dem Titel: Fragmenta libri regularum, ſ. Tituli
ex corpore Ulpiani — c, nott. J. Cujacii et L.
Charondae, quibus ſuas quoque addidit A. Schultin-
gius; in huius Jurisprudentia Ante- Juſtinianea p. 537
ſqq. — In uſum praelect. ed. et praefatus eſt G. Hugo.
Goett. 1788. 8. Vergl. Adr. Stegeri D. de D. Ul-
piano. Lipſ. 1725. 4.); Jul. Paulus (war auch Praefectus praetorio, und hatte mit dem vorigen gleiches
Schickſal um 230. Er war ein juriſtiſcher Vielſchreiber,

der nach Kürze und Spitzfündigkeiten trachtete, und
darüber oft dunkel wurde. Von den 5 Büchern rece-
ptarum fententiarum haben wir noch einen auf Befehl des weftgoth. Königs Alarich von deffen Kanzler
Anianus verfertigten mangelhaften Auszug; — in
ufum praelect. edidit, cum editione principe contu-
lit, indicem editionum omnium corporis iuris civilis fontium adiecit G. Hugo. Berol. 1795. 8); Herennius
Modeftinus (— um 244 — Ulpiani Schüler und Ma-
ximins Lehrer, unter deffen Schriften die Heurematica
vorzügliche Aufmerkfamkeit verdienen. S. Henr.
Brenkmanni de Eurematicis diatriba f. in H. Modeftini
librum fingularem περὶ εὑρηματικῶν commentarios. L. B.
1706. 8.) Die Fragmente, die fich von den bisher genannten Joriften in den Pandekten erhalten haben, ftehen
beyfammen in Jac. Labitti Index legum omnium, quae
in Pandectis continentur. Parif. 1557. 8; und mit Gund-
ling's Vorrede. Francof. et Lipf. 1724. 8. — A.
Wielingii Jurisprudentia reftituta f. Index chronologi-
cus in totum iuris Juftinianei corpus. Amft. 1727. 8.

Gregorius, Praefectus praetorio unter Conftantin
dem 1ften, fammlete die kaiferl. Refcripte und Edicte von
Hadrian bis Diocletian. Diefe Sammlung — Codex
Gregorianus — erhielt, auch ohne kaiferl. Beftätigung,
rechtliches Anfehn. Wir befitzen noch Bruchftücke davon
aus dem von Anian verfertigten Auszug; in Schultin-
gii Jurispr. Anti-Juft. p 630 fqq.); Hermogenes oder
Hermogenianus, des vorigen Zeitgenoffe, foll Verfaffer der Diocletianifchen und folgenden kaiferl. Gefetze
— Codex Hermogenianus — feyn, der viel-
leicht als Supplement des Gregorianifchen Codicis verfertiget wurde. Vergl. Jof. Fineftres et de Mon-

falvo D. de Hermogeniano et eius fcriptis; praemiffa
eius Comment. in Hermogen. libros Epit. iur. Cer-
variae Lacetanorum 1757. 2 T. 4. C. F. Pohl
D. de codicibus Gregoriano atque Hermogeniano. Lipf.
1777. 4.

Chrifti. Otto à Boekelen de diverfis familiis veterum
ICtorum; cum eius Comment. de orationibus Principum
(Lugd. Bat. 1678. 8) et in G. Slevogtii de fectis
et philofophia ICtorum opufculis (Jen. 1724. 8) p. 1 fqq.
G. Mafcov de fectis Sabinianorum et Proculianorum
in iure civili. Lipf. 1718. 8. C. F. Hommelii D. de
principali cauffa diffenfionum inter Labeonem et Capito-
nem horumque fectatores. ib. 1750. 4. C. G. Bieneri
D. Antiftius Labeo, iuris civilis novator. ib. 1786. 4.

XV. Zuftand der theologifchen Wiffenfchaften.

1.

In dem gegenwärtigen Zeitraum kommen in der Darftellung des Zuftandes der theol. Wiffenfchaften, auffer
den Juden und Heiden, hauptfächlich noch die Lehre
der Chriften, wegen ihres grofsen und wichtigen Einfluffes auf die Menfchheit, in Betrachtung. Der Zuftand der
Heiden war noch beynahe derfelbe, wie er fchon oben (2ten
Zeitr. XV.) gefchildert wurde; und von der Theologie unter den Juden in diefer Periode ift ebenfalls fchon das Nö-
thige in den beyden vorigen Zeiträumen gefagt worden.
Dafs eine Veränderung des um die Zeit der Regierung des
K. Auguft herrfchenden Religionsbegriffs höchft nothwendig war, lehret die Kirchengefchichte; fo auch, dafs Jefus
von Nazareth diefe Veränderung bewirkte; dafs er aber
kein eigentliches Lehrgebäude der von ihm eingeführten
Religion, noch weniger einen äuffern Gottesdienft vorge-

schrieben, daß er blos einen reinern Begriff vom höchsten
Wesen zu verbreiten und ihn zu Einschärfung der gesell-
schaftlichen Pflichten und höherer Vollkommenheit derselben anzuwenden gesucht — und zwar ganz nach der Vor-
stellungsart seiner Zeit —; weiter, daß seine Nachfolger
sich an dieses Vorbild hielten, aber doch gelegentlich dessen Lehren erweiterten und erläuterten, so viel durch unmittelbar daraus hergeleitete Schlüsse geschehen konnte;
daß daher die Schriften des N. T. kein dogmatisches Ganzes ausmachen, sondern theils aus historischen Stücken be-
stehen, theils aus lehrreichen Sendschreiben: daß aber die
christl. Religion nicht lang in ihrer ersten Lauterkeit blieb,
sondern schon bald durch unzweckmäßige Zusätze und
Irrlehren sehr entstellt worden ist; daß man über die einfachen Lehren Christi zum Theil verkehrt philosophirte;
daß durch den Uebertritt Konstantin's des 1sten zur christl.
Religion dieselbe im römischen Reiche herrschend wurde;
daß sie, ihrer Verschlimmerung ungeachtet, Eingang bey
mehrern rohen Nationen fand u. s. w. Hier in der Litte-
rargeschichte bemerkt man nur die vorzüglichsten Gelehrten unter den Christen, von denen noch Schriften vorhanden sind, nebst den wichtigsten Schicksalen der einzelnen
Theile der Theologie.

2.

Jesus selbst hinterließ keine Schriften. Die ihm
beygelegten, z. B. die Antwort an Abgarus, Fürsten zu
Edessa, sind offenbar untergeschoben. (Vergl. *J.* S. Sem-
leri D. de Christi ad Abgarum epistola. Hal. 1759. 4.)
Die ältesten christlichen Schriftsteller theilen sich in hi-
storische (Matthäus, Markus, Lukas, von dem
auch die Apostelgeschichte herrührt, Johannes) und
dogmatisch - moralische (Jakobus, Petrus,

Paulus, Judas, Johannes, der auch wahrscheinlich
die Apokalypse schrieb). Gegen Ende des IIten Jahrh.
wurden ihre Schriften — man weiſs nicht, von wem und
wie — geſammlet, nachdem ſie ſchon vorher einzeln in
den Händen der meiſten Chriſten geweſen waren. Dieſe
Sammlung nennt man das Neue Teſtament. — Ausgaben: N. T. Graecum editionis receptae, cum lectionibus variantibus codd. mſſ., edit. aliarum, verſionum et Patrum; nec non commentario pleniore ex ſcriptoribus veteribus hebraeis, graecis et latinis, hiſtoriam et vim verborum illuſtrante; opera et ſtudio J. J. Wetſtenii. Amſt.
1752. 2 Voll. fol. — ed. J. J. Griesbach. Hal.
1774—1777. 2 Voll. 8. Vol. I. ed. nova. ib. 1796. 8.
(Cf. eiusd. Comment. crit. in textum graecum N. T.
Partic. I. Jen. 1798. 8 mai.) — perpetua annotatione illuſtratum a J. B. Koppe, J. C. Tychſen et J. H.
Heinrichs. Vol. I. 4. 6. 7. 8. Goett. 1778—1798.
8 mai. Teutſch von K. F. Bahrdt. 3te Ausgabe. Berl.
1783. 2 Bände 8. — von J. J. Stolz. 3te durchaus
verb. und umgearbeitete Ausgabe Zürich 1798. 2 Theile
gr. 8. Vergl. deſſelben Erläuterungen zum N. T.
Hannov. 1796—1798. 3 Hefte gr. 8.

3.

Mit der Ausbreitung der chriſtl. Religion wurde das
Leſen der heil. Bücher Bedürfniſs, und man überſetzte ſie
in viele Sprachen. Das A. T. wurde von Aquila aus
Sinope (123), von Theodotion aus Epheſus (182)
und von Symmachus aus Samaria (201), und auſſerdem
noch von 3 Ungenannten ins Griechiſche überſetzt. Viele
Bruchſtücke dieſer Ueberſetzungen findet man in: Origenis Hexapla; ed. B. de Montfaucon. Pariſ. 1714.
2 Voll. fol. Nachgedruckt durch K. F. Bahrdt. Lipſ.

II. M m

et Lubec. 1769. 2 Voll. 8 mai. R. Saadias verfertigte
(123) eine arab. Ueberſetzung. Wichtig zum kritiſchen
Gebrauch ſind noch: die alte lateiniſche (vor 200), die
koptiſche und die ſyriſche Peſchito (vor 370). S. Biblia
polyglotta, ed. G. M. le Jay. Pariſ. 1629—1645. 10
Voll. fol. — ed. Briani Walton, cum Edm. Caſtelli
Léxico heptaglotto. Lond. 1657. 8 Voll. fol. — Auch
von den Schriften des N. T. wurden ſchon in dieſem Zeitraum Ueberſetzungen verfertigt, z. B. die koptiſche, ar-
meniſche, perſiſche, lateiniſche u. ſ. w.

4.

Aus mehrern Uiſachen konnten die Bemühungen der
Chriſten um die Litteratur in den erſten Jahrhunderten
nicht wichtig werden. Sie ſchränkten ſich auf Vertheidigung ihrer Religion gegen die Heyden, oder auf Widerlegung der philoſophiſchen Gegner des Chriſtenthums, oder
wohl gar auf fromme, beſſer gemeynte als ausgeführte Be-
trügereyen ein. Kritik und Exegeſe der Bibel
fangen eigentlich erſt mit Origenes im 3ten Jahrh. an:
doch ſind überhaupt folgende Männer wegen ihrer exege-
tiſchen Kenntniſſe und aus andern Urſachen merkwürdig,
und zwar zuerſt die Griechen:

Juſtinus der Martyrer aus Flavia Neapolis in
Samarien, ſtudirte Anfangs heydniſche, hauptſächlich platoniſche, Philoſophie, und gieng hernach, weil ſie ihm
kein Genüge that, zum Chriſtenthum über; reiſte alsdann
nach Rom, und überreichte dem K. Antoninus Pius ſeine
erſte Schutzſchrift für die Chriſten. Von Rom gieng er
nach Aſien zurück, wo er die hernach von ihm beſchriebe-
ne Unterredung mit dem Juden Tryphon hielt, und darauf
Rom zum zweytenmahl beſuchte. Gegen die heydniſchen
Philoſophen lag er ſtets zu Felde, büſte aber darüber das

Leben ein; denn der Cyniker Crefcens brachte es bey
demfelben Kaifer dahin, dafs er (163) geköpft wurde.
Befte Ausgabe feiner ächten und unächten Schriften
opera et ftudio unius ex congreg. S. Mauri
(Prudentii Marani), Parif. 1742. fol. Auch in der
feit 1777 von F. Oberthür zu Würzburg veranftalteten
Ausgabe der vorzügl. Kirchenväter (auf die man hier ein
für allemahl verweifen will). Die Schriften diefes Kirchenvaters ftanden fchon bey dem chriftl. Alterthum in grofsem
Anfehen. Alle folgende chriftl. Apologeten haben ihre
Vertheidigungsfchriften nach der feinigen eingerichtet.
Seine Manier, die Nichtchriften zu überzeugen, hat viel
Aehnliches mit derjenigen, deren fich der Verf. des Briefes
an die Ebräer bedient: nur mit dem Unterfchied, dafs diefer bündiger beweifet und richtiger allegorifirt, als Juftin.
— T. Fl. Clemens, ein heydnifcher Philofoph, der aber
zum Chriftenthum übertrat, und an die Stelle feines treff-
lichen Lehrers Pantaenus Katechet und Presbyter zu
Alexandrien wurde († vor 218). Schriften: Ermah-
nungsfchrift; der Lehrmeifter in 3 Büchern; und Stromata
oder Sammlung vermifchter Auffätze in 7 Büchern (denn
das 8te ift untergefchoben). Ausgabe von J. Potter.
Oxon. 1715. fol. Cl. zeichnet fich durch grofses Genie
und ausgebreitete Gelehrfamkeit aus, fuchte in feinen
Schriften die chriftl. Religion Denkern zu empfehlen, ihre
Uebereinftimmung mit der Vernunft und ihre Vorzüge in
Rückficht der Moralität darzuthun; daher enthält er fich
jüdifcher Vorftellungsarten und philofophirt nach heydnifchen Muftern über die chriftl. Glaubenslehren. Seine
Schriftauslegung ift elend, fein Ausdruck zwar gedankenreich, aber dunkel, oft verworren und, wenn er witzig feyn
foll, unerträglich. Wegen feiner Belefenheit in heydnifchen Schriftftellern und den Erläuterungen über Alterthü-

Mm 2

mer ift er auch den Philologen wichtig. Origenes von
Alexandrien (geb, 185. geft. 253), der gelehrtefte und
gründlichfte unter allen griech. Kirchenvätern.   Sein Vater,
ein Chrift, unterrichtete ihn felbft, und dann der eben
erwähnte Clemens und Ammonius Saccas. In feinem 18ten
Jahre wurde er dem erften zum Gehülfen oder Nachfolger
an der Katechetenfchule gegeben; wobey er feinen Unterricht in der weltlichen Gelehrfamkeit fortfetzte: doch gab
er diefen bald auf, als fein Unterricht im Chriftenthum
immer zahlreichern Beyfall erhielt. Die Wuth des K. Caracalla zwang ihn, Alexandrien zu verlaffen. Er begab
fich nach Caefarea und würde Presbyter. Der Bifchoff Demetrius zu Alex. brachte es endlich gar dahin, dafs er auf
2 Concilien verdammt wurde. Bey den nachherigen Verfolgungen der Chriften hatte er noch viel auszuftehen; er
wurde fogar ins Gefängnifs gefetzt und fchrecklich gepei-
nigt; kam zwar wieder los, ftarb aber bald hernach. Er
verpflanzte das Chriftenthum nach Arabien, erhielt die
Reinigkeit deffelben und die Eintracht der Gemeinden in
Aegypten, Paläftina und Griechenland, und bildete die
trefflichften Lehrer. Sein Charakter war der uneigennüz-
zigfte Edelmuth und der wärmfte Wunfch, Gutes zu ftif-
ten.   Schriften: Biblia hexapla (f. vorhin 3); Exegetica
(oder Commentarien über die Bibel, die zum Theil nur
noch in latein. Ueberf. übrig find); contra Celfum l. 8;
Philocalia f. Electa; de precatione f. oratione liber; de
principiis (fidei) l. 4. (nach Rufin's lat. Ueberf.) und fehr
viel andere; weit mehrere find verlohren. Ausgabe:
Gr. et lat. ftudio Carol. Delarue. T. 1 et 2. Parif.
1733. T. 3. 1740. T. 4. 1759. fol. Contra Celfum et
Philocalia ed. Guil. Spencer. Cantabr. 1658. 4. Das
Werk gegen Celfus teutfch mit weitläufigen Anmerk.
von J. L. Mosheim. Hamb. 1745. 4. O. ift der Vater

der biblischen Kritik und Exegese. In der Auslegung be-
stand sein gröstes Verdienst; sie war grammatisch und
buchstäblich: aber er hatte sich zu sehr an das Philosophi-
ren gewöhnt, und fürchtete sich vor dem Vorwurf der
Neuerungen; verfiel auf das Allegorisiren und Dogmatisi-
ren, erläuterte oft mehr witzig und scharffinnig, als
wahr, um die Aussprüche der heil. Schrift mit der platoni-
schen Philosophie zu vereinigen. In der Dogmatik geht
er seinen ganz eigenen Gang, hat zwar noch kein System,
giebt aber doch Materialien genug dazu; er wagt kühne
Muthmaßungen, äußert sehr freye Meynungen, und ver-
schönert mit unter die einfachen Lehrsätze des Christenthums. Vorsichtig, entscheidet er selten: sondern stellt
gewöhnlich Behauptungen mit Gründen und Gegengrün-
den auf, und überläßt seinen Lesern Prüfung und Wahl —
Joh. Chryfostomus von Antiochla in Syrien (geb. 354.
gest. 407) erst Mönch, hernach Bischoff zu Konstantinopel,
muste wegen seiner Freymüthigkeit viele Verfolgungen
ausstehen. Schriften: der ächten und untergeschobe-
nen sind, nach der neuesten Ausgabe, 1447; theils Abhandlungen, theils Homilien, theils 249 Briefe. Ausgaben: von Bernh. de Montfaucon, Parif. 1718 —
1738. 13 Voll. fol. Venet. 1780, 14 Voll. 4. Die
vornehmsten Homilien und kleinen Schriften teutsch
von J. A. Cramer. Leipz. 1748 — 1751. 10 Bände 8.
(Voran steht des Autors Leben). Man nennt diesen Kir-
chenvater den Cicero der griech. Kirche. In der That
besitzt er viel Leichtigkeit und Klarheit im Vortrage der
Gedanken und einen Reichthum in Ansehung des Ausdrucks,
auch eine gewisse Kühnheit in den Figuren: aber der Geschmack seiner Zeit reißt ihn doch oft mit sich fort, so
daß er manchmahl ins Spielende und Läppische verfällt.
In der Auslegungskunst übertraf er alle seine Zeitgenossen.

Vergl. C. W. Vollandi D. 4 de elogio, vita, ſcriptis
et edixiunibus J. Chryſoſtomi. Viteb. 1710—1711. 4.

Von den Lateinern verdient hier nur eine Stelle
Euſebius Hieronymus von Stridon (geb. 330. geſt.
42c), einer der gelehrteſten Kirchenväter. Er widmete ſich
dem Mönchſtande, unternahm mehrere Reiſen, war eine
Zeit lang Sekretär des Biſchoffs Damaſus zu Rom, ſtand
dort in groſem Anſehn, gieng aber 385 nach dem Abſterben dieſes Biſchoffs nach Bethlehem, und lebte dort, unter
vielen ſchriftſtelleriſchen Beſchäftigungen, als Mönch.
Schriften: Briefe, Lebensbeſchreibungen, dogmatiſche,
exegetiſche und polemiſche Werke. Ausgaben: ſtudio
et labore Monachorum ordinis S. Benedicti. Pariſ. 1693
—1706. 5 Voll. fol. — ſtudio et labore Dominici Val-
larſii, opem ferentibus aliis litteratis viris et praecipue
Marchione Scipione Maffeio. Venet. 1734—1742.
11 Voll. fol. Hieron. war unſtreitig ein ſehr gelehrter
Mann, der mit ausdauerndem Fleiſse das A. T. aus dem
Ebräiſchen ins Lateiniſche überſetzte und ſehr gute exegetiſche Kenntniſſe beſaſs. Am brauchbarſten ſind daher die
Commentarien über bibliſche Bücher, und die Briefe. Um
die Geſchichte erwarb er ſich ein Verdienſt durch das Buch
de viris illuſtribus. Aber nicht geringe Schande
zog er ſich durch ſeine Bitterkeit wider Gegner, durch
ſeine Ruhmredigkeit, durch ungerechte Beſchuldigungen
rechtlicher Männer, durch unſinnige Empfehlungen des
Aberglaubens und der Scheinheiligkeit zu. Vergl. J. Cle-
rici Quaeſtiones Hieronymianae. Amſt. 1700. 12. Seb.
Dolci Maximus Hieronymus, vitae ſuae ſcriptor, ſ. de
moribus, doctrina et rebus geſtis D. Hieronymi — commentarius. Anconæ 1750. 4. Hieronymus Stridonen-
ſis, interpres, criticus, exegeta, apologeta, hiſtoricus,

doctor, monachus; symbola ad historiam saeculi 4 eccle-
siasticam (auct. Engelstoft). Hafniae 1797. 8.

5.

Es währte lang, ehe die Lehrsätze der christlichen
Religion wissenschaftlich behandelt worden. Aus der Verschiedenheit der Denkart und Grundsätze der Apostel erhellet, daß sie frey über das Christenthum, nach ihrer
Art, philosophirten. Im 2ten Jahrh. erhielt die Theologie
— es sey erlaubt, dieses Wort einsweilen zu brauchen —
ein philosophisches Gewand, um sie dem heydnischen Denker annehmlicher und das Neue darinn weniger auffallend
zu machen. Seit 160 ungefähr untersuchten die christlichen Gelehrten ganz frey die Wahrheit der Lehren des
Christenthums. Gewöhnlich vergaßen sie über das Philo-
sophiren die Bibel: doch waren ihre Philosopheme, selbst
irrige, unschädlich; denn sie waren gelehrte Untersuchungen, wovon in den Vortrag und in die Moral des Christenthums nichts übergieng. So findet man es bey dem
erwähnten Justin. Athenagoras von Athen (um 165),
vor seinem Uebertritt zur christl. Religion ein platonischer
Philosoph, gieng schon weiter. Als solcher suchte er die
christl. Lehrsätze allein aus seiner Philosophie zu erläutern.
Schriften: Von der Auferstehung; Schutzschrift für die
Christen. Ausgaben: cura et studio ed. du Chais.
Oxon. 1706. 8. Die Schutzschrift von J. G. Lindner.
Longos. 1774. 8. Eiusd. curae poster. in Athenag. etc.
ib. 1775. 8. — Noch viel weiter giengen Clemens und
Origenes: indessen so kühn der letzte auch verfuhr; so
hielt er doch alle die Speculation blos für gelehrte Beschäf-
tigungen, stellte das Meiste problematisch auf, und mischte
nichts davon in den Volksvortrag. Seine Schüler wurden
dieser Methode, wenigstens Anfangs, nicht ganz untreu:

Seit der Mitte des 4ten Jahrh. veränderte sich vieles, aber nicht zum Vortheil der Theologie. Sprachkenntniße wurden seltener; die Griechen hielten sich an die Septuaginta; die Lateiner an ihre mangelhafte Itala; und daraus schon entstanden viele Irrthümer. Die Dogmatik entwickelte sich nicht mehr aus unbefangenen philof. Untersuchungen, sondern aus Streitigkeiten mit fogenannten Ketzern. Die wichtigsten Lehren wurden für Nebenfache und unfruchtbare Speculationen für Hauptsache gehalten. Die Theologie wurde mit Subtilitäten überladen, erhielt eine neue, oft abscheuliche Terminologie; der biblische Sprachgebrauch wurde verlaßen, und menschliche Zufätze und Träumereyen erhielten göttliches Anfehn. Wie viel A u- g u ſt i n in dieser Hinficht gefchadet habe, davon im nächften Zeitraum.

6.

Polemik war in den älteſten Zeiten nur gegen heydnifche Philofophen gebräuchlich und zur Vertheidigung des Chriftenthums nothwendig. Aufier den fchon angeführten griechifchen Apologiften J u ſt i n u s, A t h e- n a g o r a s und O r i g e n e s, find noch folgende la teini- fche zu bemerken: Q. S e p t i m i u s F l o r e n s T e r- t u l l i a n u s, von heydnifchen Eltern zu Karthago geboh- ren, ſtarb dafelbſt als Presbyter um 220   S c h r i f t e n: Es find ihrer fehr viele; fie betreffen die Kirchenzucht, die Ketzer, die Rechtgläubigen und die Vertheidigung der chriftl. Lehre. Man theilt fie ein in folche, die er vor und nach feinem Uebertritt zu den Montaniſten verfer- tigte. Ausgabe: recenfuit J. S. S e m l e r. Hal. 1770 —1776. 6 Voll. 8. Es iſt auch ein G l o f f a r i u m T e r- t u l l i a n e u m dabei. — T. iſt einer der gelehrteſten Kirchenväter, der grofse, aber unausgebildete Talente

befafs. Er war heftig leidenfchaftlich, und dies verleitete
ihn zu mancher falfchen Behauptung: fein moralifcher Charakter fcheint dennoch tadelfrey gewefen zu feyn. Sein
Ausdruck ift dunkel, neu, gedankenreich, kurz, voll von
Wortfpielen, witzigen Einfällen und für uns unverftändlichen Anfpielungen, auf Localitäten. — Vergl. J. A.
Noeffelt D. 3. de aetate fcriptorum Tertulliani. Hal.
1757. 4. — M. Minucius Felix aus Africa (um 220),
Advokat zu Rom, fchrieb unter dem Titel: Octavius
und in Dialogenform eine, den Gedanken und der Schreibart nach gute Apologie des Chriftenthums. Ausgaben:
cum Cypriani libro de vanitate idolorum, recenf. illuftr.
notis variorum felectis atque etiam fuis J. G. Lindner.
Longof. 1760. 8. ed. alt. emend. ib. 1773. 8. — Vergl.
J. D. van Hoven Epift. hift. crit. de vera aetate, digni-
tate et patria M. Minucii Felicis. Campis 1762. 4; auch
in der 2ten Lindnerifchen Ausgabe. — Thafcius Caecilius Cyprianus von Karthago, zuerft heydnifcher
Rhetor, bald nach feiner Taufe Aelteter, zuletzt Bifchoff
zu Karthago, nahm fich der Religion thätig an, opferte
ihr zu Liebe alle feine Güter auf, und litt den Märtyrer-
tod (258). Schriften: 86 Briefe; de idolorum vanitate; de mortalitate etc. Ausgabe: von Steph. Baluzius und Prudent. Maranus, Parif. 1726. fol.
C. hatte fich ganz nach Tertullian gebildet, und verräth
hier und da fchon fehr hierarchifche Ideen. Seine Beredfamkeit bewunderten nur die Alten. Die polemifchen
Schriften werden höher gefchätzt, als die übrigen: die
Briefe jedoch am allerhöchften, weil fie einen Schatz von
Kirchenalterthümern enthalten. Vergl. H. Dodwelli
Differt. Cyprianicae. Oxon. 1682. fol. Brem. 1690.
fol. — Arnobius von Sicca in Africa (um 300) fchrieb
nach feinem Uebertritt zur chriftl. Religion, noch als Ka-

sechumen, eine Vertheidigung derselben gegen die Heyden, zum Beweis feiner Ueberzeugung von ihrer Wahrheit. Sein Werk contra gentes l. 7. zeugt von gros-
fer Gelehrsamkeit, aber fehr mangelhafter Kenntnifs der
christl. Religionstheorie. Der Stil ift hart und unange-
nehm. Ausgabe: ex recenf. Salmafii ed. Defid.
Heraldus. Lugd. Bat. 1651. 4.

Griechen: Irenäus, Bifchoff zu Lyon († 202),
ein gelehrter Mann und ungeheuchelter Anhänger des
Chriftenthums, der es gegen deffen Beftreiter eifrigft vertheidigte. Schrift: 5 Bücher gegen die Ketzereyen:
eigentlich nur gegen die Gnoftiker. Vom Original find
nur noch kleine Refte übrig; das Ganze aber ift durch eine
lat. Ueberf. erhalten worden. Fragmente von verlohrnen
Schriften. Ausgabe: von Ren. Maffuet. Paris 1710.
fol. —. Athanafius, Bifchoff zu Alexandrien, fpielte
eine grofse, aber eben nicht ehrenhafte Rolle, mufste
auch für feinen hyperorthodoxen Eifer und Verfolgungs-
geift genug büfsen († 373). Schriften: Es find ihrer
102, und darunter vorzüglich: Reden gegen die Arianer
in 5 Büchern, deren Aechtheit von einigen bezweifelt
wird; Briefe; Lebensbefchreibungen. Das ihm beyge-
legte Glaubensbekenntnifs enthält feine Meynungen, ift
aber nicht von ihm verfafst. Ausgabe: — opera omnia,
ftudio monachorum ord. S. Benedicti e congreg. S. Mauri;
noviffimis nunc curis emendatiora et quarto volumine aucta
(a Nic. Ant. Juftiniano, Epifcopo Patav.). Patavii
1777. 4 Voll. fol. — Scharffinnig war A. aber nicht gelehrt, befonders arm an Sprachkenntniffen.

7.

Die Moral verlohr fchon im 2ten Jahrh. ihre eigenthümliche Geftalt, litt bereits durch ftetes, übertriebe-

nes Dogmatifiren und Philofophiren, und würde endlich
von Aegypten aus durch Mönche, Afceten und Myftiker
ganz vergiftet und verunftaltet. Anmeikenswerth find
blos, unter den Griechen: Bafilius Magnus, Bifchoff zu Neocaefarea in Cappadocien († 379), ein Haupt-
vertheidiger der Myftik und des Mönchswefens, übrigens
ein Mann von Genie und Walirheitsliebe, unter deffen
vielen Schriften die Briefe das Befte find. Ausgabe:
Opp. omnia opera et ftudio Juliani Garnier. Parif.
1721—1730. 3 Voll. fol. — Gregorius, Bifchoff zu
Nazianz (ft. ungefähr 390), ein vertrauter Freund des vorigen, von dem noch eine Menge Reden, Briefe und Gedichte übrig ift. Ausgaben: — ex ed. Jac. Billii
et Fed. Morelli. Parif. 1630. 2 Voll. fol. — opera et
ftudio monachor. ord. S. Bened. e congreg. S. Mauri. T. I.
Parif. 1778. fol. (Meines Wiffens kam weiter nichts
heraus). Für feine Zeit war G. ein grofser Theolog und
geiftl. Redner, der mit Kunft und Feuer fpricht: die Gedichte find defto fchlechter. Aus allen feinen Handlungen
und Schriften leuchtet ein heftiger, intoleranter, eitler
und übermüthiger Charakter hervor.

Lateiner. Aufser Tertullian und Cyprian
gehören hierher: L. Coelius Lactantius Firmianus
(ft. um 325), Schüler des Arnobius und Lehrer der Redekunft zu Nikomedien, fchrieb mit gröfserer Eleganz, als
Sachkenntnifs: Divinarum inftitutionum l. 7 (ein
dogmatifch-moralifches Werk, worinn die chriftl. Religion
von Seiten ihres innern Werthes und ihrer Nutzbarkeit
vertheidigt wird). Minder wichtig find: De ira Dei;
de opificio Dei; de mortibus perfecutorum;
Sympofium etc. Ausgaben: cum nott. integris Cel-
larii et felectis aliorum interpretum a J. L. Bünemann.

Lipf. 1739. 8 mai. — a. J. B. le Brun, et N. Lenglet
Dufresnoy. Parif. 1748. 2. Voll. 4. Vergl. Eduardi
a S. Xaverio in Lactantij opera differtationum praeviarum
decas 1 et 2. Rom. 1754—1757. 8. — Ambrofius,
ein Gallier, erft Statthalter, dann Bifchoff zu Mayland,
(ft. 398), verfertigte viele Schriften, dogmatifchen, afcetifchen, exegetifchen und poëtifchen Inhalts, von den
franz. Benedictinern am beften edirt Paris 1686—1690.
2 Voll. fol. A. ein heftiger Beftreiter der Irrthümer, vornämlich des Arianifmus, war weder feinem Ausdrucke noch
feinem Verftande nach ein Barbar, ift aber doch, zu Folge
des Geiftes feines Jahrhunderts, nicht gar gründlich und
genau, und ein Liebhaber von Subtilitäten.

8.

Die homiletifchen Schriftfteller fchränkten in den
erften Jahrhunderten ihren Unterricht lediglich auf die
Grundwahrheiten der Religion in biblifchen Ausdrücken
ein, und vermieden alles Dogmatifche und Speculativifche.
Mit Ende des 3ten Jahrh. aber giengen die Spitzfindigkeiten und dogmatifchen unfruchtbaren Unterfuchungen auch
auf die Kanzel über. Selbft die beffern Schriftfteller, z. B.
Bafilius, Gregorius, Chryfoftomus, find nicht
frey davon.

9.

Einen befondern Platz verdient noch, wegen der Menge,
Mannigfaltigkeit und Wichtigkeit feiner Schriften Eufebius Pamphili, aus Paläftina, Bifchoff zu Caefarea, ftarb
um 340. Schriften: 1) Παντοδαπή ισορία f. hiftoria
de cunctis temporibus. Auffer einigen Bruchftücken
ift das Original verlohren gegangen. Hieronymus,
wie man glaubt, verfertigte die noch vorhandene latein.
Ueberf. lies weg, that hinzu und fetzte die Chronik fort

bis 378. Jofeph Scaliger hat fich in feinem The-
fauro temporum durch die Verbefferung und Ausgabe
derfelben (L. B. 1606. fol. Amft. 1658. fol.) um die
Zeitrechnung unfterblichen Ruhm erworben. Vergl. Hieron. de Prato D. de chronicis libris duobus, ab Eufebio
fcriptis et editis. Veron. 1750. 8. L. T. Spittleri
hiftoria critica Chronici Eufebiani; in Commentatt. Soc.
Goett. Vol. 8. in claffe philol. p. 39 fqq. 2) Praepara-
tio evangelica II. 15. (ex ed. Franc. Vigeri. Parif. 1628. fol.); unter andern auch deswegen fchätzbar,
weil viele Stücke aus verlohrnen Schriftftellern darinn erhalten find 3) Demonftratio evangelica; urfprünglich 20 Bücher, davon aber nur noch 10, und diefe verftümmelt, übrig find (ex ed. Rich. Montacutii. Parif.
1628. fol. Lipf. 1688. fol.). 4) Hiftoria ecclefia-
ftica II. 10, deren alte, von Rufin verfertigte latein.
Ueberf. noch vorhanden ift (ex ed. H. Valefii, Parif.
1659. fol. ib. 1677. fol. Amft. 1695. fol. Graece, recenfuit, notasque maximam partem criticas adiecit. T. I.
Hal. 1779. 8. Teutfch mit einigen Anmerk. von demfelben. Quedlinb. 1777. 2 B. gr. 8. So leichtgläubig
fich auch E. zeigt; fo verdienftlich ift feine Arbeit, weil
wir ohne fie in der ältern Kirchengefchichte wenig von Belang wiffen würden. 5) de vita Conftantini M. II. 4.
(gewöhnl. mit der Kirchengefchichte edirt); ein fehr par-
teyifches Werk. 6) Mehrere kleine Schriften. — Vergl.
Mart. Hanke de Scriptt. rer. Byzant. p. 1—130. Rösler's Biblioth. der Kirchenväter B. 4. S. 1—226. B. 5.
S. 201—325.

Vierter Zeitraum.

Von der fogenannten grofsen Völkerwanderung
bis zur Zeit der Kreuzzüge.

Von 4co — 1100 nach Chr. Geb.

I. Allgemeine Befchaffenheit der Kultur der Wiſ-
fenſchaften.

Während diefer Zeit verſchwand der gröfste Theil der
Kultur, die ſich in den vorherigen Jahrhunderten durch
Roms Bemühung ſo weit verbreitet hatte. Der gute Geſchmack Griechenlands erſtirbt völlig; das wohlthätige
Licht der Philoſophie dämmert nur noch; die Geſchichte
artet faſt überall in Chronik aus; kurz, über alle Gegenſtände des menſchlichen Wiſſens, die Religion nicht aus-
geſchloſſen, ſtreckt die Nacht des Aberglaubens ihr bley-
ernes Scepter aus. Nur in dem oſtrömiſchen Reich erhalten ſich noch Reſte, aber nur Reſte der ſchönen griechiſchen Kultur, wo ſie jedoch mit Ohnmacht, Ueppigkeit
und Sittenverderb kämpfen, um dermahleins in dem weſt-
lichen Europa weit ſchöner hervorzutreten.

Urſachen diefes Verfalls der Wiſſenſchaften: 1) der
ausſchweifende Luxus der Römer, und die daraus entſtan-
dene Sittenloſigkeit, wie auch Umhätigkeit des Körpers
und des Geiſtes. 2) ihre bürgerlichen Kriege. 3) der
fortdauernde blinde, ſehr übel angebrachte Eifer vieler
chriſtlichen Lehrer gegen die heydniſche Gelehrſamkeit.
4) die verderblichen Völkerzüge. 5) die Anfangs zwar

weife, aber in der Folge fehr fchädliche Lehnsverfaffung,
welche nichts als Herren und Sklaven in einem Staate
kennt, keinen Mittelftand, der eigentlich zur Kultur der
Wiffenfchaften aufgelegt ift. 6) die in diefem Zeitraum
aufkeimende Hierarchie oder der päpftliche Defpotismus,
der höchft traurige Folgen für Denkfreyheit, wahre Gelehrfamkeit und Moralität hatte, jedoch auch manches Gute bewirkte.

Bey allem dem fehlte es diefem Zeitalter doch nicht
ganz an feinen Köpfen, lefenswerthen Schriftftellern,
neu hervorbrechenden wichtigen Wahrheiten; befonders
in der Periode, da Karl der Grofse und Aelfred fo mächtig auf ihre Zeitgenoffen wirkten. Selbft das 1ote Jahrhundert, das man gewöhnlich das finftere und eiferne
fchilt, fah fo traurig eben nicht aus. *) Die Fehler und Mängel, die daffelbe treffen, treffen faft das ganze fogenannte
Mittelalter. Und dann mufs man bey diefer Materie nicht
auf das chriftl. abendländifche Europa allein fein Augen-
merk richten. Unter den Griechen zu Konftantinopel
und unter den Arabern, befonders in Spanien, wurden
doch noch verfchiedene Wiffenfchaften getrieben. Letztere Nation, in den erften Zeiten des Khaliphats noch fo
roh und gelehrten Kenntniffen abhold, bekam, durch die
Eroberung gefitteter Länder, durch den dadurch erlangten Genufs des Wohlftandes und durch den Aufenthalt ihrer Herrfcher zu Damafcus, der Hauptftadt Syriens (wo
noch griechifche Litteratur etwas galt), nach und nach
Neigung zu den Künften und Wiffenfchaften. Die Araber
thaten fich in manchen derfelben mehr hervor, als andere

---

*) E. A. Frommanni 4 Progr. Saeculum decimum prae
  caeteris medii aevi nomine obfcuri infigniendum non effe.
  Coburgi 1770. 4. und im Mufeum Cafimirianum
  Partis. I. p. 332 – 367.

Völker, und wurden fogar Lehrer der Chriften., Vergl.
Buhle de ftudiis litterarum graecarum inter Arabes initiis
et rationibus; in Commentt. Soc. Goett. Vol. 11. p. 216 fqq.

II. Beförderer der Wiffenfchaften.

Die Kaifer Theodos der 2te, Leo der Ifau-
rier, Juftinian der 1fte, Karl der Groffe, Leo
der 6te oder der Philofoph, Konftantin der
9te, Otto der 1fte, 2te und 3te, die Khaliphen
Al Rafchid, Al Manfor und Al Mamun, der oftgo-
thifche König Dieterich, der angelfächfifche König
Aelfred, Papft Sylvefter der 2te. '

III. Männer von grofsem Einflufs in die Wiffen-
fchaften überhaupt.

Auguftinus, Boëthius, Caffiodorus, Ifi-
dorus Hifpalenfis, Beda, Alcuinus, Rabanus
Maurus, Joh. Erigena, Photius, Michael
Pfellus.

IV. Lehranftalten.

Die Schulen der Juden, zumahl im Orient, dauerten
noch während diefer Zeit fort: die heydnifchen hingegen wurden nach und nach zerftöhrt oder in chriftliche
verwandelt. Dies gefchah hauptfächlich durch den Kaifer
Juftinian, der unter andern die Schulen der griechifchen
Philofophie und Litteratur zu Athen förmlich fchlieffen
lies. Sieben der dortigen Philofophen, die ihre Religion
und Philofophie nicht verlaffen wollten, wanderten nach
Perfien, und begaben fich unter den Schutz des Königs
Kofroës. Rom hingegen blieb im 5ten und 6ten Jahrh.
unter der Herrfchaft des oftgothifchen Königs Dieterich
und feiner Nachfolger noch immer der Ort, wohin junge

Leute aus den Provinzen kamen, um sich durch Studium
der Litteratur und Beredsamkeit zu bilden. Unter den
Longobarden giengen die öffentlichen gelehrten Schulen in Italien ganz ein.

2.

Die Ausbreitung des Mönchswesens in dem west-
lichen Europa während des 5ten und der folgenden Jahrhunderte bewirkte auch in Ansehung der Lehranstalten grosse
Veränderungen, indem fast bey jedem Kloster eine Schule
angelegt wurde. Nach und nach wurden diese Kloster-
schulen und die Stifts- oder Domschulen bey den
Kathedralkirchen die einzigen Lehranstalten unter den
Christen, weil die Geistlichkeit in den fast ausschliesslichen
Besitz gelehrter Kenntnisse kam. Die Bischöffe und Aebbte
hatten die Oberaufsicht über diese Institute: aber da
sie selbst nach und nach in Unwissenheit und Barbarey verfielen, bekümmerten sie sich nicht mehr um die-
selben, so dafs viele eingiengen, besonders vom 7ten
Jahrh. an. Irland und England machen Ausnahmen;
denn in diesen Ländern erhielt sich mehr Liebe zu den
Wissenschaften, und die Schulen, besonders diejenige zu
Oxford, waren besser eingerichtet, als in andern christlichen Ländern. Viel dazu trug bey der Erzbischoff Theodor von Canterbury im 7ten Jahrhundert.

3.

Die Araber, die im 7ten und 8ten Jahrh. ungeheure Eroberungen machten, hatten kaum Sinn für die
Friedenskünste empfangen, als sie nicht nur die zu Antiochien, Berytus, Edessa und Nisibis vorhandenen Schulen ungestöhrt liesen, sondern auch selbst mehrere Lehranstalten errichteten, zumahl nach Verlegung

II. Nn

der Refidenz der Khaliphen von Damafcus nach Bagdad, welche Stadt der Mittelpunkt der arabifchen Kultur und die dortige Schule die berühmtefte in den muhamedanifchen Staaten wurde. Nach ihrem Mufter legten die Araber, ermuntert durch die Khaliphen Al Rafchid, Al Manfur und Al Mamun, eine Menge gelehrter Schulen an, von denen diejenige zu Alexandrien eine der bekannteften war. Unter den arab. Schulen in Spanien war die von Al Hakem zu Cordua errichtete eine der berühmteften.

4.

Karl der Groſſe weckte die in Frankreich und Italien ganz entfchlafenen Studien wieder, und führte fie zuerft in Teutfchland ein durch Stiftung mehrerer Lehranftalten; wozu er fich hauptfächlich Alcuin's bediente. Eine der vornehmften Schulen in Frankreich, die Mutter vieler andern, entftand in der Abbtey St. Martin zu Tours, wo Alcuin Bifchoff war. Von Stiftsfchulen waren bis noch ins IIte Jahrh. hin vorzüglich in Flor diejenigen zu Paris, Reims, Metz. Karls Hof war der Sammelplatz der gelehrteften Männer feiner Zeit, welche, gemeinfchaftlich mit ihm, eine Art von Akademie oder gelehrten Gefellfchaft bildeten. Vergl. Joh. Launoy, de fcholis celebribus a Carolo M. et poft Carolum M. inftauratis. Parif. 1672. 8. Diff. fur l'état des fciences en France fous Charlemagne; par M. l'Abbé Lebeuf. à Paris 1732. 12. De l'état des fciences dans l'étendue de la Monarchie Françoife fous Charlemagne; in Varietés hiftor. T. 2. p. 97—131. J. M. Unoldi Or. de focietate litteraria, a Carolo M. inftituta. Jen. 1752. 4.

5.

Um beffern Unterricht in Teutfchland zu bewirken, trug Karl fowohl den fchon vorhandenen als den von

ihm neu angeftellten Bifchöffen auf, in ihren Sitzen Schulen anzulegen und für Verbreitung der Wiffenfchaften zu
forgen. Unter den damahls blühenden Klofterfchulen zeichneten fich vor den übrigen aus: Fulda (die allervorzüg-
lichfte), Hirfchau im Würtembergifchen, Corvey,
Reichenau im Hochftift Coftanz (wohin gewöhnlich
die Herzoge und Grafen ihre Söhne zum Unterricht fchick-
ten), St. Gallen, Paderborn, Hildesheim, Weif-
fenburg im Elfas, St. Emmeran zu Regensburg,
Trier, Prüm, Mainz. Unter den Stiftsfchulen waren
noch im 10ten, zum Theil auch im 11ten Jahrhundert,
berühmt: Utrecht, Bremen, Lüttich, Cöln; wo
der wifsbegierige Erzbifchoff Bruno ftark wirkte, und es
durch feinen grofsen Einflufs dahin brachte, dafs faft alle
teutfche Stiftskirchen mit würdigen Vorftehern befetzt
wurden.

6.

Die Lehrgegenftände in den Klofter- und Domfchulen
beftanden in den fieben freyen Künften, worunter
man alles begriff, was man für wiffenswürdig hielt, in der
Grammatik, Dialektik, Rhetorik, Mufik, Arithmetik, Geometrie und Aftronomie. Die erften 3
hiefen gewöhnlich das Trivium (daher die Benennung
Trivialfchule), und die übrigen 4 (die in etwas höhern
Schulen oder Gymnafien gelehrt wurden) das Quadri-
vium. Diefe höchft mangelhafte Eintheilung der Wiffenfchaften war fchon im Anfange des 6ten Jahrh., vielleicht
gar fchon im 5ten, entftanden. Ihre Behandlungsart war
äufferft dürftig und abgefchmackt.

7.

Die Schriften, die man während des 7ten und der folgenden Jahrhunderte bey dem Unterricht in den weltli-

chen Wiſſenſchaften zum Grund legte, waren: Caſſio-
dorus de artibus ac diſciplinis liberalium ar-
tium; Iſidori Origines und Martiani Capel-
lae Satyricon [de nuptiis Philologiae et Mer-
curii et de ſeptem artibus liberalibus. Schriften, die noch überdies aus unreinen Quellen geſchöpft
waren!

8.

Italien war während des 8ten und 9ten Jahrh. in
eine ſolche Barbarey verſunken, daſs die Concilien ſelbſt
geſtehen muſsten, man treffe weder Lehrer noch die ge-
ringſte Sorgfalt für die Wiſſenſchaften mehr dort an. So-
gar der Eifer Kaiſers Lothars des 1ſten in der 1ſten Hälfte
des 9ten Jahrhunderts, 9 groſse Schulen in eben ſo vielen
Städten ſeines italieniſchen Reiches zu errichten, ſcheint
wenig gefruchtet zu haben. Im 11ten Jahrh. aber hob ſich
dieſes Land wieder empor, als Teutſchlands wiſſenſchaftliche Kultur zu ſinken anfieng; in welchem Lande
während des 9ten und 10ten Jahrh. mehr berühmte Schulen waren, als in irgend einem andern europäiſchen. Auch
das in Verfall gekommene Frankreich hob ſich im
11ten Jahrh. wieder durch Männer, die aus Italien hinge-
kommen waren. Die vorzüglichſten Schulen zur ſelbigen
Zeit waren: die Stiftsſchulen zu Tours und Laon und
die Kloſterſchule zu Bec.

9.

Zu Konſtantinopel und in andern Städten des
oſtrömiſchen Kaiſerthums gab es in den erſten Jahrhunderten dieſes Zeitraumes viele öffentl. chriſtl. Schulen, deren Lehrer vom Staat beſoldet wurden. Als aber im 8ten
die Streitigkeiten über den Bilderdienſt ausbrachen, litten
ſie nicht wenig, und kamen erſt in der andern Hälfte des

9ten wieder in Aufnahme durch den Freund der klaffifchen Litteratur, Bardas, den Rejchsgehülfen des Kaifers Michael, der fich bey diefem Gefchäfte des Patriarchen Photius bediente. Er legte in mehrern Städten und für verfchiedene Wiffenfchaften Schulen an, und befoldete die Lehrer. Eine höhere Schule für die Philofophie, wie es hies, ward in Konftantinopel felbft geftiftet. Unter den nächft folgenden, zum Theil gelehrten Kaifern dauerte der Wohlftand der Lehrinftitute fort. Befonders verbefferte Konftantin der 9te im 10ten Jahrh. die fchon vorhandenen Schulen und forgte für gefchickte Lehrer. Die gelehrten Schulen in der Hauptftadt waren damahls vierfach: für die Philofophie, Rhetorik, Geometrie und Aftronomie. Der verbefferte Unterricht erftreckte fich nicht blos auf die vornehmere Jugend. Auch im 11ten Jahrh. unter der Regierung der Komnene und der Leitung des Michael Pfellus verlohren die gelehrten Schulen nichts von ihrem Glanze.

10.

Die griechifchen Schulen der Neftorianer verbreiteten fich feit dem 5ten Jahrh. von Edeffa in Syrien aus durch den ganzen Orient bis tief in Perfien. Daher entftanden die Ueberfetzungen griechifcher Werke ins Syrifche.

V. Bibliotheken.

1.

Die verheerenden Völkerzüge, das feltenere Abfchreiben trefflicher Bücher der Vorzeit, die im 6ten Jahrh. durch hohe Abgaben bewirkte Vertheuerung des allgemeinften und unentbehrlichften Schreibmaterials, des ägypti-

fchen Papyrus (woraus jedoch in der Folge der Vortheil
erwuchs, daſs ein dauerhafterer Schreibeſtoff, das Perga-
ment, häufiger verfertigt wurde) und andere Umſtände
waren den Bücherſammlungen äuſſerſt nachtheilig.

2.

In der erſten Hälfte des 5ten Jahrh. waren noch 29
öffentliche Bibliotheken in Rom, die ſich durch die nachherigen Widerwärtigkeiten dieſer Stadt ſehr mögen ver-
mindert haben. Die vom Biſchoff A u g u ſt i n zu H i p p e
in Nordafrika errichtete anſehnliche Bibliothek gieng kurz
vor ſeinem Ende (429) durch die Vandalen zu Grunde.
(Vergl. J. M. C h l a d e n i i Pr. de fortuna bibliothecae D.
Auguſtini in excidio Hipponenſi. L i p ſ. 1742. 4). Im
7ten Jahrh. litten die Bibl. zu K o n ſt a n t i n o p e l und im
Orient überhaupt durch Feuersbrünſte und Kriege nicht
wenig, beſonders durch denjenigen, den der perſiſche
Eroberer Koſroës mit eben ſo viel Grauſamkeit als Reli-
gionsſchwärmerey führte. Bey den Streitigkeiten über
den Bilderdienſt während des 8ten Jahrh. wurden die Klo-
ſterbibliotheken häufig ausgeleert oder zerſtöhrt. Un-
wahrſcheinlich aber iſt es, daſs Leo der Iſaurier damahls
die kaiſerl. Bibl. zu Konſtantinopel habe verbrennen laſſen.
Seit der andern Hälfte des 9ten Jahrhunderts, wo eine gelehrte Kaiſerfamilie in der Perſon des B a ſ i l i u s, und im
11ten die noch gelehrtere K o m n e n i ſc h e Familie, auf
den Thron kam, wurden mehrere Bibliotheken angelegt,
beſonders in den Klöſtern auf den Inſeln des Archipelagus
und auf dem Gebürge Athos. — Eine der reichſten Privatbibliotheken zu Konſtant. war diejenige des Patriarchen
P h o t i u s.

3.

Im 7ten Jahrh. ſollen die A r a b e r, beym Anfang
ihrer groſsen Revolution, die noch übrigen Bibliotheken

zu Alexandrien verbrannt haben: allein man hat gegen diese, von fpätern Schriftftellern herrührende Sage, in unfrer Zeit fo wichtige Zweifel erhoben, dafs man fie blos als folche zu betrachten hat. (Vergl. Gibbon Vol. 5. p. 342 fqq. K. Reinhard über die jüngften Schickfale der alexandr. Bibl. Gött. 1792. 8. Heeren's Gefch. des Studiums der klaff. Litt. B. 1. S. 72 u. ff.). Weiter hin, als die Araber an wiffenfchaftlicher Kultur Gefchmack fanden, legten fie felbft viele Bibliotheken an. Unter ihnen blühten auch in Alexandrien die Wiffenfchaften wieder auf; es ward dort eine grofse Bibl. arabifcher Bücher gefammlet, die gewiffermafsen Erfatz für die verlohrnen Schätze geben follte, und die fich zum Theil bis auf unfre Zeit erhalten hat. Der Khaliphe Al Mamun im 9ten Jahrh. lies zu Konftant. und anderwärts eine Menge griechifcher und anderer Handfchriften aufkaufen und nach Bagdad bringen.

4

In der weftlichen Welt wurden befonders feit der andern Hälfte des 8ten Jahrh. durch die Ermunterung Karls des Grofsen Bücherfammlungen angelegt; befonders in Frankreich und Teutfchland bey den Klofterfchulen. Dort war eine der berühmteften diejenige in der Abbtey S. Germain de Prés zu Paris: hier, diejenigen zu Fulda, Corvey, und feit dem 11ten Jahrh. zu Hirfchau. Durch Stiftung der Benediktiner-Congregation von Clugny und des Kartheuferordens im 11ten Jahrh. wurden die Handfchriften ftark vervielfältigt. In England waren einige angelfächfifche Könige auf Errichtung öffentlicher Bibl. bedacht. Viele Bücher dazu hohlte man aus Irland, wo die Wiffenfchaften weit früher kultivirt wurden. Als die beträchtlichfte Bibl. wird diejenige zu York gerühmt. Das Abfchreiben alter

Schriftfteller war während des 8ten und der folgenden Jahrh.
in England fehr gewöhnlich. Die verheerenden Einfälle der
Normänner im 9ten, 10ten und 11ten Jahrh. wurden jedoch den Bibl. dort eben fo nachtheilig, wie in Frankreich:
Irland war hierinn glücklicher. In Italien hatte man
während der andern Hälfte des 9ten, wie auch im 10ten
und 11ten Jahrh. faft allen Sinn für Wiffenfchaften, folglich auch für Abfchreiben und Sammeln vieler Bücher, verlohren.

VI. Zuftand der philologifchen Wiffenfchaften.

I.

Die ebräifche Philologie wurde von den Chriften wenig, defto mehr aber von den Juden getrieben, fo
bedrängt auch ihre Lage war. Ohne ihren Eifer und Nationalftolz wäre das Studium der ebräifchen Sprache gewifs
ausgeftorben. Sie überfetzten fehr viele Schriften aus dem
Arabifchen ins Ebräifche, und in den Bibliotheken liegen
die zahlreichften Beweife ihrer litterarifchen Thätigkeit.
Vorzüglich befchäftigten fie fich mit ihren heiligen Schriften. So fchlofs (um 500) R. Jofe, Vorfteher der Schule
zu Pumbeditha, die von R. Afche angefangene und von
R. Abina fortgefetzte babylonifche Gemarah und
damit den babyl. Thalmud oder die zu Tiberias in
Babylonien zu Stande gekommene grofse Sammlung der
Auslegungen und Erläuterungen über die jüdifchen Lehrfätze, Rechte und Cerimonien. Er bezieht fich auf folche
Verordnungen, welche die Juden auch auffer Paläftina beobachten können; weswegen er bey ihnen in mehr Achtung und Gebrauch fteht, als der jerufalemifche. Er ift,
wie diefer, in die Mifchnah und Gemarah getheilt. Ausgabe: Amfterd. 1644. 12 Bände gr. 4. oder kl. fol. —

Vergl. (Baumgarten's) Nachrichten von einer hall. Bibl. B. 5. S. 1—52.

Auch die Mafora (f. vorigen Zeitraum VI. 9) wurde geschloffen, ungefähr 507.

Ben Afcher zu Tiberias und Ben Naphtali zu Babylon fchrieben (1034) den ebräifchen Codex mit grofsem Fleifs ab, und vollendeten deffen Punctation. — Nathan ben Jechiel, Vorfteher der Synagoge zu Rom († 1106), fchrieb ein Wörterbuch über die beyden Thalmude.

Im 10ten Jahrh. wurde die erfte förmliche ebräifche Grammatik von dem R. Saadias Hagaon gefchrieben. Eben diefer Gelehrte überfetzte das A. T. ins Arabifche. Ihn übertraf im 11ten Jahrh. R. Juda Chiug, von feinen Glaubensgenoffen der Fürft der Grammatiker genannt. Er fchrieb eine Grammatik und ein Lexicon. Im 11ten und 12ten Jahrh. wurden die Juden durch den Fleifs der Araber noch mehr angefeuert, allerhand Wiffenfchaften, vornämlich aber Philologie, zu treiben.

2.

Die griechifche Sprache hatte viel von ihrer ehemahligen Vollkommenheit verlohren, und zwar fchon von der Zeit an, als die Griechen aufhörten, eine felbftftändige Nation zu feyn. Später kam die Verlegung der kaiferl. Refidenz nach Konftantinopel dazu, womit fich lateinifche Wörter und Wendungen in das Griechifche einfchlichen; und dann der genauere Umgang mit fremden Völkern vom 5ten bis zum 7ten Jahrh. durch welche die Sprache immer mehr verfälfcht wurde. — Schon vordem befchäftigten fich die Griechen mit Unterfuchungen über ihre Mutterfprache, befonders zu Alexandrien: aber dies gefchah erft nach der Abnahme des wahren Gefchmacks; dem ein-

reiſſenden Sprachverderbniſs könnte nunmehr kein Einhalt
geſchehen. Die meiſten Grammatiker jener Zeit etymo-
logiſiren zu viel, und nicht ſelten unglücklich: doch verdankt man ihnen manche ſchätzbare Nachrichten und die
Erhaltung vieler Bruchſtücke aus verlohrnen ältern wichtigen Werken. Die vorzüglichen ſind: Joh. Philoponus, Sprachlehrer und Philoſoph zu Alexandrien (um 640),
von dem man, unter andern, eine öfters gedruckte Schrift
von den 5 Dialekten der griech. Sprache hat. — Photius
aus Konſtantinopel, Lehrer des nachherigen Kaiſers Leo
des Philoſophen, bekleidete hohe militäriſche und Staats-
würden, und wurde (858) Patriarch zu Konſtantinopel;
welche Stelle er aber nach den heftigſten Streitigkeiten
zweymahl verlohr († um 891). Auſſer einem noch unge-
druckten griechiſchen Gloſſarium haben wir von ihm Mu-
ριοβιβλον ſ. Deſcriptio atque enumeratio lecto-
rum a nobis librorum, quorum argumenta co-
gnoſcere deſideravit dilectus frater noſter
Taraſius, ſuntque viginti et uno demtis tre-
centi. Ausgaben: G. et lat. ex verſione A. Schotti,
cum nott. Dav. Hoeſchelii. Rothomagi 1553. fol. Pariſ. 1631. fol. Es ſind Auszüge und mit unter ſeine Urtheile von allerhand groſsen Theils verlohrnen Schriftſtellern, nur nicht von Dichtern. Ph. zeigt den Inhalt, die
Ordnung und den Endzweck der Bücher an, und giebt
Stellen zur Probe ihrer Denk- und Schreibart. Vergl.
J. H. Leichii Diatribe in Photii bibliothecam. Lipſ,
1748. 4. — Suidas (um 975) trug ein Lexikon aus
vielen andern Schriftſtellern, hauptſächlich aus alten
Grammatikern, zuſammen: benahm ſich aber dabey nicht
als Kritiker, indem er theils fehlerhafte Codices brauchte,
theils das, was von mehrern Perſonen gilt, von Einer
Perſon erzählt, theils bey manchem Wort Beyſpiele an-

führt, die gar nicht dazu gehören. Viel kommt aber auch
auf Rechnung der Abfchreiber diefes Abfchreibers. Ausgabe von Ludolph Küfter, Cantabr. 1705. 3 Voll.
fol. Vergl. Saxii Onomaft. T. I. p. 154 fqq. J. Toupii opufcula critica, in quibus Suidas et plurima loca veterum graecorum Sophoclis etc. Lipf. 1780. 2 Partes 8 mai.
J. Schweighaeuferi emendd. et obff. in Suidam. Argent. 1789. 8. — Ein anderes ähnliches griech. Wörterbuch, Etymologicum magnum, erfchien wahrfcheinlich zu Ende des 10ten oder Anfang des 11ten Jahrh.
Ausgabe: von F. Sylburg. Heidelb. 1594. fol. Vergl.
L. Kulenkamp Specimen emendationum et obfervatio-
num in Etymologicum magnum. Goett. 1766. 4. —
Gewiffermafsen kann auch Joh. Stobaeus (vor 500)
mit feiner nürzlichen Excerptenfammlung aus ungefähr
500 poetifchen und profaifchen Schriftftellern (ἀνθολογιον
ἐκλογων) hierher gerechnet werden. Ausgabe: J. Sto-
baei Eclogarum phyficarum et ethicarum libri duo ad codd.
mff. fidem fuppleti et caftigati, annotatione et verfione latina inftructi a A. H. L. Heeren. P. I. et 2. Goett. 1792
—1794. 8 mai. Sermones e MSS. codicibus emendatos
et auctos edidit Nic. Schow (Pars I. Sermo I—27).
Lipf. 1797. 8 mai.

3.

Die lateinifche Sprache erhielt fich zwar als
Schrift- und Gefchäftsfprache in Italien bis zum 9ten Jahrh.
ausfchliefslich, litt aber im gemeinen Leben durch die ein-
gewanderten Fremdlinge fo auffallende Veränderungen,
dafs alle Spuren der ehemahligen Eleganz vollends ver-
fchwanden. Denn viele alte röm. Wörter und Redensar-
arten verlohren fich; viele, die übrig blieben, bekamen
einen andern Sinn; noch weit mehr neue Wörter und Re-

densarten kamen hinzu, so dafs nach und nach die ganze
Natur der Sprache verändert ward. Diese ausgeartete röm.
Sprache nannte man linguam rusticam. ' Wie und
wann daraus die provenzalische entstand, davon im
5ten Zeitraum. In Italien hörte die latein. Sprache im
9ten Jahrh. auf, eine lebende zu seyn, und in Frankreich
im 10ten. Durch die immer mehr überhand nehmenden
Vermischungen mit fremden Sprachen entstanden die noch
jetzt blühenden Töchter der lateinischen: die italienifche, französische, spanische und portugiesi-
fche Sprache. Ob nun aber gleich in Italien während
des 10ten und 11ten Jahrh. eine allgemeine vom Latein
unterschiedene Sprache herrschte, die schon allen Reichthum der jetzigen italienischen enthielt; so war sie doch
noch in allen ihren Bestandtheilen so roh, dafs es kein Gelehrter wagte, sich ihrer in Schriften zu bedienen. Wann der
erste schriftliche Versuch mit der italien. Sprache gemacht
worden sey, läfst sich nicht bestimmen. Gewöhnlich giaubt
man, es sey nicht vor der andern Hälfte des 12ten Jahrh.
geschehen; man hat aber wahrscheinlich gemacht, dafs,
wenigstens in Sicilien und Neapel, schon im 11ten Jahrh.
Dichter angefangen haben, sich der gemeinen oder ital.
Spr. zu bedienen. Vergl. die in der Einleit. S. 13 u. f.
angeführten Schriften und setze hinzu: Saggio sopra la lingua italiana, dell' Abate Melchior Cesarotti. Seconda
ediz, Vicenza 1788. gr. 8.

Als lateinische Grammatiker können hier nur genannt
werden: Macrobius Ambrosius Aurelius Theo-
dosius (in der ersten Hälfte des 5ten Jahrh.) schrieb
Commentariorum in somnium Scipionis a Ci-
cerone descriptum l. 2; Saturnaliorum conviviorum l. 7; und de differentiis et societari-
bus Graeci et Latini verbi (ein Auszug aus dessen

Werke gleichen Inhalts, von einem gewiſſen Johann,
den man für den Irländer, Joh. Erigena, hält.) Ausgabe: cum notis integris Pontani, Meurſii, Jac. Gronovii,
quibus adiunxit et ſuas J. C. Zeuhe. Lipſ. 1774. 8. So
ſchlecht auch der Stil in dieſen Schriften iſt; ſo kann man
doch viel nützliche Bemerkungen über Grammatik, Geſchichte und Philoſophie aus ihnen ſchöpfen. — Martia-
nus Mineus Felix Capella von Madaura (vor 474)
war Proconſularis und ein alter Mann, als er ſein Satyricon oder ſeine Encyklopädie in vermiſchter proſaiſcher
und poëtiſcher Schreibart verfertigte. Dieſes Werk beſteht
aus 9 Büchern, deren beyde erſte eine Fabel von der
Hochzeit der Philologie und des Merkurs, die übrigen 7
aber das Lob und die Grundſätze der 7 freyen Künſte enthalten (ſ. vorhin IV. 7). Sie ſind nicht ohne Witz, aber
in einer rauhen Sprache geſchrieben. Ausgaben: cum
notis H. Grotii. Antwerp. 1599. 8. cura L. Walthardi,
Bernae 1763. 8. — Priſcianus aus Caeſarea (um 520)
lehrte die Sprachkunſt zu Konſtantinopel, und ſchrieb unter andern: Commentariorum grammaticorum
l. 18. Die erſten 16 Bücher, worinn de partibus ora-
tionis gehandelt wird, heiſſen Priſcianus maior,
und die beyden letzten de ſyntaxi, Priſcianus mi-
nor. Ausgaben: Baſil. 1568. 8; in Putſchii Grammat. vet. p. 529—1366. — Papias, ein Lombarde und
Sprachlehrer (um 1058) ſchrieb das erſte lateiniſche Wörterbuch, unter dem Titel: Elementarium, worinn er
auch Kenntniſs der griech. Sprache zeigt. Es iſt oft gedruckt, und enthält, bey aller ſeiner Unvollkommenheit,
viel nützliche Bemerkungen, die man anderwärts vergebens ſuchen würde.

In den älteſten Zeiten hatte Gallien 3 Hauptſpra-
chen, die galiſche (die ſich im ſchottiſchen Hochlande

erhalten hat), die belgiſche (eine Mundart von ihr iſt
die waliſche) und die aquitaniſche. Letztere wurde
von der volkiſchen, die ſich in einem Theile von Ga-
ſcogne erhalten hat, verdrängt. Durch die Römer kam
auch die lateiniſche in Umlauf, und erhielt ſich, obgleich ſehr verdorben, unter der Herrſchaft der Weſtgo-
then und Franken; aus ihr und der Landesſprache der alten Einwohner, vermiſcht mit den Mundarten aller der
Ausländer, die eine Zeit lang Frankreich beherrſchten,
entſtand nach und nach in der andern Hälfte des 10ten
Jahrh. die jetzige franzöſiſche Sprache, fieng aber erſt
in der Mitte des 12ten Jahrh. an, einige Ausbildung zu
bekommen. Vergl. die in der Einleitung S. 14. angeführten Schriften.

Die ſpaniſche Sprache entſprang gleichfalls aus
der lateiniſchen durch Miſchung gothiſcher und arabiſcher
Wörter und Fügungen. Vergl. Bernardo Aldrete
del Origen y Principio de la lengua Caſtellana ò Romance
que cy ſe uſa en Eſpaña. En Roma 1606. fol. Madrid
1674. fol. Origenes de la lengua Eſpañola; por Don
Gregorio de Mayáns y Siſcár. Madrid 1737. 8.

Die portugieſiſche Sprache entſtand ebenfalls
aus der lateiniſchen, mit Beymiſchung arabiſcher und ſpa-
niſcher Wörter und Redensarten.

4.

Unter allen europäiſchen Sprachen hat ſich nur die
teutſche, mit ihren nördlichen Schweſtern, der däni-
ſchen und ſchwediſchen, in ihrer alten Reinigkeit
erhalten, und ſich mehr durch ihre innern Schätze bereichert und ausgebildet, als von andern erbettelt. Sie iſt
die Mutterſprache eines ſehr alten und zahlreichen Volkes,
das aus einer Menge kleinerer Völker oder Stämme beſtand;

daher sich auch deffen Sprache schon in den älteften Zeiten in mehrere Mundarten theilte. Aus den wenigen noch übrigen eigenthümlichen Namen erhellet, dafs sie, ihrem Baue und ihren wefentlichen Eigenfchaften nach, fchon damahls, die heutige war *). Zur Zeit der fogenannten grofsen Völkerwanderung find unter den mit den Teutfchen verwandten Nationen, in Anfehung der Sprache, befonders merkwürdig die Gothen; wovon ein beträchtlicher Theil, der in dem alten Möfien wohnte, unter dem Namen der Möfo-Gothen bekannt ift. Ihre Sprache war zwar verwandt mit der teutfchen: aber ganz unftatthaft ift das Vorgeben, dafs fie die Mutter derfelben und auch aller übrigen verwandten nordifchen Sprachen fey. Diefe Gothen hatten, wegen ihrer Nachbarfchaft mit dem griechifchen Reiche und bey den vielen Kriegen mit ihren Nachbaren, fchon einen beträchtlichen Grad der Kultur erftiegen, als ihr Bifchoff Wulfilas oder Ulphilas, ein Kappadocier (im 4ten Jahrh.) nicht nur die Schreibekunft unter ihnen einzuführen fuchte, und dazu die Schrift der benachbarten Griechen entlehnte, fondern auch die heil. Bücher in diefe Sprache (nicht aber in die fränkifche) überfetzte. Von diefer Ueberfetzung ift nichts weiter übrig, als der gröfte Theil der 4 Evangeliften und ein kleines Stück aus dem Brief an die Römer. Aber diefe Stücke find doch das ältefte Denkmahl einer teutfchen Mundart, und daher überaus fchätzbar. (Die hierher gehörige Litteratur f. in der Bibl. hift. Vol. 5. P. 2. p. 73-80).

*) Vergl. Diff. daus laquelle on entreprend de prouver que de toutes les langues que l'on parle actuellement en Europe, la langue Allemande eft celle qui conferve le plus de vefliges de fon ancienneté; par M. Tercier; in Mém. de l'Ac. des Infcr. T. 24. p. 569-581.

Die Teutschen bekamen chriſtliche Religionslehrer aus benachbarten geſitteern Staaten, und dieſe waren nicht allein die erſten, die es wagten, die rauhe Sprache derſelben zu ſchreiben, ſondern waren noch mehrere Jahrh. die einzigen in der Nation, welche ſchreiben und leſen konnten. Natürlich wählten ſie dazu das ihnen geläufige lateiniſche Alphabet. Da dies die Schrift einer fremden Sprache war, deren Töne von den teutſchen ſo ſehr verſchieden ſind; da die erſten Glaubenslehrer ſelbſt ſehr unwiſſend waren; da an Kritik und Etymologie noch gar nicht gedacht wurde: ſo ward dadurch zugleich der Grund zu den Mängeln in der Rechtſchreibung gelegt, welche die teutſche Sprache ſeitdem drücken, welche ſie aber mit allen bekannten Sprachen gemein hat, weil ſie alle ihre Schriftzeichen von andern entlehnt haben. Die in Gallien ſich feſtſetzenden F r a n k e n waren der erſte germaniſche Volksſtamm, der ſich zu bilden anfieng und auf dieſe Art ſchreiben lernte. Die S a c h ſ e n wählten das Alphabet ihrer Brüder in England, der Angelſachſen, das, mit einigen Veränderungen, gleichfalls aus dem Lateiniſchen entlehnt war: als ſie aber von den Franken bezwungen wurden, muſten ſie auch das fränkiſche Alphabet annehmen. Daß dieſe Veränderungen groſſen Einfluß in die Sprache haben muſten, iſt leicht begreiflich, ſo bald man nur erwägt, daß ſie Ausdruck der Begriffe und Vorſtellungen ſind, die ſich in dem geſitteten Zuſtande unglaublich vermehren und verfeinern. Der von keinem fremden Volke bezwungene Teutſche bildete ſich nach Rom: noch mehr aber nach ſeinem ältern Bruder, dem Gallier, der ihm in der Kultur immer um ein Paar Jahrh. voran geht. Dieſer Gang der Kultur eines freyen Volkes iſt zwar langſam, aber deſto gründlicher, und hat überdies den Vortheil, daß die Sprache, bey der Vermehrung der Begriffe, aus

ihrem eigenen Reichthum bereichert wird, und im Ganzen
unvermifcht bleibt, wenn fich auch gleich von Zeit zu Zeit
einzelne fremde Wörter einfchleichen follten. Bey zuneh-
mender Kultur, da die Teutfchen eine Menge neuer Begriffe auszudrücken bekamen, nahmen fie ihre Zuflucht
theils zu Aenderung der Bedeutungen, theils zu Bildung
neuer Wörter durch die fchon vorhandenen Vor- und Nach-
fylben, theils zur buchfläblichen Ueberfetzung der Ausdrücke einer ausgebildeten fremden Sprache, theils zur
Zufammenfetzung zweyer Wörter, theils zur Aufnahme
fremder Wörter.

Karl der Grofse, ein Teutfcher, hat fowohl um feine
Nation überhaupt, als auch um ihre Sprache, grofse Verdienfte. Er verordnete, dafs dem Volke Teutfch gepre-
digt werden follte; er liefs die alten Gefetze und nur mündlich vorhandenen Volkslieder fammlen, auffchreiben, und
letztere in die Mundart feiner Zeit übertragen. Er fieng
felbft die Ausarbeitung einer teutfchen Sprachkunft an.
Sein geringeres, obgleich auch in Anfchlag zu bringendes
Verdienft ift, dafs er den Monaten teutfche Namen gab,
und zu den Namen der 4 Hauptwinde noch diejenigen von
8 Nebenwinden erfand. Teutfchland beftand unter ihm
und feinen nächften Nachfolgern, auffer den Slaven, aus
5 grofsen Völkerfchaften, den Oftfranken, Alemani-
en, Bayern, Thüringern und Sachfen. Es gab
alfo fchon damahls 5 verfchiedene Mundarten: ob fie fich
gleich unter die noch vorhandenen 2 Hauptmundarten bringen laffen. Die Hoffprache war die fränkifche; daher
auch die meiften der aus jener Zeit noch vorhandenen Refte
in diefer Mundart gefchrieben find. K. Ludwig der Fromme liefs die Bibel in niederteutfche, eigentlich niederrhei-
nifche, Reime überfetzen oder vielmehr umfchreiben.
(Doch hat man in der neuern Zeit Zweifel gegen diefe Be-

hauptung erhoben). Sein jüngster Sohn erster Ehe, Ludwig der Teutsche, der erste eigene König, den Teutschland hatte (843—876), liebte die Sprache seines Volkes
und munterte die wenigen guten Köpfe auf, die bisher so
sehr verachtete Sprache mit mehrerm Fleiße zu studiren.
Die übrigen teutschen Karolinger und die Kaiser aus dem
sächsischen Hause, thaten, so viel man weiß, nichts für
die Sprache. Es scheint auch nicht, daß mit letzteren
die sächsische Mundart die Sprache des Hofes, der noch
immer keinen steten Aufenthalt hatte, geworden wäre.

Die noch übrigen ältesten Denkmahle der teutschen
Sprache findet man am genauesten verzeichnet in E. J.
Koch's Grundriß einer Geschichte der Sprache u. Litt. der
Teutschen (2te Ausg.) B. I. S. 18—20. 23—33. Das
erste darunter befindliche beträchtliche Werk in teutscher
Sprache ist eine gereimte evangelische Geschichte oder
Harmonie der Evangelisten vom Benediktiner Ottfried
aus dem Kloster Weißenburg in Elsaß, der im 9ten Jahrh.
lebte. (Am besten gedruckt in Schilter's Thes. antiqq.
teuton. T. I). Man vermuthet, daß auch die von J. G.
Eckhart zu Hannover 1713 in 8. herausgegebene Cate-
chesis theotisca von ihm herrühre. Besondere Erwähnung verdient noch der Abbt Willeram zu Ebers-
berg in Bayern, ein gebohrner Franke († 1085), Verfasser
einer doppelten Paraphrase des hohen Liedes, die eine in
lateinischen leoninischen Versen, die andere in fränkischer
Prosa (in Schilter a. a. O.). Er wird auch als der erste
Teutsche, der die Kritik bearbeitete, gerühmt. (Vergl.
Finauer's Bayr. gel. Gesch. S. I. u. ff.). — Vergl. die
in der Einleitung S. 14 u. f. angeführten Schriften und
setze hinzu: Caroli Michaeler Tabulae parallelae an-
tiquissimarum Teutonicae linguae dialectorum — non nisi

ex prifcis monimentis collectae et per octo fermonis partes
ordine grammatico commode difpofitae ac animadverfioni-
bus exemplisque illuftratae, fubiectis etiam ad exercitatio-
nis copiam monimentis felectiffimis. Oeniponti 1776. 8.
J. C. Adelung über dieGefchichte der teutfchen Sprache
u. f. w. Leipz. 1781. gr. 8. (J. P. Willenbücher's)
Prakt. Anweifung zur Kenntnifs der Hauptveränderungen
und Mundarten der teutfchen Sprache von den älteften
Zeiten bis ins 14te Jahrh. in einerFolge von Probeftücken
aus dem Gothifchen, Altfränkifchen oder Oberteutfchen,
Niederteutfchen u. Angelfächf. mit fpracherläuternden Ueberfetzungen u. Anmerk. Leipz. 1789. gr. 8. (Eigentl.
eine Umarbeitung des eben erwähnten Eckhartifchen Buches).

5.

Die englifche Sprache entwickelte, bildete und
bereicherte fich aus der römifchen, angelfächfifchen, dä-
nifchen und französifchen. Letztere wurde unter Eduard
dem 3ten und den normännifchen Königen Hof-, Gerichts-
und Schriftfprache, und nur bey dem niedern Theil des
Volks erhielt fich die Landesfprache, die man auch beym
Gottesdienft beybehielt. In Schottland und Irland herrfchte die galifche und irifche Sprache, Abkömmlinge von Einer Mutter. Faft alle Schriftfteller aus diefer Zeit bedienten fich der lateinifchen Sprache, wie in dem übrigen europäifchen Abendland; denn fie war allein zur Schriftfprache gefchickt, war Religionsfprache, und in ihr allein
wurde auch in den Klofterfchulen Unterricht ertheilt. Der
erfte Schriftfteller in angelfächf. Sprache war Kädmon
im 7ten Jahrh. ein Benediktiner, der aus dem Stegreif
dichtete und feine Gedichte nicht niedergefchrieben zu
haben fcheint. Der von Beda erhaltene Anfang eines derfelben ift das einzige noch vorhandene Ueberbleibfel (in

Hikefii Thef. feptentr. T. 2). — Vergl. oben S. 15
Adelung's Verfuch u. f. w.

6.

An Alterthum find wenig Sprachen der arabifchen
gleich, und an Reichthum keine. Sie bildete fich auch
früh aus. Unter den Hhamjaren, die fchon zu fchreiben
wufsten (ungef. 1700 vor Chr.) blühte fie bereits in ihrer
Jugend. Früh ftanden kräftige Dichter unter ihnen auf,
fchrieben ihre Gefänge nieder, und verfeinerten fo die
Sprache. Den meiften Antheil an ihrer Bildung haben die
weftlichen Araber, befonders der Stamm Koraifch, und
die davon benannte Koraifchifche Mundart. Die Schreib-
kunft erlangte durch fie höhere Vollkommenheit. In den
Gegenden, wo diefe Mundart herrfchte, war der Sammelplatz der angefehenften und feinften Araber. Als Muhamed auftrat, hatte fie fich fchon in ganz Arabien verbrei-
ter. Er, ein Koraifchide, fchrieb auch feinen Koran in
ihr, und erhob fie dadurch zur beftändigen Bücherfprache.
Hierzu trugen auch bey Ueberfetzungen aus dem Griechifchen und Perfifchen, und die grammatifche Bearbeitung der
Sprache nach Muhameds Zeit, da vorher aller Beweis der
Sprachrichtigkeit auf Stellen arabifcher Dichter beruhte.
Der Nationalftolz machte das Studium der Mutterfprache
zum allgemeinen Lieblingsftudium. Nur Schade, dafs,
auffer den zahllofen Commentarien und Scholien zum Ko-
ran, äufferft wenig Früchte deffelben übrig find, und auch
diefe meiftens noch in Bibliotheken begraben liegen. Als
Sprachforfcher kennen wir: Abubekr Muhamed Ibn
Alhofain Ibn Doraid (auch nur Ibn Doraid) aus
Albasfrah im arabifchen Irak († 933), Verfaffer eines un-
gedruckten Etymologicons und Wörterbuchs in 3 Folianten.
Abu Nafri Ifmael ben Hamed al Giuhari, ein

Perſer aus Farab (ſt. 1001), lernte in Aegypten das Arabiſche und hinterlieſs ein arabiſches Wörterbuch, unter dem
Titel: Reinigkeit der Sprache; welches Muhamed ben
Jakob ganz umarbeitete. Eberh. Scheid verſprach
vor einigen Jahren deſſen Herausgabe und lieſs eine Probe
auf 2 Quartbogen drucken. — Vergl. die in der Einleitung S. 12 angeführten Schriften.

VII. Zuſtand der hiſtoriſchen Wiſſenſchaften.

I.

Die Geſchichte fand in dieſem langen Zeitraum
wenig tüchtige Arbeiter. Kein Wunder, da der philoſo-
phiſche Geiſt, geſunde Kritik und alle vernünftige Beurtheilung überhaupt verſchwunden war. Leichtgläubigkeit
und Aberglaube wurden der herrſchende Ton in den aller-
meiſten Geſchichtbüchern. Hierzu kam eine unausſtehli-
che Parteylichkeit, daher, weil die wenigen Ueberreſte
aller Kenntniſſe, die nicht zu den unentbehrlichſten Be-
dürfniſſen gehören, ſich allein in den Händen der Mönche
und anderer Geiſtlichen befanden, die ſich, bey ihrer er-
ſchlichenen Gewalt, immer in den Mittelpunkt der Begebenheiten ſtellten, folglich alles zu ihrem Vortheil erzählten, Regenten und Staatsmänner, die ihren Uebermuth
einzuſchränken ſuchten, anſchwärzten: andere hingegen,
lebten ſie auch noch ſo laſterhaft, bis in den Himmel erhoben, wenn ſie ſich nur freygebig gegen ſie bewieſen. Die Layen waren nicht mehr im Stande, Dichtung von Geſchichte zu unterſcheiden; Legenden und Romane galten ihnen für Geſchichte. Dieſe Mängel finden ſich ſowohl bey den Hiſtorikern des Orients, als des
Occidents.

2.

Denn im griechischen Reiche gab es zwar Liebhaber und Bearbeiter der Geschichte genug, aber äusserst
wenige, deren Schriften sich über Chroniken erheben,
Die Kirchengeschichte wurde von ihnen noch am besten
bearbeitet, weil ihre Polemik davon abhieng. Der beste
unter allen griechischen Historikern dieses Zeitraumes war
Zofimus, Comes und Exadvocatus fisci am kaiserl.
Hof zu Konstantinopel, in der ersten Hälfte des 5ten Jahrb.
Er schrieb eine Kaifergeschichte in 6 Büchern von August
bis 410, die wir, bis auf das Ende des ersten und den Anfang des zweyten Buches, vollständig besitzen. Ausgabe: Gr. et lat. recenfuit, notis criticis et comment. histo-
rico illustravit J. F. Reitemeier. Ad calcem subiectae
sunt animadverfiones nonnullae C. G. Heynii. Lipf. 1784.
8 mai. — So sehr sich auch die ältern Christen bemüh-
ten, die Glaubwürdigkeit dieses heydnischen Ge-
schichtschreibers verdächtig zu machen, weil er die Laster
und Fehler christlicher Kaiser freymüthig rüget; so wenig
vermögen sie über das Urtheil unbefangener Leser. Er
zeigt Einfichten, Wahrheitsliebe und praktische Klugheit,
blickt oft scharffinnig in den Zusammenhang der Begebenheiten und ihre Triebfedern, und bestätigt seine Urtheile
durch Thatfachen und Zeugniffe anderer Schriftsteller. Er
versteht zu schildern, und ist, was man so selten damit verbunden findet, unparteyisch und aufrichtig. Er schreibt
auch beffer, als seine meisten Zeitgenoffen. Von Aberglauben ist er nicht ganz frey. Vergl. Reitemeier's
Vorr. zu seiner Ausgabe.

Es folgt nun eine Reihe griechischer Historiker über
die Geschichte des morgenländischen Kaiferthums, die
Scriptores historiae Byzantinae. Obgleich die
meisten erst in den folgenden Zeitraum fallen; so will man

fie doch hier mit einander nennen. Man bringt fie gewöhnlich unter 3 Klaffen: 1) folche, die zufammen gehören oder einander fortgefetzt haben, von Konftantin
dem 1ften bis zur Eroberung Konftantinopels durch die
Osmannen: Zonaras (nach 1118), Nicetas Acomi-
natus Choniates († 1216), Nicephorus Grego-
ras († nach 1359), Laonikus Chalkondylas (um
1470). 2) Solche, die Chroniken vom Anfang der Welt
bis auf ihre Zeit verfertigten: Georgius Syncellus
(um 800), Theophanes († 817), Leo der Grammatiker (nach 949), Joh. Skylitza (um 1080),
Georg Cedrenus (um 1060), Michael Glykas
(† nach 1118), Nicephorus († 828), Joh. Malelas
(um 900), Konftantin Manaffes († nach 1081),
Georg Phrantzes († nach 1481). 3) Solche, die die
Regierungsgefchichte eines oder mehrerer Kaifer befchrieben: Agathias (um 590), Theophylaktus Simokatta (um 630), Genefius († vor 959), Konftantinus Porphyrogenneta († 959), Nicephorus Bry-
ennius († nach 1081), Anna Komnena († nach 1148),
Joh. Cinnamus († nach 1180), Georg Akropolita
(† 1282), Georg Pachymeres (n. 1310, Joh. Kantakuzenus (um 1350), Kodinus († nach 1453), und
Joh. Dukas († nach 1462). Ausgaben: von Phil.
Labbe und Karl du Frefne. Parif. 1660 fqq. 27 Voll.
fol. mai. Venet. 1729 fqq. 28 Voll. fol. *) In diefen
Ausgaben fteht, obgleich nicht ganz dahin gehörig, an
der Spitze: Procopius aus Cäfarea in Paläftina, Anfangs

*) In diefer Ausgabe befinden fich zwey in der Parifer Aus-
gabe fehlende Schriftfteller: Genefius und Malelas.
Phrantzes fteht in keiner diefer Ausgaben. Das griechifche Original gab zuerft heraus F. K. Alter zu
Wien 1796. fol.

Lehrer der Beredſamkeit zu Koñſtantinopel, begleitete
hernach den Beliſar, als Sekretär, auf deſſen Feldzügen,
und ſcheint als Privatmann geſtorben zu ſeyn (nach 562).
Schriften: Geſchichte der Kriege mit den Vandalen,
Mauren, Perſern und Gothen in 8 Büchern von 395 bis
559. Von vielen Begebenheiten war er Augenzeuge und
ſeine Nachrichten ſind unparteyiſch und glaubwürdig.
Κτίσματα ſ. libri 6 de aedificiis conditis vel
reſtauratis auſpicio Juſtiniani Imp. Ἀνέκδοτα
ſ. hiſtória arcana. P. nimmt darinn zurück, was er’m
ſeinen andern Werken von Juſtinian und deſſen Gemahlin
Theodora Rühmliches geſagt hat. — Ausgaben: Auſſer derjenigen in der Sammlung der Byzantiner, von Cl.
Maltretus, cum lectt. var. emendatt. nott. et indicibus,
Pariſ. 1662—1663. 2 Voll. fol. Die geheime Geſchichte
beſonders von Joh. Eichel. Helmſt. 1664. 4. Teutſch
mit Anmerk. von J. P. Reinhard. Erlängen u. Leipz.
1753. (eigentl. 1752). 8. Uebrigens iſt Pr. einer der
wenigen Schriftſteller ſeines Zeitalters, die der Sprache
noch ſo ziemlich mächtig ſind. Deſto ſchlechter ſind die
meiſten ſeiner Nachtreter. Ihre Schreibart iſt gröſtentheils barbariſch, ſo daß man erſt eine ganz neue Sprache
lernen muſs, wenn man ſie verſtehen will. Die meiſten,
Zonaras; Anna Komnena und noch einige ausgenommen,
kompilirten ohne Kritik, ohne Plan und ohne Geſchmack.
In Anſehung der Sachen ſind ſie uns aber unſchätzbar.
Mit Kritik benutzt, geben ſie uns reichen Stoff nicht nur
zur Kenntniſs der Geſchichte des Byzantiniſchen Kaiſerthums,
ſondern auch anderer Länder und Völker. — Vergl.
Phil. Labbei Protrepticon de Byzantinae hiſtoriae ſcriptoribus, Pariſ. 1648. fol. Mart. Hankii liber de By-
zanthärorum rerum ſcriptoribus Graecis etc. Lipſ. 1877. 4.
J. G. Stritteri Memoriae populorum, olim ad Danu-

hium, Pontum Euxinum, Paludem Maeotidem, Cauca-
fum, Mare Cafpium, et inde magis ad feptentrionem in-
colentium etc. Petropoli 1771—1780. 4 mai. Meufelii Bibl. hift. Vol. 5. P. 1. p. 108 fqq.

Noch ift hier zu bemerken das hiftorifch mythologi-
fche Wörferbuch der Kaiferin Eudocia oder Eudoxia
Makrempolitiffa, Gemahlin der Kaifer Konftantinus
Dukas und Romanus Diogenes († nach 1072), das unter
dem Titel Iuviæ [Violarium edirt hat J.B. C. d'Anffe
de Villoifon im 1ften Band feiner Anecdota graeca (Venet. 1787. 4).

3.

Die Hiftoriker in Italien verrathen faft durchgehends
Parteylichkeit, Aberglauben und Schwärmerey. In und nach
dem 6ten Jahrh. verfielen fie immer mehr und mehr in die
geiftlofe Manier der Chroniken. Hier die vorzüglichen!

Magnus Aurelius Caffiodorus oder Caffio-
dorius aus Scylacci in der Landfchaft der Bruttier (ungefähr von 479 bis 575). Er bekleidete fchon unter dem
König Odoaker die Stelle eines Comes facrarum lar-
gitionum, die ihm einen grofsen Wirkungskreis verfchaffte. Als aber Odoaker vom oftgoth. K. Dieterich ge-
ftürzt ward, kam er in die Dienfte diefes Fürften, und
ftieg von einer Ehrenftelle zur andern, fo dafs er Conful,
Patricius, Praefectus Praetorio ward, und unter 4 Regierungen diefe Würden wiederhohlt verwaltete. Um 539
entzog er fich dem Hofleben und begab fich in das von
ihm bey feiner Vaterftadt erbaute Klofter Vivarefe; wo er
noch viele Jahre unter allerley nützlichen Befchäftigungen
lebte. Schriften: Variarum l. 12. (Eine Sammlung
von Staatsbriefen, Refcripten, Edicten u. f. w. Das in-
tereffantefte Werk aus der erften Hälfte des 6ten Jahrh.

woraus sich eine ganze Statistik des oſtgothiſchen Reichs
ziehen ließ. Hiſtoriae eccleſiaſticae tripartitae
l. 12. (Eigentlich machte er nur den Plan zu dieſer durch
Epiphanius Scholaſticus aus Sokrates, Sozomenus
und Theodoretus überſetzten und abgekürzten Kirchengeſchichte). Chronicon breve [conſulare (vom
Anfang der Welt bis 519, auf Dieterich's Befehl aus Euſebius u. a. gezogen). Computus paſchalis (eine
Anweiſung, den Oſtertag zu finden). Liber de ortho-
graphia (in ſeinem 93ſten Jahre geſchrieben) u. a. m.
Ausgaben: Opera et ſtudio J. Garetii. Rotomagi
1679. 2 Tomi fol. Nachgedruckt zu Venedig 1729.
2 Tomi fol. — Obgleich die Schreibart in dieſen Werken
von den Fehlern der damahligen Zeit, einer rhetoriſchen
Weitſchweifigkeit, die oft in Bombaſt ausartet, nicht frey
iſt; ſo gewähren ſie doch in Anſehung der Sachen mannigfachen Nutzen. C. war einer der verdienteſten Männer
um Geſchichte und um Litteratur überhaupt, und kann
mit Recht der Wiſſenſchaften Schurzgott in Italien genannt
werden. Vergl. (F. D. de Sainte-Marthe) Vie de
Caſſiodore; avec un Abrégé de l'hiſtoire des Princes qu'il
a ſervi, et des remarques ſur ſes ouvrages. à Paris 1694.
8. Abh. von dem Leben des C. worinn bewieſen wird,
daſs unter der Regierung des goth. K. Theodoricus 2 Caſſ.
gelebt haben, u. zugleich die wahre Geſch. jener Zeit beſchrieben wird; vom Grafen du Buat; in den Abh. der
kurbayr. Akad. der Wiſſ. B. 1. Nr. 4. N. philol. Bibl. B. 3.
St. 1. S. 142—145.

Jordanus oder Jordanes (nicht Jornandes),
ein Alane († nach 552), machte einen Auszug aus Caſſiodor's verlohrnen 12 Büchern de rebus geſtis Gothorum (bis 552) u. ſchrieb de regnorum et temporum
ſucceſſione (bis 552). Beyde in Muratorii Scriptt.

"rer. Ital. T. I. p. 187—222. Das erſte Werk iſt für die Geſchichte höchſt wichtig, obgleich im barbariſchen Stil geſchrieben. Vergl. Abh., vom Jornandes und von ſeinem Buche de rebus Geticis; vom Gr. du Buat; a. a. O. S. 97—108. Deſſelb. Verſuch einiger Anmerk. über des Jornandes einzelnes Buch de rebus Geticis u. ſ. w. ebend. S. 109—134. Bibl. hiſt. Vol. 5. P. 2. p. 45—48."

rer. Ital. T. I. p. 187—222. Das erſte Werk iſt für die Geſchichte höchſt wichtig, obgleich im barbariſchen Stil geſchrieben. Vergl. Abh., vom Jornandes und von ſeinem Buche de rebus Geticis; vom Gr. du Buat; a. a. O. S. 97—108. Deſſelb. Verſuch einiger Anmerk. über des Jornandes einzelnes Buch de rebus Geticis u. ſ. w. ebend. S. 109—134. Bibl. hiſt. Vol. 5. P. 2. p. 45—48.

Paullus Warnefridi, ein Langobarde, vermuthlich Diaconus zu Forli oder Aquileja und Notarius oder Kanzler des langobard. Königs Deſiderius. Nachdem er ſich eine Zeit lang am Hofe Karl's des Gr. aufgehalten hatte, ſtarb er in dem Kloſter Monte Caſſino um 799. Schriften: Hiſtoria miſcella l. 24, (die 11 erſten enthalten Eutropii breviarium hiſt. Rom. das 12te bis 16te die Geſchichte des röm. Staats von Julian bis zu Juſtinian dem 1ſten. Nachher that Landulphus Sagax noch 8 Bücher hinzu, worinn die Geſchichte bis 813 fortgeſetzt iſt); de geſtis Langobardorum l. 6 (vom Urſprung dieſes Volks bis 744. Klaſſiſch in ſeiner Art, obgleich ohne ſcharfes Urtheil und ſtrenge Chronologie. Der Stil iſt beſſer, als bey Jordanus). Ausgabe: in Muratori Scriptt. rer. Ital. T. I. P. I. p. 395 ſqq. T. I. P. 2. p. 181. — Vergl. Jagemann's (oder vielmehr Tiraboſchi's) Geſch. der Wiſſ. in Italien. B 3. Th. 1. S. 56—67. Henr. Florez in Eſpaña ſagrada T. 13. p. 335—386.

Anaſtaſius, Bibliothecarius der römiſchen Kirche und Abbt des Kloſters der Jungfrau Maria jenſeits der Tiber († um 886), unter deſſen Namen vorhanden ſind: Vitae pontificum Romanorum, vom Apoſtel Petrus an bis auf Nikolaus den erſten: ob er gleich weder Urheber noch Sammler dieſes Werks iſt und nur einige Lebensbeſchreibungen der Päpſte, die zu ſeiner Zeit bis auf Nikol.

lebten, von ihm herrühren. Die Nachrichten find, mit
gehöriger Kritik benutzt, meiftens brauchbar. A us-
gaben: opera et ftudio F r a n c. et J o f. B l a n c h i n i.
Romae 1718 — 1735. 4 Voll. fol. Studio et labore J.
V i g n o l i i ibid. 1724. 4.

L ü i t p r a n d u s, Diaconus zu Pavia und Bifchoff zu
Cremona, flüchtete, als er letztere Stelle verlohren hatte,
nach Teutfchland und vertrat bey K. Otto dem 1ften die
Stelle eines Dolmetfchers, und wurde mehrmahls als Gefandter an fremde Höfe gefchickt († nach 968). S c h r i f-
t e n: Hiftoria rerum in Europa geftaium l. 6. (von 891 bis
946); Legationis ad Nicephorum Phocam fufceptae defcriptio (einige halten es für das 7te Buch des vorhergehenden
Werks). A u s g a b e n: H i e r o n y m i de l a H i g u e r a
et L a u r. R a m i r e z de P r a d o notis illuftrata. A n t-
w e r p. 1640. fol. in M u r a t o r i i l. c. T. 2. p. 417 fqq. —
Als Augenzeuge ift L. ein wichtiger Mann.

4.

Sp a n i e n brachte in diefem Zeitraum viele Hiftoriker hervor. Hier nennt man nur:

P a u l l u s O r o f i u s, ein chriftl. Presbyter (um 417),
fchrieb 7 Bücher H i f t o r i a r u m a d v e r f u s p a g a n o s,
wodurch er die Befchuldigung der Heyden widerlegte, als
wenn alles das röm. Reich damahls betroffene Unglück
durch die chriftl. Religion veranlafst, worden fey. Zu dem
Ende geht er die ganze Gefchichte durch, und zeigt, dafs
von jeher das Menfchengefchlecht fich felbft durch Kriege,
Empörungen und Streitigkeiten geplagt habe. O. bedient
fich dabey der Kürze und ift mancher Stellen wegen
brauchbar: obgleich leichtgläubig und nicht genau genug
fn der Zeitrechnung. Dennoch war fein Buch im Mittelalter, zum grofsen Schaden des Gefchichtftudiums, das ge-

wöhnliche Kompendium der Universalhistorie.
Es ist auch die Grundlage fast aller Mönchschroniken. Beste Ausgabe von Sigeb. Havercamp. Lugd. Bat.
1738. 4. Angelsächsisch von König Aelfred; —
with an English translation from the Anglosaxon. Lond.
1773. gr. 8. Der Herausgeber, Daines Barrington,
hat auch Anmerkungen, die zum Theil von J. R. Forster
herrühren, beygefügt. Diese Schrift wird hauptsächlich
wichtig durch die Zusätze des königl. Uebersetzers, welche die Geographie Teutschlandes und der nördlichen Länder betreffen. Vergl. Philol. Bibl. B. 2. S 501—520.

Johann von Biclar, ein Gothe, studirte zu Konstantinopel, wurde von seinem arianischen König Lewigild
verwiesen, begab sich nach Barcelona und lies später hin
das Kloster Biclaro an den Pyrenäen bauen; daher sein
Beyname. Unter dem K. Reccared wurde er Bischoff von
Gironne († 620). Seine Chronik von 566 bis 590, womit
er diejenige des Bischoffs Victor von Tunnema fortsetzte,
gehört unter die vorzüglichen. Am besten edirt in Scaliger's Thes. temp.

Isidorus aus Karthagena, seit 595 Bischoff zu Sevilla († 636), ein gelehrter, in mehrern Wissenschaften bewanderter Mann, schrieb: Originum s. etymologiarum l. 20, eine Encyklopädie, worinn kurze Beschreibungen und Nachrichten von allen damahls bekannten
Künstlern und Wissenschaften, in Auszügen aus andern
Schriftstellern, enthalten sind. (cum notis Dion. Gothofredi; inter eius Auct. ling. lat. p. 811 sqq.). Chronicon ab origine rerum usque ad a. quintum
Heraclii (in Em. a Schelstrate Antiqq. eccl. illustr.
T. I. p. 583 sqq. Zweifelhaft, ob es nicht von Isidorus
Pacensis herrühre). Historia s. Chronicon Gothorum (von 176 bis 628; mit einem Anhange von den

Vandalen und Sueven. In H. Grotii Hift. Goth. Vandal. etc. Amft. 1655. 8; und in Florez Efpaña fagrada T. 6. p. 469 fqq.). Chronicon breve regum Wifigo-thorum (in Lindenbrogii Scriptt. diverfar. gentium hift. antiquae. Hamb. 1611. 4). Liber de fcripto-ribus ecclefiafticis 33 (von dem libro de viris illuftribus 46 nicht verfchieden; in diefem find nur 13 Kapitel mehr. Cum fcholiis A. Miraei; in eius d. Bibl. eccl. p. 75 fqq. und in Florez Efp. fagr. T. 5. p. 436 fqq. Der Bifchoff Ildephons von Toledo († 667) fetzte diefe Arbeit mit 14 Nachrichten fort. Steht mit in Ifidor's Wer-ken und in Florez T. 5. p. 470 fqq.). Opp. omnia (?) per Jac. du Breul. Parif. 1601. fol. Nachgedruckt Colon. 1617. fol.

5.

Von Franzofen, die ebenfalls ihre Gefchichts-werke durch Leichtgläubigkeit und Aberglauben entftell-ten, gehören hierher:

Georgius Florentius Gregorius (geb. 544. geft. 595) aus Auvergne, Bifchoff zu Tours, wurde von den fränk. Königen als Gefandter gebraucht, und fchrieb: Hiftoriae ecclefiafticae Francorum l. 10; bis 594. Befte Ausgabe aller feiner Werke von Dietr. Rui-nart. Parif. 1699. fol. Obgleich viel Leichtgläubigkeit und Unordnung darinn herrfchet; fo ift doch das Werk höchft fchätzbar, weil wir von der alten fränkifchen Ge-fchichte nirgends fo genaue Nachrichten finden. G. wird deswegen der Vater der franzöfifchen, gewiffermafsen auch der teutfchen Gefchichte genannt. — Vergl. Hift. litt. de la France T. 3. p. 372 fqq. Bibl. hift. Vol. 7. P. 1. p. 266—271.

Fredegarius Scholafticus († nach 658) fchrieb
eine Chronik in 5 Büchern vom Anfang der Welt bis 641;
in Ruinart's Ausgabe der Gregorifchen Werke und in
Bouquet's Scriptt. rer, Gall. T. 2. p. 391—464; wobey
auch die fchlechten Fortfetzungen diefer nicht alltäglichen
Chronik befindlich find.

Hincmar, Bifchoff zu Rheims († 882), hatte fehr
grofsen Einflufs in politifche und kirchliche Gefchäfte und
wurde in vielen der wichtigften Angelegenheiten um Rath
gefragt. Er war ein gelehrter und felbftdenkender Kopf:
befafs aber dabey viel Steiffinn, Hochmuth und Aberglauben. Unter feinen zahlreichen, gröftentheils polemifchen
und die Kirchenzucht betreffenden Schriften, find vorzüglich die Briefe, meiftens hiftorifchen Inhalts, fchätzbar. —
Opera cura Jac. Sirmondi. Parif. 1645. 2 Voll. fol.
Die darinn fehlenden Briefe gab mit Anmerk. heraus J.
Bufaeus. Mogunt. 1602. 4.

6.

Die Teutfchen bekamen erft nach Karl dem Gr.
eigene Gefchichtfchreiber, die fich aber während diefes
Zeitraumes alle der lateinifchen Sprache bedienten. Einige erheben fich ziemlich hoch über den Geift ihrer Zeit
und über die Gefchichtfchreiber anderer abendländifchen
Nationen, indem fie nicht unglücklich die römifchen Hiftoriker kopiren: die meiften aber erzählen chronikmäffig.

Eginhard oder Ainart aus dem Odenwald wurde
mit einem der Prinzen Karl's des Gr. erzogen und gewann
dabey die Gunft des Kaifers fo, dafs er ihn erft zu feinem
Sekretär und in der Folge zum Erzkanzler ernannte. Er
wurde auch zum Oberauffeher der königl Gebäude beftellt
und in öffentl. Angelegenheiten nach Rom gefchickt. Ludwig der Fromme übertrug ihm die Sorge für die Erziehung

feines Sohnes Lothar und belohnte ihn dafür reichlich.
Hierauf verlies er den kaiserl. Hof, und ftarb als erfter
Abbt des von ihm geftifteten Kloſters Seligenſtadt. 893.
Schriften: Vita Caroli M. (in 2 Theilen; curante J.
H. Schminckio. Traj. ad Rhen. 1711. 4. cum annotationibus G. N. Heerkens. Groningae 1755. 8). Annales,
rerum Francorum ab a. 741 usque ad a. 829 (in
den Samml. von Du Chefne, Bouquet u. a.). Epiſtolae 62. (ebend.) — E. der ältefte teutfche Gefchichtfchreiber, ift auch, in Hinficht auf die Biographie, der vorzüglichfte diefes Zeitraumes. Er fcheint fich Sueton zum
Mufter gewählt zu haben, zeigt eine nicht gemeine Er-
zählungsgabe, und ift, wenige Spuren der Parteylichkeit
ausgenommen, der Wahrheit getreu. Vergl. J. Wein-
kens Eginhartus — illuftratus et contra quosdam aucto-
res vindicatus. Françof. ad Moen. 1714. fol. (Es find
auch Eginhard's Briefe und einige Urkunden dabey). K.
C. Hofacker's Abh. über die hiftor. Glaubwürdigkeit
Eginharts; in Gatterer's allg. hift. Bibl. B. 14. S. 3—18.
Bibl. hift. Vol. 7. P. 1. p. 337—344. — Ueber E.
und die folgenden teutfchen Hiftoriker f. auch Hegewifch Charaktere und Sittengemählde aus der teutfchen
Gefchichte des Mittelalters. 1fte Samml. Leipz. 1786. 8.

Regino oder Rhegino, Abbt zu Prüm, ward 899
abgeſetzt, und gieng hierauf nach Trier, wo ihm der Erzbifchoff Ratbod die Abbrey S. Martin anvertraue († 915).
Schrieb eine, für die Gefchichte des 9ten und 10ten Jahrh.
fehr wichtige Chronik, die unter andern in Piftorii
Scriptt. rer. Germ. T. 1. p. 1 fqq. ed. Struvii, ſteht.
Man hat auch von ihm eine Sammlung geiftlicher und weltlicher Verordnungen; ed. St. Baluzii. Parif. 1671. 8.

Witikind, ein Niederfachfe und Mönch zu Corvey
(† um 1004), der ältefte fächfifche und einer der beften

Geſchichtſchreiher dieſer Zeit. Seine Annaleſ de rebuſ Saxonum geſtiſ oder de rebuſ geſtiſ Henrici Aucupiſ et Ottoniſ M. I. 3, ſind reich an Charakteren und paſſenden Reden, in einem reinen, gefälligen Stil geſchrieben. Er hat oft ſichtbar Salluſt'en vor Augen gehabt. Ausgaben: opera et ſtudio Henr. Meibomii. Francof. 1621. fol. und in Leibnitii Scriptt.
rer. Brunſv. T. I. p. 208 ſqq.

Dithmar, Sohn des Grafen Siegfried von Walbeck,
lebte als Mönch 3 Jahre lang im Kloſter Bergen bey Mag-
deburg. Darauf wurde er Propſt zu Walbeck und Kaplan
Kaiſers Heinrich des 2ten, 1008 aber Biſchoff zu Merſe-
burg, und ſtarb 1018. In letzter Eigenſchaft verfertigte
er Chronicon de rebuſ geſtiſ Henrici I, Ottoniſ I, II, III et Henrici II, gewöhnlich Chronicon
Martiſburgenſe genannt, in 8 Büchern; ein Schatz
für die Geſchichte des Mittelalters, obgleich viel abge-
ſchmackte Sachen darinn ſtehen. Beſte Ausgabe unter
dem Titel: Ditmarus reſtitutus ſ. Chronici Ditmari — libri
8; toto pene eius contextu et Mſcpto emendato et lacunis
ingentibus expletis redintegrato; in Leibnitii Scriptt.
rer. Brunſv. T. I. p. 323 ſqq. Teutſch, mit einer weitläufigen Vorrede und vielen Anmerk. von J. F. Urſinus.
Dresd. 1790. gr. 8.

Hermann, wegen ſeines verkrüppelten Körpers
Contractus genannt, Sohn des Grafen Wolfrad zu
Vehringen in Schwaben, vermuthlich Mönch zu Reichenau
(† 1054), ſchrieb Chronicon de ſex mundi aeta-
tibuſ ab O. C. ad a. Chr. 1054. In der ältern Geſchichte folget er Beda'n: deſto wichtiger iſt er in derjenigen ſeiner Zeit. Ausgabe: — una cum eiuſ vita et con-
tinuatione, a Bertholdo, eiuſ diſcipulo, ſcripta — notiſ
et obſſ illuſtratum ab Aemiliano Uſſermann. Typiſ

II.   Pp

San Blaſianis 1790. 2 Tomi 4. — Vergl. N. H. Gündling's Nachricht von Hermanno Contracto, ingleichen von den variis editionibus ſeines Chronici; in Gundlingianis Th. I. S. 51 u, ff. und in Wegelin's Theſ. rer. Suev. T. 2. nr. 8.]

Lambert von Aſchaffenburg, Mönch zu Hirſch-feld, that 1058 eine Reiſe nach Jeruſalem, und ſchrieb nach ſeiner Rückkunſt eine Chronik unter dem Titel: Hiſtoria Germanorum vom Anfange der Welt bis 1050. Bis dahin liefert er blos Auszüge aus Beda und andern: aber von da an bis 1077 erzählt er nicht nur um-ſtändlicher und beobachtet die Zeitrechnung ſtrenger, ſon-dern zeigt auch gute politiſche Einſichten, und bedient ſich einer reinen und flieſſenden Schreibart. Ausgabe: in Piſtorii et Struvii Scriptt. T. I. p. 301 ſqq.

Marianus Scotus aus Irland hielt ſich ſeit ſeinem 28ſten Jahr in Teutſchland als Mönch zu Cöln, Würzburg, Fulda und Mainz auf († 1086). Seine Chronik iſt in 3 Bücher abgetheilt und geht bis 1084. Das 3te Buch, von der Regierungsgeſchichte der Karolingiſchen und folgen-den Kaiſer iſt am brauchbarſten. Dodechin ſetze die Arbeit bis 1200 fort. Beyde in Piſtorii et Struvii Scriptt. rer. Germ. T. I. p. 441 ſeq. Vergl. C. R. Hau-ſen de antiquiſſimo codice Chronici Mariani Scoti Gem-blacenſi, exemploque illius Schottiano ad edendum parato. Francof. ad Viadr. 1782. 4.

Sigebert, Mönch zu Gemblours in Brabant, war lange Lehrer an der Kloſterſchule zu Metz († zu Gem-blours 1112) beſaſs viele Sach- und Sprachkenntniſſe, und ſchrieb, unter andern, ein Chronicon ab a. 381. us-que ad a. 1112; in den ältern Zeiten voll von Fabeln und chronologiſchen Fehlern, deſto wichtiger weiter hin. Ausgaben: ſtudio Auberti Miraei. Antwerp. 1608.

4) und in Piſtorii et Struvii Scriptt. T, I. p. 689 ſqq.
wo auch Sigebert's Fortſetzer ſtehen.

7.

Von engliſchen Hiſtorikern iſt hier keiner nennenswerth, als Beda Venerabilis, aus dem Bisthum Durham (geb. 672. geſt. 735). Er brachte ſeine ganze Lebenszeit in dem Kloſter Jarrow zu, und erwarb ſich durch ſeine
Frömmigkeit und Gelehrſamkeit einen ſo ausgebreiteten
Ruf, daſs nicht nur engliſche Groſse und Geiſtliche, ſondern
ſelbſt der Papſt ſeinen Rath über wichtige Angelegenheiten ſich erbaten. Er verdient unter denen, die den völli-
gen Untergang der Wiſſenſchaften in England aufgehalten
haben, oben an zu ſtehen: ob er gleich überall blos Sammler war, der nicht einmahl aus den beſten Quellen ſchöpf-
te, indem in der Bibelauslegung Auguſtin, in den freyen
Künſten und der Philoſophie aber Caſſiodor und Iſidor beynahe die einzigen Führer waren, denen er und ſeine Zeitgenoſſen folgten. Er war ſo leichtgläubig und abergläubiſch, als ein Mönch nur ſeyn kann; ſchrieb zwar ſein Latein mit groſser Leichtigkeit: aber ohne alle Kunſt und Eleganz. Er erfand und erweiterte keine einzige Wiſſenſchaft: war aber in allen damahls bekannten bewandert,
und rettete aus dem allgemeinen Schiffbruch der Gelehrſamkeit ſo viele Trümmer nützlicher Kenntniſſe, daſs er
und ſeine Schüler nicht allein England und Irland, ſondern
auch Frankreich und Teutſchland damit bereichern konnten. Schriften: Hiſtoriae eccl. gentis Anglorum l. 5. Chronicon ſ. de ſex aetatibus mundi.
Vita Cudberthi proſa et carmine ſcripta. Hiſtoria abbatum Wirimuthenſium et Giruicen-
ſium. De locis ſanctis libellus etc. Ausgaben: Opp. omnia. Colon. Agripp. 1688. 8 Tomi fol.

Die hiſtor. Werke cura et ſtudio Johannis Smith.
Cantabrig. 1722. fol. — Am wichtigſten iſt die Kirchengeſchichte, bey deren Bearbeitung ihn viele engl.
Prälaten mit Materialien unterſtützten. Sie ſtand während
des ganzen Mittelalters in großem Anſehn und war das gewöhnliche Handbuch der Mönche und anderer Geiſtlichen.
Auch uns iſt ſie ſchätzbar: obgleich viele Legenden einge-
ſchaltet ſind. — Vergl. Chaufepié ſ. v. Bede.

8.

Die nordiſche Geſchichte, zumahl diejenige von
Dänemark und Norwegen, wurde hauptſächlich durch
Isländer bearbeitet in einer Menge ſogenannter Sagen,
die aber der wahren Geſchichte wenig Licht gewähren.
Denn ſie ſind größtentheils voll von abentheuerlichen Erzählungen, die mehr Romanen, als Geſchichten gleichen.
Thatſachen mögen wohl dabey zum Grunde liegen: aber
wer kann wiſſen, welche dieſen Namen wirklich verdienen? Viele ſolcher Sagen ſind gedruckt: noch mehrere
ungedruckt. Bis ins 9te Jahrh. hinein bedeckt Finſterniſs
die ganze nordiſche Geſchichte.

9.

Die Armenier bildeten ihre Sprache aus und bearbeiteten Geſchichte und Geographie. Hier darf nur genannt werden Moſes aus Chorene (um 462). Er
lernte in Alexandrien die griechiſche Sprache und beſuchte auf dieſer Reiſe auch Paläſtina, Italien und Griechenland. Als Greis ſchrieb er die Geſchichte ſeines Vaterlandes in 3 Büchern, nicht allein mit Hülfe anderer Schriftſteller, ſondern auch archivaliſcher Denkmahle, die er jedoch nicht mit gehöriger Kritik benutzte. Er hinterließ
auch eine Geographie der damahls bekannten Länder; die

zwar nur ein Auszug aus des Alexandriners Pappus Chorographie, aber auch als folcher fchätzbar, weil das Original verlohren ift. Ausgabe: Mofis Chor. Hift. Armen. l. 3; acc. eiusd. fcripteris epitome geographiae; praemittitur praef. quae de litteratura ac verfione facra Armeniaca agit; et fubiicitur appendix, quae continet duas epiftolas Armeniacas etc. Armeniace ediderunt, latine verterunt notisque illuftrarunt Guil. et Ge. Guil. Whiftoni filii, Lond. 1736. 4 mai. — Vergl. Bibl. hift. Vol. 2. P. 1. p. 47 fqq.

10.

Die arabifchen Gefchichtfchreiber, zumahl diefes Zeitraums, tragen zu viele Fehler an fich, als dafs man fie empfehlen könnte. Aus Beftreben, fchön zu fchreiben, werden fie fchwülftig, und verfallen in ungeheure, kaum dem Dichter verzeihliche Uebertreibungen; oder fie find dunkel, weil fie nicht alltäglich fchreiben wollten; oder fie find bigott. Die Kunft, Begebenheiten auszuwählen, verftehen fie gar nicht; fie erzählen Kleinigkeiten wortreich und weitfchweifig. Ihre häufigen Charakterfchilderungen find faft alle verunglückt, und die Schmeicheleyen gegen ihre Fürften find unerträglich. Ihre auf uns gekommenen Schriften find meiftens nichts weiter, als Genealogieen oder trockene Chroniken, oder Biographieen. Von den gedruckten hier nur folgende: Muhamed Ibn Omar Alwakedi († 822), Kadi zu Bagdad, ftand bey dem Khaliphen Mamun im gröfsten Anfehn und ift Verfaffer vieler hiftorifchen Werke, wovon aber nur eines in der von S. Okley verfertigten englifchen Ueberfetzung gedruckt ift, die Gefchichte der Eroberung Syriens. Lond. 1709. 8. — Abu Muhamed Abdalllah Ibn Moslem Ibn Kotaibah Addainawari aus Bagdad († 889), zeichnete viele geneal. Nachrichten und ziemlich interef-

fante Stammsfagen auf, die zum Theil gedruckt find in
Eichhorn's Monumentis antiquiff. hiftoriae Arabum.
Goett. 1775. 8. — Abu Gafar Muhamed Ibn
Goral Atthabari aus Amol in Thabareftan († 922),
einer der berühmteften arab. Gefchichtfchreiber. Wir haben von ihm eine vollftändige arab. Gefchichte bis auf das
J. 914, woraus einiges abgedruckt ift in A. Schultens hift.
imperii vetuftiff. Joktanidarum in Arabia felice. Lugd.
Bat. 1750. 4. — Eutychius oder Said Ibn Batrik
aus Foftat in Aegypten, war Arzt und wurde Patriarch zu
Alexandrien († 950). Wir befitzen von ihm Jahrbücher
von Erfchaffung der Welt bis 940: Contextio gem-
marum f. Annales, arabice et latine, interprete E. Pocockio. Oxon. 1654. 4. Ferner: Ecclefiae fuae
origines; nunc primum typis ac verfione et commentario
auxit J. Seldenus. Lond. 1642. 4.

II.

In die Chronologie brachten mehr Genauigkeit:
Gaffiodorus durch feinen Computus pafchalis,
und Dionyfius Exiguus († vor 536), ein Scythe,
Abbt eines Klofters zu Rom, durch die Erfindung des
Cyclus pafchalis von 95 Jahren und durch die in der
Folge eingeführte, noch übliche chriftliche Zeitrechnung.
Vergl. J. W. Jani hiftoria cycli Dionyfiani, cum argu-
mentis pafchalibus, et aliis eo fpectantibus, nunc primum
ex MSS. integre editi. Viteb. 1718. 4; auch in den Differtt. de cyclis pafchalibus (Amft. 1736. 4) p.
24 fqq und in Jani Opufc. a Klotzio editis (Hal. 1769.
8 mai.) p. 79—211.

Bemerkenswerth ift auch die Alexandrinifche
Chronik, bekannt unter dem Namen Chronicon pa-
fchale, auch Fafti Siculi, weil fie in Sicilien gefun-

den und nach Rom gebracht wurden. Zwey Gelehrte haben daran gearbeitet; der eine von Erfchaffung der Welt bis 354; der andre bis 630; ein dritter fügte ein chronol. Verzeichnifs der Kaifer bey bis 1042. Es find dabey viele Schriftfteller und alle kanonifche Beftimmungen der Ofterfeyer benutzt. Ed. C. Dufrefne. Parif, 1688. fol.

12.

Die Geographie wurde von den Griechen weder bereichert noch berichtigt. Sie begnügten fich, die Arbeiten ihrer Vorgänger zu benutzen und in mancherley Formen zu giefsen. Ihr wichtigfter Schriftfteller in diefem Fache ift Kofmas aus Aegypten, Anfangs Kaufmann, hernach Mönch, machte grofse Seereifen nach Aethiopien, Indien und andern Ländern; weswegen er Indicopleuftes genennt wurde († nach 548). Er fchrieb eine chriftliche Topographie in 12 Büchern, worinn die Meynungen der Chriften vom Bau des Himmels und der Erde zufammengeftellt find. Denn fie glaubten, in dem Syftem des Ptolemäus und feiner Vorgänger vieles, was der heil. Schrift widerfpräche, zu finden, und entwarfen deshalb ein eigenes Syftem, deffen Hauptverdienft in Uebereinftimmung mit der Bibel beftehen follte. Diefes legt K. feinen Glaubensgenoffen vor, weil viele derfelben damahls, unchriftlich genug, das Ptolemäifche wieder annahmen. Die beygemifchten Nachrichten von Indien und Sina find bemerkenswerth. Ausgabe: Graece cum verfione Latina et notis Bernardi de Montfaucon; in eiusd. Collectione Patrum Graec. T. 2. p. 1 fqq. — Stephan aus Byzanz († vor 500), vermuthlich ein Chrift, verfertigte ein grammatifch-geographifches Wörterbuch, gewöhnlich betitelt: περὶ πόλεων, de urbibus, eigentlich aber: ἐθνικά, gentilia, weil er fich darinn vorzüg-

lich die Ableitung der nominum gentilium angeleg
gen feyn läfst. Wir haben aber nur einen Auszug daraus
übrig von Hermolaus, Sprachlehrer zu Konftantinopel
im 6ten Jahrh. Er führte nicht nur die Landfchaften,
Städte, Nationen, Kolonien u. f. w. an, fondern fchilderte
auch den Volkscharakter, erwähnte der Städte Erbauer,
erzählte die lokalen Mythen und mifcht grammatifche und
etymologifche Bemerkungen ein; von welchem allen im
Auszuge wenig übrig geblieben ift. Ausgabe: — re-
ftituit, fupplevit, latina verfione ac integro commentario
illuftravit Abr. Berkelius etc. Lugd. Bat. 1694.
fol. Aus Stephanus eignem Werke befitzen wir nur noch
Fragmentum de Doctrine, cum triplici latina verfione et academicis exercitationibus Jac. Gronovii. ibid.
1681. 4; et in eiusd. Thef. ant. Graec. T. 7. p. 269 fqq.

Ein merkwürdiges Denkmahl für die Geographie des
Mittelalters ift die Tabula Peutingeriana, von ihrem
ehemahligen Befitzer fo genannt; heut zu Tage in der Hof-
bibliothek zu Wien. Es ift eine grofse, 21½ Wiener Fufs
lange und einen Fufs breite Reifecharte, worauf, aufser
der Beftimmung der Marfchrouten, die des Verf. Haupt-
zweck waren, die grofsen Gebürge, der Lauf der vornehmften Flüffe, einzelne Seen, die Meeresküfte, die
Namen der grofsen Provinzen und der Hauptvölker ange-
zeigt find. Wahrfcheinlich ift fie weder aus der andern
Hälfte des 4ten, noch aus dem 13ten, fondern aus der
erften Hälfte des 5ten Jahrhunderts. Vielleicht liegt eine
ältere aus dem Zeitalter Kaifers Theodos des 1ften zum
Grunde. Ausgabe (und zwar elend): von F. C. de
Scheyb. Vindob. 1753. fol. max. — Vergl. J. G.
Lotteri D. de tabula Peutingeriana. Lipf. 1732. 4.
(auch in Gorii Symbolis litt. Vol. 6. p. 1—58). Fre-

ret fur la table itinéraire publiée par Velfer fous le nom
de Table de Peutinger; in Hift. de l'Ac. des Infcr. T. 14.
p. 174—178. Suppl. à la notice de la table de P. par Fre-
ret et Lebeuf. ib. T. 18. p. 249—256. Mém. de l'Ac.
des Sciences de Paris l'a. 1758. et 1761. Teutfch in
den Hamburg. Unterhalt. B. 3. S. 336 u. ff. Saxii Onomaft. P. I. p. 500—504. Obff. fur l'itinéraire de Théo-
dofe, connu fous le nom de Table de Peutinger; par M.
Haeffelin; in Commeut. Ac. Theodoro-Palatinae Vol.
5 hift. p. 105—126. Sprengel's Gefch, geogr, Entdeck.
(2te Ausg.) S. 132 u. ff.

Guido von Ravenna fchrieb zwifchen 890 und
904 eine Chorographie in 5 Büchern, die durch die Abfchreiber fchrecklich entftellt ift und nach Porcheron
(Parif. 1688. 8) auf einen kritifchen Bearbeiter wartet.

Die Araber befchäftigten fich ftark mit der Erdkunde. Schon unter den erften Khaliphen muften Befchreibungen der eroberten Provinzen verfertigt werden; und
Mamun lies (833) in der Wüfte Sindhar, zwifchen den
Städten Palmyra und Rakka, durch die 3 Brüder Ben Sha-
ker einen Grad der Erde meffen, um die Gröfse derfelben näher zu beftimmen. Abulfeda wiederhohlte in
dem nächften Zeitraume diefelbe Meffung bey Kufa.
Wichtig find die Nachrichten; die fich aus den, mit grof-
fem Beobachtungsgeift gemachten Reifebefchreibungen
Wahab's und Abuzeid's (891—877) über die indifchen
Infeln, über Sina und andere öftliche Länder erhalten haben, gedruckt in Anciennes relations des Indes
et de la Chine, traduites de l'Arabe par Renaudot,
à Paris 1718. 8.

VIII. Zuſtand der mathematiſchen Wiſſenſchaften.

1.

Unter den Arabern blühten ſie am ſtärkſten, ob ſie gleich wenig Neues hinzuthaten. Die Griechen waren auch hierinn ihre Führer, von denen ſie nur ſelten abwichen: doch ſchufen ſie den Vortheil, daſs ſie Werke derſelben in Ueberſetzungen erhielten, die bereits für verlohren gehalten wurden. Auch die Einführung der arabiſchen Ziffern, die ſie vielleicht von Indiern und wohl gar von Griechen entlehnten, kann ihnen ſtreitig gemacht werden. Unläugbar aber iſt, daſs ſie Europens Lehrer waren und mathem. Kenntniſſe über Spanien nach Frankreich, Teutſchland und Italien verpflanzten.

2.

Ihr Lieblingsſtudium war Aſtronomie. In ältern Zeiten war ſie ungefähr ſo beſchaffen, wie bey den Griechen vor Thales. Sie nannten die Sterne nach Gegenſtänden ihres Hirtenlebens; vornämlich von Thieren. Als Geſchmack an Wiſſenſchaften unter ſie kam, waren die 3 ſchon gerühmten Khaliphen auch Beförderer der Aſtronomie. Zu Bagdad war eine aſtronomiſche Schule, deren Lehrer mit Inſtrumenten, Tafeln und Himmelskarten verſehen waren. Die Araber wandten die Mathematik auf Geographie, Chronologie und Schiffahrt an, beſaſsen Landkarten u. ſ. f. Ihr Jahr war ein Mondjahr von 355 Tagen und 12 Monaten, abwechſelnd von 29 und 30 Tagen; daher ſie in jeden 30 Jahren 11 Tage einſchalteten. Al Manſur lies einen Lehrbegriff der Aſtr. verfertigen und war der erſte, der auf der Ebene Singar in Meſopotamien die Meſſung der Erde unternahm. Sehr bald aber gewannen die Araber auch die Aſtrologie lieb. Denn

der Khaliphe Al Manfur (753—775) nahm fie bereits in
Schutz.

3.

Folgende hierher gehörige arabifche Schriftfteller find
bemerkenswerth:

Meffalah (in der Mitte des 9ten Jahrh.) fchrieb
über die Verfertigung des Aftrolabiums, über die Jahrrechnung, Berechnung des Zirkels u. f. w. wovon aber
nichts gedruckt ift. — Abu Maafchar oder Giafar
Ibn Muhamed, gewöhnlich Abumafar († 885), einer der gelehrteften Araber, verfertigte Tafeln und eine
Einleitung in die Aftronomie. Von feiner Schrift: Olaf,
oder vom Urfprunge, Dauer und Ende der Welt, ift eine
latein. Ueberf. zu Bafel gedruckt. — Al Fargani oder
Alpherganus, von Fergana in der Landfchaft Sogdiana
(um 880), vorzugsweife der Rechner genannt, Verfaffer mehrerer aftron. Schriften, z. B. Anfangsgründe der
Aftronomie, die ehedem für ein klaffifches Werk galten,
Arabice et Latine per Jac. Golium, cum eius no-
tit. Amft. 1669. 4. Aus feinen aftron. Beobachtungen
ftehen Excerpte in Arabia L Arabum vicinarum-
que gentium orientallum leges. Amft. 1635. 12.
— Thabet Ben Korrah († 850?); in mehrern Wiffenfchaften bewandert, erwarb er fich die Vertraulichkeit
des Khaliphen Almodaded, der ihn zu hohen Ehrenftellen
erhob. Er kultivirte vorzüglich die Aftronomie, überfetzte Euklid's Elemente und die Hypothefen des Ptolemäus, und commentirte über beyde, fchrieb Auflöfungen
geometrifcher Aufgaben u. f. f. Alles noch ungedruckt.
Sein Gegner, Muhamed Ben Giaber al Batani,
gewöhnlich Al Batani oder Albategnius, der Ptolemäus der Araber († 928) ftellte feine Beobachtungen zu
Antiochien an, beobachtete die Schiefe der Ekliptik, ver-

vollkommnete die Theorie der Sonne, und entdeckte die
eigene Bewegung der Erdferne der Sonne mit einer, für fein
Jahrh. grofsen Genanigkeit. Bern. Ugulottus gab deffen Beobacht. nach Platonis Tiburtini latein. Ueberf.
heraus unter dem Titel: de numeris ftellarum et
motibus f. de fcientia ftellarum. Bonon. 1645. 4.
— Geber oder Giaber, (gegen Ende des 9ten Jahrhunderts?) aus Sevilla, foll ein gebohrner Grieche gewefen, aber ein Muhamedaner geworden feyn. Er wird
für den Erfinder der nach feinem Namen genannten Algeber gehalten. Gewiffer ift, dafs er einer der beften
Aftronomen feiner Zeit war, der viele Fehler in dem Almageft des Ptolemäus verbefferte. In einer, von Gerhard de Sabionetta verfertigten Ueberfetzung ift
gedruckt: Syntaxis aftronomica f. demonftrati-
vum opus aftrologiae l. 9. Norimb. 1533. fol. —
Arzachel aus Toledo (um 1080) ein fleiffiger Beobachter, der die von feiner Vaterftadt bekannten Toledanifchen
Tafeln verfertigte. Seine Methode, die Elemente der
Theorie der Sonne zu finden, ift fehr verwickelt. Die
von ihm in ebräifcher Sprache abgefafste Schrift über das
Viereck fteht in Bernard's Sammlung der alten Mathematiker.

Als Aftronomen mufsten die Araber mit der Geometrie
und andern Theilen der Mathematik bekannt feyn. Daher
überfetzten fie alles, was die Griechen in der Geometrie
geleiftet hatten. Der Trigonometrie bereiteten fie diejenige Geftalt, die fie jetzt hat, vor. Geber Ben Al-
pha (im 11ten Jahrh.) fetzte an die Stelle der alten Methode weit leichtere Auflöfungen, indem er 3 oder 4 Lehrfätze, als den Grund der neuen Trigonometrie, in feinem
Werk über den Ptolemäus vorlegte. Die Araber führten
die Sinufse ftatt der Sehnen ein. Die zu Al Mamun's Zeit

lebenden 3 Söhne des Muſſâ Ben Schaker waren berühmte Geometer. : Sie beobachteten die Schiefe der Ekliptik von 23° 35'. Der eine, Alhaſſan, hatte nur die
erſten 6 Bücher Euklid's ſtudirt, und konnte doch die
ſchwerſten Aufgaben auflöſen. Alhazen war ein Geometer vom erſten Range, wie aus ſeiner Optik klar iſt.
Dieſe ſteht lateiniſch in Fried. Riſſner's Theſ. Opticæ.
Baſil. 1572. fol.

Unſere Arithmetik rührt nicht von den Arabern,
ſondern von den Indiern, her. Ob aber dieſe die Erfinder ſind oder ſie von andern gelernt haben, weiſs man
nicht. Die Algeber erhielten die Araber von den Griechen. Sie trieben ſie aber fleiſſig und machten ſogar alge-
braiſche Gedichte.

In der Optik giengen ſie nicht weiter, als die Griechen: ob ſie gleich viel darüber ſchrieben. Der berühmteſte iſt Alhazen aus dem 11ten Jahrh. deſſen hierher
gehörige Arbeit lateiniſch erſchien, unter dem Titel:
Opticæ theſaurus, Baſil. 1572. fol. (es iſt auch die
Optik des Vitello oder Vitellio dabey). Einige phy-
ſiſche Irrthümer abgerechnet, ſcheint er ſich beſonders
um die Strahlenbrechung mehr, als die Alten, beküm-
mert zu haben. Er behauptete zuerſt, daſs die Sterne zuweilen durch dieſelbe über dem Horizont geſehen werden,
wenn ſie noch wirklich darunter ſind. Der Strahlenbrechung ſchreibt er auch die Verringerung der Durchmeſſer
und Entfernungen der Geſtirne, nicht minder das Blinkern
der Sterne zu. Man findet ferner bey ihm die erſte deutliche Meldung von der Vergröſſerung durch Gläſer; wodurch wahrſcheinlich die nützliche Erfindung der Brillen
veranlaſst wurde. Endlich giebt er ſich auch für den erſten aus, der die Strahlenbrechung im Auge beobachtet
habe.

Im 11ten Jahrh. trennten sich die Perser von den Arabern, mit denen sie vorher nur Eine Nation ausmachten. Die neue Gestalt, die sie damahls ihrem Kalender gaben, macht ihren Aftronomen viel Ehre. Erft hatten sie ein Sonnenjahr, woraus in der Folge, aus Gehorsam gegen ihre Ueberwinder, die Khaliphen, ein Mondjahr wurde. Um das Ende des 11ten Jahrh. aber ftellte Gialeddin Melikfchah, mit Zuziehung der Aftronomen, den Gebrauch des Sonnenjahres fo wieder her, daß nach jeden 4 Jahren ein Tag 7mahl, folglich in 28 Jahren 7 Tage, und das 8temahl 1 Tag nach 5 Jahren, mithin in 33 Jahren 8 Tage eingefchaltet wurden. Diefer Kalender fängt am 14. März 1079 an. Dies giebt ihm unftreitig Vorzüge vor dem Gregorifchen.

5.

Die Sinefen rühmen fich zwar, feit vielen Jahrh. die Aftronomie getrieben zu haben: aber fie ftehen noch fehr tief unter den Europäern. Manches erfanden fie eher, als andere, brachten es aber zu keiner Vollkommenheit. Ihr aftronomifches, oder vielmehr aftrologifches Tribunal zu Peking bedeutet wenig und feine Mitglieder genießen geringe Vortheile. Ueberdies hängen fie zu fehr an dem Alten. Ihre Geometrie befteht in ein wenig Feldmeffen. Vor der Bekanntfchaft mit den Europäern war auch ihre Arithmetik fehr armfelig, außer dem fertigen Gebrauch des Rechenbretes. Ihre Mechanik beftand in der Anwendung der nöthigften Mafchinen. Falfch ift es, daß fie fchon 146 Jahre vor C. G. das Fernrohr follen gekannt haben; es war eine bloße Röhre zur Abfonderung des falfchen Lichtes. Indeffen kann fich doch kein Volk fo alter aftronomifcher Beobachtungen rühmen. Im 3ten

Jahrh. nach C. G. entdeckten fie die erfte Gleichung des
Mondes und einige Bewegung der Fixfterne, auch dafs
das Sonnenjahr kleiner, als 365 Tage 6 Stunden fey. Noch
im 5ten Jahrh. glaubten fie, der Polarftern ftände im
Nordpol. Im 6ten lehrte fie T.chang-the-T fin die
verfchiedenen Mondparallaxen und die Berechnungen der
Finfternifſe. Vom 5—7ten Jahrh. war ihre Aftronomie in
grofser Unordnung, bis der Kaifer Hiven-Tfong den Aftronomen Y-Hang berief, grofse Werkzeuge verfertigen
lies und die Meſſung eines Grades veranftaltete. Er lies
an vielen Orten Beobachtungen von Mondfinfterniſſen zur
Beftimmung der geogr. Länge anftellen; eine grofse Him-
melskugel verfertigen, die vom Waffer getrieben wurde
u. f. w.

6.

Die Indianer haben auch eine Art von Aftronomie. Sie gaben den Sternbildern Namen. Den Thier-
kreis theilten fie in Beziehung auf den Mond in 27 Theile,
aber in Anfehung der Sonne eben fo, wie wir, ein, und
gaben diefen Theilen einerley Namen mit den griechifchen, welche fie vermuthlich von den Arabern lernten,
ohne dafs man fie für die urfprünglich erften zu halten
hätte.

7.

Unter den Griechen diefer Zeit befchäftigten fich
fehr wenige mit Mathematik. Doch wurde von K. Leo
dem 6ten eine mathem. Schule zu Konftantinopel geftiftet.

Eutocius von Afcalon († nach 500) commentirte
über einige Schriften des Archimedes und über des Apollonius von Perga 4 erfte Bücher vom Kegelfchnitt. Griech.
u. Lat. gedruckt mit den Werken diefer beyden Mathematiker (f. oben Zeitr. 2. VIII. 3. 4). — Hero († nach 610)

schrieb eine Geometrie (Auszüge in Montfaucon Anl. graec. T. 1. p. 308 sqq.) und über geometrische und stereometrische Ausdrücke (von Dasypodias mit Euklid edirt. Argent. 1571. 8). — Mich. Pfellus (f. hernach IX. 2) schrieb von den 4 mathem. Wissenschaften, Gr. et Lat. nunc primum ed. a Guil. Xylandro, cum nonnullis eiusd. annotationibus etc. Basil. 1556. 8.

8.

In den Abendländern machten die math. Wiss. noch weniger Fortschritte. In Italien findet man nichts bemerkenswerth, als einige Abhandlungen von Boëthius und Cassiodoras, worinn die schon bekannten Hauptsätze zwar nicht sehr ausführlich, aber doch ziemlich faßlich dargestellt sind.

9.

In Frankreich kommt nur in Betrachtung, Gerbert, nachheriger Papst Sylvester der 2te, aus der Gegend von Aurillac in Auvergne, wo er sich ins Kloster begab. Dort legte er den Grund zu den Wissenschaften, die er hernach durch Reisen, besonders zu den Arabern in Spanien, ungemein erweiterte. Vielleicht diente er hierinn den abendländischen Christen zum Muster. Wenigstens ist gewiss, daß von seiner Zeit an viele derselben seinem Beyspiele folgten, oder doch Schriften spanischer und italienischer Araber lasen und viele derselben in die latein. Sprache übersetzten. G. war nicht nur überhaupt der gelehrteste Mann seiner Zeit, sondern besaß auch eine solche Vielseitigkeit der Bildung, wie man sie im 10ten Jahrh. kaum erwarten sollte. Er umfasste alle Kenntnisse seiner Zeit, und hatte Gelegenheit, sie praktisch zu machen, als die Schule zu Reims unter ihm aufblühte. Er

lehrte dort Mathematik, Philofophie und klaffifche Litteratur. In der Mechanik brachte er es fo weit, dafs er mehrere hydraulifche Mafchinen und die Wafferorgel erfand,
und fich dadurch bey' feinen kurzfichtigen Zeitgenoffen
den Verdacht der Hexerey zuzog. Auf einer Reife nach
Italien 968 wurde er Kaifer Otto dem 1ften bekannt, der
ihm die Abbtey Bobbio verlieh. Er kam wieder nach
Frankreich und that der Kultur der Gelehrfamkeit auf mehr
als eine Art Vorfchub, wurde Lehrer des königl. Prinzen
Robert, nachherigen Königs, und dafür (991) Erzbifchoff
zu Reims; welche Würde er 5 Jahre hernach durch die
Ränke Papfts Johann des 15ten verlohr. Er begab fich
alsdann nach Teutfchland an den Hof des gelehrten K.
Otto des 3ten, der ihm ganz vorzüglich gewogen war,
ihn zum Erzb. zu Ravenna ernannte und ihm (999) zur
päpftl. Würde behülflich war († 1003). Von feinen Schriften gehört hierher eine Geometrie in 94 Kapiteln (in Pezii Thef. anecd. T. 3. P. 2. p. 5—80); Epiftola de cauffa
diverfitatis arearum in trigono aequilatero, geometrice
arithmeticeve expenfo (ibid. p. 81 fqq.); Epiftola de
fphaerae conftructione (in Mabillonii vet. anal. T. 2.
p. 212 fqq.).

10.

In Teutfchland genofs die Mathematik ein gün-
ftiges Schickfal. Zu ihrer Ausbreitung wirkte der Unterricht der englifchen Gelehrten, die Karl an feinen Hof
gezogen hatte, und felbft der den Teutfchen eigene Forfchungsgeift trieb fie zur ftärkern Kultur diefer Wiffenfchaft an.

Hrabanus oder Rabanus Maurus aus Mainz
(geb. 776. geft. 856), ein Schüler Alcuins, Lehrer und
nachher Abbt zu Fulda und zuletzt Erzbifchoff zu Mainz,
hat das vorzügliche Verdienft, viele Gelehrte für Teutfch-

II. Qq

land gebildet zu haben. Er lehrte die griechifche Sprache
zuerft unter den Teutfchen und verftand auch, Ebräifch.
Auffer der Bibel las er auch andre ebräifche Bücher.. Er
ift einer der fruchtbarften Schriftfteller diefes Zeitraumes,
ob er gleich in Verwaltung feines Lehramtes fehr eifrig
war und felbft noch als Abbt Vorlefungen gehalten har,
Seine Schriften enthalten die Gelehrfamkeit von etlichen
Jahrh. nach ihm, wo feine Bücher in aller Händen waren.
Die Anzahl der bisher gedruckten beläuft fich über 50.
Hieher gehört aus feinem Werk: De univerfo l. 22,
einer Art von Encyklopädie und Methodik, die Rechen-
kunft, Mefskunft und Aftronomie. Opp. omnia (?) ftudio
Ge. Colvenerii. Colon. Agripp. 1627. 6 Voll. fol.
Vergl. J. F. Buddei D. de vita ac doctrina Rabani.
Jen. 1724. 4.

  Adelbold, ein Lütticher oder Holländer, Kanzler
K. Heinrich des 2ten und Bifchoff zu Utrecht († 1027),
fchrieb Anfangsgründe der Geometrie nach Euklides, blieb
aber bey den erften Grundfätzen ftehen, und trug auch
diefe ohne Beweis und gründliche Erklärung vor; in Pezii Anecd. T. 3. p. 86 fqq.

  Hermannus Contractus (f. oben VII. 6) hinterlies Anfangsgründe der Aftronomie (de menfura
aftrolabii liber und de utilitatibus aftrolabii
l. 2; ap. Pez. l. c. p. 93 fqq.).

  Wilhelm, Abbt zu Hirfchau († nach 1070), verfafste Anweifungen zur Geometrie, Aftronomie und Uhr-
macherkunft.

————————

II.

  Die Kriegskunft fiel im Mittelalter eben fo von
ihrer durch Griechen und Römer erreichten Höhe herab,

wie andere Künste und Wissenschaften. Die grofsen, lang
dauernden Völkerzüge und die damit verknüpfte Zerstöh-
rung des abendländischen Kaiserthums, zu Anfang diefes
Zeitraums, trugen das Meiste dazu bey. Muth und Lei-
besstärke entschieden nun während diefer langen Zeit wieder, wie in der Vorzeit der Kunst, Schlachten und Kriege.
Was allenfalls unter Karl dem Grofsen geschah, war vor-
übergehend und machte keinen sonderlichen Unterschied.
Im morgenländ. Kaiserthum war dies der Fall während diefes Zeitraumes noch nicht ganz fo: doch gerieth die Kunst
auch dort, durch weichliche Regenten, die ihren Eunuchen
die Zügel des Staats, oft genug auch die Anführung der
Heere, anvertrauten, in Verfall. Die Seemacht war um
nichts beffer. Durch die im 7ten Jahrh. gefchehene Erfindung des griechifchen Feuers wurde noch eine
Zeit lang den Feinden des Staats Schranken gesetzt. Der
Erfinder foll Kallinikus aus Heliopolis gewesen feyn.
Vergl. Joly de Maizeroy Diff. fur le feu grégois;
bey deffen franz. Ueb. der Taktik des K. Leo (nouv. ed.
Paris 1786. 8). — In Teutschland und einigen andern
Reichen brachte die Einführung des Lehnwesens und
das gegen Ende diefes Zeitraums entstehende Ritterwesen,
auch in der Kriegskunst grofse Aenderungen hervor. —
Taktifche Schriftsteller in diefem Zeitraume waren:

Hero (f. oben VIII. 7) fchrieb ein Buch von Belagerungen, meistens aus Polyb, Joseph und Arrian (Graece;
inter Scriptt. vett. Math. p. 317 fqq.) und von Kriegsma-
fchinen (Latine per Franc. Barocium c. eiusd. fcholiis. Venet. 1572. 4. — Mauritius, griechifcher
Kaifer († 602) hinterlies 12 Bücher über die Kriegskunst,
enthalten treffliche Beyträge zur Zeitgefchichte, befonders zur Kenntnifs der Kriegsverfaffung (Arriani Tacti-
ca et Mauricii artis militaris l. 12, omnia nunquam

ante publicata; Graece primus edidit, verfione latina notisque illuftravit J. Schefferus. Upfal. 1664. 8). —
Leo der 6te († 911) hinterließ auch eine Taktik, oder
vielmehr Vorfchriften für feine Truppen (J. Meurfius
Gr. primus vulgavit et notas adiecit; cum verfione latina
J. Checi. Lugd. Bat. 1612, 4. Vollftändiger in Meurfii Opp. per Lamium curatis T. 6. p. 529 fqq.). —
Konftantin der 7te († 959), Verfaffer zweyer lehrreichen, auch dem Hiftoriker wichtigen Schriften: von
der Kriegskunft zu Waffer und zu Lande, und von der
verfchiedenen Art Krieg zu führen, nebft Schilderung der
Nationen und ihrer Art zu ftreiten (die erfte gab zuerft
Meurfius heraus: aber Lami lieferte fie vollftändiger.
Derfelbe that die andere ganz neu hinzu, und verfah beyde
mit lat. Ueberf. in Meurfii Opp. T. 6. p. 950 fqq.).

IX. Zuftand der philofophifchen Wiffenfchaften.

I.

An Erweiterung und Vervollkommnung diefer Wiffenfchaften in diefem Zeitraum ift gar nicht zu denken: vielmehr verfchlimmerte man das aus dem vorigen erhaltene
Gute und Nützliche. Die herrfchende Dialektik war, auffer der Lehre von den Syllogifmen, ein Gemifch logifcher
und metaphyfifcher mit einander verwechfelter Sätze. Niemand wufste und niemand dachte daran, wie man klare
Begriffe in deutliche und beftimmte verwandeln follte;
niemand verftand die Kunft, richtige Erklärungen von
den Dingen, die man unterfuchte, zu geben; niemand
verftand die Methode, wie man bey Zergliederung zu-
fammengefertzter Begriffe verfahren mufs. Diefe elende
Befchaffenheit der Logik hatte den fchädlichften Einflufs

nicht allein in die übrigen Theile der Philofophie, fondern in alle Wiſſenfchaften.

2.

Zwar in Griechenland ſtarb die Philofophie, wenigſtens dem Namen nach, nicht ganz aus: aber ſie blieb, was ſie vorher ſchon geweſen war, eine müſsige Speculation der Schulen. Ueberdies giengen jetzt die griech. Philofophen um keinen Schritt weiter, als ihre Vorgänger, fondern lallten dem Plato und Ariſtoteles ungeprüft nach, und zänkten ſich herum wegen des Sinnes dunkler Stellen in deren Werken. Die Neuplatoniker beſtrebten ſich vorzüglich, ihr Syſtem mit den chriſtl. Glaubenslehren zu vereinigen. Einer der angeſehenſten von dieſer Sekte war

Proklus (geb. zu Konſtantinopel 412, geſt. 485), heiſt gewöhnlich der Lycier; weil ſeine Eltern aus Lycien gebürtig waren. Er ſtudirte hauptſächlich zu Alexandrien und Athen. Seine Lehrer in letzterer Stadt ernannten ihn zu ihrem Nachfolger auf dem philof. Lehrſtuhl; daher er den Beynamen Diadochus führt. Pr. ſuchte ſich aller gelehrten Kenntniſſe ſeiner Zeit zu bemächtigen, Und doch konnte dieſer Mann den Untergang aller Werke des Alterthums wünfchen, weil ſie — einigen Leuten, die ſie nicht verſtanden, geſchadet hätten! Man hat 20 gedruckte und noch einige ungedruckte Schriften von ihm, für die Specialgeſchichte der Philofophie wichtig. Es ſind Commentarien darunter über den Heſiodus, Plato und Euklides, faſt alle einzeln gedruckt. Marinus, ſein Schüler und Nachfolger auf dem Lehrſtuhl zu Athen, beſchrieb deſſen Leben, herausg. mit Noten und einem Verzeichniſs der Schriften des Proclus, wie auch mit Nachrichten von Marinus und deſſen Nachfolgern, von J. A. Fabricius. Hamb. 1700. 4. Vergl. Vie du Philofophe

Proclus et Notice d'un manufcrit contenant quelques uns
de fes ouvrages, qui n'ont point encore été imprimés; par
M. de Burigny; in Hift. de l'Ac. des Infc. T. 31.
p. 139 fqq. Teutfch in Hiffmann's Mag. B. 4. S.
155 u. ff. Bibl. der alten Litt. u. Kunft St. 1. in ed. S. 3
u. ff. St. 2. in ed. S. 10 u. ff.

Hierokles, Zeitgenoffe und Mitfchüler des vorigen, von Alexandria, wo er Lehrer der Philofophie war
(geb. 410, geft. 476). Er ift Verf. eines guten Commen-
tars über die aurea carmina Pythagorae (Gr. et
lat. cum notis Petri Needham. Cantabr. 1709. 8. cf.
J. C. Wolfii D. qua Hieroclis in aurea Pyth. carmina
commentarius partim illuftratur, partim emendatur, bene-
ficio collationis cum cod. Mediceo inftitutae Lipf. 1710. 8).
Ob die ἀϛεῖα f. facetiae von diefem H. herrühren, ift
ungewifs. (Kecenfuit J. A. Schier. Lipf 1750. 8).

Aeneas von Gaza, des vorigen Schüler (um 480),
trat zur chriftl. Religion über und behielt von feiner Philofophie nur das bey, was mit dem Chriftenthum ftimmte:
das übrige verwarf und beftritt er. Wir haben von ihm
Gefprüche über die Unfterblichkeit der Seele und über die
Auferftehung des Leibes (worinn er, wie es fcheint, eigene Gedanken äuffert). Ausgabe: ex recenfione et
cum animadv. C. Barthii. Lipf. 1655. 4.

Simplicius aus Cilicien († nach 549) floh mit feinem Lehrer Damafcius bey der durch K. Juftinian über
die heydnifchen Philofophen verhängten Verfolgung von
Konftantinopel nach Perfien, kehrte aber hernach mit ihm
in jene Stadt zurück. Als ein wahrer Eklektiker — urfprünglich Peripatetiker — fuchte er alle Sekten zu vereinigen. Er ift in diefem Zeitraum der letzte, der den Namen eines wahren Philofophen verdient. Da er die beften
feiner Vorgänger eklektifch benutzte; fo find feine Bücher

Bücher ein Magazin, voll von trefflichen Gedanken und
überaus brauchbar, ja unentbehrlich für die Gefchichte der
ftoifchen Philofophie. Dies gilt befonders von feinem fchon
angeführten Commentar über Epiktet's Handbuch. Er
commentirte auch über verfchiedene ariftotetifche Werke,
z. B. in 8 Ariftotelis phyficae aufcultationis
libros etc. (graece). Venet. 1526. fol.

Johann Philoponus aus Alexandria († nach 641)
hatte zwar den Eklektiker Ammonius Hermeas zum Lehrer, hegte aber doch mehr Neigung zum Ariftoteles, den
er in vielen, gröftentheils gedruckten Schriften erläuterte.
Er fuchte das peripat. Syftem auf die chriftl. Religion anzuwenden, welches ihn zu vielen Irrthümern verleitete,
fo dafs er das Haupt der Tritheiten wurde.

Michael Pfellus aus Konftantinopel (geb. 1020,
geft. nach 1105), ftudirte zu Athen und erwarb fich durch
feine Gelehrfamkeit allgemeine Hochachtung. Nach feiner
Rückkunft wurde er erfter Lehrer der Philofophie, unterrichtete die kaiferl. Prinzen und ftand bey Hofe im gröfsten
Anfehn. Zuletzt begab er fich in ein Klofter. Man pflegt
ihn als einen Mann zu betrachten, bey dem die Natur
noch ihre letzten Kräfte aufgeboten zu haben fcheint,
als der völlige Ausbruch des Verfalls der Wiffenfchaften
unter den Griechen fich ereignete. Er war Theolog, Hiftoriker, Philofoph, Mathematiker, Redner und Arzt.
Durch feine Vielfchreiberey erwarb er fich den Beynamen
πολυγραφώτατος. Ueber 20 feiner Schriften find gedruckt; befonders eine Einleitung in die Philofophie (Introductio in fex philofophiae modos etc. graece cum lat. verf. Jac. Fofcareni. Venet. 1532. 8);
von den Wirkungen der Daemonen (Gilb. Gauliminus
primus gr. edidit et notis illuftr. Parif. 1615. 8); von
den Kräften der Seele, eine Zufammenftellung der Mey-

nungen berühmter Philofophen darüber (gr. et lat. ex in-
terpr. J. Tarini; cum Origenis Philocalia. Parif. 1624. 4).

3.

Die Philofophie der Abendländer beftand gröftentheils in den Thorheiten einer ausfchweifenden Dialektik
und in dem Labyrinthe einer fpitzfindigen Metaphyfik. An
praktifche Philofophie wurde felten gedacht. Von italienifchen Philofophen nennen wir:

Anicius Manlius Torquatus Severinus
Boëthius (geb. zu Rom aus einer der vornehmften und
reichften Familien um 455, † 525 oder 526), ftudirte zu
Athen fo eifrig und glücklich, dafs er der gelehrtefte
Mann feiner Zeit im Abendland und zugleich ein Erhalter
und Befchützer der Gelehrfamkeit wurde. Man möchte
ihn den letzten Römer nennen. Die alexandrinifche Philofophie ftudirte er unter Proklus und verband damit das
Studium des Ariftotelifchen Syftems. Er überfetzte die
wichtigften Werke der alten Griechen ins Lateinifche. Befonders erwarb er fich durch die Ueberfetzung und Erklärung der Ariftotelifchen Schriften ein folches Anfehn, dafs
man es in den nächft folgenden Jahrh. kaum wagte, von
ihm abzugehen. Durch feine Gelehrfamkeit gelangte er
zu den Würden eines Patriciers und Senators. 487 erhielt er das Confulat, und zwar verwaltete er es allein.
Der oftgoth. K. Dieterich, bey dem er fich in vorzügl.
Gunft gefetzt hatte, gab ihm eine Stelle im Staatsrath
und machte ihn zum Magifter Palatii et Officiorum; anderer Ehrenämter zu gefchweigen. Durch feine Geradheit
und feinen Eifer für das Wohl des Staats erweckte er fich
Feinde, die ihn befchuldigten, er habe mit dem griech.
K. Juftin eine Verfchwörung gegen die Oftgothen veranftaltet. Dieterich lies ihn hierauf, ohne vorherige Unter-

ſuchung, ins Gefängniſs werfen und — enthaupten. Zu
ſpät bereute er ſeine grauſame Unbeſonnenheit. Schriften: De conſolatione philoſophiae l. 5, in Form
eines Geſpräches mit der Philoſophie, das er im Kerker
halb in Verſen halb in Proſa ſchrieb. Es hat, wegen ſeiner
Faſslichkeit, von jeher viele Leſer gefunden, und iſt deswegen in die meiſten kultivirten Sprachen überſetzt worden. Ausgaben: cum nott. Bernartii, Sitzmanni
et Vallini. Lugd. Bat. 1671. 8. Glasg. 1751. 4. —
recenſuit, emendavit, edidit J. Eremita. Pariſ. 1783,
3 Voll. 12. Franz. mit Anmerk. u. der Lebensbeſchr.
des Verf. à la Haye 1744. 8. Teutſch, mit Anmerk.
u. Nachrichten, die Geſchichte des Originals und das Leben des Verf. betreffend, von F. K. Freytag. Riga 1794.
gr. 8. — Auſſerdem haben wir noch von ihm Abhandlungen über Syllogiſmen, Definitionen u. ſ. w. Der noch
jetzt gebräuchliche phyſico-theologiſche Beweis für das Daſeyn Gottes iſt wahrſcheinlich ihm eigen. Ueber Gottes
Eigenſchaften erklärte er ſich deutlicher, als vor ihm geſchehen war. Von der menſchl. Freyheit und ihrer Ver-
einbarkeit mit Gottes Allwiſſenheit, von den Uebeln in
der Welt u. ſ. w. hatte er richtigere Begriffe, als in ſeinem
Zeitalter geſucht werden ſollten. Opp. omnia. Baſil.
1570. fol. Vergl. Vie de Boëce, avec la critique de ſes
ouvrages; par J. le Clerc; in Bibl. choiſie. T. 16.
p. 192 ſqq. Hiſtoire de Boëce, avec l'analyſe de tous ſes
oeuvres, des notes et des diſſertations hiſtoriques et theo-
logiques (par l'Abbé Gervaiſe); à Paris 1715. 5. Voll.
gr. 12. Chaufepié ſ. v. Boëce. Ueber Boëthius und
ſeine Philoſophie; in Archenholz Litt. u. Völkerk. 1784.
S. 12. S. 117—127. Tiedemann's Geiſt der ſpekul.
Philoſ. B. 3. S. 551—561.

Lanfrank aus Pavia (geb. um 1005, † 1089), studirte zu Bologna hauptsächlich Beredsamkeit und Jurisprudenz; letztere lehrte er auch eine Zeit lang in seiner Vaterstadt. Seine Wißbegierde trieb ihn nach Frankreich, wo er Benediktiner in dem Klöster Bec wurde, und einige Jahre hernach dort eine Schule errichtete, die durch ihn bald einen sehr ausgezeichneten Ruf erhielt. Herzog Wilhelm von der Normandie, nachheriger König von England, schätzte ihn hoch und erhob ihn 1070 zum Erzbischoff zu Canterbury, um der in Verfall gerathenen englischen Kirche wieder aufzuhelfen. Er bekam zugleich starken Einfluß in die Regierungsgeschäfte und zeichnete sich als Hauptgegner Berengar's in der Lehre vom heil. Abendmahl aus. Gewöhnlich wurde er ehehin für den Urheber der scholast. Philos. gehalten, weil er die Dialektik in der Religion mehr, als vorher geschehen war, gebraucht habe: allein, man weiß von seinen philosoph. Kenntnissen zu wenig, um dies behaupten zu können. Gewiß aber ist, daß er zum allgemeinen Gebrauch der Dialektik in der Religion viel beygetragen hat, und durch seinen Schüler Anselm berühmter geworden ist, als durch sich selbst. Schriften: Liber de corpore et sanguine Domini contra Berengarium; liber epistolarum 60 etc. Opp. omnia — evulgavit Luc. Dacherius — Paris. 1648. fol.

Anselm aus Aosta (geb. 1033, † 1109), wurde Mönch zu Bec, genoß Lanfrank's Unterricht, dem er als Prior folgte und 1078 Abbt wurde. Allgemein geehrt wegen seiner Gelehrsamkeit folgte er auch seinem Lehrer auf dem erzbischöfl. Stuhl zu Canterbury, wo er, größtentheils durch eigene Schuld, in viele Verdrieslichkeiten gerieth. In der Theologie sowohl, als in der Philosophie, macht er Epoche. Auf jene wandte er die Dialektik immer stärker an und suchte die Ge-

heimniſſe der Religion aus der Vernunft zu erklären: zum
Philoſophen beſaſs er alle Eigenſchaften, Scharfſinn, For-
ſchungsgeiſt, Beharrlichkeit und Witz. Unter ſeinen Zeitgenoſſen findet man keinen einzigen, der ſeine Gedanken in
Schlüſſe zuſammen zu ketten gewuſt hätte, als ihn. Wär'
er Zweifler geweſen; ſo würde die Wahrheit viel durch ihn
gewonnen haben. Gewiſſermaſſen kann er als der Vater
der ſcholaſtiſchen Philoſophie genannt werden
(davon im 5ten Zeitraum). Schriften: Dialogus de
veritate (er erklärt Wahrheit ſehr dunkel durch rechte
Beſchaffenheit — rectitudo — deſſen, was für wahr
ausgegeben wird; ſie iſt nur Eine und zwar die höchſte und
ewige, welche Gott ſelbſt iſt. Er ſtatuirt keine Täuſchung
der Sinne, ſondern ſchiebt alle Täuſchungen, die man
den Sinnen Schuld giebt, auf unſre übereilten Urtheile
und Schlüſſe). De voluntate; de libero arbitrio;
dialogus de caſu diaboli (machen gewiſſermaſſen
ein zuſammenhängendes Ganzes aus). Monologium ſ.
ſoliloquium (ein Verſuch, die Glaubenswahrheiten des
kirchlichen Lehrbegriffs mit Vernunftgründen zu beweiſen, ohne von den Beweiſen aus der heil. Schrift Gebrauch
zu machen). Proslogium (ein Beweis für das Daſeyn
Gottes, gezogen aus dem Begriff des Gröſsten und Beſten,
der mit dem Begriffe des nothwendigen Daſeyns unzertrennlich verbunden ſey. Auguſtin gieng ihm hierinn
vor, und Descartes und Leibnitz traten in ſeine
Fuſstapfen). Liber apologeticus contra Gauni-
lonem, reſpondentem pro inſipiente (eine Vertheidigung der vorhergehenden Schrift) u. a. m. Man
findet mehrere neue logiſche Bemerkungen in Anſelm's
Werken; beſonders bedient er ſich öfters und meiſtens
ſehr glücklich des Satzes des Widerſpruchs, des Grund-
ſatzes des zureichenden Grundes und des deutlichern Be-

griffs von der bedingten und unbedingten Nothwendigkeit,
vom Möglichen und Unmöglichen u. f. w. Sein Hauptverdienft bleibt, immer die Einführung des Studiums der
natürl. Theologie und ihre Anwendung auf die geoffen-
barte. Opera — ftudio Gabrielis Gerberon. Ed.
2da correcta et aucta. Parif. 1721. fol. Venet. 1744.
2 Voll. fol. Vergl. Andr. Raineri Iftoria panegirica
di S. Anfelmo. Modena 1693—1706. 4 Voll. 4. Bayle
in Dict. Hift. litt. de la Fr. T. 9. p. 398—465. Mazzuchelli Scrittori d'Italia.

4.

In Spanien lebte damahls ein praktifcher Philofoph,
Martinus, aus Pannonien, der auf feinen weiten Reifen
nach Spanien kam, Abbt zu Duma in Gallicien und zuletzt
Erzbifchoff zu Braga wurde († 580). Er ift in diefem Zeitraum beynahe der einzige, der als Moralift genannt zu
werden verdient. Schriften: Liber de differentiis quatuor virtutum f. formula honeftae vi-
tae (fo vortrefflich, dafs fie ehehin dem Seneca beygelegt,
und in den frühern Ausgaben feiner Werke mit gedruckt
wurde. M. zeigt reine Begriffe von vielen Tugenden,
feltene Menfchenkenntnifs und Lebensklugheit). Libellus de moribus (größtentheils Gedanken von dem Seneca, der auch ehedem für den Verf. gehalten wurde).
De fuperbia. De repellenda iactantia. Ex-
hortatio humilitatis. De irae habitu et effe-
ctibus etc. Ausgabe: ftudio Gilberti Cognati.
Bafil. 1545. 8; et in huius Opp. (ib. 1562. fol.)

Ifidorus (f. oben. VII. 4) theilt die Philofophie im
2ten B. feiner Encyklopädie ein in die natürliche oder Phyfik, in die Moral und in die Logik. Als Selbftdenker zeigt
er fich nicht, wohl aber als fleiffiger Compilator.

.5.

In Frankreich hatte die Philosophie dieselbe traurige Gestalt, wie in andern Abendländern. Sie war Magd und Sklavin einer armseligen Theologie, mehr Sache des Gedächtnisses und Formelnkenntniß, als Beschäftigung des Verstandes. Von Schriftstellern können hier nur genannt werden: Claudianus Ecdicius Mamertus, erst Mönch, dann Presbyter zu Vienne († 474) wurde für den fähigsten Kopf und schönsten Geist seines Jahrhunderts und Vaterlands gehalten. Sein Lieblingsstudium war Philosophie und Aristoteles dabey sein Führer, dem er jedoch nicht blindlings folgte. Schriften: de statu animae l. 3. (worinn er die Behauptung des um 480 verstorbenen Bischofs Faustus von Vienne weiter ausführt, welcher zu Folge die Seele nicht ganz unkörperlich sey, sondern vielmehr wesentl. Aehnlichkeit mit dem Körper habe, weil sie einen Ort einnehme — daher: de statu animae — durch den Tod vom Körper getrennt werde, folglich beweglich sey. Seine nicht sehr haltbaren Gründe dienten den nachherigen Philosophen zur Grundlage ihrer Untersuchungen) u. s. w. Ausgabe: Casp. Barthius exemplar vulgatum edidit — illustravit — cum animadv. Cygneae 1655. 8. Vergl. Tiedemann's Geist, der spek. Philos. B. 3. S. 546 u. ff.

Gerbert (s. VIII. 7) nimmt unter den philosoph. Köpfen dieses Zeitalters eine der ersten Stellen ein, und beförderte dieses Studium thätig. Seine Briefe sind reich an philos. Erörterungen und Beobachtungen (in Du Chesne Scriptt. hist. Franc. T. 2. p. 789 sqq. et 828 sqq.). Auch gehört hierher de rationali et ratione util. libellus (in Pezii Thes. anecd. T. 1. P. 2. p. 147 sqq).

6.

In Teutfchland fcheint Dialektik — die Königin aller Kenntniffe, wie Rabanus fie nannte, obgleich
aus den unlauterften Quellen gefchöpft — die Stelle der
ganzen Philofophie vertreten 'zu haben. Sie diente der
Theologie zur Grundlage, war folglich das wichtigfte Studium für den Geiftlichen.

Flaccus Alcuinus oder Albinus, (f. IV. 4) in
der englifchen Provinz York gebohren und in der dortigen
bifchöffl. Schule erzogen, erwarb fich die Kenntnifs der
lateinifchen, griechifchen und ebräifchen Sprache, und den
Ruhm eines Philofophen, Theologen, Redners und Dichters, († 804) obgleich aus feinen Schriften nur dürftige
Bekanntfchaft mit den dazu gehörigen Scienzen hervorleuchtet. Sein Stil ift unerträglich; oft läfst fich kaum der
Sinn errathen, und ein guter Gedanke verliert fich nicht
felten unter fpielendem Witze. Schriften: Difputa-
tio regalis et nobiliffimi iuvenis Pipini cum
Albino Scholaftico (der traurigfte Beweis von der
Armfeligkeit der damahligen Dialektik). De virtutibus et vitiis. De immortalitate animae. De
feptem artibus liberalibus. 310 Epiftolae (die
uns den philofophifchen, litterarifchen und moralifchen
Charakter Alcuins am richtigften darftellen; zugleich für
den Hiftoriker fehr brauchbar). Ausgabe: Opp. poft
primam editionem ab A. Quercetano (Parif. 1617. fol.)
curatam de novo collecta — cura Frobenii, S. R. I.
Principis et Abbatis ad S. Emmeramum. Ratisb. 1777.
4 Voll. fol.

7.

In England erhob fich über alle feine gelehrte Zeitgenoffen durch Scharffinn, Ordnung und Gründlichkeit

Johannes Scotus Erigena, ein Irländer. Er kam zeitig nach Frankreich, wo er sich Karls des Kahlen Vertrauen erwarb. Er war ein lebhafter Kopf, und unter seinen Zeitgenossen einer der gröfsten Sprachkenner, und in dieser Hinsicht ein nicht minder grofser Philosoph, der den Plato und Aristoteles in der Grundsprache lesen konnte. Von ersterm bekam er Neigung zur Myftik: von letzterm zum scholaftischen Syftem. K. Aelfred rief ihn als Lehrer an die neu errichtete Schule zu Oxford. Als er dort in Verdriefslichkeiten gerieth, errichtete er eine Schule zu Malmesbury. Seine Disciplin war aber so ftreng, dafs einer seiner Schüler ihn erftach (um 877). Schriften: De divisione naturae l. 5. (Vergl. Heumann's Act. Philof. St. 18. S. 858 u. ff.) Ausgabe: (von Th. Gale) Oxon. 1681. fol. E. geräth mit unter auf sehr irrige Vorftellungen: aber sie machen ihm mehr Ehre, als wenn er die alten geglaubten Wahrheiten nachgebetet hätte. Er betrachtet Philosophie und Theologie als unzertrennlich, und baute ein Syftem, das die Grundlage der myftischen Theologie geworden ift.

Von Lanfrank und Anfelm, die sich beyde in Canterbury aufhielten, und ftarken Einflufs in die Litteratur Englands hatten, f. vorhin § 3.

8.

Arabien hatte vor Muhamed höchft wahrscheinlich keine Philosophie. Er selbft war kein Philosoph: vielmehr so roh und unwiffend, dafs er weder lesen noch schreiben konnte, dafs er seinen Anhängern alle Gelehrsamkeit und Philosophie verbot, weil sein Koran — an dem jedoch auch andere, zum Theil beffere Köpfe Theil hatten — bereits alle göttliche und menschliche Wiffenschaft enthalte, und er das Schwerd allen Vernunftgründen vorzog. Erft um

den Anfang des 9ten Jahrh. unter der Regierung der Ab-
baſiden fiengen die Araber an, auch der Philoſophie einigen Geſchmack abzugewinnen, ſo ſehr ihnen auch der
Stifter ihrer Religion dieſelbe unterſagt hatte; welchem
Verbote ſie nicht allein durch eine gute Auslegung auszu-
weichen wuſten, ſondern ſogar die Philoſophie anwandten,
ſeinem Lehrbegriffe eine der Vernunft angemeſſenere Geſtalt zu geben; wozu denn die Spitzfindigkeiten der peripat. Phil., mit der ſie ohnehin durch die griechiſchen Chriſten zuerſt bekannt wurden, am geſchickteſten waren, die
aber auch mancherley Sekten unter ihnen erzeugte. Ihre
blinde Anhänglichkeit an einen einzigen Philoſophen, Ariſtoteles, den ſie noch dazu nicht einmahl recht verſtanden,
hinderte ſie, eigene groſſe Schritte in der Philoſophie zu
machen. Sie bräuchten ſie ohnedies nicht eben zur Aufklärung, ſondern blos zur Beſchönigung und Vertheidigung ihrer Religion, folglich zu unnützen und ſchädlichen Grillen.
Da ihre Religion deſpotiſcher Art iſt; ſo konnten ſie keine
neuen Wahrheiten in der Philoſ. entdecken. Die chriſtlichen Europäer ergriffen dieſe griechiſch-arabiſche Philoſophie: allein, auch ſie war nicht anwendbar, weil die
chriſtl. Religion jener Zeit noch deſpotiſcher war, als die
Muhamediſche. Der Khaliphe Al Manſur war es, der unter den Werken der Griechen, die er ins Arabiſche überſetzen lies (ſ. oben V. 3), hauptſächlich die Ariſtoteliſchen
mit begriff. Inzwiſchen blickte auch hierbey noch der
rohe Araber durch, indem er, nach vollendeter Ueberſetzung, die griech. Urſchriften verbrennen lies, damit
man genöthigt ſeyn ſollte, ſich blos an die Ueberſetzungen
zu halten, ſo fehlerhaft und ungetreu ſie auch waren. Unter den folgenden Khaliphen gab es noch einige, die die
Wiſſenſchaften, vorzüglich die Philoſophie, begünſtigten.

Johann, ein Sohn Mofawaichi, oder, wie er
auch genannt wird, Joh. Mefue, aus Damafcus, ein
chriftl. Arzt, der dem Hofpitale zu Bagdad vorftand, um
die Mitte des 9ten Jahrh. lebte, und bey dem Khaliphen
Al Mamun und deffen Nachfolgern in grofsem Anfehn
ftand. Er verband die Philofophie mit der Medicin, lehrte
beyde zu Bagdad in fyrifcher Sprache und zog mehrere
gefchickte Schüler, felbft unter den Arabern. Einer der
bekannteften ift Honain Ebn Ifaak, ein chriftl. Araber, der aus Begierde zur Philofophie die griech. Sprache
lernte und fehr viel ins Arabifche und Syrifche überfetzte.

Uebrigens verdienen die Araber unfern Dank für ihre, obgleich ziemlich unfruchtbare Bemühungen in der
Philofophie; denn fie waren Lehrer der Juden und Chriften, deren Denkweife auf den Univerfitäten im nächften
Zeitraume ganz arabifch war. Ihre philof. Schriftfteller
werden mit unter den medicinifchen vorkommen.

Anhang von der Paedagogik.

Auffer dem, was oben (Nr. IV) von den Schulen erzählt wurde, ift hier nur noch mit Wenigem zu bemerken,
dafs der Unterricht in denfelben höchft armfelig und ein-
feitig war, und dafs die allermeiften Zöglinge aus ihnen
nichts in die grofse Welt hinaus brachten, als die Anfangsgründe des Mönchs-Chriftenthums, einige Fertigkeit im
Lefen, und die auswendig gelernten Lieder-Weifen, deren fie als gute Chriften bedurften. Der vornehmere
Jüngling hatte vor dem geringern, in Abficht auf Kenntniffe, wenig oder nichts voraus. Wie konnt' es auch wohl
anders feyn? Die allermeiften Lehrer hatten ja felbft eine
fo mangelhafte und dürftige Kenntnifs, dafs fie nur in einigen Stücken über ihre Lehrlinge fich erheben konnten.

II.   R r

Ueberdies hatte man von der Beftimmung und von dem dahin abzweckenden Unterricht künftiger Lehrer, oder; welches einerley war, Geiftlichen, fehr fehlerhafte Begriffe. Daher kam es denn auch, dafs die Menfchen in Abficht der Veredelung des moralifchen Sinnes nur fehr langfam fortrückten, und dafs man auch im roten und 11ten Jahrh. nöthig fand, bey den jährlichen Diöcefan-Unterfuchungen folchen Laftern entgegen zu arbeiten, die nur barbarifchen Nationen eigen zu feyn fcheinen. Hierzu kam das faft unaufhörliche Kriegführen und Befehden. Dies gilt von allen chriftlichen Ländern, vorzüglich aber von Teutfchland.

Pädagogifche Schriftfteller gab es während diefer Zeit gar nicht.

X. Zuftand der fchönen Künfte und Wiffenfchaften.

A. Dichtkunft.

I.

Wahre Poëfie darf man bey keinem Volke — die Araber ausgenommen — fuchen. Verfefchmiede aber gab es in Menge. Denn bey der damahligen Unwiffenheit des Publikums war es fehr leicht, fich Dichterruhm zu erwerben. Man fah weder auf Gefchmack, noch auf wohl gewählte Bilder, noch auf Originalität. Man fündigte fogar wider die Gefetze des Sylbenmaafes. Alle Gelehrte wollten Poëten feyn, und es giebt faft keinen Scribenten jener Zeit, der nicht wenigftens einige Verfe gemacht hätte. Man bewunderte die rhopalifchen und leoninifchen Verfe, und andere Mifsgeburten, als Produkte ächten Witzes. Vergl. Elias Maior et Renatus Moreau de verfibus leoninis; in Gebaueri Differtt. anthologicis (Lipf. 1733. 8) p. 299—367.

2.

Die griechischen Dichter ſtudirten zwar die Meiſterwerke der Vorzeit: aber ſie brauchten blos deren Sprache und ſammleten ſich aus ihnen poetiſche Wendungen, ohne eigenen Flug zu wagen. Sie fanden eine ſehr veränderte, noch nicht ausgebildete Sprache. Die chriſtliche Religion bot der Dichtkunſt nicht den reichen Stoff dar, wie ehemahls die heydniſche. Man verfiel daher auf wunderbare Miſchungen chriſtlicher Religionsideen und heydniſcher Mythen.

Nonnus aus Panoplis in Aegypten (um 410), Verfaſſer einer Zuſammenſtellung dichteriſcher Mythen von Bacchus in 50 Büchern, wovon nur noch 2 übrig ſind, ein wahres poëtiſches Chaos; und einer poëtiſchen Ueberſetzung des Evangeliums Johannis. Er will erhaben ſchreiben, und wird ſchwülſtig; will gelehrt ſcheinen, und weiſs von dem, was er gehört und geleſen hat, keinen Gebrauch zu machen. Ausgaben: Dionyſiaca; Petri Cunaei animadverſionum über; Dan. Heinſii D. de Nonni Dionyſ. et eiusd. paraphraſi; Joſ. Scaligeri coniectanea; cum vulgata verſione et Ger. Falkenburgi lectionibus. Hanov. 1610. 8. Dan. Heinſii Ariſtarchus ſacer ſ. ad Nonni in Johannem metaphraſin exercitationes — acc. Nonni et S. Evangeliſtae contextus etc. Lugd. Bat. 1627. 8.

Coluthus aus Lykopolis (vor 518), ein ſchlechter Nachahmer Homer's, beſchrieb den Raub der Helena in 385 Verſen. Ausgabe: c. var. lectt. et notis ed. J. D. a Lennep. Leovard. 1747. 8. Nebſt dem Plutus des Ariſtophanes von G. C. Harles. Norimb. 1776. 8 mai.

Tryphiodorus aus Aegypten, wahrſcheinlich ein Zeitgenoſſe des vorigen und nicht beſſerer Dichter, ſchrieb

Kr 2

über die Zerſtöhrung Troja's. Ausgabe: — cum notis
var. ex edit. et cum notis J. Merrick. Oxon. 1741. 8.

Quintus Calaber (weil Beſſarion deſſen Gedicht
in Calabrien fand) vielleicht aus Smyrna (um 515?), Verfaſſer der Παραλειπομένων Ὁμήρῳ oder τῶν μεθ᾽ Ὅμη-
ρον, von Hektors Tode bis zu dem Rückzug der Griechen
von Troja. Ausgabe: curante C. de Pauw. Lugd.
Bat. 1734. 8. Das beſte griechiſche Gedicht aus jener
Zeit, voll trefflicher Stellen: nur Schade, daſs der Verf.
ſeine ſchönſten Ideen oft zu weit verfolget! Einen vorzüglichen Werth aber giebt dem Werke die Betrachtung,
daſs es aus ältern verlohrnen Gedichten zuſammengeſtellt
iſt. Vergl. T. C. Tychſen Comment. de Quinti Smyr-
naei Paralipomenis Homeri, qua novam carminis editionem indicit. Goett. 1783. 8.

3.

In den Abendländern, zumahl in Italien, gab es
doch unter den zahlreichen Schaaren von Dichterlingen
auch verſchiedene, nicht zu verachtende Männer, die le-
senswürdige Produkte lieferten, z. B. Boëthius, von deſſen halb in Verſen, halb in Proſa geſchriebenem Werk de
conſolatione philofophiae oben (IX. 3) die Rede
war. Der dichteriſche Theil empfiehlt ſich durch Korrektheit, leichte Verſification und manche gute Wendungen.
Fictionen ſind ſelten darinn, und auch die wenigen gefallen nicht.

Magnus Felix Ennodius aus Arles, zu Mayland
erzogen und um 500 zum Biſchoff von Pavia erwählt († 521).
Seine geiſtlichen Sinngedichte ſind in einer ziemlich reinen Sprache geſchrieben: aber es fehlt ihnen, wie ſeinen
übrigen Gedichten, der innere Gehalt. Ausgabe: Opp.
in ordinem digeſta multisque locis aucta emendavit ac notis illuſtravit Jac. Sirmundus. Pariſ. 1611. 8.

Venantius Honorius Clementianus Fortu‚
n atu s aus dem Trevifanifchen Gebiete, war zuletzt Bifchoff zu Poitiers († nach 600). Unter andern Gedichten
fchrieb er in Hexametern‚und in einer rauhen Sprache:
Vita S. Martini Turonenfis L 4. — Opp. cura
Mich. Angeli Luchi. Rom. 1787. 2 Voll. 4 mai.

Ein Ungenannter, wahrfcheinlich Mönch im Klofter
Navalefe in Piemont (im 8ten Jahrhundert?) befchrieb in
einem hift. Gedicht die erften Feldzüge des Attila gegen
die fränkifchen, gallifchen und burgundifchen Staaten.
Ausgabe: De prima expeditione Attilae — in Gallias ac
de rebus geftis Waltharii, Aquitanorum principis, carmen
epicum faeculi 6 (?) in lucem productum a F. C. J. Fifcher. Lipf. 1780. 4 Was in diefer Ausgabe fehlte, ergänzte aus feiner Handfchrift der markgräfl. Bibl. zu Carls-
ruhe F. Molter in Meufel's hift. Litt. 1782. B. 1. S. 366
—374. Fifcher gab hernach denfelben Reft, verglichen
mit andern Handfchriften und mit Anmerk. heraus. Lipf.
1792. 4 Molter, der auch, ohne fich zu nennen, eine
teutfche metrifche Ueberf. 1782 lieferte, lies fpäterhin das
ganze Gedicht aus der Carlsruhifchen Handfchrift abdru-
ken in (feinen) Beytr. zur Gefch. u. Litteratur (Frankf.
am M. 1798, gr. 8) S. 212 — 268. Der Dichter fcheint
im Ganzen der wahren Gefchichte treu geblieben und in
der Folge felbft wieder als Quelle von Hiftorikern benutzt
worden zu feyn. Die Schilderung der Sitten und Gebräuche
feines Jahrhunderts ift für den Alterthumsforfcher äufferft
wichtig. Der Ausdruck ift nach dem Virgilifchen gebildet,
und es giebt mit unter fchöne Stellen. Vergl. Sitten
und Gebräuche der Europäer im 5ten und 6ten Jahrh. aus
einem alten Denkmahle befchrieben von F. C. J. Fifcher.
Frankf. a. d. O. 1784. gr. 8.

4.

Aurelius Prudentius Clemens, ein Spanier, der fich, nach Verwaltung weltlicher Gefchäfte, ganz geiftl. Betrachtungen und Gefängen widmete (nach 405). Fromme Gefinnungen herrfchen darinn in reichem Maafse: aber defto weniger poëtifche Stärke. Er verftöfst fogar gegen das Sylbenmaas, befonders der griechifchen Wörter. Von dem damahls herrfchenden Aberglauben und falfchen Wunderglauben ift er keineswegs frey. Aus manchem feiner Gedichte, z. B. aus den 14 Gefängen von den Martyrerkronen, kann man die fchon zu feiner Zeit in die Religion eingefchlichenen Misbräuche kennen lernen. Ausgaben: — var. lectr. nott. — illuftrata (a Teoll). Parmae 1788. 2 Voll. 4 mai. — gloffis Ifonis et aliis veterum, nunc primum e Mfcr. depromptis, prolegominis, commentariis et lectr. var. illuftrata a Fauft. Arevalo. Rom. 1788—1789. 2 Tomi 4.

5.

Frankreich hatte einige gute lateinifche Dichter; z. B. Cl. Rutilius Numatianus († nach 417), Praefectus urbis und Magifter officiorum, Verfaffer einer Reifebefchreibung von Rom nach Gallien in elegifchen Verfen, die nicht ganz mehr vorhanden ift und mehr Schönheiten äuffert, als man von jener Zeit erwarten kann. Ausgaben: — integris notis variorum, ex mufeo T. J. ab Almeloveen. Amft. 1687. 12. Am beften in Wernsdorf's Poët. min. T. 5. P. I. (1788). — Caius Soffius Apollinaris († 488), von dem, auffer einer Sammlung intereffanter Briefe, auch einige mit vieler Wärme und einem hohen Flug der Phantafie verfertigte Gedichte übrig find. Opp. ed. Sirmond. Parif. 1652. 4. — Theodulphus, Bifchoff zu Orleans, nach Alcuin

der vornehmſte Beförderer der Gelehrſamkeit († 821),
hinterlies, auſſer andern Schriften, Carminum elegia-
corum l. 6. Ausgabe: Opp. ed. Sirmond. Pariſ.
1646. 8. Die Gedichte, die in dieſer Ausgabe fehlen,
ſtehen in Mabillonii vet. analect. (ib. 1725) p. 410 ſqq.
— Drepanius Florus, Magiſter aus Lyon, einer
der gelehrteſten Münner ſeiner Zeit, hinterlies eine drey-
fache Sammlung leidlicher Gedichte, die in jenem Zeitalter eine ſeltene Erſcheinung waren. Ausgabe: Drepa-
nii Flori, Theodulphi etc. Pſalmi et hymni aliaque carmina
ſacra, denuo reviſa atque netis ornata a D. A. Rivino.
Lipſ. 1653. 8.

6.

Die Teutſchen hatten ſchon lange vor ihrer Kultur Dichter, Barden, die die Thaten ihrer tapferſten Krieger verherrlichten. Karl der Gr. lies eine Sammlung ihrer
Lieder veranſtalten: aber noch zur Zeit hat ſie nicht ent-
deckt werden können. Die lateiniſchen Dichter waren
höchſtens mittelmäſige Nachahmer der ältern römiſchen.
In der Mutterſprache dichteten: der ſchon oben (VI. 4)
erwähnte Ottfried. — Der ungenannte Verf. des treffl-
lichen Siegsgeſangs auf K. Ludwig den 3ten von Frankreich, als er den Sieg über die Normänner 881 erfochten
hatte. In Schilter's Theſ. T. 2. Sehr glücklich nachgeahmt in (Herder's) Volksliedern Th. 2. S. 227. —
Der auch ungenannte Verf. eines Liedes vom heil. Georg.
S. Lectionum theotiſcarum ſpecimen ed. B. C. Sandvig.
Hafn. 1783. 8. — Der unbekannte Dichter, von dem
wir einen Lobgeſang auf den 1075 verſtorbenen Erzbiſchoff
Anno von Cöln haben; das vorzüglichſte Denkmahl teutſcher Sprache und Dichtkunſt aus dem Mittelalter; in einer
ſchönern Sprache geſchrieben, als die Werke der Minne-

finger. Ausgaben: in Schilters Thef. T. 1. In
der Bodmer-Breitingerifchen Ausgabe der Opitzifchen Werke (Zürich 1755. 8) Th. 1. S. 153 u. ff. Mit einer Ueberfetzung und Anmerk. von Hegewifch; in (v. Eg-
gers) teut Magazin 1791. May S. 555—572. Jul. S.
10—75. Okt. S. 336—375.

Von lateinifchen Dichtern in Teutfchland zeichnet
man nur aus: Walafrid Strabo aus Schwaben, ftudirte
zu Fulda unter Rabanus, und ftarb als Abbt zu Reichenau
849. Seine Poëfien find theils Lebensbefchreibungen,
theils Gelegenheitsgedichte u. f. w. Eines, Hortulus,
zeichnet fich befonders aus durch Befchreibung des von
ihm felbft gepflegten Gartens und des medicinifchen Ge-
brauches der darinn gebauten Blumen und Kräuter. In
Canifii Lectt. antiqq. T. 2. P. 2. p. 176 ex ed. Basnagii.
— Hroswitha oder Rosweide, Nonne zu Ganders-
heim, vor 984, fchrieb in Profa 6 chriftliche Komödien,
nach dem Mufter des Terenz, den fie durch ihre, kaum
mittelmäßige Arbeit für die chriftl. Jugend entbehrlich machen wollte. Aufferdem, 10 geiftliche, in Hexametern,
in elegifcher Versart und in leoninifchen Verfen gefchriebene Gedichte, zum Theil für die Gefchichte brauchbar.
Ausgabe: Opp. — recognita et repurgata cura H. L.
Schurzfleifchii. Vitemberg. 1707. 4. Vergl.
Schröckh's Lebensbefchr. berühmter Gelehrten Th. 1.
S. 3—10.

7.

Coelius Sedulius, wahrfcheinlich aus Irland,
reifte in mehrern römifchen Provinzen herum, und ftarb
nach 450. Seine Werke, z. B. Mirabilium divinorum l. 4, haben weit mehr poëtifches Verdienft, als die
Gedichte des doch frühern Prudenz; er ift einer der ele-

ganteſten unter den chriſtlichen Dichtern. Ausgabe:
von J. F. Gruner. Cob. 1747. 8.

Der erſte angelſächſiſche Dichter, der ſich der lateiniſchen Sprache bediente, war Aldhelmus oder Adel-
mus, Abkömmling des weſtſexiſchen Königs Ina, trat in
den Mönchsſtand, wurde Abbt zu Malmsbury, zuletzt Biſchoff zu Sherborn († 709). Seine Gedichte vom Lobe
der Jungfrauen, von den 8 Hauptlaſtern u. ſ. w. gab zuſammen, nebſt einer proſaiſchen Schrift vom Lobe der
Jungfrauſchaft, heraus Mart. del Rio. Mogunt. 1601. 12.

§.

Die Beſchaffenheit der arabiſchen Dichtkunſt vor
Muhamed wurde im vorigen Zeitraum (X. A. 4) geſchil-
dert. Im gegenwärtigen erſchien der Koran, der in
der Geſchichte der arabiſchen Dichtkunſt Epoche macht.
Ihre goldne Zeit gieng damit zu Ende. Er iſt eigentlich
ganz Poëſie und hat manche vortreffliche Stellen: oft iſt er
aber auch blos aus frühern arab. Blumen zuſammengepflückt.
Mit dieſem Religionswerk wurde den Dichtern ein unge-
wohnter Zwang angelegt, mehr Künſteley aufgedrungen
und gewiſſermaſen die charakteriſtiſche Offenheit und
Naivetät genommen. Muhamed ſelbſt hatte die Schreibart
ſeines Korans als unerreichbar und wahrhaft göttlich geprieſen. Es durfte es alſo in der Folge kein Genie wagen,
ſich um einen Sieg über ſie zu beeifern. Man ahmte demüthig nach, und glaubte, ſeinem Stil nur dadurch Glanz
zu verſchaffen und ihn des allgemeinen Beyfalls würdig zu
machen, wenn man ihn mit Bildern und Blumen des Korans
recht ſorgfältig ausſtaffire. Hierzu kam, daß ſich nach Muhamed das Volk der Araber in Kriege und Eroberungen ferner Lande verwickelte; denn dadurch ward Dichtkunſt und
Kenntniß ſo lange vernachläſſigt, bis die Ruhe wiederkehr-

te und fie fich mit den Werken der Griechen bekannt
machten. Die Grofsen fiengen wieder an, Dichter und
Gelehrte durch Belohnungen aufzumuntern.' Man las die
Dichter aus der goldenen Zeit, und verfah fie mit Scholien.
Allein, dies alles ftellte den Verluft nicht wieder her: Die
vorzüglichen Dichter, von deren Werken etwas gedruckt
ift, find:

Der Khaliphe Ali ben Ali. Talep (reg. 656—
660), von dem wir Sprüchwörter und Sentenzen haben,
zum Theil herausgegeben von Golius (Lugd. Bat. 1629.
4), zum Theil mit Caab ben Zoheir Carmine pane-
gyr. etc. (von Gerh. Joh. Bette (ibid. 1748. 4); Lateinifch und teutfch in Tfcherning's Frühling.
Die unter feinem Namen bekannt gemachten Gedichte find
von einem viel jüngern Verfaffer, der fich nicht zum
Dichter hätte aufwerfen follen, untergefchoben; herausg.
von G. Kuypers. ebend. 1745. 4. — Der oben (VI. 6).
erwähnte Abubekr Muhamed oder Ibq Doraid
fchrieb ein geachtetes Gedicht zum Lobe älterer arabifcher
Dichter, unter dem Titel: Makfurh. Arabice ed. D.
Scheidius. Harderv. 1768. 4. Arabice et Lat. cum fcholiis arab. et animadv. ed. Aggaeus Haitfma. Lugd.
Bat. 1773. 4. Abu Becri Idyllium arabicum Lat. reddi-
tum et breviff. fcholiis illuftratum ab E. Scheidio. Harderv. 1786. 4. — Motanabbi (geb. 916. geft. 965),
der vorzüglichfte aller Dichter im Zeitalter nach Muhamed,
ob man ihn gleich nicht vortrefflich nennen kann. Seine
Gedichte find verliebten und ernfthaften Inhalts. Ausgabe: Arab. u. Teutfch, nebft Anmerk. von J. J. Reiske. Leipz. 1765. 4. — Abul Ola aus Maarra in Syrien. (geb. 973. geft. 1058) fchrieb ein Gedicht: Der
Funke; hauptfächl. zum Lobe eines vornehmen Arabers.
Es ift reich an Metaphern, finnlichen Bildern und Schilde-

rungen fichtbarer Gegenſtände. Den erſten Geſang findet man in Erpenii Gram. Arab. ex ed. Golii (Lugd.
Bat. 1656. 4) p. 236 ſqq. Dort iſt auch der Anfang einer
andern feiner Gedichte über unfichtbare Gegenſtände und
die Eitelkeit der Welt abgedruckt.

B. Redekunſt.

I.

An großen Rednern fehlte es gänzlich. Ihre Kunſt
war ſchon im vorigen Zeitraum abgeſtorben. Sie fand
zwar immer Liebhaber genug, aber äufſerſt felten einen
Gegenſtand, an dem ſie ihre Kraft und Schönheit hätte
zeigen können. Man findet faſt nichts, als ſchaale Homilien. Sie ſind jedoch nach den Fähigkeiten der rohen Zuhörer eingerichtet, und unterfcheiden ſich höchſtens nur
durch Deutlichkeit. Andere Gelegenheiten, öffentlich zu
reden, gab es nicht; und wenn es auch in einigen italieniſchen und franzöſiſchen Städten noch gebräuchlich war,
daß die Advokaten öffentlich auftraten; ſo war ihre Abſicht
mehr, ihre juriſtiſchen, als redneriſchen Talente zu zeigen. Diejenigen Redner, die noch einigermaſen genannt zu werden verdienen, ſind, nebſt den vorzüglichen
Epiſtolographen, folgende.

2.

Von den Griechen: Syneſius aus Cyrene in
Aegypten, ſtudirte zu Alexandrien Philoſophie und nahm
auch dort die chriſtl. Religion an. Er ſtarb als Biſchoff zu
Ptolemais vor 431. Schriften: Or. de regno ad
Arcadium Imp. die er als Gefandter von Cyrene 397
gehalten; Dio f. de ſuo ipſius inſtituto (eine ſehr
beredte Lobſchrift auf die freye Gelehrſamkeit und Philoſophie); Aegyptius h. e. de providentia liber; de

infomniis liber; 155 Briefe; 10 lyrifche Gefänge.
Ausgabe: Opp. gr. et lat. interprete Dion. Petavio
— recenfita ac notis illuftrata. Lutet. 1612. fol. Wie-
derholilt ib. 1631. 1633. 1640. fol. (In der letzten Ausg.
find auch die Werke des Cyrillus v. Jerufalem). Die
Schriften diefes Gelehrten verrathen viele Kenntniffe und
grofsen natürlichen Scharffinn; fie find auch — vorzügl.
die Briefe — elegant und angenehm gefchrieben. —
Theophylaktus Simokatta, ein Aegypter, der verfchiedene Ehrenämter am griech. Kaiferhof bekleidete (†
nach 629) hinterliefs, auffer einer Regierungsgefchichte
des Kaifers Moritz (weswegen er oben unter den Byzant.
Hiftorikern fteht), rhetorifche Briefe, die moralifchen,
verliebten und ländlichen Inhalts find. Ausgabe: Opp.
omnia gr. ex bibl. A. Schotti, c. praef. Gruteri. Heidelb. 1599. 8. — K. Leo der 6te hinterlies, auffer
mehrern mittelmäfigen Gedichten, 16 geiftl. Reden, die
in Gretferi Bibl. PP. (T. 1. p. 1606 fqq.) ftehen.

3.

Einer der beften geiftlichen Redner' und ein in mehrerm
Betracht vorzüglicher Mann in Italien, und überhaupt aus
diefem Zeitraume, war Petrus Damianus (geb. zu Ravenna um 1007). Er wurde in den wichtigften Staats - und
kirchlichen Gefchäften gebraucht, und ftarb als Bifchoff zu
Oftia und Kardinal 1072. Er war Polygraph. Epiftolarum l. 8. verbreiten viel Licht über die dunkle Gefchichte
feiner Zeit, indem fie gröftentheils die ihm anvertrauten
Gefchäfte betreffen. Ferner fchrieb er viele Auffätze über
die Kirchenzucht und über die damahls herrfchenden Lafter,
befonders der Geiftlichkeit; dann allerley theol. Schriften,
Homilien und Biographien der Heiligen. Der Stil ift beffer
als man von feinem Zeitalter erwarten follte. Oft drückt

er sich mit solcher Anmuth und Beredsamkeit aus, daſs
man ihn bedauert, nicht in einer solchen Zeit gelebt zu
haben, wo Leichtgläubigkeit und Aberglaube durch gesun-
de Kritik verbannt worden sind.

4.

Von Franzosen nennen wir hier nur 2 Epistolo-
graphen: Servatus Lupus († 862), Schüler von Rabanus Maurus, Abbt zu Ferrieres, ein kenntniſsreicher
Mann und eifriger Beförderer der Gelehrsamkeit. Unter
seinen Schriften zeichnen sich 127 Briefe vorzüglich aus.
Sie verbreiten sich über fast alle damahls wissenswürdige
Gegenstände, sind zur Kirchen- und Gelehrtengeschichte
unentbehrlich, und verrathen eine vertraute Bekanntschaft
mit den Alten. Ausgabe: Opp. a St. Baluzio. Pariſ.
1664. 8. ed. 2da. Amſt. (Lipſ.) 1710. 8. — Fulbertus,
vermuthlich aus Aquitanien, starb als Bischoff zu Chartres
1029. Unter mehrern prosaischen und poëtischen Schriften ist eine Sammlung von 138 Briefen am wichtigsten.
Ausgabe: Opp. ed. Car. de Villiers. Pariſ. 1608. 8.

5.

Vergebens sieht man sich in Teutschland nach
wahren Rednern um, da die Belehrungen des Christenthums in einer todten und verdorbenen Sprache vorgetragen wurden, ohne Bestreben nach Verständlichkeit und
Ueberzeugung, ohne Wärme und Herzlichkeit. Nur die
Geschichtschreiber, die sich in die grofsen Muster der Römer hineinstudirt hatten, als Witikind, Lambert und
Bruno, zeigten bisweilen in ihren Werken Rednergaben.

6.

Aechte Beredsamkeit ist bey den Arabern nie zu
finden gewesen. Es war auch, alle Umstände erwogen,

nicht wohl möglich. In den ältern Zeiten fehlten alle Anläße
zu ihrer Kultur, besonders ein allgemeines Nationalintereße ;
und wenn auch eine gewiße natürliche Ueberredungskunst
bey ihnen Statt fand ; so ist diese doch der Litterargeschich-
te gleichgültig.   Unter dem Despotismus der Khaliphen
konnte Beredsamkeit gar nicht gedeihen.   Indeßen kann
man doch nicht behaupten, als wenn die Araber nach Muhamed diese Kunst ganz vernachläßigt hätten : vielmehr
kultivirten sie ihre Khaliphen selbst, weil sie, auch als
oberste Priester, zu gewißen Zeiten vor dem Volk auftre-
ten und über Stücke aus dem Koran predigen musten.
Wir haben aber keine Proben von ihren Rednertalenten.
Al Sokaki und al Hariri, wie auch der vorhin erwähnte Ali ben Ali Talep, werden als vorzügliche
Redner gerühmt.

XI.   Zustand der Staatswissenschaften.

1.

Das einzige, was hier in Ansehung der Politik angeführt zu werden verdient, find die von dem griechischen
Kaiser Basilius für seinen Sohn und Nachfolger Leo
aufgesetzten, in 66 Hauptstücke abgefasten Regeln der Re-
gierungskunst, würdig eines grofsen Fürsten und christlichen Philosophen. Ausgabe: Liber regius de imperio
pie et iuste administrando, Leoni Philosopho filio inscri-
ptus, nova versione Latina et lectionibus variis adornatus a
Justo a Drarsfeld. Goett. 1674. 12. Auch in Ans.
Banduri Imperio orient. T. 1. p. 171 sqq.

2.

Ueber Oekonomie wurde in frühern und spätern Zeiten sehr viel von den Griechen geschrieben : kaum aber

kennen wir diese Schriftsteller den Namen nach. Von
einigen besitzen wir Auszüge in der Sammlung, die K.
Konstantin der 7te zum Besten der Landleute vom
Landwesen durch Cassianus Bassus aus Bithynien verfertigen ließ, deren Grundlage eine Compilation von Vin-
donius Anatolius aus Berytus (im 3ten Jahrh) war:
womit jedoch mehr andere Schriftsteller, mit Beyfügung
eigener Erfahrungen, verglichen wurden. Ausgabe:
Γεωπονιϰά: Geoponicorum s. de re rustica libri XX. —
Graece et Latine post P. Needhami curas ad MSS. fidem denuo recensiti et illustrati ab Jo. Nic. Niclas. Lipf. 1781,
4 Tomi 8 mai.

Hierher kann auch gerechnet werden die Sammlung,
die auf Befehl desselben Konstantins aus Schriften über die
Vieharzneykunde gemacht wurde: Veterinariae medicinae l. 2, a Ruellio olim latinitate donati,
nunc Graeca lingua primum in lucem editi.
Basil. 1537. 4

XII. Zustand der physikalischen Wissenschaften.

I.

An Physik war damahls gar nicht zu denken. Die
Menschen brauchten nicht einmahl ihre Sinne, Beobachtungen und Erfahrungen anzustellen, um die nächsten Ursachen natürlicher Erscheinungen zu entdecken. Der herr-
schende Aberglaube unterdrückte allen Geist der Untersu-
chung. Man schrieb gleich jedes Phänomen übernatürli-
chen und unergründlichen Ursachen zu.

2.

Die Araber suchten das dem Muhamedischen Fatum
angemessene System der Gelegenheits-Ursachen mit der

Phyfik des Ariftoteles zu vereinigen. Diefer hatte die Form
oder Energie gebraucht, um jede Bewegung, jede köiper-
liche Handlung gefchehen zu laffen: die Araber fuchten
diefe Kraft nicht in der Sinnenwelt, fondern auffer derfelben, in der Gottheit, die fie deswegen die allgemein wirkende Urfache nannten. Diefe bringe unmittelbar jede
Bewegung, jede körperl. Veränderung hervor. Dem Körper, als Körper, kommen nur die drey Dimenfionen, als
Attribute, zu, die vom Wefen unzertrennlich find. Alle
Körper in der Natur haben aufferdem gewiffe Eigenfchaften, die aber zum Wefen hinzu kommen, und nicht den
Begriff der Körperlichkeit in fich fchlieffen; dies ift die
Schwere und Leichtigkeit, die vier Elementar - Qualitäten,
Wärme, Kälte, Feuchtigkeit und Trockenheit. Vermöge
diefer allgemeinen Eigenfchaften find alle Körper in der
Natur Eins; fo wie fie auch Eins genannt werden kön-
nen wegen des gemeinfchaftl. Einfluffes der erften wirken-
den Urfache u. f. w.

3.

Unter den abendländifchen Gelehrten verdient nur
der Bifchoff Agohard zu Lyon (†840) genannt zu werden, wegen feines Eifers in Beftreitung des Aberglaubens
und in Verbreitung richtigerer Einfichten von Naturereig-
niffen. Unter andern fchrieb er: de grandine et to-
nitruis, in eius Opp. a Baluzio editis. (Parif.
1666. 8).

4

Auch mit der Chemie befchäftigten fich die Araber.
Sie fcheinen die erften für die Medicin wichtigen Entdek-
kungen in diefer Wiffenfchaft gemacht zu haben; fie
brauchten Arzneymittel aus Metall, und Boerhaave
verfichert, er habe in einem ihrer frühern Chemiften, dem

fogenannten König Geber oder vielmehr Dfchafar
(geb. 702. geft. 765), viele Verfuche und Erfahrungen gefunden, die man nachher für neu ausgegeben habe. Die
Alchemiften geben diefen Geber für den Erfinder der Uni-
verfalmedicin aus. Einige feiner alchemiftifchen Schriften
find lateinifch überfetzt und gedruckt. Vergl. Cafiri
Bibl. Vol. I. p. 441.

5.

Statt der Chemie befchäftigten fich griechifche
Aerzte mit der Alchemie. Von einem, Stephan von
Athen (um 640) exiftirt noch ein Werk von der göttlichen und
heiligen Goldmacherkunft: Actiones novem de divina et fancta arte chryfopoeide, Latine cum
Democrito de arte magna. Patav. 1573. 8. Lectionem primam περὶ χρυσοποιίας gr. et lat. edidit notisque inftruxit C. G. Gruner. Jen. 1777. 4.

XIII. Zuftand der medicinifchen Wiffenfchaften.

I.

Die Arzneykunde gerieth durch Verfchwindung ge-
funder Philofophie in Verfall und wurde eben fo abergläubifch und abentheuerlich, als die Religion. Selbft die
beffern griechifchen Aerzte find von diefem Tadel nicht
frey: die übrigen, die man als Schriftfteller kennt, find
meiftens Kompilatoren. Befaß auch hier und da ein heller
Kopf beffere Einfichten von den Naturkräften, als der
grofe Haufe und die Geiftlichkeit; fo ward er mit dem
Namen eines Hexenmeifters gebrandmarkt. Es koftete
daher viel Zeit und Mühe, ehe die Arzneykunft diefe
Hinderniffe überwinden und eine erträgliche Geftalt gewinnen konnte. Den Saamen der neuen Kunft entlehnte

man von den Arabern; und die erften beffern Aerzte
waren Mönche und andere Geiftliche. Selbft Bifchöffe
und Aebbte trieben Medicin. Der Fortfchritt der eigentlichen Arzneywiffenfchaft mufste langfam feyn, da die
Araber, als Muhamedaner, nicht anatomiren durften, und
die Mönche eben fo wenig. Beyde wollten fich auch
nicht auf chirurgifche Behandlungen einlaffen.

2.

Zu Alexandrien erhielten fich die medicinifchen
Schulen noch bis in fehr fpäte Zeiten. Einer der berühmteften Aerzte, der fich noch im vorigen Zeitraum unter
dem dortigen Dogmatiker Zeno bildete und faft bis in
die Mitte des 5ten Jahrh. lebte, war Oribafius aus Pergamum oder aus Sardes, vom K. Julian, der ihn zum Quaeftor machte, gefchätzt. Er hatte nach deffen Tode abwech-
felnde Schickfale, und ftand in grofsem Anfehn, fowohl
wegen feiner Weisheit, als medicinifchen Gefchicklichkeit.
Auf Julians Verlangen machte er aus allen medic. Werken
der vorigen Zeitalter Auszüge, die er in wiffenfchaftl.
Ordnung brachte, und in 70 Bücher, wovon wir nur noch
17, theils griechifch, theils lateinifch überfetzt, übrig haben, abtheilte. Aus diefen hob er nachher noch das Wichtigfte aus, und betitelte es Synopfis in 9 Büchern. Eigenes darf man freylich nicht viel in diefen Kompilationen
erwarten: fie find aber dem Gefchichtforfcher fehr wichtig.
Oft hat O. die kopirten Schriftfteller mit Umfchreibungen
verfehn, wodurch fein Auszug deutlicher wird, als das Original. Ausgabe: Opp. omnia Latine Joh. Baptift.
Rofario interprete. Bafil. 1557. 3 Tomi. 8. — Um
diefelbe Zeit lebte Nemefius, erfter Bifchoff zu Emeffa
in Phönizien. Er fchrieb in griech. Sprache ein Buch
über die menfchliche Natur, das dadurch einen

unverdienten Ruf erlangte, daſs die Neider des Engländers Harvey die Ehre der Entdeckung des Kreislaufes des Blutes lieber jenem, als dieſem, gönnen wollten. Ausgabe: Oxon. 1671. 8. — In der Mitte des 6ten Jahrh. war berühmt Aëtius von Amida in Meſopotamien. Auch er hatte zu Alexandrien ſtudirt, und wurde Leibarzt am Hofe zu Konſtantinopel, mit dem Charakter eines Oberſten der Leibwache. So wie Oribaſius ſammlete er alles, was ihm in ältern Schriften merkwürdig ſchien. Daher nahm er auf keine Partey Rückſicht, ſondern folgte dem Galen gröſtentheils, weil dieſer ihm den meiſten Stoff zu ſeiner Kompilation darbot. Er fügt indeſſen oft ſein Urtheil bey und Verſuche, die Galens Behauptungen zum Prüfſtein dienen. Vor Oribaſius hat er Vorzüge, weil er weit mehr, als dieſer, auf wahre Theorie der Krankheiten und auf ihre Zeichen Rückſicht nimmt. Ausgabe: Aëtii, Amideni, Opp. omnia, ex ed. Ald. et MS. Cod. bibliothecae Senatus Lipſ. cum obſſ. gr. et lat. ed. J. G. F. Franz. Lipſ. 1777. 8. — Nicht lange nach ihm lebte Alexander von Tralles in Lydien († vor 565), der, nach beträchtlichen Reiſen durch Italien, Gallien und Spanien, unter ehrenvollen Bedingungen, als Arzt nach Rom berufen wurde. Ein Selbſtdenker und nach Galen der beſte Arzt, weil er aus langer Erfahrung ſchrieb! Seine Theorie iſt auch der Galeniſchen ſehr ähnlich: doch geht er hier und da von ihr ab. Beſonders eifert er gegen den allzufreygebigen Gebrauch hitziger Mittel. Indeſſen empfiehlt er nicht nur abergläubiſche Mittel, ſondern vertheidigt ſie auch auf eine Art, die Aerger und Mitleid erweckt. Da ihn ſein hohes Alter an der Praxis hinderte, ſchrieb er 12 Bücher von der Kenntniſs und Heilart der Krankheiten woraus der Zuſtand der Klinik in jenen Zeiten am beſten beurtheilt werden kann. Ordnung, Scharfſinn, gedräng-

rer und gedankenreicher Stil und eine Menge Erfahrungen
und Verfuche empfehlen das Werk. Ausgabe: im 6ten
B. von Haller's Principes medici (Laufanne 1772). —
Paul von Aegina, der zu Alexandrien ftudirt hatte (†
nach 668), wird als der erfte Arzt gerühmt, der fich mit
der Hebammenkunft abgab. Man hat von ihm in griech.
Sprache ein Kompendium der ganzen Arzneykunde in 7
Büchern, das zwar gröftentheils aus ältern Aerzten, befonders aus Oribafius, zufammengetragen ift, aber doch auch
eigene Bemerkungen enthält, Befonders wird das 6te
Buch, worinn er von der Chirurgie handelt, gefchätzt,
weil es Manches enthält, das den vorherigen Aerzten unbekannt gewefen zu feyn fcheint. Ausgabe: Bafil,
1538. fol. Vergl. K. A. Vogel Pr. 2 de Pauli Aegi-
netae meritis in medicinam inprimisque chirurgiam. Goett.
1768. 4.

Die folgenden griech. Aerzte diefes Zeitraumes find
hier nicht nennenswerth: es müfste denn der Ungenannte feyn, der unter K. Konftantin Porphyr. (im 10ten
Jahrh.) Bemerkungen über die Pferdekrank-
heiten, gröftentheils aus alten Büchern, zufammentrug
(τῶν ἱππιατρικῶν βιβλια δύο). Ed. Sim. Grynaei.
Bafil. 1537. 4. Allem Anfehn nach ift das lateinifche
Werk, das wir unter dem Namen des Vegetius, der
im 4ten Jahrh. lebte, befitzen, eine Ueberfetzung diefes
griechifchen, die ein unwiffender Mönch im 12ten oder
13ten Jahrh. veranftaltet hat. (De mulomedicina f.
de arte veterinaria; inter Scriptt. de re ruft.
ed. a Gefnero et Schneidero). Vergl Sprengel's
Gefch. der Arzneyk. Th. 2. S. 239.

3.

Im Abendlande gefchah während diefes Zeitraumes für die Heilkunde faft gar nichts, als dafs gegen Ende

deſſelben in Italien die Salernitaniſche Schule errichtet wurde. Ihren Urſprung kann man nicht genau angeben; aber gewiß iſt, daß ſchon im 10ten Jahrh. ihr
Ruf ſich nach Frankreich verbreitet hatte. Die ſehr geſunde Lage der Stadt Salerno im Neapolitaniſchen trug ſehr
viel zu ihrem mediciniſchen Ruhme bey; nicht weniger
die Nähe des berühmten Kloſters Monte Caſſino, deſſen
Mönche wegen ihrer Gelehrſamkeit berühmt waren, von
denen Mönche aus andern Ländern lernen wollten, die
auch in Salerno die Arzneykunde ausübten, ſich endlich
dort niederlieſsen, und ſich wechſelſeitig verpflichteten,
auch andere in der Heilkunde zu unterrichten. So wie
anderwärts, nahmen ſie bey ſchweren Krankheiten ihre
Zuflucht zu Reliquien und andern Wunderkuren: aber
ſchon im 11ten Jahrh. ſuchten die dortigen Aerzte mit dieſer mirakulöſen Kurmethode gelehrte Kenntniſſe zu verbinden. Sie ſtudirten die ältern Aerzte, ſelbſt den Hippokrates; und man muſs es ihnen Dank wiſſen, daſs ſo
manches Werk aus dem Alterthum ſich bis jetzt erhalten
hat. Bald verbanden ſie das Studium der arabiſchen Aerzte
damit: doch ſcheinen ſie dieſe ſeltener, als den Galen, zu
Führern gewählt zu haben. In demſelben Jahrh. lebte der
Karthager Konſtantin, der, nach mancherley Schickſalen, ſich nach Salerno flüchtete, Geheimſchreiber des Herzogs Robert Guiſcard von Apulien wurde, ſich aber in der
Folge dem Hofleben entzog, und in das Kloſter Monte
Caſſino gieng, wo er ſeine letzten Jahre mit Ueberſetzungen
arabiſcher Schriftſteller, auch mit Verfertigung eigener
Werke, zubrachte († 1087). Die Schule zu Salerno ſetzte
er durch Einführung des ſtärkern Studiums der arabiſchen
Aerzte mehr in Flor. Von ihr ſchreibt ſich ein zum Theil
noch vorhandenes diätetiſches Werkchen her: Medicina
Salernitana, oder Regimen ſanitatis oder de

confervanda valetudine, in leoninifchen Verfen,
ganz in dem barbarifchen Stil des Mittelalters. Neuefte
Ausgabe von J. C. G. Ackermann, Stendal 1790.
gr. 8. Vorgefetzt ift eine umftändliche Gefchichte der
Schule zu Salerno.

4.

Die Araber erwarben fich entfchiedene Verdienfte
um die Medicin. Schon zu Muhameds Zeit lebten in
Mekka Aerzte, die in den Schulen der Griechen unterrichtet waren; vorzüglich Hhareth Ebn Kaldath aus Ta-
kif, der in Dfchondifabur in Perfien, wo Neftorianer unter andern auch in der Heilkunde Unterricht gaben, ftudirt hatte. Muhamed felbft empfahl ihn als einen gefchick-
ten Arzt. Noch zu Abubekr's Zeit lebte er, deffen Leibarzt er war, und ftarb mit ihm zu gleicher Zeit an den
Folgen einer Vergiftung. Die feit Omar überwundenen
griech. Chriften, meiftens Syrer, wurden, nebft den Juden, die Lehrer der Araber. Die Syrer überfetzten die
Schriften griechifcher Aerzte ins Arabifche, fo dafs die
Araber fchon in der andern Hälfte des 7ten Jahrh. eine
Reihe medicinifcher Schriften in ihrer Mutterfprache erhielten. Die meiften und beften Ueberfetzungen aber
wurden im 9ten Jahrh. von dem Schüler des berühmten
Mafawaih oder Mefue, Hhonain Ebn Ifbak,
verfertigt. — So wie feit dem Khaliphen Almanfur der
Luxus unter den Arabern fich vermehrte; fo wuchs auch
das Anfehn der Aerzte, und fie erwarben fich grofse Reichthümer. Vor der Hand aber waren es meiftens Chriften,
nämlich Neftorianer. Vorzüglich machte fich die neftori-
fche Familie der Bakhtifchwah aus Elymais an den
Höfen der Khaliphen berühmt. Weiterhin, als die Araber
mit Ariftoteles vertraut wurden, befand fich ihre Medicin

immer im Gefolge der Philofophie. Faſt alle Aerzte waren
zugleich Dichter, Philofophen und Hiſtoriker. Aber die
Neigung der Araber zum Wunderbaren verleitete auch
ihre Aerzte zur Charlatanerie. — Die gröſte Merkwür-
digkeit aus der Kindheit der arab. Medicin iſt die Beſchreibung der Pocken. Aharon, Prieſter zu Alexandrien
im 7ten Jahrhundert, von deſſen mediciniſchen Pandekten
wir nur ein Bruchſtück in einer arab. Ueberſ. beſitzen, iſt
der älteſte Arzt, der die Pocken deutlich beſchrieb und ſie
zu kuriren verſtand. — Zu Anfang des 9ten Jahrh. lebte
Jahiah Ebn Serapion, ein Syrer von Geburt, der in
ſeinem urſprünglich ſyriſch geſchriebenen und von Muſa
ben Ibrahim Alodaithi ins Arab. überſetzten Buche:
Aggregator die Grundſätze der Griechen ſammlete und
ſie mit neuern Dogmen und Methoden verband. — In
demſelben Jahrh. lebte einer der gröſten Vielſchreiber und
berühmteſten Schriftſteller unter den Arabern, Jakob
Ebn Iſbak Alkhendi. Er legte ſich mit gleichem
Eifer auf alle Theile der Philofophie, Mathematik, Medicin und ſelbſt auf Aſtrologie, und brachte es in allen dieſen zu einer für ſein Zeitalter hohen Vollkommenheit.
Seine medicin. Schriften ſind oft in latein. Ueberſetzungen
gedruckt worden. — Aber auf wenige ihrer Aerzte ſind
die arab. Schriftſteller, und zwar mit Recht, ſo ſtolz, als
auf Muhamed Ebn Secharjah Abu Bekr Arrafi,
bekannter unter dem Namen Rhazes. Aus der perſiſchen
Stadt Ray gebürtig, hatte er ſich in ſeiner Jugend vorzüglich der Muſik gewidmet, und hierauf zu Bagdad hauptſächlich die Medicin, in Verbindung mit der Philofophie,
ſtudirt. In beyden Wiſſenſchaften machte er gleich groſe
Fortſchritte, und zu ſeiner Zeit war er der berühmteſte
Lehrer in Bagdad, deſſen Vorleſungen von Zuhörern aus
allen Ländern beſucht wurden. Er war Auffeher des

Krankenhaufes zu Bagdad und nachher desjenigen zu Ray. Durch feine vieljährige Praxis und verfchiedene Reifen erwarb er fich eine aufferordentl. Erfahrung und den Beynamen Experimentator. In feinem höhern Alter worde er blind, und ftarb 923. Das Hauptwerk, das wir unter feinem Namen befitzen, ift der Hhawi, gewöhnlich Elkavi (Continens); foll ein vollftändiges Syftem der Arzneykunde vorftellen, ift aber fo, wie wir es haben, ficher nicht ganz von ihm. Es enthält einen Schatz ächt arabifcher Gelehrfamkeit, woraus der medicinifche Gefchichtforfcher fich fehr bereichern kann. Auch zur Gefchichte der Chirurgie unter den Arabern liefert es merkwürdige Belege. Am berühmteften aber machte fich Rhazes durch feine Abh. von den Pocken und Mafern. Seine 10 Bücher, betitelt: Al Manfor, enthalten in gedrängter Kürze das ganze medicinifche Syftem der Araber. Das 9te von der Heilung der Krankheiten diente bis ins vorige Jahrh. zu Vorlefungen auf Univerfitäten und man hat zahlreiche Commentarien darüber: ob es gleich nichts Eigenthümliches enthält. Die 6 Bücher der Aphorifmen follen eine Nachahmung der hippokratifchen feyn: bleiben aber weit hinter ihnen zurück. Diefe und mehrere Schriften von Rhazes find häufig in latein. Ueberfetzungen gedruckt: diejenige aber von den Pocken Arab. und Lat. von Joh. Channing, Lond. 1766. gr. 8. Auch im 7ten Theil von Haller's Principes medici (1772). — Nicht lange nach Rhazes lebte der Perfer Ali, Abbas Sohn, mit dem Beynamen der Magier. Er diente dem Emir von Bagdad, Adad-oddaula, und dedicirte ihm fein grofses Werk, das königliche betitelt. Es enthält in einer ftreng wiffenfchaftlichen Ordnung den ganzen medicin. Curfus, und wurde fo lange für das äufferfte Ziel aller arabi-

fchen Gelehrfamkeit gehalten, bis E b n S i n a's Kanon es
verdrängte; welches, wenigftens in theoretifcher Hinficht,
nicht hätte gefchehen follen. — A b u A l i H o f a n i E b n
A b d a l l a h E b n S i n a, gewöhnlich A v i c e n n a (geb.
zu Affchana bey Bokhara in der freyen Tatarey 980,
† 1036), ftuditte in jüngern Jahren Mathematik und arifto-
telifche Philofophie. Von feinem 16ten Jahr an widmete
er fich der Arzneykunde und erwarb fich bald durch einige
glückliche Kuren grofsen Ruhm. So viel Nachtheiliges
von feiner Gelehrfamkeit, zum Theil die Arzber felbft,
erzählen: fo ift doch gewifs, dafs er ein viel umfaffender
Geift war, ohne auf befonderes Genie Anfpruch machen
zu können. Sein Hauptwerk in der Medicin, das er K a n o n
betitelte, konnte nur in den Jahrh. der finftern Barbarey fo
grofses Glück machen. Es ift ein aus Galen, Rhazes u. a.
zufammengetragenes und in 5 Bücher abgetheiltes Syftem
der Arzney- und Wundarzneykunft. Der eigenen Bemerkungen dürften nur wenige feyn. Durch Ihn warden eigentlich die 4 peripatetifch-fcholaftifchen Urfachen, die
materielle, die wirkende, die formelle und die End-Urfa-
che, in die medicinifche Theorie eingeführt. — A u s-
g a b e n: Arab. u. Lat. R o m. 1593. fol. Lateinifch öfters,
z. B. V e n e t. 1608. fol. — Wahrfcheinlich zu derfelben
Zeit lebte der vorzüglichfte diätetifche Schriftfteller unter
den Arabern: I f h a k b e n S o l e i m a n. Sein Werk (latein. B a f i l. 1570. 8) enthält umftändlichere Erörterungen aller Arten von Nahrungsmitteln und ihrer befondern
Kräfte, als man bey irgend einem andern Araber findet
— J o h. S e r a p i o n fchrieb (wahrfcheinlich gegen Ende des 10ten Jahrh.) ein Werk über die Materia medica
latein. (V e n e t. 1550. fol.), eine vollftändige Sammlung
alles deffen, was griech. und arab. Aerzte vor ihm über
die Naturgefchichte und Kräfte der Arzneymittel gefagt

hatten. — Noch gehört hierher der jüngere Mefue.,
Hamech's Sohn, aus Maridin am Euphrat († 1028). Er
foll ein Chrift und Zuhörer Ebn Sina's gewefen feyn und
fich an dem Hofe des Khaliphen Alhakem zu Kahirah aufgehalten haben. Seine Schriften über die Arzneymittel
und medicinifche Praxis blieben lange in chriftlichen Schulen die gewöhnlichften Compendien, und es wurden noch
im 16ten Jahrh. viele Commentarien darüber gefchrieben.
Ausgabe: Opp. omnia latine ex ed. Andr. Marini.
Venet. 1562. fol.

XIV. Zuftand der juriftifchen Wiffenfchaften.

I.

Die Rechtswiffenfchaft that in diefem Zeitraume glän-
zende Fortfchritte, und wirkte mehr, als irgend eine Wiffenfchaft, zum Wohl der Menfchheit. Während dafs in
den abendländifchen Provinzen des römifchen Reichs durch
die Einwanderungen und Eroberungen roher Völker die römifche Einrichtung in Hinficht der bürgerlichen Rechte der
Ueberwundenen und der Ueberwinder ftarke Aenderungen
erlitt, und letztere nach und nach eigene Gefetze einführten,
blieben im Orient die römifchen nicht allein in ihrer vollen
Kraft, fondern fie fiengen auch erft jetzt an, ein Ganzes
zu werden: wenn anders fo viele, auf Anlafs einzelner
Fälle ergangene Verordnungen ein Ganzes ausmachen
können. So lies fchon K. Theodos der 2te durch
den Konful Antiochus und 7 andere Juriften die von
K. Konftantin an gegebenen Gefetze fammeln. Daraus
entftand der Codex Theodofianus; bey deffen Verfertigung wahrfcheinlich, wenigftens zum Theil, die Ordnung
des Edicti perpetui beobachtet wurde. Es find nicht blos die
Verordnungen Konftantins und feiner Nachfolger, fondern

auch diejenigen, die Theodos der 2te felbft und fein
Reichsgehülfe Valentinian der 3te gegeben haben, darinn
aufgenommen worden. Sie ftehen aber nicht immer ganz
an einem beftimmten Ort: fondern die verfchiedenen Artikel, woraus fie zufammengefetzt waren, find unter die
Rubriken oder Titel zerftreut, unter welche fie ihrem In-
halte nach gehören. Diefe in 16 Bücher vertheilt gewe-
fene Sammlung ift nicht ganz mehr vorhanden. Erft brachte Joh. Sichard den Auszug zum Vorfchein, den der
weftgoth. König Alarich daraus hatte machen laffen. (Bafil. 1528. fol.); hernach Joh. Tilius die 8 letzten
Bücher, die nicht in diefen Auszug waren gebracht worden: das 9te jedoch defect (Parif. 1550. 8). Hierauf
edirte Jak. Cujaz das ganze 6te, 7te und 8te Buch,
nebft der Ergänzung des letzten (Lugd. 1566. fol.) Die
erften 5 Bücher, nebft dem Anfange des 6ten, befitzen
wir nur in dem erwähnten Auszug. Jak. Godefroy
commentirte vortrefflich über den Cod. Theod.; und als
er darüber ftarb, vollendete Ant. Marville die Arbeit
und gab fie heraus (Lugd. 1665. 6 Tomi fol.). Die
neuefte und befte Ausgabe von Joh. Dan. Ritter. Lipf.
1736—1745. 7 Tomi. fol.

Die nach dem gefchloffenen Cod. Theod. erfchiene-
nen Verordnungen oder Novellen wurden zum Theil
deffen Ansgaben, zumahl der Ritterifchen, beygefügt,
zum Theil in folgenden Sammlungen bekannt gemacht:
Imperatorum Theodofii Jun. et Valentiniani III Novellae leges, caeteris antejuftinia-
neis, quae in Lipfienfi anni 1745 vel in ante-
rioribus editionibus vulgatae funt, addendae:
ex Ottoboniano Mf. codice edit, commentario
illuftrat, ex eodemque codice alia profert
Ant. Zirardinus. Faventiae 1766. 8. Leges Novel-

lae V anecdotae Impp. Theodofii Jun. et Valentiniani III, cum ceterarum etiam Novellarum titulis et variis lectionibus ex vetuſtiſſ.
Cod. Mſ. Ottoboniano depromtis; quibus acce-
dunt aliae Valentiniani III Conſtitutiones iam
editae, quae in Cod. Theodoſiano deſideran-
tur, ac tandem Lex Romana ſ. Reſponſum Papiniani, titulis anecdotis variisque lectionibus auctum ad fidem praefati cod. et alterius
Saeco-Vaticani, opera et ſtudio Jo. Chriſto.
Amadutii, qui praefationem et adnotationes adiecit. Romae 1767. fol.

Die von den folgenden Kaiſern gegebenen Geſetze
hat Petr. Pithoeus edirt Pariſ. 1571. fol. et in eiusd.
Opp. ib. 1609. fol. Sie ſtehen auch in den Gotfriedi-
ſchen und Ritteriſchen Ausgaben des Cod. Theodoſ.
Vergl. J. S. Branquell D. de codice Theodoſiano eiusque in cod. Juſtin. uſu. Jen. 1719. 4; et in eius Opuſc.
(Hal. 1774. 8.) T. I. p. 24 ſqq. J. A. Wolfii D. de
latinitate ecclefiaſtica in cod. Theodoſiano. Lipſ. 1774. 4.

2.

Ungefähr 100 Jahre nach dem Cod. Theod. (529)
unternahm K. Juſtinian eine Verbeſſerung der Geſetzgebung und Rechtspflege für ſeine Zeiten, deren glücklicher und unglücklicher Einfluß auch in die unſrigen noch
fortdauert. Schwer, aber unumgänglich nothwendig muß
es geweſen ſeyn, nicht nur aus der Menge von Geſetzen,
Rathſchlüſſen, Edikten, kaiſerl. Verordnungen, Meynungen der Rechtsgelehrten u. ſ. f., die ſich in unzähligen
Bänden zerſtreut befanden, von den Richtern weder ſtudirt, noch, wegen der dazu erforderlichen Summe, ge-
kauft werden konnten, und noch ohnedies theils wider-

fprechend, theils ungewifs waren, die vorhandenen Sammlungen zu ordnen und zu ergänzen, dafs fie nicht nur für
die damahligen Zeiten pafsten, fondern auch den eben damahls Statt findenden Mängeln zugleich auf die fchicklich-
ste Weife abzuhelfen. Juftinian befahl einer Kommiffion
von 10 Rechtsgelehrten (an deren Spitze Tribonian?) eine neue Sammlung von Conftitutionen (Codex
Conftitutionum Juftinianeus) zu verfaffen, und
dabey die Verordnungen feiner Vorgänger, die fich in dem
beftändigen Edikt, in den Gregorianifchen, Hermogenia-
nifchen und Theodofianifchen Sammlungen befinden, zu benutzen, diefe von Irrthümern und Widerfprüchen zu befrey-
en, das Ueberflüffige und Alte darinn wegzulaffen und heil-
fame und den Zeiten angemeffene Gefetze dafür zu wählen.
Nach 14 Monaten war diefes Werk vollendet, und im J.
529, mit Aufhebung jener alten Sammlungen, publicirt.

Kurz nach Abfaffung der Conftitutionsfammlung kam
Juftinian auf den Gedanken, ein gröfseres Werk aus den
Schriften älterer Rechtsgelehrten, nach der Ordnung des
beftändigen Edikts, verfertigen zu laffen. Tribonian
(Quaeftor und Conful † 545) mit 16 andern Juriften wurde die Ausarbeitung diefes Werks, mit der Freyheit, hier
und da nach ihrem Gutbefinden in den Werken der alten
Juriften Abänderungen zu treffen, aufgetragen. Juftinian
verftattete 10 Jahre zu diefer Arbeit: aber wider alle Vermuthung eilte Tribonian mit feinen Gehülfen dabey fo
fehr, dafs fie fchon um 530 für vollendet gehalten und
unter dem Namen Pandectae f. Digefta bekannt gemacht und für rechtsgültig erklärt wurde.

*) Die Pandekten beftehen aus 50 Büchern, die wieder in
   Titel und Paragraphen, oder richtiger Fragmente, abgetheilt find. Sie enthalten nichts anders, als Excerpte,
   die, hier und da abgeändert, aus den Schriften von 40

Rechtsgelehrten, die gröſtentheils zu den Zeiten der Kaiſer gelebt haben, genommen wurden, Kaiſer Lothar der
ate fand 1135 in der eroberten Stadt Amalfi eine Handſchrift der Pandekten; die kurz nach Juſtinians Regierung verfertigt worden zu ſeyn ſcheint, und ſchenkte ſie
der Stadt Piſa, von wo ſie nach Florenz kam. Die gedruckten Ausgaben pflegt man unter 3 Haupteditionen zu
bringen: Vulgaris, Haloandrina ſ. Norica u.
Florentina. Unter der erſten verſteht man nicht eine
gewiſſe einzelne Ausgabe, ſondern alle, die nicht den
beyden andern folgen. Die Haloandriſche hat ihren Namen von Greg. Haloander (Hofmann), der viele
verdorbene Stellen aus Handſchriften, oft auch muthmaſ-
lich, verbeſſerte, und dabey auf Eleganz Rückſicht nahm.
Norimb. 1529. 3 Voll. 4. (Vergl. G. L. Hausfritz
Memoria G. Haloandri, ICti et inſtauratoris iurispruden-
tiae. ib. 1736. 8). Die Florentiniſche Ausgabe iſt diejenige, die Franz Taurellus, nach den Verbeſſerun-
gen ſeines Vaters Laelius, bekannt machte, und wobey die erwähnte Amalfiſche Handſchrift zum Grunde
liegt. Florent. 1553. 3 Voll. fol. Heinr. Brenk-
mann reiſte 1709 nach Florenz, um eine Vergleichung
zwiſchen dieſer Handſchrift und der Taurelliſchen Ausgabe anzuſtellen, fand ſie aber, Kleinigkeiten abgerechnet, übereinſtimmend; verglich indeſſen noch andere
Handſchriften der Pandekten, fand allerley Varianten
und that kritiſche Noten hinzu. Er ſtarb 1736 und ſein
Apparat kam endlich an G. C. Gebauer, der mehr Noten beyfügte, aber die Ausgabe ſelbſt nicht beſorgen
konnte. Dies that nach deſſen Abſterben G. A. Span-
genberg, ſo daſs der iſte Band zu Goettingen 1776
und der ate 1797 in gr. 4 erſchien. (In dieſer neueſten
und vollſtändigſten Ausgabe ſteht auch alles Uebrige, was
man zum Corpus iuris rechnet). Vergl. L. Th. Gronovii Hiſtoria Pandectarum authentica. L. B. 1685. 8.
cum nott. F. C. Conradi, Hal. 1730. 8. H. Brenk-

manni Hiftoria Pandectarum. Traject. ad Rhen.
1722. 4. L. A. Guadagni, ICti Pifani, difquifitio de
Florentino codice, omnium, quae exftant, Pandectarum
exemplorum parente; edidit C. F. Walchius. Jen.
1755. 8. G. C. Gebaueri Narratio de H. Brenkman-
no etc. Goett. 1764. 4 mai. —

Ehe die Pandekten publicirt wurden, lies Juftinian
die Inftitutiones in 4 Büchern, durch Tribonia-
nus, Theophilus und Dorotheus, abfaffen. Sie
wurden aus den alten Jurilten, befonders aus den Inftitutionen des Cajus, gezogen, und follten als die erften
Elemente der Rechtsgelehrfamkeit angefehen werden; deswegen wurden fie auch etwas früher, als die Pandekten,
publicirt, ob fie gleich erft nach diefen ausgearbeitet waren. —

Da nunmehr der oben erwähnte Codex Conftitutionum Abänderungen heifchte, indem er befonders
während der 3 Jahre, da man an den Digeften arbeitete, viele
Zufätze und Anhänge bekommen hatte, die nicht gehörigen
Orts eingefchaltet waren; fo trug Juftinian dem Tribonian
und 4 Gehülfen auf, jene Sammlung zu revidiren und fort-
zuferzen. So entftand eine neue Ausgabe deffelben, unter
dem Titel: Codex repetitae praelectionis. Sie
befteht aus 12 Büchern, wurde 534 publicirt und die erfte
Ausgabe für ungültig erklärt. Es herrfcht darinn faft diefelbe Ordnung, wie in den Digeften. Unter den eigenen
Verordnungen Juftinians, die in dem Codex vorkommen,
verdienen befonders die 50 Decifionen bemerkt zu
werden, durch welche, während an den Pandekten gearbeitet wurde, ftreitige Fälle entfchieden wurden. Ausgabe: Codicis Juftiniani ex repetita praelectione L. 12;
ex fide antiq. exempl. quoad fieri potoit a Greg. Halo-
andro diligentiffime purgati recognitique. Norimb.

1530. fol. Vergl. Pet. et Fr. Pithoei Obſſ. ad codicem
et novellas Juſtiniani per Julianum translatas etc. cura Fran-
ciſci Desmares. Pariſ. 1689. fol. Um die 50 Deciſ.
hat ſich vorzüglich Merillus durch ſeinen Comment.
darüber verdient gemacht. Paris 1618. 4; et in eiusd.
Opp. (Neap. 1720. 4) Pars II. p. 1 ſqq.

Endlich kamen zu den angegebenen Geſetzſammlun-
gen noch Verordnungen, die Juſtinian, um in den vor-
hergegangenen manches nachzuhohlen, zu erläutern und
auch einzuſchränken, ergehen lies. Zu dieſen Verordnungen gehören die ſogenannten Authenticae ſeu
Novellae Conſtitutiones D. Juſtiniani, 168 an
der Zahl, und die 13 Edicta dieſes Kaiſers. Die Novellen wurden in den Jahren 534—559 bekannt gemacht. Der
gröſte Theil iſt Griechiſch, einige (die 17, 18, 32 u. 34ſte)
Griechiſch und Lateiniſch, und einige (9, 11, 23, 62 u. 134)
ganz Lateiniſch abgefaſſt. Die Gloſſatoren theilten ſie in
9 Sammlungen (collationes). Eine Zeit lang hatten ſich
die Novellen (Novellae authenticae) verlohren, und
man bediente ſich ſtatt ihrer des von dem konſtantinop.
Juriſten Julian († um 570) gemachten lateiniſchen Aus-
zuges, der im Occident lang in groſſem Anſehn ſtand (in
den vorhin erwähnten Obſſ. Pithoeorum). Haloander, der den griech. Text zuerſt edirte (Norib. 1531.
fol.), fügte eine ſchöne lat. Ueberſ. bey. Eine noch beſſere lieferte Heinr. Agylaeus in Heinr. Scrimger's Ausgabe der Novellen (Baſil. 1567. 4). Eine
neuere, mit Anmerk. verſehen, verfertigte Joh. Fried.
Hombergk zu Vach (Marb. 1717. 4). Keine iſt indeſſen fehlerfrey. — Vergl. G. L. Mencken D. de
Novellarum gloſſatarum et non gloſſatarum auctoritate iuris. Lipſ. 1707. 4; auch, in folgender Sammlung: C. F.
Zepernick delectus ſcriptorum, Novellas Juſtiniani Imp.

earumque historiam illustrantium. Hal. 1783. 8 mai. —
Die 13 Edicte wurden zuerst von Scrimger griech. in
der angeführten Ausgabe der Novellen mit edirt, hernach
von Agylaeus ins Latein. überfetzt.

*) Die Gesetzfammlungen, die hier unter den Namen der
Inſtitutionen, Pandekten, Codex repet. praelect. und Novellen aufgeführt ſind, pflegt man das
Corpus juris civilis zu nennen. Dieſe Benennung
hat aber weder vom Juſtinian ſelbſt, noch von den Gloſſatoren des römiſchen Rechts ihren Urſprung, ſondern er
iſt neuer. Dionyſ. Gothofredus ſoll ihn zuerſt bey
der Ausgabe der Juſtinianiſchen Geſetzſammlung (Lugd.
1583. 4) gebraucht haben. Vergl. Glücks Commentar
über die Pandekten Th. 1. S. 314 (nach der 2ten Auf-
lage). — Die beſten Ausgaben ſind: Corpus iuris
civilis Juſtinianei, c. commentt. Accurſii, ſcholiis Contii et Dion. Gothofredi lucubrationibus
ad Accurſium etc. ſtudio et opera Joh. Fehi.
Lugd. 1627. 6 Voll. fol. Corpus iuris civilis —
c. nott. integris, repetitae quintum praelectionis Dion. Gothofredietc. Opera et ſtud. Si-
monis a Leeuwen. Amſt. 1663. fol. Antwerp, 1726.
fol. Lipſ. 1720. 1726. 1740. 4. Die vorhin ſchon angeführte Gebauer-Spangenbergiſche Ausgabe.

3.

Seit Juſtinian's Zeit bis ins 9te Jahrh. hinein hatte
ſich in Anſehung der Geſetzgebung und Rechtsgelehrſamkeit viel verändert. Durch die vielen Novellen der griech.
Kaiſer war wieder viel Unbeſtimmtheit in dem Gange der
Rechtshändel und viel Schikane entſtanden. Statt der lateiniſch geſchriebenen Juſtinianiſchen Geſetzbücher waren
griech. Ueberſetzungen und Erklärungen griech. Juriſten
eingeführt. Kaiſer Baſilius ſah demnach die Nothwen-

digkeit ein, eine neue Reforme des bürgerl. Rechts vorzunehmen. In dieser Abſicht gab er erſt ſelbſt neue Verordnungen; alsdann beſchloſs er, das ganze bürgerl. Recht in beſſere Ordnung zu bringen. Gewöhnlich glaubt man, er habe deshalb erſt eine Auswahl der ſchicklichſten Geſetze (Πρόχειρον τῶν νόμων oder auch 'Εκλογή) verfertigen laſſen, das noch handſchriftl. exiſtirt. Allein, dieſes Werk geht den K. Baſilius gar nichts an, ſondern erſchien erſt nach den Büchern der Βασιλικῶν, ſtatt einer Einleitung in die gröſsern Rechtsbücher. Die Baſilica ſelbſt (Βίβλια Βασιλικῶν διατάξεων) veranſtaltete zwar B., ſtarb aber darüber, und ſein Sohn, K. Leo der 6te oder der Philoſoph, vollendete und publicirte ſie um 887. Dieſes neue Geſetzbuch unterſchied ſich durch die griechiſche Sprache, indem dabey die bald weitläufigern, bald kürzern, ſelten ganz buchſtäblichen Privatüberſetzungen von Juſtinians Werken benutzt wurden, durch die Verarbeitung aller 3 oder 4 Werke zu einem einzigen Ganzen, und durch Benutzung einiger von griech. Juriſten verfertigten Bücher, der Schriften der Kirchenlehrer und der Concilienſatzungen. Es liegt dabey die Ordnung des Codex, aber noch ſehr verdorben, zum Grunde. Dieſes griech. Rechtsbuch hat für das Juſtinianiſche ungefähr den Werth, den die 70 Dolmetſcher für das A. T. haben. Die Libri Baſilicön ſind in 6 τεύχη oder Bände und in 60 Bücher abgetheilt. Sie ſind auch alle auf uns gekommen, aber nicht alle gedruckt. Die vollſtändigſte Ausgabe von Karl Hannibal Fabrottus (Latine vertit er Graece edidit. Pariſ. 1647. 7 Voll. fol.) verſpricht zwar auf dem Titel 60 Bücher: allein, nur 34 ſind darinn ganz, 5 mit Lücken und die übrigen 21 von F. aus der Synopſi Baſilicön u. ſ. w. zuſammengetragen. Gerh. Meermann edirte zuerſt das 49ſte,

50fte, 51fte und 52fte Buch in feinem Thef. iur. civ.
et can. T. 5. p. 1 fqq. (Latine vertit, var. lect.
collegit, notasque criticas ac iuridicas, tam
aliorum quam fuas, addidit Guil. Otto Reitz). Es
fehlen nun noch 15 Bücher, nämlich 19, 31—37, 43, 44,
55—60. — Vergl. C. A. Beck de Novellis Leonis
Augufti et Philofophi earumque ufu et auctoritate; ex edit.
C. F. Zepernick, cum huius obff. Hal. 1779. 8. J.
Jenfii librorum Bafilicorum ulterior notitia etc. in ftri-
cturis ad iur. rom. Pand. et Cod. (Lugd. Bat. 1764. 4).
L. J. F. Hoepfneri Progr. Praetermiffa quaedam de Bafilicorum libris. Giff. 1774. 4. Mit Zufätzen u. Verbeff.
in Hugo's civilift. Mag.. B. 2. H. 4. Nr. 18.

K. Konftantin der 7te lies diefe Sammlung vermehren und machte die neuen kaiferl. Verordnungen bekannt (Novellae conftitutiones; in Leunclavii
Jure graeco-rom. T. 1. p. 103 fqq. T. 2. p. 139 fqq. und
in Labbei Impp. novell. conftit. graec. lat. Parif. 1606. 8).

4.

Neben dem Civilrecht bildete fich auch im Orient das
kanonifche zu einer Wiffenfchaft. Es gründete fich
auf die vorgeblichen Kanones der Apoftel, auf Concilienfchlüffe, kaiferl. Kirchengefetze und Synodal- und patriar-
chalifche Schlüffe. Den Anfang dazu machte im 6ten
Jahrh. Johannes Scholafticus, erft Presbyter der An-
tiochifchen Kirche, dann Patriarch zu Konftantinopel, indem
er in der erften Qualität eine Sammlung der damahls bekannten Kirchenfatzungen (Syntagma canonum) unternahm, alles nach den Materien unter 50 Titel ordnete, und
den Synodalfchlüffen, die er fchon in den rohen Sammlungen
feiner Vorgänger fand, noch 68 Canones Bafilii M. beyfügte. Er unternahm noch eine andere Arbeit für das ka-

nonifche Recht, indem er die auf das Kirchenrecht fich be-
ziehenden Gefetze Juftinians und die Synodalfchlüffe nach
den Materien neben einander unter 50 Titel ordnete. Er
nannte fie Nomokanon, weil fie gleichfam das Kom-
pendjum des griech. kanon. Rechts ift. Beyde Arbeiten
ftehen in Chrifto. Juftelli Bibl. iur. can. (Parif. 1661.
fol.) T. 2. p. 499 fqq. p. 603 fqq.

Im 9ten Jahrh. machte fich durch ganz ähnliche Arbeiten um das kan. Recht verdient der Patriarch Photius.
Die feit Johann vermehrte Anzahl kirchlicher Verordnungen und die fchlechte Befchaffenheit mehrerer damahls gewöhnlichen kanonifchen Sammlungen machten eine neue
nothwendig. Ph. fchrieb, gerade wie Joh. Schol., ein
Syntagma canonum und einen Nomokanon. Er-
fteres ift noch nicht gedruckt: wohl aber letzterer (den Ph.
um 883 herausgab) Graece, cum verf. lat. Henr.
Agylaei et comment. Theod. Balfamonis, nunc primum ed. C. Juftellus. Parif 1615. 4; et in huius
Bibl. iur. can. T. 2. p. 785 fqq. In der Ausführung unterfcheidet fich Ph. von Joh. dadurch, dafs er nicht nur die
nach deffen Zeit ergangenen kaiferl. Verordnungen und
angenommenen Synodalfchlüffe, auch kanonifche Schreiben der Väter, unter die gehörigen Titel eintrug, fondern dafs er auch ftatt 50 Titel nur 14 annahm. Der häufigere Gebrauch des Nomokanons zog Scholiaften, Gloffa-
toren, Abbreviatoren und Korrektoren herbey; und Ph.
wurde für die morgenländifche Kirche faft eben das, was
Gratian für die abendländ. ward.

5.

Im Abendlande betrachtet man den Abbt Dionys den Kleinen (f. oben VII. 11) als den erften Stifter des kanon. Rechts wegen feines Codex cano-

num ecclefiafticorum, den er vor 525 fammlete und
aus dem Griechifchen beffer, als vorher durch die fogenannte prifca gefchehen war, überfetzte, und Dekretalien oder öffentliche Briefe römifcher Bifchöffe hinzuthat.
Ob er gleich nicht unter höherer Autorität gearbeitet hatte; fo bekam doch feine Sammlung bald ein folches Anfehn, dafs Kanones, die bisher in der abendl. Kirche entweder blos für Eine Provinz galten, oder gar nicht bekannt, oder vielleicht fogar bisher verworfen waren, nun
durch feine Ueberfetzung eine fo hohe Gültigkeit erhiel-
fen, als ob fie von der ganzen Kirche auf das feyerlichfte
anerkannt worden wären. Die damahligen politifchen
Konjunkturen waren fo befchaffen, dafs fich der Gebrauch
des Werks auffer Italien fehr bald durch Spanien, Afrika,
Gallien, Britannien, ja felbft in die morgenländ. Provinzen verbreitete, und zwar noch vorher, ehe fie durch Karl
den Gr. gleichfam die 2te Periode ihrer Bekanntmachung
erhielt. Die noch wichtigere Wirkung deffelben war, dafs
von nun an Dekretalien römifcher Bifchöffe in der ganzen
abendl. Chriftenheit mit den Synodalfchlüffen faft völlig
gleiches Anfehen erlangten. Ausgaben: ex bibl. Chr.
Juftelli. Parif. 1628. 8; et in eiusd. Bibl. iur. can. T. I.
p. 97 fqq. — Crefconius, ein afrikanifcher Bifchoff,
gegen Ende des 7ten Jahrh. arbeitete unter dem Titel:
Concordia canonum den Dionyfifchen Codex um,
indem er die chronol. Ordnung änderte, alles nach Materien unter 300 Titel brachte, und ein Breviarium canonum (eine Art von Regifter) voran fetzte. Letzteres
wurde oft einzeln kopirt, oft auch den Handfchriften der
Dionyfifchen Sammlung beygefchrieben; daher in der
neuern Zeit der unnöthige Zwift, ob Concordia und
Breviarium Ein Werk oder 2 verfchiedene Werke, vielleicht gar von 2 verfchiedenen Verfaffern feyen? Die

Concordia findet man nur in Juftelli Bibl. T. 1. p. 34 (append.), und das Breviarium, unter andern, mit Alteferra's Anmerk. in Meermanni Thef. T. 1. p. 150 fqq.

Die Dionyfifche Sammlung, zumahl ihr zweyter Theil, mufte wohl durch die darauf folgenden Dekretalien römifcher Bifchöffe Zuwachs erlangen, da jeder derfelben die feinigen nicht gern weniger geehrt wiffen wollte, als diejenigen feiner Vorfahren. So weit fie fich auch verbreitet hatte; fo würde fie doch nie zu der Allgemeinheit und zu dem fortdaurenden Ruhm gelangt feyn, den fie endlich erhielt, wenn fie nicht durch einen Zufall noch mehr Anfehn und Publicität gewonnen hätte; nämlich durch ein vermehrtes und verändertes Exemplar, das Papft Adrian der 1fte Kaifer Karl dem Gr. im J. 774 fchenkte; und woher diefer Anlafs nahm, fie in dem ganzen fränkifchen Reich einzuführen. Vergl. J. C. Rudolphi nova commentatio de codice canonum, quem Hadrianus I. P. R. Carolo M. dono dedit. Erlangae. 1777. 8.

6.

Die Dionyfifche Sammlung fand eine Nebenbuhlerin in Spanien an der fogenannten Ifidorifchen, deren ältefte Gefchichte im tiefften Dunkel liegt. Gewifs aber ift, dafs Bifchoff Ifidor von Sevilla in der erften Hälfte des 7ten Jahrh. (f. oben VII. 4) nach fchon vorhandenen Sammlungen von Concilienfatzungen eine neue für die fpanifchen Kirchen verfertigte, die aus Satzungen griechifcher, afrikanifcher, gallifcher und fpanifcher Synoden und Concilien beftand. Noch in Ifidors Jahrh. (ungef. 683) wurde deffen Sammlung mit beträchtlichen Zufätzen vermehrt, und fo weiter in der Folge, fowohl in als auffer Spanien. Aus der erften Hälfte des 9ten Jahrh. aber er-

fcheinen auf einmahl Handfchriften der Ifidorifchen Sammlung, die von den vorherigen ganz verfchieden find. Ein
Weftfranke, wahrfcheinl. aus dem Mainzifchen Kirchen-
fprengel, ein eben fo dreifter als glücklicher Betrüger,
brachte nämlich, unter dem angenommenen Namen jenes
Bifchoffs Ifidor, eine von ihm zum Theil felbft erdichtete
Sammlung päpftlicher Dekretalien, vom römifchen Bifchoff
Clemens dem 1ften im 1ften Jahrh. an bis 614, in Umlauf, die in einem Zeitalter, wo hiftorifche Kritik ein Un-
ding war, als ächt anerkannt und mehrere Jahrhunderte
hindurch ungerügt gebraucht wurde. Pfeudo-Ifidorus
oder Ifidorus Mercator ift der Name, der dem bis
jetzt unentdeckten Betrüger beygelegt wird. Die wahr-
fcheinlichfte Abficht deffelben gieng dahin, die Bifchöffe
ganz von allen Gewaltthaten, denen fie unter rohen Völkern und defpotifchen Regierungen ausgefetzt waren, befreyen zu helfen, fie gegen Anklagen vor Gerichten, gegen Verurtheilung und Abfetzung, zu fichern, befonders
aber, den römifchen Bifchoff zum wahren Defpoten der
Kirche zu machen. Vergl. Franc. Turriani adverfus Magdeburgenfes Centuriateres pro. Canonibus Apofto-
lorum et Epiftolis decretalibus Pontificum apoftolicorum L 5.
Colon. 1573. 4. Dav. Blondelli Pfeudo-Ifidorus et
Turrianus vapulans. Genevae 1628. 4.

7.

Noch ift hier zu bemerken, dafs Ivo von Beauvais
(† 1115), Lanfrank's Schüler, feit 1090 Bifchoff zu Chartres, eine doppelte Sammlung der Kirchengefetze veranftaltete, die eine unter dem Titel Panqormia in 8 Büchern; die 2te gröffere in 17 Büchern, von Ivo felbft
Collectiones canonum benannt, gewöhnlich Decretum. In beyden find die ältern Schriften ähnlichen

Inhalts von R e g i n o und B u r k a r d, Bischoff zu Worms,
nicht selten ohne Nachdenken benutzt. 288 Briefe von
ihm sind für den Geschichtforscher sehr brauchbar. A u s -
g a b e: Opera omnia. P a r i ſ. 1647. fol.

8.

Auch unter den T e u t ſ c h e n ſchritt die Rechtswiſſen-
ſchaft geſchwinder und gewiſſer, als alle übrigen Wiſſenſchaften, zur ſyſtematiſchen Behandlung fort. Sie ſetzten
bald nach ihren Einwanderungen in die römiſchen Provinzen ihre Geſetze ſchriftlich auf. So die S a l i ſ c h e n F r a n-
k e n gleich nach ihrer Niederlaſſung in Gallien. Das Geſetzbuch der r i p u a r i ſ c h e n F r a n k e n wurde von Dieterich, dem 1ſten angefangen und unter Dagobert dem
1ſten (um 630) vollendet. Der A l e m a n n i ſ c h e, B a y-
r i ſ c h e, F r i ſ i ſ c h e und S ä c h ſ i ſ c h e im 6ten und 7ten
Jahrhundert. Karl der Große vermehrte und verbeſſerte
ſie. In allen herrſchet Ein Geiſt. Sie verbieten nur, ohne poſitiv etwas zu gebieten. Sie betreffen alle Arten von
Verbrechen: aber auf alle, ſelbſt auf die allerſchändlichſten,
iſt keine andere Strafe geſetzt, als Geldbußen (C o m p o ſ i-
t i o n e s), niemahls aber Lebens- auch keine Leibesſtrafen,
auſſer wenn ſie von Leibeigenen verübt wurden. Ihr Inhalt ſtimmt ungemein mit dem zuſammen, was Tacitus von
den Sitten der T é u t ſ c h e n erzählt. Es herrſchet darinn eine
ausnehmende Simplicität, lauter Natur, ein Geiſt, der durch
keinen andern verdorben oder geſchwächt worden iſt. Die
Schreibart iſt ein barbariſches Latein, voll von Schnitzern
und teutſchlateiniſchen Wörtern. A u s g a b e n: P e t r i
G e o r g i ſ c h i i Corpus iuris Germanici antiqui, in quo
continentur leges Francorum Salicae, et Ripuariorum, A l a-
mannorum, Baiuvariorum, Burgundionum, Friſionum,
Anglorum et Werinorum, Saxonum, Langobardorum, Wi-

figothorum, Oftrogothorum, nec non Capitularia regum
Francorum; in gratiam iuris Germanici ftudioforum dili-
gentias recognitum et variantibus lectionibus inftructum.
Cum praef. Heineccii. Hal. 1738. 4 mai. Barbarorum
leges antiquae, cum notis et gloffariis; acc. formularum
fafciculi et felectae conftitutiones medii aevi; collegit, notis illuftravit, monumentis ineditis exornavit F. Paulus
Canciani, ord. Serv. b. Mar. Virg. S. T. D. Venet.
1781—1789. 4 Voll. fol. Vergl. Gött. gel. Anz. 1781.
S. 173—175. 1786. S. 1465—1469. 1790. S. 124—128.
— Die Gelehrten, die fich am meiften um die Erklärung
diefer altteutfchen Gefetze verdient gemacht haben, find:
Bafil. Joh. Herold, Fried. Lindenbrog, Joh.
Ge. Eccard, Lud. Ant. Muratori und Joh. Schilter. — Vergl. Biener in der Einleitung.

9.

Was noch die Weftgothen in Spanien befonders
betrifft; fo gab ihnen K. Eurich fchon in der andern
Hälfte des 5ten Jahrh. gefchriebene Gefetze. Daraus und
aus den Verordnungen der folgenden Könige entftand unter
Sifenand oder Egiza zu Ende des 7ten Jahrh. das fogenannte Forum Judicum (Fuero Juzgo). Alarich der 2te lies 506 für die alten Einwohner Spaniens
einen Auszug aus dem Cod. Theodof. machen (Breviarium Alaricianum). Wir kennen ihn nicht nur aus
dem von Anian unterfchriebenen Patent, weswegen man
ihn gewöhnlich diefem ftatt des wahren Verfaffers, Goja-
rich, zufchreibt: fondern er ift auch größtentheils noch
vorhanden. Diefe Weftgothifche Kompilation wurde fehr
berühmt; man citirte fie als Lex Romana, Lex mun-
dana, felbft im kanonifchen Recht; und man fchrieb fie,
bald mehr bald weniger unvollftändig, oft fogar nur im

Auszug, ab. — Vergl. J. D. Ritteri Pr. de foro antiquo Gothorum regum Hifp. hodie Fuero Juzgo. Vit eb.
1770. 4. C. G. Bieneri Pr. Hiftoria legum Wifigothica-
rum in regno Hifpaniae vetere. Spec. I. de legibus The-
doricianis et Codice Alariciano. Lipf. 1783. 4.

10.

Die Langobarden in Italien bekamen ihr erftes
gefchriebenes Gefetzbuch erft 643 durch den Herzog Ro-
tharis von Brefcia, der es zu Pavia publicirte. Die Könige Grimoald und Luitprand vermehrten es, und
es erhielt fich bey den langobardifchen Einwohnern Italiens auch unter der fränkifchen Herrfchaft. Manches diefer Gefetze, befonders in Lehnfachen, dauert noch bis
jetzt fort.

11.

Obgleich die Angelfachfen in England fchon vor
dem K. Alfred († 901) gefchriebene Gefetze zu haben
fcheinen; fo wird doch er erft hiftorifch gewifs als der Stifter des englifchen Rechts anerkannt. Eduard der 3te,
der Bekenner, erwarb fich Ruhm durch die Abfaffung eines gemeinen Rechtes von England, das aus den
vorherigen Gefetzen gezogen ward. Wilhelm der Eroberer liess (nach 1066) durch 12 beeidigte und aus allen
Provinzen des Reichs gewählte Männer, die der Landes-
rechte vollkommen kundig waren, ein neues Gefetzbuch
machen, das aber, auffer den Eduardifchen Verordnungen,
wenig Neues enthielt. Es zeichnete fich nur durch Feu-
dalverordnungen aus, welche fchon feine nächften Nachfolger mildern mufsten. Ausgabe: Leges Anglo-Saxo-
nicae ecclefiafticae et civiles; notas, verfionem et gloffarium adiecit Dav. Wilkins, Lond. 1721. fol. Vergl.

Commentaries on the Law of England; by Will. Black-
ftone. Oxford 1764—1769. 4 Voll. gr. 4. 9te von D.
Rich. Burn beforgte Ausgabe in 4 Oktavbänden. ...
C. H: S. Gatzert, Commentatio iuris exotici hiftorica de
iure communi Angliae. Goett. 1765. 4.

12.

Endlich find noch zu bemerken die Kapitularien
oder Verordnungen, die Karl der Gr. und feine nächften Nachfolger ergehen liefsen, und vom Abbt Ange-
fius (827) und Benedikt Levita (845 zwar vollftändiger, aber vielleicht weniger treu) gefammlet wurden.
Sie dienten meiftens zur Milderung der in den ältern Gefetzen herrfchenden Strenge, und betreffen theils die politifche, theils die häusliche, kirchliche und bürgerliche
Verfaffung. Ausgaben: von Steph. Baluzius, mit
einem Kommentar, Parif 1677. 2 Voll. fol. Neu aufgelegt cura Petri de Chiniac. ib. 1780. 2 Voll. fol.
Auch in Georgifch l. c.

Nach den Karolingern wurden die ältern fränkifchen
Gefetze und Kapitularien in Teutfchland als Gewohnheits-
rechte befolgt, ohne fich eben viel um die gefchriebenen
Gefetze zu bekümmern.

XIV. Zuftand der theologifchen Wiffenfchaften.

I.

Das Verderben der Philofophie, der Verfall des guten Gefchmacks und der überhand genommene Aberglaube
hatte auch traurige Einflüffe in die chriftliche Religion und in ihren mündlichen und fchriftlichen Vortrag,
d. h. in die Theologie. Anfangs zwar erhielten fich
noch die Grundartikel der Religion in den meiften Gemei-

nen unverletzt: aber fie wurden oft ungefchickt erklärt.
Bey den vielen Streitigkeiten mit Irrlehrern im 5ten Jahrh.
wurden manche Glaubensartikel umständlicher erörtert und
genauer, als vorher, beftimmt: aber zugleich eröffneten
auch viele Lehrer nicht fowohl den Weg zu einem vernünftigen Glauben und rechtfchaffenen Leben, als vielmehr zu Zänkereyen, die in den folgenden Jahrh. immer
ärger wurden. Am meiften trugen die griechifchen Polemiker hierzu bey, befonders im 6ten und in den folgenden
Jahrhunderten. Die meiften Lehrer fuchten recht abfichtlich
den grofsen Haufen in Unwiffenheit, Aberglauben, Ehr-
erbietung gegen die Geiftlichkeit und Anhänglichkeit an
leere Gebräuche zu, verfenken, und alle Empfindung
und Kenntnifs der wahren Frömmigkeit auszurotten. Die
beften Dogmatiker des 5ten und 6ten Jahrh. pflegten die
Glaubenslehren nach den Regeln der platonifchen Philofophie, fo wie fie Origenes verbeffert hatte, zu erklären.
Doch wuchs zugleich die Sekte derer, die behaupteten,
man müffe fich Erkenntnifs göttlicher Dinge nicht dadurch
erwerben, dafs man philofophire, fondern dadurch, dafs
man Betrachtungen anftelle und die Seele von dem Sinnli-
chen in fich felbft zurückrufe. Daher entftanden die Myftiker. Schon im 4ten Jahrh. fiengen fie an aufzukei-
men: aber in diefem Zeitraum wucherten fie wie Quecken
und Difteln. Der vorgebliche Dionyfius Areopagita war ihr Hauptanführer, der um das J. 500 lebte, in
feinen Schriften die Perfon des Bifchoffs Dionys zu Athen,
der unter dem K. Domitian Martyrer wurde, annahm,
und unter diefer Maske denen Vorfchriften gab, die fich
durch Betrachtungen der Welt entziehen und den von Gott
abgetrennten Geift zu feinem Urfprung zurückführen wollten. Durch die Schriften diefes Betrügers find unendlich
viel Leute verführt und die Religion fchrecklich entftellt

worden. Erſt im 9ten Jahrh. lernte die lateiniſche Chri-
ſtenheit dieſe Schriften kennen, und gewann ſie ſogleich
aufferordentlich lieb. — Opp. cum ſcholiis ſ. Maximi
et paraphraſi Pachymerae a Balth. Corderio latine
interpretata et notis theol. illuſtrata. Antverp. 1634. fol.
Nachgedruckt Pariſ 1644. fol.

Faſt alle eigene Unterſuchung verlohr ſich. Concilien und Fürſten befahlen, was geglaubt, gedacht und geſprochen werden ſollte: Demüthig und gedankenlos den
Kirchenvätern nachzubeten, galt für Gelehrſamkeit; und
wer dieſen rechten, alleinſeligmachenden Glauben nicht
hatte, wer es wagen wollte, ſeinen eigenen Weg zu gehen, war ein Ketzer und verlohr, als ſolcher, alle bürgerliche Vortheile, wurde nicht im Staate geduldet, und
wohl gar bis zum Tode verfolgt. Man ſorgte für Cärimo-
nien und äufferlichen Pomp bey dem Gottesdienſt, während die Köpfe ungebildet und die Herzen ungebeſſert
blieben.

Und doch lieferte eben dieſes Zeitalter der äufferſten
Ausartung der Religion und der härteſten Bedrückung des
menſchl. Verſtandes den erſten erheblichen Verſuch,
die Dogmen der rechtgläubigen Kirche philoſophiſch und ſyſtematiſch zu bearbeiten.
Der Urheber, Johann von Damaſcus, ſtand erſt bey
einem Khaliphen in Dienſten und ſtarb als Mönch im Kloſter Saba bey Jeruſalem nach 754. Er benutzte bey Errichtung dieſes Lehrgebäudes die Vorarbeit der Ariſtoteliſchen Philoſophie, die zu vielen, durch Streit wichtig gewordenen Sätzen der Bibel und Tradition neue Beweiſe
aus innern Gründen und neue Formen der Einkleidung
erfunden hatte. Er wuſte ihm das äuſſere Anſehn zu geben, als wenn es auf Wahrheiten der geſunden Vernunft
und Ausſprüchen der heil. Schrift geſtützt wäre, da dieſe

doch nur zur Bindung und Ausschmückung derjenigen Sätze dienten, die man als ausgemacht voraussetzte: Der ganze Versuch gleicht oft mehr einem planlosen Aggregat, als einem wissenschaftlichen Entwurf, und verräth den Zweck des Verfassers, seine Collectaneen nach einer gewissen Folge der Materien zu ordnen, als sie für ein System zu verarbeiten. Diese griechisch geschriebene Orthodoxae fidei accurata expositio l. 4 wurde in der griechischen Kirche klassisch. Ausgabe: Opp. omnia — studio Michaelis Lequien. Parisf. 1712. 2 Tomi Vergl. Rösler's Bibl. der Kirchenväter Th. 8. S. 246 u. ff.

Die Lateiner blieben noch lange bey der bequemen Methode, Meynungen und Zeugnisse der Kirchenväter zu sammlen. Nur wenige erläuterten, nicht mit Absicht, sondern nur bey Gelegenheit, einzelne Materien der Theologie durch Schriften. Das erste System dieser Wissenschaft unternahm der Erzbischoff Anselm von Canterbury, ohne es auszuführen. Dies leistete der Erzbischoff Hildebert erst im folgenden Zeitraum.

2.

Hermeneutik wurde sowohl im Orient als im Occident vernachlässigt und verkehrt getrieben. Ebräische Sprachkunde war ganz verschwunden, und im Occident auch die griechische. Die Kirche konnte also ihre heiligen Schriften nur in Uebersetzungen nutzen, und einer von diesen wurde bald ausschließend kirchliche Autorität zuerkannt. Im Orient folgten die Ausleger im Anfange dieses Zeitraumes blindlings der Methode des Origenes, und jagten, mit Hintansetzung des Wortverstandes, selbst bey den deutlichsten Gedanken und Ausdrücken, einem geheimen Sinne nach, den sie in den allegorischen, anagogischen und

tropologifchen theilten. Nur Theodorus, Bifchoff zu
Mopfuheftia oder Mopsvefte in Cilicien († 429 oder
430), ein aufgeklärter, aber verketzerter Theolog, und
fein Schüler Theodoretus von Antiochien, Bifchoff zu
Cyrus in Syrien († um 458), machen ehrenvolle Ausnahmen. In den letztern Werken (ex edit. J. L. Schulzii
— et J. A. Noeffelti — Hal. 1769—1772. 5 Voll. 8)
finden felbft neuere Exegeten treffende Erklärungen fchwerer Bibelftellen. Dies gilt jedoch nur von den Schriften
des N. T. Diejenigen des A. T. haben weder von Griechen noch von Lateinern viel Licht erhalten. Faft alle,
die fie zu erklären fuchten, pflegten fie ohne Urtheilskraft, ganz auf Chriftus und deffen Wohlthaten, oder auf
den Antichrift und deffen Kriege und Niederlagen zu deu-
ten. Im 6ten Jahrh. fieng man im Orient an, nur die
Meynungen und Auslegungen der alten Lehrer zu fammm-
len. Die Lateiner ahmten dies nach, und nannten folche
Arbeiten Catenae Patrum. Karl der Grofse traf mancherley Verfügungen, um die Geiftlichen zur fleiffigern
Erklärung der Bibel zu reitzen. Einige träge Köpfe wurden zwar dadurch geweckt: aber er verordnete auch manches, das einen Theil feiner guten Abficht vereitelte; z. B.
er billigte die vor ihm fchon angenommene Gewohnheit,
über Perikopen zu predigen. Da er hernach einfah,
dafs wenige im Stande wären, diefe fogenannten Evangelien und Epifteln gehörig zu erklären; fo befahl er dem
Paulus Warnefried und Alcuin, Homilien aus den alten
Lehrern zu fammlen, damit ungefchickte Geiftliche fie
dem Volke vorlefen könnten. Daher entftand fein foge-
nanntes Homiliarium, nach deffen Mufter andere Bücher ähnlichen Schlags zur Unterhaltung der Trägheit im
ganzen Mittelalter verfertigt wurden.

Von griechischen Exegeten nennen wir, außer den schon angeführten, noch: Isidorus Pelusiota, von Alexandrien, Mönch eines Klosters nabe bey Pelusium († um 449), hinterlies viele tausend Briefe, wovon 2012 gedruckt sind und worinn er die an ihn ergangenen Anfragen wegen Erklärung schwerer Bibelstellen gelehrt und angenehm beantwortet. Ausgaben: De interpretatione divinae scripturae epistolarum l. 5 etc. Parif. 1638. fol. Isidorianae collationes, quibus Isidori epistolae cum multis antiquis optimae notae mff. codd. comparantur etc. Rom. 1670. 8. Vergl. C. A. Heumanni D. de Isidoro Pelusiota et eius epistolis, quas maximam partem fictitias esse demonstratur. Goett. 1737. 4. — Euthalius, Diaconus einer Kirche in Aegypten, hernach Episcopus ecclesiae Sulcensis, welcher Ort unbekannt ist († nach 460) veranstaltet eine Ausgabe der Apostelgeschichte, der paulinischen und katholischen Briefe, wie schon vor ihm eine von den Evangelien gemacht worden war; indem er sie in Lektionen, Kapitel und Verse eintheilte, den Inhalt der Kapitel anzeigte, mit Parallelstellen aus dem A. T. versah und eine kurze Einleitung vorausschickte; in L. A. Zacagni Collect. monum. vet. eccl. Gr. et Lat. (Rom. 1698. p. 403 fqq. — Photius (f. VI. 2) bewies in seinen Schriften viel Bibelstudium und ziemlich gute Interpretation. — Oekumenius, Bischoff zu Trikka in Thracien († vor 1000), und Theophylaktus Erzbischoff zu Achris († nach 1107) kompilirten Commentarien über das N. T., letzterer auch über die 12 kleinen Propheten. Theophylacti Opp. omnia (ed. a J. F. B. M. de Rubeis). Venet. 1754—1763. 4 Voll. fol. — Euthymius Zigabenus oder Zygadenus, Mönch zu Konstantinopel († nach 1118), berühmt durch Sprach- und Redekunst und durch theol. Gelehrsamkeit, verfertigte,

auſſer andern Schriften, einen Commentar über die 4
Evangeliſten, den zuerſt griechiſch, mit der latein. Ueberſ. von Joh. Hentenius, und mit Anmerk. edirte
C. F. Matthaei, Lipſ 1792. 3 Voll. 8. Ein für die Geſchichte der Bibelerklärung wichtiges Werk!

Lateiniſche Exegeten: Eucherius, Biſchoff zu Lyon († vor 456), ſtand in dem Ruf einer groſsen Gelehrſamkeit und hinterlies, auſſer vielen andern Schriften: Liber
formularum ſpiritualis intelligentiae (worinn
er dunkle Redensarten der heil. Schrift zu erklären ſucht);
Commentarii in Geneſin et in libros Regum
(von denen es jedoch zweifelhaft iſt, ob ſie von ihm ſind).
Ausgabe: Opuſcula omnia ex emendatione Andr.
Schotti; in Bibl. PP. max. Lugd. T. 6. p. 822 ſqq. —
Junilius, ein afrikaniſcher Biſchoff († nach 530), ein
gelehrter, ſelbſtdenkender Mann, ſchrieb ein für jene
Zeiten nicht unerhebliches Werk von den Hauptſtücken
der Erkenntniſs des göttl. Geſetzes; eigentlich eine Einleitung zur Kenntniſs der heil. Schrift, die zugleich eine
Art eines chriſtlichen Lehrbegriffs enthält. Es kommen
merkwürdige Meynungen über den Kanon darinn vor.
Vergl ..... Becker's Abh. über den Junilius. Lübeck
1787. 8. — Rabanus Maurus und ſein Schüler Wa-
lafried Strabo oder Strabus gaben ſich die undank-
bare Mühe, aus den ältern Exegeten eine fortlaufende Bibelerklärung (gloſſa interlinearis) zu ſammlen;
wobey vielleicht das einzige Verdienſtliche iſt, daſs die
grammatiſche Interpretation etwas gewann und unwillkühr-
lich wieder erweckt wurde. Ausgabe: Biblia ſacra cum
gloſſa ordinaria, primum quidem a Walaf. Strabo, nunc
vero Patrum, cum graecorum tum latinorum explicationi-
bus locupletata et Poſtilla Nic. Lyrani — opera et ſtudio Theologorum Duacenſium. Duaci 1617. 6 Voll. fol.

II.   Uu

Antverp. 1634. 6 Voll. fol. — Claudius, ein Spanier († vor §40), Bifchoff zu Turin, war ein ziemlich aufgeklärter, mit den damahls herrfchenden Misbräuchen un-
zufriedener Geiftlicher.   Er fchrieb Auslegungen vieler
bibl. Schriften, wovon aber nur diejenige der Epiftel an
die Galater abgedruckt ift (Parif. 1543. 8), die ihn als einen nicht allegorifirenden Erklärer kennen lehrt. —
Angelomus, Mönch im Klofter Luxeu in Burgund (†
vor 855), fchrieb, auf Befehl des K. Lothar, einen Commentar über das 1fte Buch Mofeh, woraus Benutzung der
ältern latein. Exegeten und Bekanntfchaft mit den alten
Klaffikern hervorleuchtet.   Er fcheint eine, von der Vulgata ganz verfchiedene Bibelüberfetzung vor fich gehabt
zu haben.   Vom Allegorifiren ift er nicht frey.   Auch
über die 4 Bücher der Könige und über das hohe Lied
fchrieb er Erklärungen. — Berengarius von Tours,
Vorfteher der Stiftsfchule in feiner Vaterftadt, der er durch
feine Gelehrfamkeit einen glänzenden Ruf verfchaffte.
Seine Meynung vom heil. Abendmahl, welche ganz der
Vorftellung Luthers gemäfs ift, zog ihm vielfache Unruhen und Verfolgungen zu.   Zuletzt entzog er fich der
Welt und ftarb auf der Infel Come bey Tours 1088. Sein
Commentar über das hohe Lied ift ungedruckt.   Eine Vertheidigung feiner Vorftellungsart vom heil. Abendmahl gegen Lanfrank liegt handfchriftlich zu Wolfenbüttel. Vergl
Berengarius Turonenfis; oder Ankündigung eines wichtigen Werks deffelben u. f. w. von G. E. Leffing. Braun-
fchweig 1770. kl. 4. (f. Allg. teut. Bibl. B. 18. S. 393—409).

3.

Zu dem, was vorhin fchon (§. 1) von der Gefchichte
der Dogmatik erwähnt wurde, ift hinzuzufetzen, dafs
fie fich nach und nach aus Streitigkeiten, die über die Geheimniffe der chriftl. Religion geführt wurden und gegen

die man fich durch genauere Beftimmungen und feinere
Unterfcheidungen zu fchützen fuchte, entwickelte. Das
Syftem gewann zwar dadurch an Bildung: das Chriftenthum aber wurde immer fpeculativer, und der praktifche
Theil deffelben, die Stütze der Moral, galt immer mehr
für unbedeutende Nebenfache. Wahrheit konnte man
nicht wohl finden; denn die Bibel, die einzige Quelle,
woraus chriftl. Lehrfätze gefchöpft werden müffen, wurde
felten zu Rathe gezogen. Vielmehr hieng alles ab von
Menfchenfatzungen, Concilienfchlüffen, Ausfprüchen der
Kirchenväter und vom Geifte des Widerfpruchs, mit Ver-
ketzerungsfucht gepaart.

Im Abendlande gab Aurelius Auguftinus von
Tagafte in Afrika den Ton an. Anfangs ein Wüftling und
Weltgelehrter, ward er vom Erzb. Ambrofius in Meyland
bekehrt und getauft (387) und gelangte bald zu grofsem
Ruhm und Anfehn in der rechtgläubigen Kirche. Nach
der Rückkehr in fein Vaterland ward er Presbyter zu Hip-
po, hernach Bifchoff (395). Es war etwas Neues, dafs er
in feinem Haufe ein Klofter für Geiftliche, oder eine Anftalt gemeinfchaftlicher Lebensart, die fehr berühmt ward,
errichtete. So unbedeutend auch der Platz war, worauf
er ftand; fo nahm er doch an allen wichtigen Kirchenan-
gelegenheiten, die nur zu feiner Wiffenfchaft kamen, fehr
ftarken Antheil (geb. 354. geft. 430). Seine meiften
Schriften, nebft allen feinen Briefen, wurden durch Anfragen und Streitigkeiten veranlafst. Die wichtigften find:
L. 4 de doctrina chriftiana (eine Anweifung zur
Erklärung der heil. Schrift und zum Predigen); Enchiridion de fide, fpe et charitate (foll ein Compend.
der Theol. vorftellen); L. 7. quaeftionum in hepta-
teuchum (worinn er weniger, als anderwärts, allegorifirt); L. 13. Confeffionum (worinn er fein Leben

aufrichtig fchildert); L. 2. Retractationum (worinn
er feine Schriften verzeichnet und kritifirt); L. 22 de
civitate Dei (eine gelehrte Beftreitung der heydnifchen Vorwürfe gegen das Chriftenthum); 273 Briefe (faft
das Nützlichfte unter feinen Schriften). , Ausgaben:
opera et ftudio Monachorum ord. S. Benedicti, Parif.
1679—1700. 11 Voll. fol. Nachgedruckt Antverp. (eigentl. Amft.) 1700—1703. 12 Voll. fol. (den 12ten that
J. Clericus hinzu, unter dem Titel: Appendix Au-
guftiniana). — A. befafs wirklich viel Grofses und
Vortreffliches, Wirz, Wahrheitsliebe, Arbeitfamkeit,
Frömmigkeit und viel Scharffinn: aber bey weitem nicht
fo viel Urtheilskraft; und von der Hitze feines Tempera-
ments lies er fich oft dahin reiffen. Dadurch gab er vielen
Gelehrten Gelegenheit, über feine wahren Meynungen zu
ftreiten und feine Unbeftändigkeit und übereilte Fertigkeit, mit welcher er von ungewiffen Dingen fchrieb, zu
tadeln. Seine eigentliche Gelehrfamkeit war nicht einmahl
mittelmäfsig. Er verftand weder Ebräifch noch Griechifch;
daher find feine Auslegungen biblifcher Bücher faft blofse
Allegorieen und Myftik. Durch fein Bischen platonifche
Philofophie wollt' er den Mangel der hermenevtifchen Erkenntnifs bey Erklärung der chriftlichen Lehren erfetzen.
Vergl. J. L. Berti de rebus geftis S. Auguftini librisque
ab eodem confcriptis commentarius etc. Venet. 1756. 4.

Nach diefes Mannes Abfterben ftieg fein Anfehn immer höher; und es hatte entfcheidenden Einflufs in die allmählige Ausbildung des chriftl. Lehrbegriffs, fogar noch
in die heutige Religionstheorie. Es entftand ein ganz neuer
Sprachgebrauch, der ins Syftem aufgenommen wurde und
bald genug fymbolifches Anfehn erhielt. Die meiften Bifchöffe und andere Geiftlichen begnügten fich mit der
Kenntnifs des apoftolifchen Glaubensbekenntniffes, des

Vater Unfers und der 10 Gebote. Zur Noth machten fie
fich noch mit den vornehmften Kirchengebräuchen, den
kirchlichen Verordnüngen und Ordensregeln bekannt.
Die dogmatifchen Schriften waren faft nichts, als Compi-
lationen, die eine beffer, die andere fchlechter. Dies ift
der Fall mit den Werken der fchon angeführten Männer:
Boëthius, Caffiodorus, Ifidorus, Rabanus
Maurus u. a. Auffer ihnen find noch zu bemerken:

Fulgentius von Telepte in Africa (geb. 468. geft.
533), Bifchoff zu Rufpe, hatte viel Kampf mit den Arria-
nern, lebte ftreng, und hinterlies unter andern: L. 3
de duplici praedeftinatione, de facrificii
oblatione et de miffione Spiritus S. De trini-
tate. De remiffione peccatorum. 18 Epiftolae (worunter einige Abhandl. find). Ausgabe: Opera. Venet. 1742. fol. — Der vorhin erwähnte Junilius erfcheint auch im Felde der Dogmatik als Selbftdenker und gelehrter Theolog. Der 2te Abfchnitt feines
Werks gehört hierher. — Pafchafius Radbert, auch
Ratbert, von Soiffons, brachte feine meifte Lebenszeit
im Klofter Corbie zu, wurde dort Abbt, und zog viele
Schüler. Aus Liebe zur Muffe legte er die Würde nieder
und ftarb unter gelehrten Befchäftigungen um 865.
Schriften: De corpore et fanguine Chrifti
(wodurch er der Vorläufer der Lehre von der Transfub-
ftantiation würde. Anfangs ward feiner Behauptüng ftark
widerfprochen: aber am Ende erhielt fie kanonifches Anfehn); de partu Virginis l. 2 (Chriftus fey hey ver-
fchloffenem Leibe der Maria gebohren worden!!!). Ausgabe: Opp. (editore I. Sirmondo). Parif. 1618. fol.
Nachgedruckt in Bibl. PP. Lugd. T. 14. p. 353 fqq. —
Gottfchalk, Sohn eines fächfifchen Grafen Bernus, meh.

rere Jahre Mönch zu Fulda, wurde auf einem Concilium
zu Mainz wegen feiner Meynung von der abfoluten Prädeftination verdammt, öffentlich gegeiffelt und ins Gefängnifs geworfen, worinn er fein Leben befchlofs (§6§). Er
hatte feine Lehre von Auguftin erborgt, und feine Gegner
ftritten mit ihm mehr um Worte, als um Sachen. Beyde
Parteyen konnten gar wohl ihre Beweife von den unbe-
ftimmten Begriffen diefes Kirchenvaters entlehnen. G.
mufste feine Schriften felbft ins Feuer werfen, und fo befitzen wir von ihm nur noch 2 Glaubensbekenntniffe und
einige Bruchftücke, die Ufher am Ende feiner Hiftoria Godefcalci (Dublini 1631. 4. Hanov. 1662. 8)
und Gilb. Mauguin in Scriptt. de gratia et praedeft.
(T. I. p. 7 fqq.) abdrucken liefsen. — Joh. Scotus
Erigena (f. oben IX. 7) fchrieb gegen Gottfchalk über
die Prädeftination, fah wohl ein, dafs das Misverftändnifs
aus Unkunde der griech. Sprache entftanden fey, und
fuchte den Streit durch richtigere Erklärung biblifch zu
entfcheiden, befafs aber nicht Kenntniffe genug dazu, und
verfiel eben fo, wie Gottfchalk, auf ein Extrem, verwech-
felte die göttl. Vorfehung mit den göttl. Rathfchlüffen u.
f. w. (bey Mauguin l. c. p. 103 fqq.).

4.

Die Polemiker im 5ten und in den nächft folgenden Jahrh. bedienten fich mehr der Regeln der alten Sophiften und — der Vorfchrift des römifchen Rechts, als
der Beyfpiele und Erinnerungen Chrifti und der Apoftel.
Diefer Gebrauch des röm. Rechts in geiftl. Streitigkeiten
erregte die boshafte Kühnheit derer noch heftiger, die fich
nicht fcheuten, berühmten Männern des Alterthums Bücher, die fie felbft verfertigt hatten, unterzufchieben, um
auf Concilien und in Schriften einer Autorität die andere

entgegen ftellen zu können. Die ganze Chriftenheit wurde damahls mit folchen fchändlichen Erdichtungen über-
fchwemmt. Die meiften obengenannten Philofophen und
Theologen waren auch Polemiker, wie man zum Theil
fchon aus der Angabe ihrer Schriften fieht. Späterhin erfcheint kaum Einer, der Lob verdiente. Die meiften
Griechen ftritten über den Bilderdienft höchft ungefchickt
und verwirrt. Die Lateiner mifchten fich noch im 9ten
Jahrh. fparfamer in diefe Händel: defto mehr Zeit verdarben fie mit Widerlegung des Erzbifchoffs Elipand zu Toledo von der Perfon Chrifti. Joh. von Damafcus ftritt fich
mit den Manichäern und Neftorianern herum, und wagte
fich fogar an die Muhamedaner. Aber er und andere hatten nicht einmahl richtige Begriffe von der muhamedifchen
Religion. — So wie das Studium der fcholaft. Philofophie
immer mehr empor kam, ward auch Polemik ftärker getrieben: aber wenig theol. Fechter bedienten fich ihrer
Waffen gefchickt; fie fachten ihre Gegner nicht fowohl
zu überwinden, als durch Spitzfindigkeiten zu verwirren.
Die Wahrheit der chriftl. Religion bewies gegen die Juden
Damianus (X. B. 3) in guter Abficht, aber mit mittel-
mäfsigem Glück. Die Atheiften und Freygeifter beftritt
Anfelm von Canterbury in feiner Schrift contra infi-
pientes in der That fcharffinnig. Euthymius Zigabenus (f. vorhin 2) fchrieb ein grofses Werk wider alle
damahlige Ketzereyen, unter dem Titel: Πανοπλία δογ-
ματικὴ τῆς ὀρθοδόξε πίςεως (Tergowifto in der Wal-
lachey 1710. fol.). Allein, faft der ganze Streit wird mit
Ausfprüchen der Vorfahren geführt; nichts zu gedenken
von der Schwachheit und faft unbegreiflichen Leichtgläubigkeit diefes Graeculi. Die andern find, wo möglich,
noch elender. Gegen das Ende diefes Zeitraumes fchritt
man beym Polemifiren fogar zur Gewalt; der Ungläubige

mufste fich bekehren laffen und widerrufen oder er wurde
körperlich gezüchtigt und mit Feuer und Schwerd bedroht
und zur Bufse gezwungen.

5.

Die Moral mufste viel Mängel und Fehler an fich
tragen, weil man fie nicht aus ihren ächten Quellen, der
Bibel, einer vernünftigen Philofophie und Menfchenkenntnifs, fondern aus menfchlichen Entfcheidungen und Vorurtheilen herleitete. Scholaftiker und Myftiker befudel-
ten auch fie, jede Partey nach ihrer Weife: die Scholaftiker — die gemeiniglich Dogmatik und Moral mit einander verbanden — mit dürren, oft ärgerlichen Spitzfindigkeiten und kindifchen Gewiffensfragen: die Myftiker hingegen fchwatzten über die Pflichten ohne alle Gründlichkeit, oft mit angebranntem Gehirn und verkrüppeltem
Verftand. Von den Griechen fammleten einige Sentenzen aus den Kirchenvätern, wie Joh. von Damafcus. Weiter hin wurden die unächten myftifchen Werke des Dionyfius Areopagita (f. vorhin 1) das Orakel
der Sittenlehrer. Ein ähnliches Schickfal hatte die Moral
im Abendlande. Wahre Tugend wurde von Mönchstu-
gend und Afcetik verdrängt. Zu den beffern Schriftftellern, die noch einigen Einflufs auf ihre barbarifchen Zeitgenoffen hatten, rechnet man: Salvianus, wahrfcheinlich aus der Gegend von Cöln gebürtig, Aeltefter zu Mar-
feille (um 430), ftarb um 485, und hinterlies de guber-
natione Dei et de iufto Dei praefentique iudicio l. 8 (bey Gelegenheit des Einfalls teutfcher Völker
ins römifche Reich; enthält Klagen über das Sittenverderb
jener Zeit, befonders über die Ausartung der Klerifey,
und ift für den Gefchichtforfcher fehr brauchbar); adverfus avaritiam l. 4; und 9 Briefe. Ausgabe: cum

comment. Rittershufii ac notis integris J. Weitzii,
T. Adami, Th. Sitzmanni, St. Baluzii etc. Bremae
1788. 4. — Martin (IX. 4) — Beda, befonders wegen feines Briefes über die Pflichten eines chriftl. Bifchoffs
(VII. 7). — Alcuin, wegen einer Abhandl. über Tugend und Lafter (IX. 6). — Ratherius, zu Lüttich
um 896 gebohren, erft Mönch, hernach Bifchoff zu Verona, und nach manchen Widerwärtigkeiten zu Lüttich:
mufste aber diefe Würde verlaffen, und ftarb als ein herumirrender Abentheurer 974. Schriften: Man theilt
fie in 3 Theile: 1) Praeloquiorum l. 6. (von den
Pflichten der Menfchen eines jeden Standes); einige andere Schriften, theils zu feiner Vertheidigung, theils kanonifchen und hiftorifchen Inhalts. 2) Epiftolae 16 et
teftamentum. 3) Sermones 8. Ausgabe: Praeloquia, in Martenii Coll. ampliff. T. 9. p. 785 fqq. Sein
trefflicher Kopf und feine Kenntnifs der griech. u. latein.
Litteratur erwarb ihm den Ruhm eines der größten Gelehrten fowohl in geiftl. als weltlichen Wiffenfchaften.

6.

Von der geiftlichen Beredfamkeit und von
Rednern f. oben X. B. Für die gewöhnlichen Prediger,
zumahl im Abendlande, war es damahls fchon genug,
wenn fie die Formeln der Liturgieen, der Sakramente
u. f. f. fo verftanden, dafs fie fich ihrer im Singular oder
Plural, im Mafculinum oder Foemininum, nach Maasgabe
der Umftände, bedienen konnten; wenn fie im Stande
waren, die Epifteln und Evangelien lateinifch bey dem
Gottesdienft abzulefen und allenfalls ihren buchftäbl. Sinn
zu verftehen; wenn fie die Pfalmen auswendig wufsten
und die 40 Homilien des heil. Gregorius, nebft den Auslegungen des apoftol. Glaubensbekenntniffes, der 10 Ge-

bote und des Vater Unfers im Haufe hatten.: Man glaub-
te, es fey hinreichend für einen Prediger, wenn er feine
Bildung in den Trivialfchulen der Klöfter empfieng; der
Befuch der höhern Schulen wurde gar nicht erfodert.

7.

In der erften Hälfte des 7ten Jahrh. ereignete fick
eine der gröften Revolutionen·für politifche, kirchliche
und litterarifche Verfaffung in allen drey damahls bekannten
Eidtheilen. Muhamed, Kaufmann zu Mecca in Arabien,
zwar ungelehrt, aber von Natur beredt und fcharffinnig, ausgerüftet mit Menfchenkenntnifs und andern, einem Reforma-
tor unter rohen und leichtgläubigen Leuten nöthigen Gaben, ward in einer Zeit von etwa 20 Jahren der glückliche
Stifter einer Religionspartey, die fich weiter und gefchwin-
der, als irgend eine, auf der Erde ausgebreitet hat. Unter dem Vorgeben, Gott habe ihn gefandt, die Vielgötterey zu zerftöhren, und erft die Religion der Araber, dann
aber auch der Juden und Chriften, zu reinigen und zu
verbeffern, beredete und zwang er fowohl in Arabien, als
auch in den benachbarten Gegenden, unzählig viele Menfchen, feinen Meynungen beyzutreten. Stolz auf diefen
unerwartet glücklichen Erfolg, dachte er auch auf die
Gründung eines weltlichen Staats; und führte diefen Gedanken mit eben fo viel Glück als Kühnheit aus. Er ftarb
als oberfter Herr und Gefetzgeber der Halbinfel Arabien und
einiger benachbarten Länder 630. Das vornehmfte Glau-
bensbuch feiner Anhänger ift Koran betitelt. Er brachte
es zwifchen 622 (als dem Jahre feiner Flucht von Mecca —
Hedfchra —) und 625 zu Stande. Es ift eine Anthologie
oder Sammlung feiner Reden und Auffätze, von Abubekr,
feinem Schwiegervater, gefammlet, in dem hohen, präch-

tigen Ausdruck, der feiner nationalen und perfönlichen
Denkart fo gemäß war, abgefaßt, und aus alter Landes-
religion, Judenthum und Chriftenthum abgezogen, jedoch
mit Auswahl der allgemeinern, am wenigften pofitiven
und mit Verwerfung aller folcher Vorftellungen und Gewohnheiten, die nach feiner Vermüthung zu Vielgötterey
und Aberglauben verleiten, oder feinen Anfprüchen an
die Ehre des gröften Gefandten der Gottheit entgegen feyn
könnten. Ausgaben: von Lud. Maracci. Patavii
1698. fol. von Abr. Hinkelmann. Hamb. 1694. 4.
Englifch, mit Anmerk. und Prolegomenen, von Ge.
Sale. Lond. 1734. 4. Teutfch von F. E. Boyfen.
Halle 1773. 2te Ausg. ebend. 1775. gr. 8. Franz.
mit Anmerk. u. einer kurzen Biographie Muhameds, von
Savary. Paris 1782. 2 Voll. gr. 12. Vergl. Mém. fur
l'établiffement de la Religion et de l'Empire de Mahomet;
par M. de Brequigny; in Mém. de l'Ac. des In-
fcript. T. 32. p. 404—431. Meufelii Bibl. hift. Vol. 2.
P. 1. p. 225—232. Reichsanzeiger 1794. Nr. 99. 130. 151.
1795. Nr. 99.

Fünfter Zeitraum.

Von der Zeit der Kreutzzüge bis zum Ende des Mittelalters.

Von 1100—1500 nach Chr. Geb.

I. Allgemeine Befchaffenheit der Kultur der Wiffenfchaften.

Während diefer Zeit vereinigten fich zufällig mehrere wichtige Umftände, die bisherige Barbarey zu vertreiben und die Morgenröthe des beffern Gefchmacks und gründ-licherer Kultur der Wiffenfchaften hervorzubringen; und zwar: 1. die Kreutzzüge; wodurch der Luxus unter den Europäern aufkeimte, und nicht allein den bis dahin noch unbedeutenden Handel, fondern auch eine Menge damit verbundener Künfte, Gewerbe und Wiffenfchaften weckte. Vergl. J. J. Rambach von dem Einflufs der Kreutzzüge in die Beförderung der Künfte und Wiffen-fchaften; in deffen vermifchtenAbhandlungen S. 145 u. ff. 2) der dadurch beförderte Geift der Ritterfchaft, wo-durch der bis dahin blos kriegerifche Adel verfeinert,Könige, Fürften und andeie freye Leute Freunde und Befchützer der Wiffenfchaften wurden. Die Ritterfchaft ward die Schule aller Polizey, einer zweckmäffigern Thätigkeit, der Welt- und Menfchenkenntnifs. Von der daraus ent-ftandenen Ritterpoëfie f. unten X.A. Vergl. J.G. Eichh o r n's allg. Gefch. der Cultur und Litt. des neueren Europa B. I. 3) die daher entftandene allmählige Verfchwindung des Monopols, das die Geiftlichkeit mit allen höhern Kenntniffen getrieben hatte; 4) das Emporkommen des Standes der Freyen im 14ten Jahrhundert, wo die Ritterfchaft fank; 5) die Entftehung der Univerfitäten im 12ten Jahrhundert. S. hernach Nr. 4. 6) Konftantinopels Eroberung durch die Osmanen 1453, und der dadurch veranlaßte ftärkere Zug griechifcher Gelehrten in's Abendland, welche dort den faft ganz vergeffenen Gefchmack an klaffifcher Gelehrfamkeit erneuten. Vergl. C. F. Boerner de doctis hominibus Graecis, litterarum Graecarum in Italia Inftauratoribus. Lipf. 1750. 8. (Meiner's) Betracht. über die erften Wiederherfteller nützlicher Kenntniffe im 14ten u. 15ten Jahrhundert; in dem N. Götting. hift. Mag. B. 3. St. 1. S. 1—56. 7) die Erfindung des Baumwollenpapiers, deffen Verfertigung die Araber in der Bucharey zu Anfang des 8ten Jahrh. kennen lernten, deffen Gebrauch fie aber erft ungefähr im 11ten aus Afrika nach Europa brachten: noch mehr aber die durch Teutfche in der erften Hälfte des 14ten Jahrh. gemachte Erfindung des Leinenpapiers, die in demfelben Jahrh. dazu gekommene Form- und Holzfchneidekunft, und die dadurch im 15ten entftandene Buchdruckerkunft, deren wahrer Erfinder Johann von Sorgenloch, genannt Gänfefleifch zu Guttenberg, gewöhnlich Joh. Guttenberg, ritterlichen Gefchlechts, aus Mainz gebürtig, 1466 geftorben ift. Die Kunft felbft erfand er in Strasburg, wo er von 1430 bis 1445 wohnte und feit 1436 Bücher mit Formen, die aus gefchnittenen beweglichen Lettern beftanden und mit Wirbeln zufammengehalten wurden, durch

eine Preſſe abzudrucken unternahm. Weil es ihm an Vermögen zur Betreibung der Kunſt fehlte; ſo gieng er wieder nach Mainz, und trat mit Joh. Fuſt oder Fauſt, einem begüterten Goldſchmiede, in Verbindung auf gleichen Gewinn und Verluſt. Die erſte groſse Unternehmung gieng auf eine lateiniſche Bibel. Kaum aber waren
1455 einige Bogen abgedruckt; ſo zerfielen beyde wegen
der Auslagen. G. verlohr den Prozeſs: F. aber behielt
deſſen Druckerey für ſeine Foderung, und betrieb nun mit
Peter Schäffer von Gernsheim, ſeinem ehemahligen
Diener, der auch ſchon 1449 Bücherſchreiber zu Paris geweſen war, ſeinem nunmehrigen Schwiegerſohn und Mit-
genoſſen, die Unternehmung ſelbſt lebhafter. Schäſſer
brachte die Kunſt, durch Erfindung der Bunzen und Ma-
trizen zum Schriftgieſſen und der Buchdruckerſchwärze,
zur Vollkommenheit. Da den älteſten Druckſchriften die
Jahrzahl, der Name des Druckers und des Druckorts fehlt;
ſo läſst ſich nicht beſtimmen, ob die erſte und bekannte
Schrift zu Strasburg oder zu Mainz, ob ſie von Guttenberg,
oder von ihm und Fauſt gedruckt worden ſey. Vor dem
J. 1457 läſst ſich kein ordentlich gedrucktes Werk mit Zu-,
verläſſigkeit aufweiſen. Seit 1462 zerſtreuten ſich mehrere
Arbeiter von Mainz und errichteten Druckereyen in andern
Ländern; auſſer Teutſchland zuerſt in Italien, hernach in
Frankreich, deſſen damahliger König der erſte Fürſt war,
der ſich der neuen Kunſt annahm. Die Folgen dieſer
groſſen Erfindung liegen theils klar vor Augen, theils ſind
ſie unberechbar. Der gröſste Vortheil beſteht aber wohl
darinn, daſs die Welt gegen alles Hinſinken in Barbarey
auf immer geſichert iſt, und daſs in gröſsern Kreiſen eine
ſchnellere Mittheilung geſchehen kann, als ohne ſie ſonſt
möglich war; vorausgeſetzt, daſs im Denken, Reden,
Schreiben und Drucken die Freybeit Statt findet, welche

die Sittenlehre und vernünftige Gefetze billigen. Vergl.
J. G. I. Breitkopf's Verfuch, den Urfprung der Spielkarten, die Einführung des Leinenpapiers, und den Anfang der Holzfchneidekunft in Europa zu erforfchen.
1r Theil, welcher die Spielkarten und das Leinenpapier
enthält. Mit 14 Kupf. Leipz. 1784. gr. 4. G. F. Wehrs
vom Papier (Halle 1789. gr. 8) S. 129—378. Joh.
Heinr. Leich de origine typographiae. ib. 1740. 4.
J. D. Köhler's Ehrenrettung J. Guttenbergs u. f. w.
ebend. 1741. 4. J. D. Schoepflini Vindiciae typo-
graphicae. Argent. 1760. 4 mai. Ger. Meermanni
Origines typographiae. Hag. Com. 1765. 2 Voll. 4. K.
H. v. Heinicken's Nachrichten von Künftlern u. Kunft-
fachen Th. 2 (Leipz. 1769. gr. 8). (Deffelben) Idée
générale d'une Collection complette d'eftampes etc. (à
Leipz. et à Vienne 1771. 8). Breitkopf über die
Gefchichte der Erfindung der Buchdruckerkunft. Leipz.
1779. gr. 4. Recherches hift. litt. et critiques fur l'origine
de l'Imprimerie; particuliérement fur fes prémiers établiffe-
mens au XVme fiècle dans la Belgique — par le Cit. P.
Lambinat. à Bruxelles 1798. gr. 8. (Vergl. Goett.
gel. Anz. 1799. S. 1062—1071). 8) Die Beförderung
des freyern Denkens durch die freymüthigen Waldenfer, Wicleff, Hufs u. a. in dem 12ten u. folg. Jahrhunderten. 9) die Entdekung Amerika's durch Chriftoph Colombo 1492. 10) die Erfindung der Poften
gegen Ende des 15ten Jahrhunderts.

Dafs man in diefem Zeitraume nicht noch weiter kam,
hinderten: 1) die, dem freyen Forfchen nach-
theiligen Regierungs- und Staatsverfaffun-
gen; 2) Hierarchie und Gewiffenszwang; 3)
die faft immer fort währenden Kriege und
innerlichen Unruhen; 4) Mangel an nachah-

mungswürdigen Muftern (mit Ausnahme Italiens)
bis ins 15te Jahrh. hinein.

II. Beförderer der Wiſſenſchaften.

In Italien, auſſer den Berengaren (1136—1245),
deren Hof Corte de l'Amore hieſs, die Viſconti in Mayland, die della Scala in Verona, die Carrara in Padua und die Eſte in Ferrara (alle im 14ten Jahrh.), vorzüglich die Familie der Medici zu Florenz. (Vergl. Angeli Fabronii Vita Laurentii Medicis Magnifici. Piſis 1784. 2 Voll. 4 mai. The life of Lorenzo de' Medici —
by Will. Roſcoe. Liverpool 1795. 2 Voll. 4. Teutſch
(mit Anmerk.) von K. Sprengel Berl. 1797. gr. 8). K. Robert von Sicilien (1309—1343), die Päpſte Gregor der
9te und 10te, Nikolaus der 5te, Pius der 2te. —
In Spanien K. Alphons der 10te von Kaſtilien, und
Alphons der 5te von Aragonien (Vergl. Antonii Panormitae Speculum boni principis, Alfonſus rex Aragoniae,
h. e. Dicta et facta Alfonſi etc. ed. J. Santenius. Amſt.
1646. 12; und in J. G. Meuſchenii Vitis ſummorum virorum (Cob. 1736. 4) T. 2. p. 1 ſqq.) — In Portugal K.
Dionys. — In Frankreich die Könige Ludwig der
7te, Philipp der 2te, Karl der 5te und 7te. — In
Teutſchland, die Kaiſer aus dem Schwäbiſch-Hohenſtauffiſchen Hauſe, vorzüglich Friedrich der 2te (reich an
Sach u. Sprachkenntniſſen, und ſelbſt Schriftſteller. Vergl.
Joh. Gottfr. Schmutzeri D. de Friderici II, I R. C. A.
in rem litterariam meritis. Lipſ. 1740. 4), Karl der 4te
und Friedrich der 3te. — In England K. Eduard
der 3te und Heinrich der 7te. — In Dänemark
K. Chriſtian der 1ſte. — In Polen K. Kaſimir
der 3te oder Groſse. — In Ungarn K. Matthias
Corvinus. (Vergl. Paulli Wallaszky Tentamen

hiſtoriae litterarum ſub Rege Matthia Corvino de Hunyad
etc. Lipſ. 1769. 4).

III. Männer von groſsem Einfluſs in die Wiſſen-
ſchaften überhaupt.

Peter Abälard (Vergl. Joſ. Berington's hiſtory
of the lives of Abeillard and Heloiſe etc. Birmingham and
Lond. 1787. 4. Teutſch, von Sam. Hahnemann.
Leipz. 1789. 8); Robert Groſthead oder Groſſeteſt
(Vergl. Sam. Pegge's Life of Rob. Groſſereſtc etc.
Lond. (1797) 4); Albert Groot oder der Groſse;
Matthaeus Paris; Roger Bacon; Franz Petrar-
ca\(Vergl. Mémoires pour la vie de François Petrarque
etc. à Amſt. 1764—1767. 3 Volſ. 4. Vom Abbé de Sade.
Teutſch (jedoch abgekürzt) Lemgo 1774—1779.
3 Bände. gr. 8. Sendſchreiben über dieſe Mémoires (von
Jagemann); in dem Teutſch. Muſeum 1779. St. 5.
S. 120—137. Eſſay on the life and character of Petrarch.
Lond. 1784. 8); Raymund Lullus oder Lullius;
Aeneas Sylvius (als Papſt Pius der 2te); Joh. Trit-
tenheim oder Trithemius. (Vergl. Leben des Abt
Tritheim von G***r (K. G. Günther); in Canzler's
und Meiſsner's Quartalſchrift 1784. r Quart. 1. H. S.
101—105. 2 Quart. 2 H. S. 25—55. 3 Quart. 1 H.
S. 9—42. 2 H. S. 75—91).

IV. Lehranſtalten.

I.

Im 12ten Jahrh. entſtanden hohe Schulen (Scholae
oder Studia), zu Anfang des 13ten Studia genera-
lia, nachher Univerſitätes genannt. Von den vor-

herigen Lehranſtalten waren ſie weſentlich darinn verſchieden, daſs die Lehrer ſowohl, als die Lernenden, von
Päpſten, Kaiſern, Königen und Städten Privilegien oder
geſetzliche Vorrechte erhielten, wodurch ſie ſich über andere
Lehrer und Lernende, ſowohl der damahligen, als der
vergangenen Zeit erhoben, und in eine für ſich beſtehende oder beſondere privilegirte Gemeinheit oder Geſellſchaft
verwandelt worden. Der Privilegien der erſten hohen
Schulen waren Anfangs nur wenige, und ſie wurden 3
Jahrh. lang immer vermehrt. Nicht aber der Beſitz von allen, ſondern der Beſitz der erſten geſetzlichen Vorrechte
machte den Charakter der privilegirten hohen Schulen des
12ten Jahrh. aus. Die ſchnell wachſenden Privilegien waren eine Zeit lang der Grund des dauernden Flores der,
Schulen des 12ten Jahrh., anſtatt daſs der Ruhm der blü-
hendeſten Schulen des 11ten gewöhnlich mit dem Tode
des berühmten Vorſtehers oder Lehrers, der ſie emporge-
bracht hatte, verſchwunden war. Je höher die privilegirten Schulen ſtiegen, deſto mehr ſanken die unprivilegir-
ten. Alle Bemühungen Alexanders des 3ten und Innocenz
des 3ten auf den Lateraniſchen Concilien 1179 und 1215,
den Stifts- und Kloſterſchulen wieder aufzuhelfen, waren
fruchtlos. Honorius der 3te befahl zwar 1220, daſs der
Schluſs der allgemeinen Concilien, vermöge deſſen an jeder Hauptkirche ein Lehrer der Theol. zum Unterricht der
jungen Geiſtlichen und der armen Jugend angeſtellt werden und dafür eine Präbende erhalten ſollte, ſtreng beobachtet würde. Aber auch er richtete wenig damit aus.

2.

Die Verfaſſung der Univerſitäten iſt aus den Klöſtern
entlehnt, und muſs ihrem Urſprunge nach aus mönchiſchen
Gebräuchen erklärt werden. Die ſogenannten Fakultä-

ren entſtanden im 12ten und 13ten Jahrh.: erſt die phi-
loſophiſche, dann die theologiſche, ſpäter die juriſtiſche,
und am ſpäteſten die mediciniſche. Die erſten Lehrer hieſsen Magiſtri oder auch Lectores: doch kommt auch
ſchon im 12ten Jahrh. das Wort Profeſſor vor. In demſelben findet man auch ſchon Spuren von Prüfungen der
Kandidaten, Promotionen und Univerſitätsgraden. Die
Studirenden hieſsen Anfangs Scholaſtici und Schola-
res; diejenigen beſonders, die Beneficien genoſſen, Bur-
ſarii. Die Benennung Studioſi kam ſpäter auf. —
Vergl. H. Conringii de Antiquitatibus academicis diſſ.
7, una cum eius ſupplementis; recognovit C. A. Heu-
mannus adiecitque Bibliothecam academicam. Gott.
1739. 4. Orbis litteratus academicus germanico-europaeus,
praecipuas muſarum ſedes, ſocietates, univerſitates etc. in
ſynopſi repraeſentans; curante H. G. Hagelgans. Francof. ad M. 1737. fol. G. N. Brehm's Alterthümer, Geſchichte und neuere Statiſtik der hohen Schulen. 1. B.
Leipz. 1783. 8. I. G. G. Goezii Geographia academi-
ca. Norimb. 1789. 8 mai. (W. A. Wilmerding's)
Verzeichniſs der Univerſitäten, Akademien u. ſ. w. (auſser
Teutſchland); nebſt einer kurzen Ueberſicht des Zuſtandes
der Gelehrſamkeit dieſer Länder. Leipz. 1795. 8. —
L. A. Muratorii D. de litterarum fortuna in Italia poſt
a. 1100 et de Academiarum ſ. Gymnaſiorum erectione; in
eius Antiqq. Italiae med. aev. T. 3. p. 881—998. C. Tho-
maſius de ortu et progreſſu quatuor facultatum. Hal.
1710. 4. J. D. Dieterich de non adaequata eruditionis
in quatuor facultates diviſione. Vitemb. 1730. 4.

3.

Die erſten privilegirten hohen Schulen waren: Salerno (ſ. im vor. Zeitr. XIII. 3) und Bologna. Vergl.

oben Abtheil. 1. S. 6t Sarti et Fattorini. Hierzu
noch: G. G. Keuffel's Merkwürdigkeiten der Bononi-
fchen Schule u. f. w. Helmft. 1749. 8. Die Jahre ihrer
Entftehung laffen fich nicht genau angeben. Ferner in
Italien: das Archigymnafium zu Rom 1248; die Uni-
verfität zu Padua von Kaifer Friedrich dem 2ten 1221
(Vergl. J. P. Tomafini Gymnafium Patavinum l. 5.
comprehenfum etc. Utini 1584. 4. N. C. Papadopo-
li hiftoria gymnafii Patavini etc. Venet. 1720. 2 Voll. fol.);
Perugia 1307; Pifa 1339; Siena 1330 oder 1387;
Pavia 1361; Ferrara 1391 (Vergl. de academia
Ferrarienfia ClementeXIVreftituta. Ferrariae 1772.4);
Turin 1400; Cremona 1413 (?); Florenz 1433;
Catania (in Sicilien) 1445.

In Spanien und Portugal: Salamanca 1222;
Lerida 1300; Huefca 1354; Valencia 1410 (Vergl.
Memorias hiftoricas de la fundacion i progrefos de la uni-
verfidad de Valencia; efcrividas el Dr. Franc. Orti i
Figuerola. Madrid 1730. 4); Siguenza 1472; Toledo 1499; Coimbra 1308 (Vergl. Noticias chrono-
logicas da Univerfidade da Coimbra; compoftas dal Franc.
Zaragoza 1474; Leitão Ferreira. Lisboa 1729.
fol.).

In Frankreich: Paris ungefähr 1206 (die Sor-
bonne war das erfte theol. Kollegium oder Fakultät. Doch
kam auch die Eintheilung der Lehrer und Lernenden in
Nationen auf. Vergl. C. E. Bulaei hiftoria univerfitatis Parifienfi; etc. Parif. 1665—1673. 6 Voll. fol. Hift. de
l'Univerfité de Paris; par M. Crevier. ib. 1761. 7 Voll.
12); Toulouse 1228; Montpellier 1298 (hatte
fchon im 12ten Jahrh. faft die Geftalt einer Univerlität);
Lyon 1300; Avignon 1303; Orleans 1312; Gre-
noble 1339 (nach Valence verlegt 148..); Perpi-

gnan 1349); Angers 1398 (fchon im 12ten Jahrh. eine treffliche Lehranftalt); Aix 1409; Caën 1430; Poitiers 1431; Bourdeaux 1441; Bourges 1463.

In Teutfchland: Heidelberg 1346; Prag 1348 (Vergl. Adauct Voigt's Verfuch einer Gefchichte der Univerf. zu Prag, eb. 1776. 8); Wien; gewiffermafsen fchon 1237, eigentl. aber erft 1361 (Vorgl. Jof. Reichenau confpectus hiftoriae univerf. Viennenfis, ab initio eius usque ad a. 1465 ex actis veteribusque documentis erutae. Viennae 1722. contin. a Seb. Mitterdorffero. ib. 1724—1725. 3 Voll. 8); Cöln 1388; Erfurt 1389; Würzburg 1403, reftaurirt 1589 (Vergl C. Böniken's Grundrifs einer Gefchichte der Univ. zu Würzburg. eb. 1782—1788. 2 Theile. 4); Leipzig 1409; Ingolftadt 1410 (Vergl. Annales Ingolftadienfis Academiae; inchoarunt Rotmarus et Engerdus; emendavit, auxit, continuavit et codicem diplomaticum adiecit J. N. Mederer. Ingolft. 1782. 4 Partes. 4); Roftock 1419; Trier 1451; Greifswald 1456; Freyburg 1456; Tübingen 1477 (Vergl. A. F. Bök's Gefchichte der Univ. Tübingen. Tüb. 1774. gr. 8); Mainz 1477, reftaurirt 1784.

In der Schweitz: Bafel 1460.

In den Niederlanden: Löwen 1426. (Vergl. Valerii Andreae Fafti academici ftudii generalis Lovanienfis etc. Lovan. 1650. 4).

In Grofsbritannien: Oxford (wo fchon im 9ten Jahrh. eine berühmte Schule war, zur Univerfität erhoben 1300? Vergl. Ant. Wood hiftoria et antiquitates univerfitatis Oxonienfis etc. Oxon. 1674. 2 Voll. fol. Englifch, nach einer Handfchrift von Wood und bis auf die neuefte Zeit fortgefetzt von Joh. Gutch. eb. 1791. 2 Voll. 4. Eiusd. Athenae Oxonienfes: an exact

hiſtory of all the writers and biſhops, who have had their
education in the Univerſity of Oxford. Lond. 1721. 2 Voll.
ſol); Cambridge 1302 (Vergl. Hiſtory and antiquities of the Univerſity of Cambridge etc. by Nich. Can-
telupe and Rich. Parker. Lond. 1721. 8); St. An-
drews 1441; Glasgow 1453; Old-Aberdeen 1480.
In Dänemark: Kopenhagen 1479.

In Schweden: Upſal 1477 (Vergl. Ol. Andr.
Knös D. 8 Hiſtoria Acad. Upſalienſis. Upſ. 1785–1791.
4. G. F. Fant Antiqq. Acad. Upſ. ib. 1789. 4).

In Polen: Krakau 1343.

Noch verdient bemerkt zu werden, daſs das Jahrh.,
in dem die Univerſitäten entſtanden und ſich bildeten,
für ſie ſowohl als für die Wiſſenſchaften im ganzen Mittelalter das ruhmwürdigſte war. In keinem der 6 vorherigen
und der 3 nachfolgenden Jahrh. lebten auf den hohen
Schulen ſo berühmte Philoſophen, ſo gelehrte und vernünftige Theologen, ſo groſse Juriſten und ſo vortreffliche
Schriftſteller, als im 12ten.

4.

Die Entſtehung der Bettelmönchsorden, der Dominikaner und Franciſkaner, im 13ten Jahrh. verurſachte eine Veränderung in den niedern Lehranſtalten. Die
erſten beſonders zogen den Unterricht der Jugend gröſtentheils an ſich. Sie unterrichteten auch in ihren Klöſtern, und erſetzten in den Städten, wo keine Stifter oder
Kathedralkirchen waren, die Mängel der Unterweiſung in
den bisherigen Parochialſchulen. Nicht zufrieden, blos
den Donat, der noch in den beſſern Trivialſchulen herrſchte, zu dociren, lehrten ſie auch Philoſophie. In ihren Klöſtern unterhielten ſie blos für die Zöglinge ihrer Orden
Schulen (Scholae clauſtri) und auſſerhalb entweder die

fogenannten Scholae canonicae (geiftl. Ordensfchu-
len) oder, wenn fie aus Mangel des Parochialrechts, keine
öffentl. Schule auffer dem Klofter anlegen durften; fo wurden doch fehr häufig die Schullehrer aus ihren Orden genommen. Ihr Unterricht beftand meiftens in Gedächtnifs-
übungen. Die Oberauflicht über die Schulen in jeder
Diöcefe führte der Bifchoff; in mehrern Gegenden gehörte
fie dem Landesherrn, der fie als ein ihm zuftändiges Lehn
anfah, und den Städten zu verleihen oder ganz als Eigenthum abzutreten pflegte.

5.

Befonderer Erwähnung würdig ift die im 14ten Jahrh.
zu Utrecht entftandene Erziehungs- und Lehranftalt.
Geirt Grote oder Gerhardus Magnus, ein in Paris
gebildeter Meifter der Künfte und Kanonikus zu Utrecht
und Aachen, (geb. 1340, geft. 1384) gab ihr den Urfprung.
Gerührt durch das wüfte Leben der Klerifey und die elende Befchaffenheit des Schulwefens, legte er in feinem väterlichen Haufe mit mehrern Gehülfen ein Inftitut an, wo
Unterricht im Lefen, Schreiben und Handarbeiten gegeben und Andachtsübungen angeftellt wurden. Durch den
Beyfall des Publikums bald erweitert, nahm es die Geftalt
eines Ordens nach Auguftins Regel an, ohne fich jedoch
dem gemeinen thätigen Leben zu entziehen. Die Gefellfchaft legte Schulen und Gymnafien an, in welchen ein
Rektor und andere Brüder öffentlich Unterricht in der Religion und in nützlichen Kenntniffen und Wiffenfchaften
ertheilten, fo wie auch die niedern Volksfchulen und Mäd-
chenfchulen unter ihrer Leitung ftanden. Unter andern
gewannen fie mit Bücherabfchreiben ihren Unterhalt. Sie
hiefsen Hieronymianer, Gregorianer, Brüder
des gemeinfamen Lebens, auch die guten Brü-

der und Schweftern. Auf den Rath eines ihrer erften
Zöglinge, Thomas a Kempis, reisten mehrere nach
Italien, um dort klaffifche Gelehrfamkeit zu lernen. Nun
trieb man bald latein. Litteratur auf ihren vielen und zahlreich, zuweilen mit 1000 Schülern befetzten Gymnafien,
die auf einer Seite bis zu den Gränzen von Artois durch
die Niederlande durch, auf der andern über die nieder-
rheinifchen weftphäl. Gegenden und von da nach Oberfach-
fen, Pommern, Preuffen und Schlefien, auch nach den
oberrhein. Ländern fich verbreiteten. Die beffere Kultur
der Wiffenfchaften begann alfo mit der latein. Litteratur;
ihr folgte die griechifche, in Gemeinfchaft mit Mathematik und bildenden Künften, und zuletzt die orientalifche.
Vergl. Meiners Lebensbefchr. berühmter Männer u.
f. w. B. 2. S. 311—322. J. C. Kraufe in der Gefch. der
wicht. Begeb. des heut. Europa B. 4. Abth. 4. S. 342—345.

6.

Mit gleichem Rechte verdient Erwähnung die von
Lorenz von Medici zu Florenz geftiftete und auf
Beförderung des Studiums der griechifchen Litteratur ab-
zweckende Lehranftalt, wo gebohrne Griechen und gelehrte Italiener dafür von ihm befoldet wurden, dafs fie die
griech. Sprache lehrten. Das Studium derfelben verbreitete fich, vermittelft der dort gebildeten Zöglinge, durch
den gröften Theil Europens, indem aus allen kultivirten
Ländern diefes Erdtheils eine grofse Anzahl junger Leute
nach Florenz kam, um fich in der griech. Litt. feft zu
fetzen.

7.

Die jüdifchen Schulen im Orient giengen feit dem
11ten Jahrh. ganz Grunde, und ihre Lehrer begaben fich
meiftens nach Spanien, wo fie unter den arab. Fürften

viele Schulen anlegten, z. B. zu Sevilla, Cordua, Granada, Toledo.

8.

Der Ruhm der im vorigen Zeitraum angelegten Schulen der Araber dauerte während des gröfsten Theils des jetzigen fort; vorzüglich gewann diejenige zu Cordua an Celebrität. Zu Bagdad baute der vornehmste Minister des Khaliphen ein Kollegium und verfah es mit Einkünften, die fich jährlich auf 15000 Dukaten beliefen; es ftudirten dort gewöhnlich 5 — 6000 Freunde der Wiffenfchaften. Im 13ten Jahrh. wurde die medicinifche Schule zu Damafkus fehr berühmt. Der Khaliphe felbft dotirte fie fehr reichlich, und kam oft felbft, mit dem Buch unter dem Arm, um dem Unterricht beyzuwohnen. Auch die fchon im 11ten Jahrh. geftifteten Schulen zu Kufa und Baffora fanden gröfsern Beyfall. Selbft Bokhara im tiefften Often hatte unter arabifcher Herrfchaft eine berühmte Lehranftalt. Zu Marokko lies K. Jakob Manfur ein prächtiges, mit grofsen Einkünften verfehenes Kollegium bauen. Ein ähnliches legte in der Folge K. Habu Henon zu Fes an. Zu Tunis waren damahls berühmte Schulen.

V. Bibliotheken.

1.

Die Bibliotheken der Juden litten ungemein durch die häufigen, über fie verhängten Verfolgungen, und die meiften giengen ganz zu Grunde.

2.

Die Araber hatten bey allen ihren Kollegien zum Theil anfehnliche Bibliotheken, die vornämlich aus arab.

Ueberf. griechifcher Schriften beftanden. So z. B. hatte **Abu-Manfur Baharam zu Firuzabad** eine öffentl. Bibl. angelegt, die gleich Anfangs 7000 Bände enthielt. Im 12ten Jahrh. waren im arabifchen Spanien 70 öffentl. Bibliotheken, unter denen diejenige zu **Cordua** hervorragte. Sie foll 250,000 Bände ftark gewefen feyn, und ihr Verzeichnifs 44 Bände erfordert haben.

3.

Von Anlegung neuer Bücherfammlungen zu **Konftantinopel** und von Erweiterung anderer, auch nicht einmahl in Hinficht auf die Klofterbibliotheken, findet man nichts. Bey den Verwirrungen, welche die Kreutzfahrer des Abendlandes, zumahl im 13ten Jahrh. dort ftifteten, war dies wohl auch nicht anders möglich. Den ärgften Schaden verurfachten die wiederhohlten fchrecklichen Feuersbrünfte. Was die barbarifchen Chriften allenfalls noch übrig gelaffen hatten, vernichteten vollends die rohen Osmanen bey Eroberung der Stadt 1453.

4

Im **Abendlande** wurde die Anfchaffung beträchtlicher Bibliotheken in diefem Zeitraum vor der Erfindung der Buchdryckerey immer fchwerer, wegen des ungeheuern Preifes der Handfchriften, welcher daher entftand, dafs Lehrer und Lernende einen Ruhm darinn fuchten, fchön gefchriebene, mit illuminirten Zeichnungen und Gold koftbar verzierte Bücher zu befitzen. Weil man nirgends mehr Bücher brauchte, als in Bologna und Paris, fo war dort das Gewerbe der Abfchreiber am blühendeften. Die Buchhändler hiefsen dafelbft, wie die Verkäufer von Arzneymitteln, **Stationarii.** Die Werke, die fie ausboten, waren in eine gröfsere oder kleinere Zahl von Heften

(Peciae) zerlegt, wovon in Bologna jedesmahl nur 4 auf einmahl zum Lefen oder Abfchreiben ausgegeben wurden. Der Lefe- oder Abfchreibezins war bey verfchiedenen Werken fehr verfchieden. Auch diefe Benutzung von Schriften war fo theuer, dafs Aermere eben fo wenig daran denken konnten, grofse Werke zu lefen, als fie zu kaufen. Dies veranlafste fchon im 13ten Jahrh. fromme und gelehrte Männer, ihre Bücher an Stifter oder hohe Schulen mit der Bedingung zu vermachen, dafs fie ärmern Studirenden unentgeldlich gegeben würden.

5.

Durch die Erfindung des Baumwollen- noch mehr aber des Leinenpapiers wurde das Gefchwindfchreiben, folglich auch das häufigere Kopiren der Bücher befördert; vorzüglich in Italien und Frankreich, wo noch immer die Klofterbibliotheken durch den Fleifs der Mönche am zahlreichften waren. Während des 12ten Jahrh. fcheint der Eifer, Bücher abzufchreiben und zu fammlen, in Frankreich noch gröfser gewefen zu feyn, als in Italien; wozu die Schriften, welche manche Geiftliche von den Kreutzzügen mit brachten, und der Fleifs der vorhin erwähnten Bettelmönchsorden viel beygetragen haben. Auch in den englifchen Klöftern, felbft Nonnenklöftern, war die Thätigkeit in diefer Hinficht fehr ftark: in den teutfchen aber defto fchwächer.

Obgleich damahls in Italien noch keine öffentl. Bibl. angelegt wurden; fo ermunterte doch das Beyfpiel Petrarca's und Boccaccio's im 14ten Jahrh. mehrere, beträchtliche Privatbibliotheken zu fammlen, durch welche der Grund zu jenen für die Folge gelegt wurde. Von Grofsen verdienen in diefer Rückficht genannt zu werden: K. Robert von Neapel und der Herzog Giangaleazzo

von Mayland aus dem Haufe Vifconti, und von Privatperfonen vorzüglich Coluccio Salutati, Kanzler
der florentin. Rep.

6.

Aungervyle, Grofskanzler und Schatzmeifter von
England (von dem hernach VI. 9), fammlete eine Bibliothek, wie vorher keine in diefem Lande gewefen war, ver-
machte fie nach Oxford, und legte dadurch den Grund zu
dem dortigen berühmten Bücherfchatz.

7.

Im 15ten Jahrh., zumahl nach Erfindung der Buchdruckerkunft, nahm die Begierde und Nachahmungsfucht,
grofse Bibl. anzulegen, immer mehr überhand. So wurde
damahls (um 1450) der Grund zur Vatikanifchen
Bibl. in Rom gelegt; ferner zu öffentlichen Bibliotheken
zu Florenz (die Mediceifche), zu Venedig (die
Markusbibl.), in der Paulskirche zu London, in dem
Trinitätskollegium zu Cambridge, zu Ofen, zu Wien
u. f. w. befonders bey den vorhin erwähnten Univerfitäten.

*) Vergl. oben Einleitung S. 186—194.

VI. Zuftand der philologifchen Wiffenfchaften.

1.

Bis in die Mitte des 15ten Jahrh. hinein wurden fie
nur von Arabern, Griechen und Juden bearbeitet. Die
Werke der erftern find meiftens ungedruckt. Bey den
Griechen waren fie Hauptftudium; die Dialekte wurden
von ihnen erläutert, gelehrte Commentarien über alte
Dichter gefchrieben, und Sprachlehren zufammengeftellt.
Die Juden befchäftigten fich mit Erklärung des A. T. Von

Italien gieng eine reinere Latinität aus. Auch worden
ſchon Klaſſiker in die Mutterſprachen überſetzt, beſonders
in Frankreich. Die Landesſprachen bildeten ſich aus, und
die italieniſche und ſpaniſche erreichten ſchon ihre Vollkommenheit.

2.

In den 3 erſten Jahrh. dieſes Zeitraumes iſt unter den
jüdiſchen Schriftſtellern die Klaſſe derer, die Auslegungen über die heil. Schrift und ebr. Geſetze abfaſten,
die zahlreichſte. In dem gröſsten Theil dieſer Commentarien herrſchet Allegorieſucht und Geheimniſskräme-
rey: dennoch enthalten ſie nicht zu verachtende Materialien zur Bibelauslegung und manche gute Sprachbemer-
kung. Die vornehmſten dieſer Ausleger ſind:

Abraham ben Meir oder Abén Eſra von To-
ledo († auf der Inſel Rhodus 1165), gewöhnlich von ſeinen Glaubensgenoſſen der groſse Weiſe genannt.
In der That war er in mehrern Sprachen und Wiſſenſchaften bewandert. Er ſchrieb faſt über alle Schriften des A. T.
Auslegungen. Er erklärt ſehr buchſtäblich, nimmt auch
mit unter das Arabiſche zu Hülfe. Am vollſtändigſten ſind
ſeine Commentarien; nebſt denen der meiſten folgenden
Rabbinen, gedruckt in Joh. Buxtorf's Biblia ſacra he-
braica et chaldaica etc. Baſil. 1620. fol. Seine Kürze
macht ihn oft eben ſo dunkel, wie den nächſtfolgenden
Jarchi. Daher ſchrieben die Juden Auslegungen über ſeine Auslegungen. Auſſerdem ſchrieb er eine Ebräiſche
Sprachlehre und von den Schönheiten der Sprache, nebſt
Anweiſung zum Stil; gedruckt mit Moſes Kimchi grammat. Schriften. Venet. 1546. 4. — Salomo ben Iſaak
gewöhnlich von den Juden Raſchi und von den Chriſten
Jarchi genannt, von Troyes in Frankreich, unternahm,

grofse Reifen, und ftarb in feiner Vaterftadt 1180. Ob
ihn gleich die Juden vorzugsweife den Ausleger des
Gefetzes nennen; fo find doch feine Auslegungen aller
Schriften des A. T. wegen der Kürze des Stils fo dunkel,
dafs fie neuer Auslegungen bedurften, deren es denn fehr
viele giebt. Aufferdem hat man von ihm Auslegungen
über 23 Traktate des Thalmuds, worinn er grofse Kenntnifs der alten Gebräuche an den Tag legt. Schade, dafs
es ihm an Sprachkenntnifs fehlt und dafs er mit zu grofser
Vorliebe an fabelhaften Traditionen hängt. — Mofe
ben Maimon, gewöhnlich Maimonides, geb. zu Cordua 1139, geft. in Aegypten 1205. Dorthin begab er
fich, um den Verfolgungen feiner neidifchen Glaubensgenoffen zu entgehen, und er wurde Leibarzt des Sultans
Saladin. Zu Alexandrien eröfnete er unter grofsem Beyfall eine Schule und hielt fich zuletzt in Kahira auf. Juden
und Chriften bewunderten feine Gelehrfamkeit. Er verftand mehrere Sprachen, und in der Mathematik, Logik
und Metaphyfik war er fehr bewandert. Unter andern hat
man von ihm einen Commentar über die Mifchnah in arab.
Sprache: er ift aber auch ins Ebräifche überfetzt. Diefe
Auslegung der Mifchnah hat den Vorzug vor allen andern
erhalten. Ferner, Auszug aus dem Thalmud, unter dem
Titel: die ftarke Hand. Weiter: Director oder
Doctor perplexorum in arab. Sprache, aber ins Ebr.
überfetzt, eine Anleitung, wie man die Worte, Redensarten, Metaphern, Parabeln u, dgl. die in der heil. Schrift
nicht nach dem Buchftaben können angenommen werden,
verftehen müffe. Dabey fchaltet er ganze Abhandl. ein über
theol. und philof. Materien. Diefes Buch hat zu grofsen
vieljährigen Streitigkeiten Anlafs gegeben. Die Schriften
diefes Rabbi find alle und häufig gedruckt. — David
Kimchi, Jofephi Kimchi's Sohn und Mofes Kim-

chi's Bruder (lauter gelehrte Rabbinen, aus Spanien),
schrieb größtentheils buchstäbl. Auslegungen über die Propheten und Psalmen. † nach 1232. Bemerkenswerth
ist auch, daß er eine ebr. Grammatik verfertigte, die die
Quelle aller andern in den ersten Zeiten der Wiederher-
stellung der Wissenschaften war. Venet. 1545—1548.
2 Part. fol.

Hier darf vielleicht noch bemerkt werden, daß Papst
Clemens der 5te auf dem Concilium zu Vienne 1311 die
Verordnung gab, daß das Ebräische, Arabische und Chal-
däische auf den hohen Schulen gelehrt werden sollte. —
Noch eins! Im 15ten Jahrh. wurden zuerst in Italien
ebräische Druckereyen angelegt, folglich die ersten ebr.
Bücher gedruckt; das allererste zu Ferrara 1476. Vergl.
J. B. de Rossi de typographia Hebraeo-Ferrariensi. Ed.
altera. Erlangen 1781. 8.

3.

Unter den Griechen war Philologie das Hauptstu-
dium, zumahl im 12ten Jahrh. unter der Komnenischen
Kaiserfamilie. Sie schrieben Sprachlehren, oder erläuterten einzelne Theile derselben, oder commentirten über
ältere griech. Schriften, oder übersetzten sie ins Lateinische. Sie haben schon deswegen einen gewissen Werth
für uns, daß sie viele, jetzt nicht mehr vorhandene Hülfsmittel benutzen. Sprachstudium war damahls so gewöhnlich, daß es auch selbst in den niedern Schulen eingeführt
ward. So bald die stürmischen Zeiten der lateinischen Kaiser vorbey waren, fanden die bessern Studien auch wieder
Schutz unter den Paläologen. Selbst unter den ungünsti-
gen Verhältnissen im 14ten und 15ten Jahrh. erhielt sich
doch die Kultur der klassischen Litteratur, die sich dann
auch, nach Eroberung der Hauptstadt durch die Osmanen,

über den Occident verbreitete. Bemerkenswerth find fol
gende Gelehrte: Johann Tzetzes, Grammatiker zu
Konstantinopel († nach 1185), deſſen Gelehrſamkeit ſich
bis auf die ebräiſche und ſyriſche Sprache erſtreckte. Aus
ſeinen Gedichten leuchtet viel Dichterbeleſenheit hervor,
obgleich gepaart mit der gröſsten Geſchmackloſigkeit und
einem lächerlichen Dünkel. Indeſſen iſt bey ihm und andern ſeines Gleichen die von ihnen affektirte Beleſenheit
oft mehr anſcheinend, als reell. Sie citiren einen Alcäus,
eine Sappho u. a. deren Werke damahls ſchon verlohren
waren, aus den Schriften älterer Grammatiker. Schriften: Allegoriae mythologicae, phyſicae et morales, c. n.
F. Morelli. Pariſ. 1616. 8. Carmina iliaca, nunc primum ed. G. B. Schirach, Hal. 1770. 8. Antehomerica,
Homerica et Poſthomerica ed. adnotatione perpetua illuſtravit F. Jacobs. Lipſ. 1793. 8. — Euſtathius aus
Konſtantinopel († nach 1194), Anfangs Mönch, hernach
Diakonus, endlich 1155 Erzbiſchoff von Theſſalonich. So
gering auch ſeine theologiſche und religiöſe Aufklärung
geweſen ſeyn mag; ſo groſs war doch ſeine Beleſenheit in
den Klaſſikern und der Umfang ſeiner gelehrten Kenntniſſe. Beweiſe davon ſind ſeine Commentarien über den
Homer und den Erdbeſchreiber Dionys. Jener iſt eine,
noch lange nicht erſchöpfte Fundgrube philologiſcher Gelehrſamkeit. (Gedruckt mit dem homeriſchen Text Rom.
1542—1549. 2 Voll. fol. Alex. Politus nunc primum
latine vertit, recenſuit, notis perpet. illuſtravit; acc. notae
A. M. Salvini. Florent. 1730—1735. 3 Tomi. fol. Enthält nur den Comment. über die 5 erſten Bücher der Ilias).
Der Comment. über Dionys iſt beſonders in geographiſcher
Hinſicht wichtig. (Gedruckt bey den Ausgaben Diony-
ſens, z. B. Oxon. 1717. 8). — Thomas Magiſter
(† nach 1327), bekleidete einige Hofämter, wurde hernach

Mönch und hies als folcher T h e o d u l u s. Er fchrieb über
den attifchen Dialekt, zwar fehr unvollftändig, aber doch
intereffant für den Sprachforfcher. Ausgabe: c. nott.
var. collegit digeffitque J. S. B e r n a r d, qui et fuas notas
adiecit. L u g d. B a t. 1757. 8. — Emanuel Chryfoloras aus Konftantinopel, reifte auf kaiferl. Befehl an
einige Höfe abendländifcher Fürften, um fie für den griechifchen Hof gegen die Osmanen zu gewinnen. Italien,
das er bey diefer Gelegenheit kennen lernte, gefiel ihm
fo wohl, dafs er um 1390 hinzog, zu Florenz, Mayland,
Pavia, Venedig und Rom in der griech. Sprache Unterricht
ertheilte, fpäterhin nach Konft. zurückkehrte, und mit andern als Gefandter nach Conftanz zur Kirchenverfammlung
kam, wo er 1415 ftarb. Er war der vornehmfte Wiederherfteller der griech. Litt. in Italien. Seine E r o t e m a t a
g r a m m a t i c a, nach denen Reuchlin und Erafmus die
griech. Sprache lehrten, erfchienen, nach mehrern Ausgaben, zu P a r i s 1550. 4 — Eman. Mofchopulus
der jüngere aus Konft. († nach 1453), wanderte mit mehrern Griechen nach Italien. S c h r i f t e n: eine Sammlung
von Atticifmen aus einigen Schriftftellern (P a r i f. 1532. 8);
von der Conftruction der Nenn- und Zeitwörter (ib. 1544.
8); Scholien zu den beyden erften Büchern der Ilias
(gr. et lat. c. nott. J. S c h e r p e z e l i i, Harderov. 1702. 8)
u. f. w. — Beffarion aus Trapezunt (geb. 1395. geft.
1472), trat in den Orden des h. Bafilius, wurde zu Gefandfchaften gebraucht und fuchte auf den Concilien zu
Ferrara und Florenz die Vereinigung der griech. und lat.
Kirche zu bewirken. Papft Eugen der 4te belohnte feine
Bemühung mit dem Kardinalshut. B. nahm hierauf feinen
Aufenthalt in Italien, lernte die lat. Sprache, erhielt vom
Papft Nikolaus dem 4ten die Bisthümer Sabina und Frafcati
und die Legatenftelle zu Bologna, wo er für die Aufnahme

der in Verfall gerathenen Univerſität ſorgte. Beynahe
wär' er Papſt geworden. Ein tugendhafter und gelehrter
Mann, der die Gelehrſamkeit mit allen Kräften zu beför-
dern ſuchte. Hierher gehört er wegen ſeiner lateiniſchen
Ueberſetzungen Xenophontiſcher, Ariſtoteliſcher u. Theo-
phraſtiſcher Schriften, die in verſchiedenen Ausgaben dieſer Autoren gedruckt ſind. — Theodor Gaza († 1478),
verlies ſeine 1430 von den Osmanen eroberte Vaterſtadt
Theſſalonich, und kam nach Italien, wo er 1440 zu Pavia
und nachher noch in andern Städten öffentl. Lehrer der
griech. Litt. wurde, nachdem er ſich mit der latein. vertraut gemacht hatte. Er gehört unter die vorzüglichſten
Beförderer der beſſern Gelehrſamkeit im Abendland, beſonders durch ſeine griech. Grammatik (Baſil. 1541. 4),
wie auch durch Ueberſetzungen griechiſcher Schriftſteller
ins Lateiniſche. — Aehnliche Verdienſte erwarben ſich:
Konſtantin Laſkaris († 1493), deſſen griech. Grammatik in ihrer Art ein Meiſterſtück iſt (zuerſt Medio l.
1476. 4), und Joh. Laſkaris aus der Familie der griechiſchen Kaiſer († zu Rom 1515 ungef. 90 J. alt), der über
griech. Litt. u. Alterthümer viel ſchrieb. Das vornehmſte
iſt die Anthologia graeca.

4

Im Abendland wurden die Klaſſiker fleiſſig ſtudirt; in Frankreich ſchon im 12ten Jahrhundert. Sie wurden öfters in die Landesſprache überſetzt, und Kaiſer Friedrich der 2te lies die erſten treuen latein. Ueberſetzungen
vieler Ariſtoteliſchen Schriften aus der Grundſprache verfertigen. Der latein. Ausdruck bildete ſich durch Nachahmung guter Muſter; er bekam im Anfange dieſes Zeitraums und beſonders vom 14ten Jahrh. an eine Reinheit,
Geſchmeidigkeit und ſelbſt Anmuth, die ſeit dem 4ten

Jahrh. nur in äufserst wenigen Werken fichtbar gewesen
war. Nach Konftantinopels Eroberung durch die Abendländer (1204), noch mehr aber nach derjenigen durch die
Osmanen (1453) kam das Studium der griechifchen Sprache in ftärkern Umlauf.

5.

In Italien ftarb das Studium der Philologie nie ganz
aus; auch in den finfterften Zeiten befchäftigten fich immer einige Männer mit Interpretation der ältern römifchen Werke: doch, Vergleichungsweife, am wenigften
im 12ten und 13ten Jahrh., wo die emfige Kultur des römifchen Rechts gleichfam alle übrige gelehrte Thätigkeit
verfchlang. In fo naher Verbindung es auch, feiner Natur nach, mit römifcher Litt. hätte ftehen müffen; fo fcheint
es doch keinen Einfluß darein gehabt zu haben. Schulen
der Grammatik erhielten fich zwar in Bologna, fo wie anderwärts, befonders in Parma, in denen latein. Sprache
gelehrt ward: allein, diefes Gefchäfte machte nur einen
Theil des Triviums aus, und gehörte für den erften Ju-
gendunterricht. Im 14ten Jahrh. gab hauptfächlich Petrarca (von dem hernach) zur eifrigern Pflege der philol.
Wiff. den Ton an; und im 15ten wurden fie durch die
Griechen noch weit lebendiger.

Papias aus der Lombardey, der noch zu Ende des
vorigen Zeitraumes lebte, hat das Verdienft, einer der
erften zu feyn, die lateinifche Wörterbücher gefchrieben haben. Er nennt das feinige Elementarium.
Es ift zwar unvollkommen und fehlerhaft, enthält aber
viel nützliche Bemerkungen; er zeigt auch Kenntnifs der
griech. Sprache. Es ift oft gedruckt, aber freylich von
neuern längft verdrängt worden. — Johannes Balbi
oder de Balbis, gewöhnl. Joh. de Janua d. i. Ge-

nua, ein Dominikaner († 1298), vollendete 1286 eine
Kompilation aus den ältern Schriften Iſidor's, Papias u. a.
ein groſses Werk zur Erlernung der lateiniſchen Sprache,
Summa oder Catholicon betitelt, in 5 Theilen, nach
einem unordentlichen Plan und voll unrichtiger Begriffe.
Seine Unwiſſenheit in der griech. Sprache bekennt er ſelbſt:
dennoch war er bis ins 16te Jahrh. der vornehmſte Führer
beym Studium der Latinität. Die letzte Ausgabe erſchien
Lngd. 1520. fol. — Johann Malpaghino, gewöhnlich Joh. v. Ravenna, weil er von dorther gebürtig war, einer der thätigſten Wiederherſteller des Stu-
dioms der Alten (gegen Ende des 14ten Jahrh.), bildete
als öffentl. Lehrer viele Schüler, die weit berühmter, als
er, wurden. Seine meiſten Schriften ſind ungedruckt.
Vergl. Meiners über das Leben und die Verdienſte
des Joh. v. Ravenna; in deſſen Lebensbeſchr. ber. Männer (Zürich 1796. gr. 8) B. 1. S. 5—43. — Jakob
Angeli aus dem Florentiniſchen († nach 1410), überſetzte einige Schriften des Ptolemäus und mehrere Plutarchiſche Biographien ins Lateiniſche, und ſchrieb eine öfters
gedruckte Lebensgeſchichte des Cicero nach Plutarch. —
Gaſparinus Barzizius oder von Barzizza, ſeinem
Geburtsorte im Gebiete der Stadt Bergamo, (†zwiſchen
1429 u. 1431) der Vater einer reinern und elegantern Latinität, die er in einigen Städten öffentl. lehrte, machte
ſeine Zeitgenoſſen mit den beynahe vergeſſenen Werken
des Cicero wieder bekannt und ſtellte den ſehr verdorbenen Text derſelben wieder her. Schriften: Orthogra-
phia; Etymologia vocum Latinarum; de compoſitione etc.
Ausgabe: von Joſ. Alex. Furietti. Romae 1723.
2 Partes.4. — Guarinus oder Varinus aus Verona
(geb. 1370. geſt. 1460), Lehrer der latein. und griech.
Litt. zu Florenz, Venedig, Verona, Trient und Ferrara,

überfetzte viele Plutarchifche Schriften und die 10 erften
Bücher von Strabo's Geographie ins Latein, fchrieb Anmerk. zu Valerius Max. und einigen Ciceronifchen Schriften, und mehrere grammat. Auffätze, die gedruckt wurden zu P a r i s 1554. fol. Sein Sohn B a p t i ft war auch
Lehrer der griech., und lat. Litt. zu Ferrara, und hatte
unter andern den Aldus Manutius zum Schüler. Er fchrieb
auch mancherley, und trat überhaupt in feines Vaters Fußtapfen. — G i a n o z z o Mane'tti aus Florenz (geb. 1396, geft. 1459), einer der größten Gelehrten feiner Zeit, erwarb fich eine feltene Sprachgelehrfam-
keit im Ebräifchen und Griechifchen. Beydes foll er fo fer-
tig, wie das Italienifche, gefprochen haben. Zu Florenz
hielt er öffentl. Vorlefungen. Seine Landsleute brauchten
ihn zu vielen wichtigen Gefandfchaften. Er war eine Zeit
lang päpftlicher Sekretar und hielt fich zuletzt bey dem K.
Alphons von Neapel auf, deffen Freundfchaft er in vollem
Maafse genofs. Er überfetzte die ebräifchen Pfalmen und
mehrere griech. Schriften ins Lateinifche, hinterlies Reden,
Briefe und verfchiedene hiftor. Werke. — L o r e n z
V a l l a aus Rom (geb. 1407. geft. 1457), lehrte in einigen ital. Städten die Humanioren, und nahm, da ihm befonders die Mönche feiner Freymüthigkeit wegen verfolgten, Zuflucht zum neap. K. Alphons, und lehrte zu Neapel
ebenfalls. Papft Nikolaus der 5te gab ihm eine Penfion,
und beftellte ihn zum Lehrer der Redekunft in Rom. Zuletzt wurde er Kanonikas und päpftl. Sekretar. Er überfetzte viele griech. Autoren ins Lateinifche meifterhaft.
Am gefchätzteften find, felbft noch jetzt, die E l e g a n -
t i ae latini fermonis in 6 Büchern, häufig edirt, z. B.
L u g d. 1541. 8. Schrieb auch Anmerk. über das N. T.
eigentl. Verbefferungen der Vulgate; worüber er verkez-
zert wurde. Opp. Bafil. 1543. fol. Vergl. C. F. Hel-

wing de Laurentio Valla. Lemg. 1749. 4. — Franz
Bracciolini, gewöhnlich Poggius Florentinus
(geb. zu Terranuova im Gebiete der Stadt Arezzo 1380.
† 1459), Sekretär unter 7 auf einander folgenden Päpften
40 Jahre lang, zuletzt Staatsfekretär zu Florenz. Seine
Verdienfte um die Gelehrfamkeit find fehr grofs. Er beförderte fie durch die Entdeckung vieler Klaffiker, durch
Verbefferung alter Manufcripte, durch Erforfchung und
Erklärung der Alterthümer und durch viele hiftorifche, antiquarifche, moralifche und fatirifche Schriften, Briefe und Reden. Uebrigens ein ftreitfüchti-
ger Mann! Seine meiften Schriften find zufammenge-
druckt Bafil. 1538. fol. Vergl. J. B. Recanati. Vita
Poggii, in huius hift. Florentina (Venet. 1715. 4).
Poggiana, ou la vie, le caractère etc. de Pogge Florentin etc. à Amft. 1720. 2 Vol. 8. — Nik. Perottus
von Saffoferrato († 1480) lehrte die griech. und lateinifche
Sprache zu Bologna und Rom. Pius der 2te verlieh ihm
in feinem 28ften Jahre das Erzbisthum zu Manfredonia.
Er überfetzte viele griech. Schriftfteller ins Latein. und
fchrieb mehrere Erläuterungen über Klaffiker; wie auch
Rudimenta grammaticae (Florent. 1582. 8). —
Franz Philelphus von Tolentino in der Mark Ancona.
(geb. 1398. geft. 1481), einer der vorzügl. Wiederherfteller der beffern Wiff. und des guten Gefchmacks, lehrte
fchon 1417 zu Venedig Redekunft, reifte 1420 nach Konftant., um von Joh. Chryfoloras Griechifch zu lernen, und
lehrte nach feiner Rückkunft 1427 griech. u. lat. Litt. zu
Bologna, Florenz und Mayland, wo er fich am längften
aufhielt (1440—1481). Sowohl die Anzahl feiner Werke,
als ihre Mannigfaltigkeit ift fehr grofs. Hierher gehören:
Conviviorum l. 2 (Parif. 1552. 8); Epiftolae
(opera N. St. Meuccii. T. I. Florent. 1743. 8); latein.

Ueberf. griechifcher Klaffiker. . Vergl. J. H. Foppii
hiftoria vitae et fcriptor. F. Philelphi, ex ipfis eiusd. epiſto-
lis collecta; in Mifcell. Lipf. T. 5. p. 322—354. Mémoires pour la vie de F. Philelphe; par M. Lancelot; in
Mém. de l'Ac. des Infcr. T. 10. p.... — Hermolaus Barbarus aus Venedig (geb. 1454. geſt. 1493),
ſtudirte zu Padua und wurde zu mehrern Gefandfchaften
gebraucht. Der Papſt verlieh ihm das Patriarchat zu Aquileja: da er es aber ohne Erlaubnifs der Rep. Venedig angenommen hatte, fo wurde er des Landes verwiefen; worauf er feine übrige Lebenszeit in Rom zubrachte. Auſſer
vielen Ueberfetzungen hat man von ihm Caſtigationes
Plinianae. Bafil. 1534. 4. — Angelus Politianus,
eigentl. Angelus Ambrogini, von Montepulciano
(geb. 1454. geſt. 1494), Profeffor der griech. und latein-
fprache zu Florenz und Lehrer der Söhne Lorenz'ens von
Medici, war unter allen Litteratoren des 15ten, gewiffer-
maaſen auch des 16ten Jahrh. unſtreitig derjenige, der als
Lehrer und Schriftſteller den gröſsten Ruhm erwarb, und
diefen Ruhm am längſten behauptete. Durch klaſſifche
Schriften fowohl, als durch Bildung gelehrter Schüler, hat
er fich um die Litteratur fehr verdient gemacht. Er iſt
Verf. trefflicher Ueberfetzungen Homer's, Herodian's u.
a. vermifchter kritifcher Bemerkungen, lateinifcher, griechifcher und italienifcher Gedichte, vieler Reden, Briefe,
einer Gefchichte der Pazzi u. f. w. Opp. omnia. Baſ.
1653. fol. Vergl. F. O. Menckenii Hiſt. vitae et in
litteras meritorum Ang. Politiani. Lipf. 1736. 4. La vita
di A. Poliziano dal Abate Pierantonio Seraffi; vor
den Stanze Politian's ('Padua 1751. 8). Teutfch
(von L. A. Unzer) in den Nachr. von den ältern erot.
Dichtern der Italiener S. 107—140. Fabronii vita
Laur. Medicis (Pif. 1784. 2 Voll. 4). Leben des A. Pol.

nebſt Beurtheilung ſeiner Verdienſte und Schriften von C.
Meiners; in deſſen Lebensbeſchr. ber. Männer B. 2.
S. 111—221. — Marſilius Ficinus aus Florenz
(geb. 1433. geſt. 1499), im Fache der Humanioren und
der Philoſophie gleich grofs. Plato war ſein Abgott; er
las nicht allein mit auſſerordentl. Beyfall über deſſen Werke, ſondern überſetzte ſie auch ins Lateiniſche. Opp. Pariſ. 1641. 2 Voll. fol.

Die italieniſche Sprache erhielt ſchon während
dieſes Zeitraumes, durch die hernach genannten Dichter,
ihre völlige Ausbildung.

6.

Die Provenzalſprache, die aus der Verderbung
der Lateiniſchen und ſogenannten lingua ruſtica Romana entſtand, hatte ihren Urſprung im 11ten Jahrhundert, vielleicht noch etwas früher.   Sie wird auch die
Romaniſche (lingua Romana) genannt.   Provenzalſprache heiſt ſie von der Franzöſiſchen Provinz Provence, welche Benennung ſich aber damahls viel weiter,
als in der neuern Zeit, erſtreckte, Languedoc und viele
andere kleinere Provinzen begriff.   Sie breitete ſich bald
ſehr weit aus, und ward die herrſchende Sprache in Provence,
Languedoc, Rouſſillon, Catalonien, Valencia, Murcia, Majorca, Minorca, Sardinien, und ln andern Gegenden, wo
ſie noch fortdauert.   Sie heiſst auch die Limoſiniſche
Sprache von der franz. Landſchaft Limouſin oder Limoſin.
Die heutige franz. ſpan. portug. und italieniſche Sprache
hat viele Wörter und Redensarten aus ihr entlehnt. Vergl.
La Cruſca Provenzale di Don Antonio Baſtero. Vol. 1.
Roma 1724. fol.   Auch die Abh. des Marquis von Llio
del lenguage Romano vulgar; in den Schriften der königl.
Akad. der ſchön. Wiſſ. zu Barcelona T. 1. P. 2. p. 571 ſqq.

7.

Spanien und Portugal erzeugten während diefer Zeit keinen ausgezeichneten Philologen. Die fpanifche Sprache gewann nicht wenig durch die Verordnung K. Alphons'ens des 10ten von Caftilien im 13ten Jahrhundert, welcher zu Folge die öffentl. Urkunden und Verordnungen nicht mehr in latein., fondern in fpanifcher Sprache abge-fafst werden mufsten. Um diefelbige Zeit erhielt auch die portug. Sprache einige Ausbildung.

8.

In Frankreich fcheint zu Anfang diefes Zeitrau-mes die Bekanntfchaft mit klaffifcher Litt. ausgebreiteter und der Eifer für diefelbe größer gewefen zu feyn, als in Italien. Nicht nur einzelne Männer, wie Joh. v. Sa-lisbury (zwar ein Engländer, der aber doch 12 Jahre in Paris lehrte) und Abälard (der fich in der Kenntnifs der griechifchen Sprache auszeichnete), fondern auch die öffentl. Lehranftalten und Klöfter beförderten fie eifriger. Das 13te Jahrh. hingegen — überhaupt das finfterfte unter allen Jahrh. des Mittelalters — ift für Philologie eine wahre Wüfte. Im 14ten aber gehen durch das Studium der alten Klaffiker neue Früchte auf. Die Könige Johann und Karl der 5te liefsen viele römifche Schriftfteller, be-fonders Hiftoriker, ins Franz. überfetzen. Im 15ten Jahrh. nahm die Liebe zur Litt. immer mehr überhand. Von phi-lol. Schriftftellern kann man nur nennen:

Alexander de Villa Dei aus Dol in Bretagne († nach 1209), ein Minorite, lehrte zu Paris und fchrieb eine lateinifche Grammatik in leoninifchen Verfen, die, bey aller Ungereimtheit, doch bis ins 16te Jahrh. allge-meines Lehrbuch blieb, folglich öfters edirt wurde. — Nik. Lyranus oder de Lyra aus der Normandie

(† 1340), auch ein Minorite, lehrte in dem Konvent feines Ordens zu Paris viele Jahre lang Schriftauslegung und
Theologie. Er befafs mehr Kenntnisse in der ebräifchen,
als griechifchen Sprache; daher feine Erklärungen des A.
T. viel beſſer find, als diejenigen des N. Sein Hauptwerk
find die Poſtillae perpetuae f. brevia commentaria in univerfa biblia. Rom. 1471—1472. 5 Voll.
fol. Sie kamen hernach in alle, mit Gloſſen verfehene
Bibeln, die im 15ten und den folgg. Jahrhunderten gedruckt
wurden.

Die franzöfifche Sprache gewann, wie dies der
Fall auch in andern Ländern war, durch die Ueberfetzungen der alten Klaſſiker, und durch die hernach angeführten Dichter.

9.

In Teutfchland war dies derfelbe Fall. Durch
die Minnefinger (f. hernach Dichtkunft) wurde die
teutſche Sprache ungleich reicher, gefchmeidiger und aus-
gebildeter, als 2 Jahrh. zuvor. Da fie meiftens in der
fchwäbifchen Mundart dichteten; fo gelangte diefe dadurch
zu dem Vorzug einer allgemeinen Schrift- und Bücherfprache. Sie fetzte unvermerkt manche ihrer Eigenthümlichkeiten in die übrigen Dialekte ab und nahm dagegen
wieder manches Eigenthümliche aus jenen, oft nicht zum
Vortheil ihrer Milde, an: doch wurden alle Dialekte dabey
reicher. Bey alle dem verräth aber doch die damahlige
Sprache noch fehr deutlich die rohen Sitten und die einge-
fchränkten Begriffe jener Zeit. Der bey den Gelehrten
faft durchaus übliche Gebrauch der Latein. Sprache fchadete
der Kultur der Mutterfprache fehr viel. Doch gewann fie
feit der andern Hälfte des 13ten Jahrh. dadurch, dafs man
fich ihrer in Urkunden und andern öffentl. Schriften zu

bedienen'anfieng. Viel half ihr auch der im 14ten Jahrh.
zunehmende Handel, der daraus entstandene Luxus und
der dadurch über alle Stände verbreitete Ueberflufs und
Wohlstand. Weiterhin, im 15ten Jahrh. wirkte, auch in
diefer Hinficht, der Untergang des griech. Reichs und die
Erfindung der Buchdruckerkunft. Zwar ward, bey der
herrfchenden Veigung zu den alten Sprachen, die teutfche
noch immer vernachläffigt: aber fie nahm doch an der Erweiterung der Begriffe und an der Verfeinerung der Sitten
und des Gefchmacks grofsen Antheil. Man fieng nunmehr
an, über ihren Bau und ihre grammatifche Richtigkeit
nachzudenken, und die Grundgefetze ihrer Veränderungen aufzufuchen, obgleich die erften Verfuche freylich
noch fehr roh waren.

Unter die Beförderer der Humaniorum in Teutfchland
gehört vorzüglich: Rolef Huesmann (Hausmann)
oder Agricola von Baffloo unweit Gröningen (geb.
1442. geft. 1485), ftudirte zu Löwen und machte dort vorzüglich Bekanntfchaft mit einigen jungen franzöfifchen Gelehrten, die einen feinern Gefchmack in der lat. Sprache
befafsen. Durch fie angefeuert, ftrebte er nach cinem
höhern Grad der Eleganz und Reinigkeit, als damahls in
Teutfchland gewöhnlich war. In Paris und Ferrara erweiterte er feine Kenntnifs der lat. und griech. Sprache durch
den Unterricht dortiger Gelehrten, befonders des Theodor
Gaza. Durch feinen Gönner, den Bifchoff zu Worms,
Joh. von Dalberg, lies er fich bewegen, zu Heidelberg
Unterricht in jenen Sprachen zu geben. Nicht allein Jünglinge, fondern auch Gelehrte hörten ihn; und dies trug
zur Verbreitung eines beffern Gefchmacks und einer feinern
Beredfamkeit ungemein viel bey. Melanchthon fagte von
ihm: Hic primus in Germania emendavit ge-
nus fermonis et dialecticam. Man hat von ihm

Ueberſetzungen, Reden, Briefe und Gedichte. Vergl. J. F. Schoepperlin de Rud. Agricolae meritis in elegantiores litteras. Jen. 1753. 4. Dunkel's Nachr. von verſtorb. Gelehrten Th. 2. S. 565 u. ff. Th. 4. S. 967 u. ff. Meiners a. a. O. B. 2. S. 332—365. — Aehnliche Bearbeiter der beſſern Litteratur waren: Alex. Hegius von Heck im Münſteriſchen († nach 1503.), Anton Liber von Soeſt, und Lud. Dringenberg, auch aus Weſtphalen. Vergl. Meiners a. a. O. S. 364—369.

10.

In England verdrängte das Studium der Dialektik eine Zeit lang die übrigen Wiſſenſchaften, vorzüglich die philologiſchen. Barbariſches Latein herrſchte in den höhern Lehranſtalten, und die Kenntniß des Griechiſchen gehörte unter die gröſten Seltenheiten. Roger Bacon (von dem unten) zeigt in ſeinen Schriften durchaus eine genaue Bekanntſchaft mit den Werken der beſten röm. Schriftſteller. Seine Sprachkenntniſſe erſtreckten ſich aber nicht blos auf die latein., ſondern auch auf die griechiſche Sprache; er verſtand dieſe hinreichend, um die Unrichtigkeit und Erbärmlichkeit der gewöhnlichen Ueberſetzungen des Ariſtoteles zu beurtheilen. Auch Michael Scotus, den Kaiſer Friedrich der 2te an ſeinen Hof zog, gehört hieher: vorzüglich aber Richard Aungervyle aus St. Edmunds-Bury in Suffolk († 1345), den man als einen Hauptbeförderer der Gelehrſamkeit in England anſieht. Er unterrichtete den nachherigen K. Eduard den 3ten, der ihn zum Biſchoff von Durham und zuletzt zum Groſskanzler und Schatzmeiſter erhob. Man hat von ihm ein litterariſches Werk über Bücherliebe und Anordnung einer Bibliothek, unter dem Titel: Philobiblos ſ. de amore librorum et inſtitutione bibliothecarum.

Oxon. 1599. 4; auch in J. A. S. (Schmid) nova accef-
fione de bibliothecis (Helmſt. 1703. 4) p. 1—70. Vergl.
Adelung's Zufätze zu Jöcher'n.

Die Vervollkommnung der rauhen und ungefchmei-
digen Landesfprache gieng fehr langfam, und wenn fie
gleich durch Dichter befördert wurde; fo blieb fie doch
jetzt noch ganz ungefchickt zur Profa.

VII. Zuſtand der hiſtorifchen Wiſſenfchaften.

I.

Das Studium der Gefchichte blieb in derfelben Lage,
wie im vorigen Zeitraum. Zwar gewann es gegen das Ende des gegenwärtigen eine etwas beffere Geſtalt und Bearbeitung durch das fleiffigere Lefen der alten griechifchen
und römifchen Mufter: aber im Ganzen änderte es fich
nicht. Hiſtorifche Kritik war immer noch eine fehr unbekannte Kunſt; daher in allen, felbſt den beſten Gefchichtbüchern jener Zeit, eine fortdauernde ſtarke Mifchung
von Fabel und Wahrheit. Eben fo fremd blieb die pragmatifche Bearbeitung der Gefchichte. Man fah zwar nach
und nach ein, dafs ihr Vortrag einer Verfchönerung
fähig wäre: allein, zum Unglück verfiel man im 13ten
Jahrh. aus Mangel an Gefchmack auf die gereimte Erzählung; und nun entſtanden Reimchroniken ohne Zahl, in
denen die Gränzen der wahren Gefchichte und der Dichtung immer mehr in einander floffen. Indeffen ward diefer Zeitraum in einer andern Betrachtung der Gefchichte
vortheilhaft, indem bey Häufung der Gefchäfte und der
Ordnung in Betreibung derfelben die Urkunden immer
häufiger wurden, die dann in der Folge den Mangel zu-
verläffiger Gefchichtbücher einigermafsen erfetzten. Petrarca im 14ten Jahrh. trug vorzüglich viel bey zur Verbef-

ferung der Gefchichtkunde, Er warf ein gieriges und auf-
merkfames Aug' auf alles, was ihm von alten Denkmahlen
auffties, und fuchte alles zur Berichtigung der Gefchichte
zu benutzen. Er bahnte überdies von ferne den Weg zur
Diplomatik.

2.

In den hiftorifchen Werken der Araber herrfchet
jetzt größtentheils ein beffer Ton, mehr Gründlichkeit,
Wahrheitsliebe und Menfchenkenntnifs; wozu die Bekanntfchaft mit Ausländern viel beygetragen haben mag.
Ihr Ausdruck näherte fich von nun an mehr der ruhigen
Profa. Aber einen vollkommenen Gefchichtfchreiber haben fie dennoch nicht aufzuweifen. Die vorzüglichen,
von deren Werken etwas gedruckt ift, find: Boahoddin
Ibn Scheddad († nach 1193) hielt fich in Aegypten
auf, und begleitete den berühmten Sultan Saladin auf feinen Feldzügen. Er fchrieb deffen Biographie, meiftens
als Augenzeuge und fehr unpartheyifch. Die chrifl. und
hauptfächlich die griech. Gefchichtfchreiber können oft aus
ihm berichtigt werden. Ed. ac latine vertit Alb.
Schultens. Lugd. Bat. 1732. fol. (Es find auch Excerpte
aus Abulfeda's Univerfalgefchichte und aus Amadod-
din's größern Gefchichte Saladin's dabey). — Gregorius Abul-Pharai (Abulfaradfch), auch Ibn Haki-
ma und Bar-Hebraeus genannt, aus Melitina in Ar-
menien (geb. 1226. geft. 1184), Sohn eines jüdifchen
Arztes, und feit 1264 Jacobitifcher Maphrian (Primas)
von der öftlichen Diöces, verftand, neben der fyrifchen,
die arab. und griech. Sprache, und war wegen feiner ausgebreiteten Gelehrfamkeit fehr berühmt. Er hinterliess
viele theol. philof. medic. und grammat. Schriften, auch
einige Gedichte, welche noch ungedruckt find. Am be-

kannteſten und brauchbarſten aber iſt er als Geſchichtſchreiber. Schriften: Hiſtoria compendioſa dy-
naſtiarum, eine Art von Univerſalgeſchichte oder Chronik von Erſchaffung der Erde, vornämlich aber von Muhamed an bis auf ſeine Zeit, in ſyriſcher Sprache. Den
Arabern zu Gefallen machte er einen arabiſch geſchriebenen Auszug. Von dieſer Epitome edirte Ed. Pocock
erſt die 9te Dynaſtie, unter dem Titel: Specimen hiſtoriae Arabum etc. Oxon. 1650. 4, Hernach erſchien
durch denſelben die ganze Epitome arab. u. lat. ib. 1663.
2 Partes. 4. Mit einem neuen Titel ib. 1672. Teutſch,
mit Anmerk. von G. L. Bauer. Leipz. 1783—1785. A.
ſchrieb noch eine andere, aus 3 Theilen beſtehende Chronik in ſyriſcher Sprache. Ausgabe: — coniunctim ediderunt P. J. Bruns et G. W. Kirſch. Lipſ. 1789. 4. —
maximam partem vertit notisque illuſtravit Bruns — edidit, ex parte vertit notasque adiecit Kirſch. ib. eod. 4.
Es iſt dies das wichtigſte Werk über die morgenländiſche
Geſchichte, mit groſsem Fleiſs aus griech. arab. und ſyr,
Hiſtorikern zuſammengetragen. Der Verf. zeigt Kritik,
Unpartheylichkeit und Glaubwürdigkeit. Der Vortrag iſt
einfach und ungekünſtelt: nur in Sachen der Religion wird
er bisweilen wärmer. Vergl. Bibl. hiſt. Vol. 1. P. 1.
p. 84—87. — Dſcherdſches (Georg) Ibn Alamid
oder Almakhin, gewöhnlich Elmacin, aus Aegypten
(geb. 1223. geſt. 1275), ein Chriſt und Sekretar des ägy-
ptiſchen Sultans, ſchrieb in arab. Sprache eine Univerſalgeſchichte bis auf ſeine Zeit. Der erſte bis auf Muhameds
Flucht reichende Theil iſt noch ungedruckt: die weit wichtigere Folge aber bis 1118 edirte Arab. u. Lat. Th. Erpe-
nius; acc. et Roderici Ximenez hiſtoria Arabum,
longe accuratius quam ante e MSto codice expreſſa. Lugd.
Bat. 1625. fol. Franz. von P. Vattier, Paris 1658. 4.

Der Verf. benutzte hauptfächlich Abu Gafar Muhamed (f. vorigen Zeitr. VII. 10). So lange man diefen
nicht kannte, genofs er klaffifches Anfehn. Vergl. J. B.
Köhler Obff. ad Elmacini hift. Saracenicam etc. in (Eichhorn's) Repert. für bibl. u. morgenländ. Litt. Th. 7. S.
133—164. Th. 14. S. 59—127. Th. 17. S. 36—73.
Bibl. hift. Vol. 2. P. 1. p. 158 fqq. — Ifmail Abulfeda von Damafcus (geb. 1273. geft. 1335), Statthalter
der ägyptifchen Sultane zu Hamah in Syrien und in der
Folge unabhängiger Sultän dafelbft, war ein grofser Freund
und Kenner der Gelehrfamkeit, ftudirte Mathematik und
Aftronomie, Arzneykunde, muhamedifche Rechtsgelehrfamkeit, und fchrieb über die meiften diefer Wiffenfchaften. Unter den Gefchichtfchreibern nimmt er eine anfehnliche Stelle ein. Er verfertigte eine allgemeine Gefchichte in 5 Büchern bis 1330, aus guten Quellen gefchöpft. Ausgabe: Abulfedae Annales Moslemici, arabice et latine; opera et ftudio J. J. Reiskii — fumtibus
atque aufpiciis P. F. Suhmii, nunc primum edidit G. C.
Adler. Hafniae 1789—1795. 5 Tomi. 4. Der Ausdruck
ift ziemlich nachläffig und verräth den Gefchäfftsmann, der
mehr auf die Sachen, als auf die Einkleidung Rückficht
nimmt. Die Gefchichte Muhamed's hatte vorher einzeln,
mit einer lat. Ueberf. u. mit Anmerk. edirt J. Gagnier.
Oxon. 1723. fol. mai. — Ahmed Ibn Arabfchah
aus Damafkus († 1450), binterliefs eine ziemlich unpar-
theyifche Gefchichte Timur's; deffen Zeitgenoffe er war.
Ausgaben: Arabice a J. Golio. Lugd. Bat. 1636. 4.
Franz. von P. Vattier. Paris 1658. 4. Arab. et lat. cum
annott. a S. H. Manger. T. I. Leovardi 1767. 4. Der
Stil ift fchwülftig und fällt manchmahl ins Poëtifche.

3.

Perſien war eine der erſten Provinzen, die von den Arabern unterjocht wurde, aber ſchon ſeit dem 9ten Jahrh. ihre eigenen Herren, theils arabiſcher, theils türkiſcher Herkunft, theils Nachkömmlinge der alten perſ. Könige bekam. In der Mitte des 13ten Jahrh. kam es unter die Herrſchaft der Mongolen und blieb unter derſelben bis in den Anfang des 15ten, wo die Turkmanen Herren von Perſien und vielen angränzenden Ländern wurden. Nirgends fand der Islam und die arab. Litt. ſo ſchnellen Eingang, als in Perſien; die arab. Sprache verdrängte die perſiſche, ward Sprache des Hofs, der Religion und der Gelehrten. Die älteſten litterariſchen Denkmahle wurden, als Werke der Ungläubigen, von bigotten Khaliphen vernichtet: dagegen aber arab. Schriften ins Perſiſche überſetzt, Commentarien zum Koran geſchrieben, und Gedanken, Ausdruck, Proſa und Poëſie in eine arab. Form gepreſſt. Nur hier und da, hauptſächlich in den Gedichten, ſchimmert Originalität und Nationalcharakter durch das arabiſche Kleid hindurch. Wiſſenſchaften und Künſte wurden von den Buiden und Gaſneviden und im 10ten Jahrh. von dem Seldſchuken Malek-Schah begünſtigt, bald darauf aber durch die Mongolen und durch die Turkmanen unterdrückt, wenigſtens hintangeſetzt. — Die perſ. Sprache iſt ſanft, weich und biegſam: aber durch die zu enge Verbindung mit Arabien verlohr ſie größtentheils ihre Reinheit und Originalität. Die perſ. Sprachlehrer beſchäftigten ſich zu viel mit dem Arabiſchen, ſchrieben arabiſch-perſiſche Wörterbücher, und erwarben ſich eigentl. keine Verdienſte um ihre Landesſprache. Erſt aus dem Anfange des 15ten Jahrh. iſt eine Grammatik von Abu Achmed Ali Ebn Muſtapha bekannt, die mit einer latein. Ueberſ. von Bapt. Raymund handſchriftlich zu Florenz liegt.

Die Gefchichte gewann durch die Perfer nicht viel. Sie
erzählen faft alle in dem bekannten morgenländifchen Ton,
übertreiben, verzieren, und wollen überall einen beftimmten Zweck erreichen. Abdallah Ben Abulkafim
Beidavi, mit dem Zunamen Abu Said, (um 1275)
fchrieb, unter dem Titel: Hiftorifche Perlenfchnur,
in perf. Sprache eine allgemeine morgenländ. Gefchichte
von Adam bis auf feine Zeit. Den 8ten Theil, der die
finefifche Gefchichte begreift, lies Andr. Müller (Berl.
1677. 4) abdrucken. Recuf. Jen. 1689. 4; et in eius
Opufc. orient. Francof. ad Oderam 1694. 4. —
Turan Schah von Hormuz († 1377) hinterlies eine Gefchichte der perf. Könige, wovon ein Auszug fteht in Tei-
xeira's Relationes del origen — de los reyes de Perfia
etc. Amberes 1610. 8.—Scheriffeddin oder Mulla
Scharefoddin Ali Yezdi aus Yezd († 1446) fchrieb
kurz nach Timur's Tode eine Biographie deffelben mit
übertriebener Parteylichheit, blos um ihn zu erheben.
Franz. von Petis de la Croix. à Paris 1724. 4 Voll.
12. — Mirkhond oder Mirkhavend (um 1470)
fchrieb, unter dem Titel: Garten der Wonne, Nachrichten von den alten perfifchen Propheten und Königen
in jenem orientalifch moralifirenden, aber auch äfthetifch
merkwürdigen Tone. Man findet darinn eine Menge,
manchmahl fehr abentheuerlicher Anekdoten, die aber
nicht blos zur Kenntnifs der Sitten und Denkart des Orients
bemerkenswerth, fondern auch dem Kenner zu manchem
Auffchlufs in der alten Sagengefchichte, zu mancher Pa-
rallele in der alten und neuen Weltgefchichte Fingerzeig
find. Der erfte Theil Perf. u. Lat. mit Anmerk. (von
Bernh. Jenifch), Wien 1782. gr. 4. Vergl. Bibl.
hift. Vol. I. P. 2. p. 43 fqq. Böttiger in Wieland's teut.
Merkur 1797. St. 4. S. 370—378. — Im Allgemeinen

vergl. (Rewitzky de Rewiffnie) Praefatio ad fpeci-
men poëfeos Perficae (Vindob. 1771. 8). Teutfch
von J. Friedel. Wien 1783. 8. Wachler's Verfuch
einer allg. Gefch. der Litt. B. 2. S. 273 u. ff.

4.

Unter den griechifchen Hiftorikern find die fchon
im vorigen Zeitraum (VII. 2) erwähnten Byzantiner zu
bemerken, und unter diefen befonders Anna Komnena. Aufferdem noch: Wilhelmus Tyrius, vermuthlich ein Syrer, Erzbifchoff zu Tyrus; er war 1177 bey der
Lateranifchen Synode zu Rom, und wurde nach der Eroberung Jerufalems nach dem Occident um Hülfe gefchickt
1188 († 1219?) Er gehört unter die beffern Gefchichtfchreiber diefer Zeit. In latein. Sprache fchrieb er ein
Hauptwerk über die Kreutzzüge, unter dem Titel: Hiftoria rerum in partibus transmarinis geftarum,
von 1100 bis 1184, in 23 Büchern, wovon aber das letzte
kaum angefangen ift. Ausgaben: — nunc primum
Philiberti Poyffenoti opera in lucem editum opus.
Bafil. 1549. fol. Auch in Bongarfii Gefta Dei per
Francos p. 625 fqq. Vergl. Bibl. hift. Vol. 2. P. 2. p.
276 fqq. — Georgius Gemiftius (auch Gemiftus)
oder Pletho aus Konftantinopel († in einem faft 100jäh-
rigen Alter um 1450) hielt fich einige Jahre in Italien auf
und lehrte dort die platonifche Philofophie. Hierher gehört er wegen feiner Gefchichte Griechenlands nach dem
Treffen bey Mantinea in 2 Büchern, gröftentheils aus
Diodor und Plutarch gefchöpft, rein und angenehm gefchrieben. Ausgaben: von H. G. Reichard. Lipf.
1769. 8.

5.

In Italien wurde die Gefchichte in dem gröften
Theil diefes Zeitraumes noch wie im vorigen bearbeitet.

Die von den Hiftorikern überlieferten Materialien find
brauchbar: aber die Form, worinn fie uns erhalten wurden, thut felten Genüge. Ueberdies vermifchen fie, befonders im 13ten und 14ten Jahrhundert, die alten Begebenheiten mit fo vielen Fabeln, dafs fie fchlechterdings
des Lefens nicht werth feyn würden, wenn fie diefen Fehler nicht durch Erzählung der Begebenheiten, die fie er-
lebt öder gefehen haben, vergüteten. Aber gegen Ende
diefes Zeitraumes tritt auf einmahl eine ganze Schaar befferer Hiftoriker, durch den damahligen politifchen und
litterarifchen Zuftand Italiens geweckt, auf. Die vorzüglichern find: Gottfried, von Viterbo genannt, weil
er dort Priefter war († nach 1196), von Geburt wahrfcheinlich ein Teutfcher: wenigftens erhielt er feinen erften Unterricht zu Bamberg und war hernach Kaplan und
Notarius der teutfchen Kaifer Konrad des 3ten, Friedrich
des 1ften und Heinrich des 6ten. Er fchrieb theils in Profa, theils in Verfen, eine bis 1186 reichende Chronik,
unter dem Titel: Pantheon, weil die Begebenheiten
der Götter der Erde darinn erzählt werden. Lefenswerth
ift nur der Theil, wo er von den Begebenheiten feiner
Zeit handelt. Ausgabe: am beften in Muratorii
Scriptt. rer. Ital. T. 7. p. 347 fqq. — Petrus de Vineis von Capua († 1249), Kanzler Kaifers Friedrich des
2ten, vertheidigte deffen Rechte gegen den Papft nachdrücklich: dennoch fiel er — man weifs nicht gewifs warum? — in Ungnade, wurde geblendet und ftiefs fich im
Gefängnifs den Kopf ein. Seine in 6 Bücher abgetheilte
Sammlung von Staatsbriefen enthält viel Wichtiges zur Gefchichte des 13ten Jahrh. Ausgabe: von J. R. Ifelin.
Bafil. 1740. 2 Voll. 8. Einige fpäter aufgefundene Briefe
ftehen in Martene's Collect. ampliff. T. 2. p. 1137 fqq.
— Albertinus Muffatus aus Padua (geb. 1261.

geſt. 1330), Geſchäftsmann und Soldat, wurde zuletzt des
Landes verwieſen, und ſchrieb: De geſtis Henrici 7
Caeſ. l. 16; de geſtis Italicorum poſt Henr. 7
L. 12 (von 1313—1329); Ludovicus Bavarus ad
filium (eine Erzählung vom Urſprunge des Streits zwiſchen den Welfen und Gibellinen). Ausgabe: in Graevii et Burmanni Theſ. ant. et hiſt. Ital. T. 6. P. 2.
Aus dieſen Werken leuchtet Klugheit und Wahrheitsliebe
hervor. In Anſehur.g des lateiniſchen Stils haben ſie ihres
gleichen im Mittelalter nicht. — Von Petrarca (C.un-
ten) beſitzen wir auch hiſtoriſche Schriften, die ſich durch
gefälligen Vortrag empfehlen, z. B. Lebensbeſchreibungen
berühmter Männer, in lat. Sprache; eine kurze Geſchichte
der Päpſte und Kaiſer, in ital. Sprache. — Leonardo
Bruni aus Arezzo, daher ſein Beyname Aretinus. (geb.
1369. geſt. 1444), unter 4 Päpſten Sekreta:, zuletzt Kanzler in Florenz, wo er auch mit andern Aemtern beehrt
und zu Geſandſchaften gebraucht wurde. Sowohl die Anzahl ſeiner Schriften, als ihre Mannigfaltigkeit, iſt ſehr
groſs. Hierher gehören: Hiſtoriae Florentinae
l. 12 (Argent. 1610. fol. Ital. Vened. 1561. fol.);
rerum ſuo tempore in Italia geſtarum ab a.
1378 uſque ad a. 1440 commentarius (in Muratorii Scriptt. rer. Ital. T. 19. p. 909 ſqq.); epiſtola-
rum l. 10 (recenſente Laur. Mehus). Florent. 1741.
2 Partes. 8. — Flavio Blondo (Flavius Blondus)
(geb. 1388. geſt. 1463), päpſtlicher Sekretär, machte ſich
beſonders berühmt durch Beſchreibung der römiſchen Alterthümer, woran er ſich jedoch ohne Kenntniſs der griechiſchen Sprache wagte. Schriften: Roma triumphans,
und de origine et geſtis Venetorum. Baſil. 1531.
fol. — Aeneas Sylvius, nachheriger Papſt Pius
der 2.te von Corſignano im Sieniſchen Gebiete, aus der

Familie Piccolomini (geb. 1405. geſt. 1464), den viele
Geſchäfte und Reiſen zu Waſſer und zu Lande zu einem
grofsen Staatsmann und Geſchichtſchreiber bildeten. Als
Papſt unterſtützte er geſchickte Gelehrte. Schriften:
Commentarii rerum memorabilium, quae temporibus ſuis
contigerunt — eiusdemque Epiſtolae perelegantes, rerum
reconditarum pleniſſimae (Francof. 1614. fol.); Hiſtoria rerum Friderici Imp. etc. (Argent. 1685. fol. u. mit
neuem Titelblatt ib. 1702); Commentariorum de geſtis
Concilii Baſilienſis l. 2 (Baſil. 1577. 8); de Bohemorum
et ex his imperatorum aliquot origine ac geſtis hiſtoriae
(Francof. et Lipf. 1687. 4); de ritu, ſitu, moribus
et conditione Theutoniae deſcriptio (Lipf. 1496. 4. Argent. 1515. 4); Aſiae Europaeque deſcriptio etc. (Pariſ. 1534 8); eine Sammlung von mehr als 430, gröftentheils frey und anmuthig geſchriebener Brie**, ungemein
wichtig zur Erläuterung und Aufklärung der weltl. und
kirchl. Geſchichte jener Zeit (Lugd. 1518. 4. Vergl.
Strobel's Miſcell. litterar. Inhalts Th. 4. S. 131 u. ff.).
Dieſe Schriften, mit Ausſchluſs der beyden erſten, zuſam-
mengedruckt Baſil. 1571. fol. Vergl. Schröckh's Lebensb. ber. Gel. Th. 1. S. 10—27. — Benedikt Ac-
colti von Arezzo (geb. 1415. geſt. 1466), Sekretar der
Republik Florenz, ſchrieb eine Geſchichte der Kreutzzüge, unter dem Titel: De bello a Chriſtianis contra barbaros geſto pro Chriſti ſepulcro et Judaea recuperandis l. 4. Groning. 1731. 8. — Anton Beccatelli Panormita (geb. 1393. geſt. 1471),
den K. Alphons von Neapel zum Rath und Präſidenten der
königl. Kammer machte, ihn zu Geſandſchaften brauchte und
als ſeinen vertrauteſten Freund ſchätzte. Sein Anſehn und
Einfluſs dauerte auch unter K. Ferdinand fort. Schriften: de dictis et factis Alphonſi regis etc. l. 4; worüber

Aeneas Sylvius einen Commentar fchrieb. Am beften edirt in Gruteri Thef. crit. T. 2 (Florent. 1739. fol.). Auch 5 Bücher intereffanter Briefe Venet. 1553. 4. — Bartholi Sacchi, aus Piadena im Cremonefifchen Gebiete, von diefem Geburtsort gewöhnlich Platina genannt (geb. 1421. geft. 1481), eine Zeit lang Soldat, widmete fich hernach den Humanioren, fand an dem Kardinal Beffarion zu Rom einen Gönner, und wurde unter Pius dem 2ten päpftl. Abbreviator (Kanzleyfekretar), verlohr aber diefe Stelle unter Paul dem 2ten. Da er darüber Drohungen ausftieß, fo gerieth er in Gefangenfchaft. In der Folge, da er einer Verfchwörung gegen den Papft befchuldigt wurde, kam er gar auf die Tortur. Erft der folgende Papft Sixtus der 4te befreyte und ernannte ihn 1457 zum Auffeher der vatikan. Bibl. Durch hiftorifche und andere Werke erwarb er fich großen Ruhm, vorzüglich durch die Hiftoria de vitis Pontificum, oft gedruckt, z. B. Colon. 1626. 4 mai. S. I. 1664. 12. Ueberfetzt ins Franz. Ital. Teutfche und Holländifche. Auch feine Gefchichte der Stadt Mantua und der Familie Gonzaga (Vindob. 1675. 4. und in Muratorii Scriptt. T. 20) wird hochgefchätzt. — Bernhard Giuftiniani aus Venedig (geb. 1408. geft. 1489), wurde 1474 Procurator zu S. Marco, nachdem er vorher zu Gefandfchaften gebraucht worden und Commandant in Padua gewefen war. Er bearbeitete die Gefchichte feines Vaterlandes mit mehr Bedachtfamkeit, in befferer Ordnung und Schreibart, und aus zuverläffigem Quellen, als feine Vorgänger; und brachte fo ein Werk zu Stande, das in Anfehung der Zuverläffigkeit eben fo hoch zu fchätzen ift, als die Gefchichte Venedigs von Andr. Dandolo und in Anfehung des Stils diefe weit übertrifft. Es erftreckt fich aber nur bis in die erften Jahre des 9ten Jahrh. Ausgabe: de origine

urbis Venetiarum etc. l. 15. Venet. 1534. fol. — Ju-.
lius Pomponius Laetus, ein unehelicher Abkömmling des berühmten neapol. Geschlechts Sanseverino (†
1498), kam jung nach Rom und genofs den Unterricht
Valla's. Da dieser 1457 starb; so hielt man ihn für dessen
würdigsten Nachfolger. Seine Verdienste um die Bildung
gelehrter Männer aus mehrern Ländern Europens machen
ihn denkwürdiger, als seine jetzt fast ganz unentbehrlichen
Schriften, deren größter Vorzug im lateinischen Stil besteht. Er beschäftigte sich hauptsächlich mit Sammlen und
Erklären römischer Alterthümer, mit Ausgaben römischer
Klassiker, und mit Ueberfetzungen griechischer Klassiker
ins Lateinische.

6.

Die wenigen spanischen Geschichtschreiber haben
einen sehr mittelmässigen Werth und lassen in der ältern
Geschichte der christl. Königreiche vieles dunkel und ungewiß. Gewöhnlich waren sie Schmeichler des Fürsten oder
des Adels. Auf Chronologie nehmen sie wenig oder gar
keine Rückficht; und ihr Vortrag ist ein trauriger Beweis
ihres verdorbenen Geschmacks. Roderico Ximenes
aus Navarra († 1245), Erzhischoff zu Toledo seit 1208,
gab Anlaß zur Stiftung der Univerfität zu Palencia, die in
der Folge nach Salamanca verlegt wurde, und schrieb:
Rerum in Hispania gestarum Chronicon f.
Hist. Gothica l. 9; Hist. Romanorum, Hunno-
rum etc. (eine Ergänzung der vorherigen); Hist. Ostro-
gothorum; Chronica del fanto Rey Don Fer-
nando 3. Ausgabe: die erften Schriften in A. Schotti Hifp. ill. T. 2. p. 25 fqq. die Geschichte Ferdinand des
3ten. Sevilla 1639. fol. — Juan Nuñez de Vil-
lafan (um 1370), oberfter Juftizverwalter des königl.

Hofes unter Heinrich dem 2ten, fchrieb: Chronica del Rey D. Alonfo el' Onzeno de efte nombre — illuftrada con apendices y varios documentos por D. Fr. Cerdá y Rico. Madr. 1787. 4. Einige zweifeln, ob er wirklich der Verf. fey. — Rodericus Sanctius de Arevalo, gewöhnlich Rodericus von Zamora (geb. 1407. geft. 1470), K. Heinrich's Sekretär und Gefandter. Als folcher ward er auch nach Rom gefchickt, wo er blieb, und von Papft Paul dem 2ten zum Gouverneur der Engelsburg ernannt wurde, der ihm auch nach und nach die Bisthümer Zamora, Calahorra und Palencia ertheilte. Unter andern fchrieb er: Hiftoria Hifpanica P. 4 (vom Anfang der Welt bis auf feine Zeit). Ausgabe: in Schotti Hifp. ill. T. I. p. 121 fqq. Auch unter einem befondern Titel Francof. 1603. fol. — Ferdinand de Pulgàr, fogenannt von feinem Geburtsort Pulgàr bey Toledo († 1486?), königl. Chronograph, ift Verf. einer fpanifch gefchriebenen Chronik in 20 Büchern, worinn ein Theil der Gefchichte Ferdinands und Ifabellens mit ziemlicher Unparteylichkeit und beredt erzählt, wird. Ael. Ant. Nebriffenfis überfetzte fie ins Lateinifche und wurde geraume Zeit für den Verf. gehalten. Selbft auf der Ausgabe des Originals, die fein Sohn zu Valladolid 1565. fol. edirte, fteht noch fein Name: aber auf den Titeln der folgenden Ausgaben ift dies abgeändert. Die neuefte erfchien ebend. 1780. fol.

7.

Bey den Franzofen herrfchte noch ein fchlechter Gefchmack in der Gefchichte. Sie wurde meiftens von Geiftlichen bearbeitet, die faft immer ohne Benutzung der Quellen und ohne Prüfung, manchmahl nicht ohne Leidenfchaft, Chroniken zufammentrugen, die man mit grof-

fer Vorficht brauchen mufs. Nur folgende find bemerkenswerth: Johann de Joinville († nach 1309), Senefchall von Champagne, ein Günftling K. Ludwig des 9ten,
den er auf allen feinen Feldzügen, befonders auf dem
Kreutzzug nach Aegypten, begleitete, befchrieb deffen
Leben, zwar etwas verwirrt und wortreich, aber doch ziemlich vollftändig und glaubwürdig, mit einer gewiffen Simplicität und Treuherzigkeit. Es ift das erfte in franzöfifcher
Sprache gefchriebene Gefchichtbuch. Ausgaben: —
enrichie de nouvelles obfervations et differtations hiftoriques, par Charles du Frefne, Sieur du Cange,
Paris 1668. fol. — par Sallier, Metot et Capperonnier ib. 1761. fol. Vergl. La Vie de Sieur Joinville, par M. Levefque de la Ravalière; in Mém.
de l'Ac. des Infcr. T. 20. p. 310—351). — Joh.
Froiffard aus Valenciennes (geb. um 1337. geft. nach
1400), Kanonikus und Schatzmeifter der Kollegialkirche zu
Chimay im Hennegau, unternahm hauptfächlich feiner Gefchichte wegen, wozu er den Plan fchon in feinem 20ften
Jahre gefafst hatte, viele Reifen und hinterlies ein franzöfifch
gefchriebenes Werk über die englifch franzöfifchen Kriege
von 1326 bis 1400, in welches aber auch die gleichzeitige
Gefchichte anderer Länder, jedoch ohne gehörige Ordnung, verwebt ift. Er fchildert fehr glücklich: ift aber
nicht überall unpartheyifch genug. Dies gilt jedoch nur
von einzelnen Perfonen, nicht aber von ganzen Nationen:
wenigftens befchuldigte man ihn ehedem mit Unrecht einer gewiffen Vorliebe für England. Den Geift feiner Zeit
kann man fehr wohl daraus kennen lernen. Ausgaben:
— par Denis Sauvage, à Lyon 1559—1561. 4 Voll.
fol. à Paris 1574. 4 Voll. fol. Letztere ift die 5te: aber
keine thut volle Genüge. Vergl. bibl. hift. Vol. 7. P. 2.
p. 88—105.

8.

Die beſſern Geſchichtſchreiber in Teutſchland bedienten ſich eben auch, wie im vorigen Zeitraume, der
lateiniſchen Sprache. Erſt im 15ten Jahrh. wurde die teutſche Sprache in hiſtoriſchen Schriften gewöhnlicher, als
zuvor. Uebrigens herrſchet noch in den meiſten derſel-
bige Geiſt, wie vorher, Aberglaube, Hang zum Wunderbaren, Miſchung der Wahrheit und Dichtung, Kleinig-
keitsgeiſt und Allotrien. Aus ihrer groſsen Menge find zu
bemerken: Coſmas, Dechant zu Prag (geb. 1045. geſt.
1125), der Vater der böhmiſchen Geſchichte, ſchrieb als
Greis eine Geſchichte ſeines Vaterlandes in 3 Büchern und
in lateiniſcher Sprache, mit groſser Wahrheitsliebe. Ausgabe: in Pelzel's und Dobrowsky's Scriptt. rerum
Bohemicarum.etc. (Pragae 1783. 8 mai.) T. I. Es ſind
auch die Fortſetzer von Coſmas dabey. — Otto, Sohn
des Markgrafen Leopold des 4ten oder des Heiligen, Stief-
bruder K. Konrad des 3ten und Oheim Kaiſer Friedrich
des 1ften († 1158), ſtudirte zu Paris und kam auf der
Rückreiſe nach Morimont, wo er in den Ciſtercienſerorden
trat und nicht lange hernach zum Abbt ſeines Kloſters, in
der Folge aber (1137) zum Biſchoff zu Freyſingen erwählt wurde. Als ſolcher war er mit bey dem Kreutzzug,
den Konrad der 3te unternahm. Er hinterlies 2 hiſtoriſche
Werke, worinn er ſich als ein erfahrner und unparteyi-
ſcher Geſchichtſchreiber zeigt: 1) Chronicon in 8 Büchern bis 1146; 2) de geſtis Friderici I. l. 2 (bis
1157). Radewik, ſein Sekretar und Chorherr zu Freyſingen, dem er das Werk dictirt hatte, ſetzte es in 2 Büchern nicht unglücklich weiter fort. Ausgaben: Unter
andern in Urſtiſii Germaniae hiſtoricor. illuſtr. T. I.
p. 1 ſqq. p. 401 ſqq. Radewik's Fortſetzung am beſten in
Muratorii Scriptt. rer. Ital. T. 6. p. 629 ſqq. Vergl.

K. W. Schuhmacher über den Werth der hift. Schriften des ehemahligen Bifchofs zu Freyfingen; in deffen
Beyträgen zur teut. Reichshift. (Eifenach 1770. 4). —
Helmold († nach 1170), Pfarrer im Lübeckifchen Dorfe
Bofow, begleitete feinen Bifchoff Gerold auf feinen Bekeh-
rungsreifen in die flavifchen Länder an der Oftfee, und
wurde der erfte Annalift der Slaven in Teutfchland
durch feine Chronik, die von Karl dem Gr. bis 1170 geht.
Arnold von Lübeck, ein Benediktiner, fetzte fie bis
1209 fort, und dann ein ungenannter Geiftlicher aus der
Bremifchen Diöces bis 1448. Ausgaben: — Henr.
Bangertus e MSS. codd. recenfuit et notis illuftravit. Lu-
becae 1659. 4. Mit neuem Titelblatt e.b. 1702. In
Leibnitii Scriptt. rer. Brunfv. T. 2. p. 537—751.
Vergl. Bibl. hift. Vol. 5. P. 2. p. 1—9. — Konrad
von Liebtenau, Abbt zu Urfperg († 1240), unter deffen Namen eine fehr brauchbare allgemeine Chronik (bis
1229) exiftirt, die aber weder ganz, noch zum Theil von
ihm ift. (Argent. 1609. fol.). Vergl. Schumacher
a. a. O. — Albrecht, Abbt des Benediktinerklofters
zu Stade († nach 1260), zuletzt Francifcaner, fchrieb
eine allgemeine Chronik bis 1256, die zwar manchen Irr-
thum enthält, aber wegen der vielen darinn enthaltenen
Gefchlechtsregifter und des grofsen Reichthums fpecieller
Notizen hochgefchätzt wird. Sie ftebt in Schilter's
Scriptt. rer. Germ. (Argent. 1702. fol.) P. 2. p. 123 fqq.
— Martinus Polonus, eigentl. Strepus, ein Schle-
fier († 1278). Polonus heifst er, weil er Dominikaner
in dem zur polnifchen Provinz gehörigen Klofter zu Trop-
pau war. Er lebte als päpftl. Poenitentiarius zu Rom und
wollte die ihm ertheilte Würde eines Erzbifchoffs zu Gne-
fen antreten, als er auf der Reife dahin zu Bologna ftarb.
Er hinterließ Chronicon de fummis pontificibus

atque imperatoribus bis 1277 (Col. Agripp. 1616.
fol). Diese Arbeit stand mehrere Jahrhunderte in dem
gröfsten Anfehen und wurde von den Schlefiern als ein Na-
tionalwerk betrachtet. Immer ist es unter den Klofterchro-
niken eine der erträglichsten. Seine Quellen nennt der
Verf. im Vorbericht. — Jakob von Königshofen
(Regiovillanus) aus Strasburg (um 1386), ein Geiftlicher,
fchrieb in teutfcher Sprache eine, dem Gefchicht- und
Sprachforfcher gleich wichtige Chronik, die Schilter herausgab, unter dem Titel: Die ältifte fowohl allgemeine, als infonderheit Elfaffifche und Strafs-
burgifche Chronicke. Strasb. 1698. — Gobelinus
Perfona, aus Weftphalen, hielt fich lang in Rom auf,
wurde Dechant der Stiftskirche zu Bielefeld, und ftarb im
Klofter Bodeckem 1420. Er fchrieb Cofmodromium
h. e. Chronicon univerfale, complectens res ecclefiae et
reip. ab O. C. usque ad A. C. 1418; cura H. Meibomii
(c. nott.). Francof. 1599. fol. Das Werk zeichnet fich
durch Genauigkeit und Scharffinn aus. Es fteckt auch eine kurze Gefchichte der teutfchen Völkerfchaften darinn.

9.

Unter der Menge von Chronikfchreibern in England ragen rühmlich hervor: Wilhelm aus Sommer-
fet, gewöhnl. Guilielmus Malmesburienfis, weil
er Benediktiner, Bibliothekar und Praecentor im Klofter
Malmesbury war († nach 1143) einer der gelehrteften
und deshalb allgemein gefchärzten Männer feines Jahrhunderts, behauptet unter den Hiftorikern des Mittelalters
eine vorzügliche Stelle. Schriften: Regalium f. de rebus geftis regum Anglorum l. 5 (von 449 bis 1127); in
Savile's Scriptt. rer. Angl. Die Fortfetzung bis 1143 unter dem Titel: Hiftoriae novellae l. 3; ebend. De ge-

ſtis Pontificum Anglorum. l. 5 (bis ungef. 1125); in Th.
Gale hiſt. brit. ſcriptt. 15. p. 291 ſqq. — Matthæus
Paris, Benediktiner in dem Kloſter St. Alban († 1259),
der nicht nur in der Geſchichte, ſondern in allen damahls
üblichen Wiſſenſchaften und Künſten, ſelbſt in mechani-
ſchen, erfahren war. K. Heinrich der 3te ſchätzte ihn
hoch und unterſtützte ihn bey Bearbeitung ſeines Werks:
Hiſtoria maïor (Lond. 1684. fol.). Es fängt mit Wilhelm dem Eroberer 1066 an und geht bis 1259, und iſt
mit bewundernswürdiger Freymüthigkeit gegen die Päpſte
und die Könige von England abgefaſst, in einem nahrhaf-
ten Stil. Es iſt auch dem teutſchen Geſchichtſchreiber ſehr
brauchbar. Man findet ganze Urkunden eingerückt. —
Nikolaus Trivet aus Norfolk († 1328), ein Dominikaner, las in Paris franzöſiſche und normänniſche Chroniken,
machte Auszüge daraus, welche die engliſche Nation an-
giengen, verglich damit, was er in den einheimiſchen
Schriftſtellern gefunden hatte, und ergänzte alles durch
eigene Erfahrungen und Erzählungen glaubwürdiger Perſonen. So entſtanden ſeine Annales ſex regum Angliae, aus dem Hauſe Anjou. Er flicht die merkwürdigſten Begebenheiten der Päpſte, Kaiſer und Könige jener
Zeit mit ein, wie auch Nachrichten von Gelehrten, beſonders von ſeinem Orden. Ausgabe: von Ant. Hall.
Oxon. 1719. 8. Triveti Annalium continuatio etc. omnia
nunc primum edidit A. Hall ib. 1722. 8.

10.

Die nordiſchen Völker bekamen in dieſem Zeit-
raum ihre erſten wahren Geſchichtſchreiber, und zwar die
Ruſſen früher, als andere, in der Perſon Neſtor's,
Mönchs des Peczeriſchen Kloſters zu Kiew, den man den
Vater der ruſſiſchen Geſchichte nennet (um 1113). Seine

in ruff. Sprache gefchriebenen Annalen fangen mit der An-
kunft der Woräger in Rufsland (9ten Jahrh.) an, und find
von mehrern fortgefetzt worden, z. B. vom Abbt S y l v e-
fter († 1123), vom Bifchoff S i m e o n von Susdal († 1206)
und von Ungenannten bis in das 17te Jahrh.   Lange hatte
man diefe fchätzbaren Annalen nur in Handfchriften oder
fehlervollen Auszügen gehabt, bis S c h l o e z e r anfieng,
eine kritifche Ausgabe zu liefern, deren 1fter Theil zu S t.
P e t e r s b u r g 1767 erfchien und bis 1094 geht; den 2ten
bis 1237 beforgte deffen Schüler B a f c h i l o v 1768; und
die folgenden 3 Theile, worinn die Gefchichte bis 1534
fortlauft, Ungenannte, von 1786—1790. 4.   Die beyden
erften Theile t e u t f c h von J. B. S c h e r e r. Leipz. 1774.
4. Vergl. A. L. S c h l o e z e r's Probe ruffifcher Annalen.
B r e m e n und G o e t t. 1768. 8.

Aras oder A r e F r o d i († 1148) fchrieb Annalen in
isländifcher Sprache, die, nebft ihren Fortfetzungen
bis ins 13te Jahrh., ungemein brauchbar find.   A u s g a b e
von A n d r. B u f f a e u s. Hafniae 1733. 4. — S n o r r o
S t u r l ä f o n (geb. 1179. geft, 1241), ein isländifcher Herr
von Stande, der an den Höfen der Beherrfcher Norwegens
und Schwedens fich lang aufgehalten hatte, ein berühmter
Dichter, Staatsmann, Kriegsmann, ein unternehmender
Kopf, ein Genie, ein Gefetzgeber, ein eifriger Republi-
kaner, ein Gefchichtfchreiber mit Gefchmack, befchlofs 1214,
aus den alten Gedichten und hift. Denkmahlen feiner Vorfahren eine vollftändige Gefchichte des norwegifchen Reichs
aufzufetzen, unter dem fpäter erfundenen Titel: H e i m s-
K r i n g l a eller Snorro Sturlefons N o r d l ä n f k e K o-
n u n g a S a g a r f. Hiftoriae regum feptentrionalium a
Snorrone Sturlonide confcriptae, quas edidit et illuftravit
J o h. P e r i n g s k i ö l d. Holmiae 1697. 2 Voll. fol. Nova,

emendata et aucta editio. Vol. 1 et 2: opera Gerhardi
Schoening. Hafn. 1777. 1778. Vol. 3: opera Thor-
lacii et Thorkelini. ib. 1782. fol. Der Norweger
Sturla Thoridſon ſetzte Snorro's Arbeit von 1178 bis
1263 fort, und dann ein Ungenannter, ſchlecht genug,
bis 1387: Chriſti. Jacobi Norvegia monarchica et chri-
ſtiana. Tychopoli 1712. 4.

Die erſten beſſern Geſchichtſchreiber Dänemarks
hat man dem Erzbiſchoff Abſalon von Lund zu danken,
der ſeinen Sekretarien, Sueno Aageſon (um 1188)
und Saxo Grammaticus († 1204) auftrug, eine kürzere und eine umſtändlichere Geſchichte dieſes Reichs ab-
zufaſſen. Jene iſt gedruckt unter dem Titel: Suenonis,
Agonis filii, opuſcula (bis 1186) ed. Stephanus
Johannis Stephanius. Sorae 1642. 8. Dieſe: Saxonis Grammatici hiſtoriae Danicae l. 16 (bis 1186),
ed. notisque uberioribus illuſtravit S. J. Stephanius. ib.
1644 fol. Cum prolegg. et lectionis varietate ed. C. A.
Klotz. Lipſ. 1771. 4. Bis zum 11ten Jahrh. iſt dieſes
Werk aus isländiſchen Sagen geſchöpft, folglich unzuver-
läſſig, hernach aber deſto glaubwürdiger. Der lateiniſche
Stil iſt faſt durchaus rein und elegant. Vergl. Georgii
Reimer (Praeſ. J. B. Carpzov) D. de vita, eruditione
et ſcriptis Saxonis Grammatici etc. Helmſt. 1762. 4.

Die erſte erträgliche Geſchichte Polens ſchrieb
Vincenz Kadlubek, Biſchoff zu Krakau († 1226) in
4 Büchern bis 1204; in Dlugoſſi Hiſt. Pol. Lipſ. 1712.
fol. — cum Martino Gallo, cura G. Lengnich. Ge-
dani 1749. fol.

Muſter einer guten Chronik und Hauptquelle der
wahren liefländiſchen Geſchichte von 1184 bis 1216
iſt folgendes Werk, für deſſen Verfaſſer man einen Prieſter; Heinrich von Lettland, hält; Origines

Livoniae facrae et civilis f. Chronicon Livonicum
vetus — e codd, mfc. recenfuit etc. J. D. Gruber. Francof. et Lipf. 1740. fol. Teutfch, aus Handfchriften er-
gänzt u. mit Anmerk. verfehen von J. Gottfr. Arndt
Halle 1747. fol.

II.

Die Geographie gewann viel, theils durch die
Eifindung des Seekompaffes, theils durch die Schiffahrten
der Portugiefen an der Weftküfte von Afrika bis nach Oft-
indien, theils durch Colombo's Entdeckung, eines neuen
Erdtheils, theils durch eine Menge von Reifebefchreibungen, theils auch durch folgende Schriftfteller: Scherif
al-Edrifi oder Abu Abdallah Muhamed aus Ceuta
(geb. 1091. geft. zwifchen 1175 und 1186) ftudirte zu
Cordua und hielt fich nachher am Hofe des K. Roger des
1ften von Sicilien auf. Dort vollendete er (1150) in arab.
Sprache feine geographifchen Gemüthsergötzungen; wozu
er die Nachrichten zum Theil auf feinen Reifen fammlete,
das Meifte aber aus feinen Vorgängern und aus mündlichen
Erzählungen kompilirte. Die Vollftändigkeit des Werks
verdient Aufmerkfamkeit, befonders in der Befchreibung
des nordöftl. Afiens, Afrika's und felbft mancher Staaten
in Europa. Aus ihm verfertigte ein Ungenannter (Geo-
graphus Nubienfis, wie man ihn nach Gabr. Sionita's
ungegründeter Vermuthung nennet) einen treuen und
brauchbaren Auszug. Arabice Rom. 1592. 4. Latine
per G. Sionitam et Joh. Hefronitam. Parif. 1619. 4.
Vergl. Edrifii Africa, curante J. M. Hartmann. Ed.
altera. Gott. 1796. 8 mai. — Abdollatif (auch Ab-
dallatif) Ibn Jufuf aus Bagdad (um 1204), ein Arzt,
fchrieb ein ausführl. Werk! über Aegypten, das er zweymahl bereifete, in 13 Büchern, von denen er zwey, als

Probe des Ganzen, bekannt machte. Sie enthalten das,
was er felbft dort gefehn und beobachtet hatte, und füllen
die Lücke zwifchen Strabo und den neuen Befchreibungen
Aegyptens treftlich aus. Ausgabe: Compendium memorabilium Aegypti, arabice ed J. White — praefatus eft
E. H. G. Paulus. Tubing. 1789. 8. Teutfch mit Anmerk. von S. F. G. Wahl. Halle 1790. 8. — Abulfeda (f. vorhin 2) fchrieb auch eine Geographie: Takwin
al boldan d. h. tabellarifche Länderüberficht. Er benutzte dabey alle ihm erreichbare Hülfsmittel, ftudirte,
nach feinem eignen Geftändniffe, über 20 Schriftfteller,
verglich forgfältig ihre Augaben, berichtigte ihre Fehler
u. f. w. Einige Gegenden Afrika's und Afiens hatte er
felbft bereifet, und deren Befchreibung ift defto zuverläffi-
ger und reichhaltiger. Reisken's lat. Ueberf. fteht (mit
Weglaffung der von Grave und Köhler überfetzten
Stücke) in Büfching's Magazin Th. 4. S. 121—298 u.
Th. 5. S. 301—366. Das Original ift noch nicht vollftändig gedruckt; wohl aber folgende Stücke: Chorafmiae
et Mawarainahrae h. e. regionum extra Oxum flu-
vium defcriptio, ex tabulis Abulfedae ed. J. Gravius.
Lond. 1650. 4. Tabulae Syriae, cum excerpto geo-
graphico ex Ibn ol Waardii geographia et hiftoria na-
turali; arabice nunc primum edidit, lat. vertit, notisque
explanavit J. B. Kochler; acc. Reiskii animadverf.
Lipf. 1766. 4 mai. Defcriptio Aegypti; arab. et
lat. ed. J. D. Michaelis. Goett. 1776. 4. Africa,
exendi curavit J. G. Eichhorn. ib. 1790. 8. — Um
die Geographie hat auch einiges Verdienft der Jude Ben-
jamin von Tudela in Spanien († 1173) durch eine
Befchreibung vieler europäifchen, afiatifchen und afrikani-
fchen Länder, die er entweder felbft durchreifet oder von
denen er, durch andere, Nachrichten eingezogen hatte.

Er betrachtet aber alles aus jüdifchem Gefichtspunkte, hält nur die Oerter, wo Juden wohnten, für wichtig, begeht die gröbften Irrthümer und ift aufferordentlich leichtgläu-big.. Ausgaben: Hebr. cum verfione et notis Conftan-tini L'Emperur. Lugd. Bat. 1633. 8. — traduits et enrichis de notes er de differtations par J. P. Báratier. à Amft. 1734. 2 Voll. 8. — translated and enriched with a diff. and notes by B. Gerrans. Lond. 1783. 8. .

Für die Erdkunde hatten die Engländer damahls fchon eine grofse Vorliebe und erwarben fich nicht unbedeu-tende Verdienfte um diefelbe. In mehrern Stiftungsbriefen des 14ten Jahrh. wurde ausdrücklich verordnet, dafs den Stu-denten nach dem Mittags- und Abendeffen geographifche Nachrichten vorgelefen werden follten; und im Anfange des 13ten Jahrhynderts fand Sylvefter Girold's To-pographie von Irland fo viel Beyfall, dafs er fie 3 Tage nach einander in Oxford vorlefen mufste. Nirgends ha-ben die Regenten fo früh für eine genaue Kenntnifs ihres Landes geforgt, als in England gefchah. Schon Wil-helm der Eroberer lies 1080—1083 vollftändige Katafter verfertigen, unter dem Titel: Doomsdaybook etc. (Lond. 1783. fol.).

Jakob de Melfi, ein Neapolitaner, hat zwar die Seekarten nicht erfunden, wie einige wollen, aber doch beffer eingerichtet. Wer die erfte Seekarte gezeichnet habe und wo fie erfchienen fey, ift unbekannt: dafs aber die Seekarten fo alt, als die Schiffahrt, feyn follten, daran zweifelt man billig, zumahl da man ehedem die Hülfsmit-tel dazu noch nicht hatte.

Franz Berlinghieri machte einen rühmlichen Verfuch, das Studium der Geographie zu erleichtern, in-dem er fie in Verfen vortrug. Seine Geografia mit Landkarten erfchien zu Florenz (1481 oder 1482) fol.

Vergl. C. G. de Murr Notitia libri rariſſimi Geographia
Franc. Berlinghieri etc. Norib. 1790. 8 mai.

12.

Zum Behuf der Genealogie ließ Kaiſer Maximilian
der ſte zu Ende dieſes Zeitraumes auf ſeine Koſten zwey
Gelehrte, Jakob Manlius und Ladislaus Sunt-
heim, in Teutſchland, Italien und Frankreich herum reiſen, und in den Archiven, Bibliotheken und Klöſtern Urkunden, Chroniken und andere alte Denkmahle ſammlen,
damit daraus die teutſche Geſchichte und die Genealogieen
der teutſchen fürſtlichen Häuſer, beſonders des öſtreichi-
ſchen, verfertigt werden könnten.

13.

In einer ganz neuen hiſt. Wiſſenſchaft, der Heraldik, hatte Italien den erſten Schriftſteller, den Juriſten
Bartolus, der de inſigniis et armis ſchrieb (inter
eius Tractatus 42. Baſil. 1562. 4). Es iſt zwar der Gebrauch, Wappen zu führen, nicht erſt nach den Kreutzzügen bey Gelegenheit der Turniere, wie man gewöhnlich glaubt, aufgekommen — denn man hat ältere Wappen: — aber gewiß iſt doch, daß jene Züge ſtarken Einfluß in das Wappenweſen hatten. Den Urſprung der erb-
lichen Geſchlechtswappen unter dem hohen Adel leitet
man her aus dem 11ten, und unter dem niedern aus dem
12ten Jahrhundert. Denn damahls kamen die Zunamen
auf, und wurden nach und nach erblich, indem Zunamen
und Wappen gemeinſchaftliche Schickſale darinn hatten,
daß, wenn ſich Brüder in die väterlichen Güter theilten,
und der eine von dieſem, der andere aber von einem andern Gut oder Schloß ſeinen Zunamen führte und ihn auf
ſeine Nachkommen fortpflanzte, auch gemeiniglich mit

dem Geſchlechtswappen eine ähnliche Veränderung vor-
gieng. Uebrigens iſt das heutige Wappenweſen eine teutſche Erfindung. Schon gegen die Mitte des 12ten Jahrh.
war die Wappenkunde ein eigenes Geſchäfte, dem die
Heroldskollegien oblagen. Die Herolde ſtanden in groſſem Anſehn, wurden bey groſen Feyerlichkeiten, beſonders bey Krönungen, zu Rathe gezogen, und ertheilten
mündlich Unterricht in ihrer Wiſſenſchaft, die man geraume Zeit als ein Geheimniſs betrachtete. Der bis jetzt bekannte älteſte Wappenbrief iſt 1305 von K. Albrecht dem
1ſten dem Stifte Gurk ertheilt worden. Die erſte Wap-
penſammlung entſtand zufällig auf dem Concilium zu Conſtanz (um 1415) durch den dortigen Kanonikus Ulrich
von Reichenthal. Sie wurde zuerſt gedruckt in der
Hiſtoria Concilii Conſtantienſis 1483; und hernach noch zweymahl. — Der erſte, der die Heraldik
wiſſenſchaftlich behandelte, war ein ungenannter Engländer *), der in latein. engl. und franz. Sprache herausgab:
Ars Armorum. Weſtmonaſterii 1496. 4.

*) Ueberall wird er Wynkyn oder Wynkin the Wor-
de oder de Word genannt: allein, dies iſt der Name
des Buchdruckers.

VIII. Zuſtand der mathematiſchen Wiſſenſchaften.

I.

Mathematiſche Kenntniſſe, beſonders aſtronomiſche,
wurden in dieſem Zeitraume höher geachtet und bekamen
mehrere Bearbeiter, als im vorhergehenden; Anfangs im
Morgenlande mehr, als in dem Abendlande. Doch, ſeit
dem 13ten Jahrh. kamen ſie auch hier mehr in Aufnahme;
im 15ten thaten ſie ſchnellere Schritte: obgleich während
deſſelben nicht ſo viel erfunden wurde, als im 17ten.

2.

Die Araber trieben auch jetzt noch eifrig Mathematik, vorzüglich Aftronomie. Zwar blieben fie immer noch ferne von neuen Entdeckungen und hiengen meiftentheils den Griechen an: aber fie weckten doch immer mehr die Neigung der Europäer zu diefem Studium und bereiteten dadurch deffen Vervollkommnung vor, die es in der Folge von Teutfchen, Franzofen, Engländern u. a. erhielt. Gelehrte Mathematiker gab es nur unter den fpanifchen Arabern: unter den orientalifchen waren Aftrologie, Zeichendeuterey, Traumauslegung und dergleichen Thorheiten an die Stelle gründlicher Kenntniffe getreten.

Alpatragius aus Marocco (um 1150) fchrieb eine phyfifche Theorie vom Himmelslauf: Planetarum theoria, phyficis rationibus probata, nuperrime latinis litteris mandata a Calo Calonymos. Venet. 1531. fol. — Abul Walid Muhamed Ebn Achmed Ebn Muhámed Ebn Rofchd, gewöhnlich Averrhoës († 1217), aus einer angefehenen Familie, verwaltete das Amt eines Richters erft zu Cordua, hernach in Marocco. Er trieb Theologie, Jurisprudenz, Medicin, Philofophie und Mathematik; und hinterlieſs viele Schriften, wovon die meiften nicht gedruckt find, füglich auch ungedruckt bleiben können. Dahin gehört ein Auszug aus dem Ptolemæus. Vergl. Bayle u. Chaufepié. Cafiri T. I. p. 185. — Aben Ragel und Alkabiz (Alchabitius) von Toledo (um 1240) waren zwey der vorzüglichften Aftronomen K. Alphons des 10ten von Caftilien, welche die bekannten koftbaren aftron. Tafeln verfertigten. Oefters gedruckt, z. B. Parif. 1545. 4. Die Aftrologie von Alkabiz ift auch oft gedruckt. — Nafireddin aus Thus in Chorafan († 1244), ein berühmter Philofoph und Aftronom, den Hulaku, Khan der Mongolen, zum Vorfteher der von ihm zu Maragha, geftifteten aftron. Schule ernannte und ihm auch die Auflicht über die mongolifchen Schulanftalten anvertraure. Man hat von ihm aftron. Tafeln, die grofsen Deyfall fanden, unter dem Namen der ilekhanifchen bekannt: Nafireddini et Ulughbegi *) tabulae aftronomicae, arab. et lat. ed. J. Grávius. Lond. 1652. 4; wie auch eine Auslegung der Euklidifcben Elemente, arabifch gedruckt zu Rom 1594. fol.

3.

Durch die Araber bekamen die Abendländer Gefchmack an mathematifchen Studien, vorzüglich auch an der Aftronomie. Durch fie lernte Joh. Campanus um 1150 den Euklides kennen, indem er ihn aus der verftümmelten arab. Ueberf. ins Lateinifche überfetzte; aufferdem fchrieb er Mehreres über die Geometrie; fah auch fchon die Nothwendigkeit einer Kalenderverbefferung ein, die erft 420 Jahre fpäter erfolgte. So lies Kaifer Friedrich der 2te, felbft Kenner der Mechanik, Aftronomie und Aftrologie, um 1230 den Ptolemäifchen Almageft oder Lehrgebäude der Aftronomie aus dem Arabifchen ins Latein. überfetzen. Er und fein Kanzler, Peter de Vineis,

*) Ulugh Beigh, Timur's Enkel, Beherrfcher der Mongolen (ft. 1449), berief um 1430 viele Aftronomen in feine Refidenz Samarkand, bildete aus ihnen eine aftronom. Akademie, deren Direktor fein Lehrer Salaheddin war, errichtete eine Sternwarte und verfah fie mit den beften Werkzeugen; ja er arbeitete felbft mit ihnen. Er verfertigte auch verfchiedene noch vorhandene Werke in perfifcher Sprache oder arbeitete mit daran; z. B. Tabulae longitudinum et latitudinum ftellarum fixarum. Oxon. 1665. 4. Vergl. Burckhardt in v. Zach's Allgem. geogr. Ephem. 1799. Febr. S. 179—183.

(f. vorhin VII. 5) unterſtützten ſowohl ital. als teutſche Mathematiker. K. Alphons der 10te von Caſtilien brachte um die Mitte des 13ten Jahrh. die Aſtronomie vorzüglich in Aufnahme, und ließ durch arabiſche, jüdiſche und chriſtl. Aſtronomen, mit ungeheuerm Koſtenaufwand, unterſuchen, wie die alte theoretiſche Aſtronomie zu verbeſſern wäre, und von ihnen die nach ſeinem Namen benannten aſtron. Tafeln verfertigen, welche ſich einige Jahrh. lang in Anſehn erhalten haben.

Albrecht der Groſse aus der adelichen Familie von Bollſtädt, geb. zu Anfang des 13ten Jahrh., wurde Dominikaner und lehrte Theologie und Philoſophie zu Hildesheim, Regensburg, Cöln, Paris u. a. Der Papſt drang ihm 1260 das Bisthum Regensburg auf: aber ſein Trieb, blos den Muſen zu leben, bewog ihn, dieſe Würde niederzulegen und ſich wieder nach Cöln zu begeben, wo er 1280 ſtarb. Er war in mehre⸗n Wiſſenſchaften bewandert. In der Aſtronomie, vorzüglich aber in der Mechanik, beſaß er groſse Einſichten; denn er ſoll erſtaunliche Maſchinen, ſogar Automaten, verfertigt haben. Unter der Menge ſeiner ächten und unächten Schriften (ſtudio Petri Jammy, Lugd. 1651. 21 Tomi. fol.) finden ſich keine mathematiſchen, als etwa Speculum aſtronomicum etc. — Vergl. Bayle in Dict. u. Harzheim in Bibl. Colon.

Weit mehr that für Mathematik in demſelben Jahrh. Roger Bacon (geb. 1214; geſt. 1292 oder 1294), ein Franciſcaner, nachdem er zu Oxford und Paris ſtudirt hatte. Ein ganz beſonders merkwürdiger Mann, nicht nur unter ſeinen Zeitgenoſſen, ſondern auch unter den Gelehrten vor und nach ſeinem Jahrhundert; ein Mann von faſt allgemeinen Talenten, der beynahe über alle Theile der damahls gangbaren Gelehrſamkeit geſchrieben hat; ein

Mann, den Dummheit und Neid für einen Hexenmeifter ausfchrieen und auf viele Jahre ins Gefängnifs brachten. Denn feine queerköpfigten Mitmönche fprengten aus, die Mathematik und Phyfik, womit fich B. hefchäftigte, wären mit der von der Kirche verdammten Magie verwandt. Er hatte, durch die Freygebigkeit feiner Freunde unterftützt, mehrere Entdeckungen und Beobachtungen gemacht oder fchon vorhandene beftärkt. Er kannte die Beftandtheile und Wirkungen des Schiespulvers, die Camera obfcura, die Vergröfserungs- und Ferngläfer, Brennfpiegel und eine Menge mathematifcher und aftronomifcher Werkzeuge, verftand das Jahr aftronomifch richtig zu berechnen, und zeigte, damahls fchon, den chriftlichen Europäern, in Rückficht der Theologie, Medicin, Chemie und anderer Wiffenfchaften, den wahren Weg. Viel hatte er zwar den Arabern zu danken; aber er ftudirte doch die Natur nicht blos in Büchern, fondern hauptfächlich in ihr felbft. Von Irrthümern und Vorurtheilen war er jedoch nicht ganz frey. In feiner Specula mathematica bemüht er fich, die Aufgabe des Arabers Alhazen über die Vereinigungspunkte der Strahlen für Kugelfpiegel aufzulöfen; wozu er noch einige Beobachtungen über die Brechung des Sternenlichts, die fcheinbare Gröfse der Gegenftände u. f. w. hinzufüget. Sein Hauptwerk ift betitelt: Opus maius (ex ed. Sam. Jebb. Lond. 1733. fol.), befteht aus 6 Theilen und ift eine Sammlung aller feiner Entdeckungen und Verbefferungen in den Wiff. oder der Vorfchläge dazu, in mehrern kleinen und gröfsern Abhandlungen, die zum Theil auch einzeln bekannt gemacht worden find. Das kleinere und das dritte Werk (Opus minus et tertium) find noch ungedruckt. Vergl. Bayle u. Chaufepié. Britt. Biogr. Th. 4. S. 616—709.

Berühmte Aſtronomen und Aſtrologen dieſes Zeitraumes waren noch: Peter von Abano oder Apono
(† 1315), von dem hernach Nr. XIII. 4, und Franz
Cecco von Aſcoli, der wegen der in ſeinem Buche
von der Sphäre vorkommenden aſtrologiſchen Grillen, als
ein Ketzer, lebendig verbrannt würde 1327. Bemerkens-
werther noch, als ſie, iſt Paullus Toſcanellus, ein-
Florentiner († 1482), ein fleiſſiger Beobachter der Bewegung der Sterne, Verbeſſerer der Alphonſiſchen Tafeln,
erhaben über den damahls noch allgemeinen Glauben an
Aſtrologie. Auch Kenner der Geographie war er; ſtellte
Betrachtungen an über die Möglichkeit der Schiffahrt nach
Weſtindien, die er, nebſt einer Seekarte, Colombo'n in
Briefen mittheilte.

Joh. de Dondis ab Horologio, Lehrer der
Medicin und Math. zu Padua († 1380), verfertigte eine
groſſe und ſehr künſtliche Uhr, die den Lauf der Sonne
und der Planeten anzeigte. Fälſchlich wird ſie ſeinem Vater
Jakob, auch einem berühmten Arzt und Mathematiker zu
Padua, beygelegt. Weder dieſer noch der Sohn ſind, wie
viele glauben, Erfinder der Schlaguhren; denn ſchon
1306 hatte Mayland eine Thurmuhr.

4

In dieſen Zeitraum fällt auch die wichtige Erfindung
des Seekompaſſes. Wahrſcheinlich gebührt ſie den
Arabern, nicht aber dem Neapolitaner Flavius Gioja-
us Amalfi zu Anfang des 14ten Jahrhunderts; denn ſchon
im 13ten war dieſes, nachher freylich ſehr vervollkommnete Inſtrument allgemein gebräuchlich.

5.

Zur Kalenderverbeſſerung that einen nähern Schritt
Peter d'Ailly oder de Alliaco (geb. 1350, geſt. 1425),

Profeſſor der Theol. und Philoſ. zu Paris, hernach Biſchoff zu Cambray, zuletzt Kardinal. Den Entwurf dazu billig-te der Papſt und die Kirchenverſammlung zu Conſtanz. (De correctione calendarii erſchien, nebſt ſeinen übrigen math. Schriften ſ. l. et a. fol. Vergl. Bayle und Chauſepié). Auch der Kardinal Nicolaus Cu-ſanus (geb. zu Cuſs im Trieriſchen 1401. geſt. 1464) ſah die Nothwendigkeit der Kalenderverbeſſerung ein. Derſelbe brachte zwar unter den Neuern die Meynung der, Pythagoräer von Bewegung der Erde um die Sonne wieder auf die Bahn: aber die Zeit war noch nicht da, wo eine Meynung, die dem Zeugniſs der Sinnen widerſprach, Glück machen konnte. Er glaubte auch, die Quadratur des Zir-kels erfunden zu haben: wogegen aber Regiomontan gründlich ſchrieb. (Opp. Pariſ. 1514. 3 Voll. fo'.)

6.

Als wahre Wiederherſteller der Mathematik, beſon-ders der Aſtronomie, unter den Abendländern ſind anzu-ſehen: Georg von Peurbach und ſein Schüler Re-giomontan. Ihr Vorläufer war Johann von Gmun-den oder Gmünden († um 1442), Lehrer der Aſtrono-mie bey der Univerſität zu Wien, deren Vicekanzler er eine Zeit lang war. Seine Schriften blieben ungedruckt. Ein Hauptverdienſt erwarb er ſich durch Bildung mehrerer Aſtronomen, unter denen jener Georg (geb. zu Peur-bach im Lande ob der Ens 1423; geſt. 1461) der berühm-teſte iſt. Sein berühmteſtes Buch iſt betitelt: Theori-cae planetarum (mehrmals gedruckt, zuletzt Colon. Agripp. 1581. 8). Es wurde mit ſo allgemeinem Beyfall aufgenommen, daſs es, nebſt der Sphaere Johanns von Holiwood, gewöhnlich a Sacro Boſco († 1256) das Elementarwerk der Mathematik in allen europäiſchen Schu-

len wurde, und die berühmteſten Gelehrten darüber commentirten. In der Trigonometrie ſchaffte P. die 60thei-
lichte Rechnung ab, gab dem Halbmeſſer 600,000 Theile,
und berechnete ſtatt der Sehnen in ſolchen Theilen die
Sinuſſe. Er erſand das geometriſche Viereck, wobey er
zuerſt das Bleyloth anbrachte; woraus dann der aſtronom.
Quadrant entſtand. Seine Tabulae eclipſium ſuper meridiano Viennenſi, die Regiomontan nach
deſſen Abſterben herausgab (2te Aufl. Wien 1514. fol.)
ſind mit einer faſt übertriebenen Genauigkeit abgefaſst.
Vergl. v. Khautzen's Verſuch einer Geſchichte der öſtr.
Gelehrten S. 27—57.

Joh. Müller, mit dem Beynamen Regiomonta-
nus, erwarb ſich noch mehr Ruhm (geb. zu Königsberg
in Franken 1436. geſt. 1476). Durch den Kardinal Beſſarion kam er nach Italien, lernte dort die griechiſche Sprache und ward dadurch in den Stand geſetzt, die vorhin erwähnte, aus dem Arabiſchen verfertigte latein. Ueberſ.
des Ptolemäiſchen Almageſts, die ſein der griech. Sprache
unkundiger Lehrer Peurbach zu verbeſſern angefangen hatte, brauchbarer zu machen. In Italien ſchrieb er den
Traktat de doctrina triangulorum, das erſte von
dieſer Materie gedruckte Buch. Nach einigem Aufenthalt
in Ungarn bey dem König Matthias Corvinus, dem er ſeine Tabula primi mobilia zueignete, lies er ſich 1471
in Nürnberg nieder und legte eine Buchdruckerey an, die
wegen der Korrektheit der darinn gedruckten Bücher ſehr
berühmt wurde. Papſt Sixtus der 4te rief ihn wegen der
Kalenderreform nach Rom und machte ihn zum Biſchoff von
Regensburg; R. ſtarb aber in Rom. In Teutſchland war er
der erſte, der ſich auf die Algeber und ihre Verbeſſerung
mit Eifer legte. In der Trigonometrie nahm er eine noch
nützlichere Aenderung, als ſein Lehrer, vor, indem er

den Halbmeſſer (oder Sinus totus) in zehen Millionen
Theile eintheilte, und die Tangenten einführte. Seine
vom J. 1475 bis 1506 berechneten aſtron. Ephemeriden
erwarben ihm ſehr groſſen Ruhm. Auch in der Mechanik
leiſtete er nicht gemeine Dinge: wenn gleich die Sagen
von einer durch ihn verfertigten eiſernen Fliege und einem
hölzernen Adler fabelhaft ſind. Vergl. Petri Gaſſen-
di Vita J. Mulleri, Regiom. Viteb. 1549. 8. Doppel-
mayer's Nachr. v. Nürnb. Math. u. Künſtlern S. 1—23.

Nach Regiomontan's Tode wurde ſein Schüler Bernhard Walther, ein Nürnberger (geb. um 1430. geſt.
1504), für den gröſten Aſtronomen ſeiner Zeit gehalten.
Er gab die Koſten zu der Druckerey und andern Unternehmungen ſeines Lehrers her, und legte den Grund zu der
Lehre von den aſtron. Refractionen. Seine aſtronom. Beobachtungen wurden mit denen ſeines Lehrers erſt 1544
zu Nürnb. durch den Druck bekannt. Vergl. Doppel-
mayer S. 23—27.

7.

Eine Hauptepoche in der Geſchichte der Kriegs-
kunſt macht die während dieſes Zeitraumes geſchehene
Anwendung des Schiespulvers zum Kriegsgebrauch. Wer
dieſes Pulver erfunden habe? wann die Erfindung und
wann ihre Anwendung zum Kriegsgebrauch geſchehen
ſey? hat bisher nicht mit Gewiſsheit erforſchet werden
können. Wahrſcheinlich leitete das im vorigen Zeitraum
(VIII. 11) erwähnte griechiſche Feuer auf die Erfindung
des Schiespulvers. Zuverläſſig iſt, daſs erſt gegen die
Mitte des 14ten Jahrh. Feuergewehr von der Art, wie es
noch heut zu Tage üblich iſt, entſtanden war. Anfangs

ward es nur bey Belagerungen gebraucht; dann gieng es
erft auf die Flotten über, ehe man fich deßen in den Feld-
fchlachten bediente. Kanonen, wie wir fie nennen, gab
es demnach eher, als Mufketen. Als diefe erfunden waren, bedurfte man unter der Infanterie, gegen die mit
langen Speeren bewaffneten Reifigen, noch lange der Pi-
ken in Vermifchung mit dem Schiesgewehr. Denn da
man fich nur im ebenen Felde fchlug; fo ftanden die Fufs-
knechte, mit fchweren unbehülflichen Röhren und deren
Gabeln belaftet, nebft allen den Behängfeln von Lunten
und dem übrigen Kram, der dazu gehörte, Feuer zu machen und wieder zu laden, völlig blos gegen den zahlreichen Reifigenzeug, der fie mit feinen Speeren niederboh-
ren konnte; man war deswegen gezwungen, auf abweh-
rende Waffen zu denken, zwifchen welchen oder neben
welchen heraus geblitzt und gekracht werden mochte,
Spieffe nämlich, an Länge den Spieffen der Reuter über-
legen. Gegen das Ende des 15ten Jahrh. fieng man an,
Laffeten einzuführen, wodurch man in den Stand gefetzt
ward, auch das grobe Gefchütz überall im Felde mit fich
herumzuführen. Die Franzofen follen zuerft darauf verfallen feyn bey ihrem Kriegszug nach Italien unter Karl
dem 8ten: man findet aber fchon frühere Spuren von Zügen fchweren Gefchützes, mit Pferden befpannt, bey den
Heeren der Teutfchen in ihren Kriegen gegen die Böhmen
und nachher gegen die Schweitzer. Ungefähr in die Mitte
des 15ten Jahrh. fällt die Erfindung der Mörfer und Bom-
ben durch den Fürften von Rimini, Siegmund Pan-
dulph Malatefta.

Mit der Erfcheinung des Feuergewehrs hatte fich in
der Folgenreihe der Begebenheiten eine zweyte Erfcheinung verbunden, der freywillige, um Sold und Lohn
miethbare Lanzknecht und Reifige, und die daher rühren-

den ſtehenden Heere. Karl der 7te, König von Frankreich, gab das erſte Beyſpiel hierzu, indem er im J. 1445
Ordonnanzkompagnien errichtete, die, auſſer der
Leibwache, auch in Friedenszeiten beſoldet wurden.
Durch Errichtung dieſer ſtehenden Kavallerie fiel das bis
dahin übliche Aufgebot des Adels nach und nach von ſelbſt
weg. Nicht ſo verhielt es ſich in Teutſchland und den
nördlichen Ländern, wo die Ritterſchaft mit ihren Vaſallen
noch lange die einzige Reuterey der Heere ausmachte.
So lang dieſe gröſtentheils und faſt einzig aus dem Adel
beſtand, war die Infanterie, die Schützen ausgenommen,
gleichſam nur ein unbedeutender Theil des Heeres, und
wurde mehr in Beſatzungen, als in offnen Feldſchlachten,
gebraucht. Um den Mängeln der Infanterie abzuhelfen,
errichtete derſelbe König von Frankreich im J. 1448 ein
ſtehendes Heer von Fuſsvolk, unter dem Namen der
Freyſchützen. Auſſer dieſer regulären Infanterie hatte man in Frankreich noch eine Art Freyparthey unter
dem Namen der Brigands und in der Folge der Avan-
türiers, die von reichen Kriegsmännern, ohne beſondere Patente des Königs, auf eigene Koſten geworben und
ohne beſtimmten Sold durch Räubereyen unterhalten wurden. In Teutſchland hatte ſich inzwiſchen eine Infanterie,
die aus Landsknechten, oder richtiger Lanzen-
knechten, beſtand, und die ſich durch Kriegszucht und
Kühnheit auszeichnete, gebildet. Weil die Lehnsverfaſ-
ſung oft nicht geſtattete, den kleinen Fürſten und Grafen
Fuſsvolk genug zu ihren Kriegen zu liefern; ſo fiengen
kühne Männer, die zu arm waren, ſich die Rüſtung eines
Reuters anzuſchaffen, an, als Fuſsknechte, bewaffnet mit
einer langen Lanze und einem Seitengewehr, bisweilen
auch mit Piſtolen und Dolch, um Sold zu dienen. Da jedoch ihr Dienſt auch allzeit mit dem Krieg ein Ende hatte;

fo zogen fie dann weiter, und fuchten neue Fehden und
für fich neuen Verdienft. So entftand unvermerkt eine ftehende Truppenart, die, ob fie gleich aus einem Lande in
das andere zog, dennoch ihre teutfchen Sitten und ihre
Kriegszucht beybehielt und in den meiften europäifchen
Ländern unter dem Namen der teutfchen Lanzenknechte (Lansquenets) längere oder kürzere Zeit
exiftirte.

Während diefes Zeitraumes entftand ein neues Kriegsvolk, die Schweitzer. Rauh, wie die Gebürge, die
fie bewohnten, voll von Kühnheit, und durch ftete Siege
über tapfere Heere, die fie unterjochen wollten, furchtbar, wurden fie zu einem unerfchütterten Selbftvertrauen
erhoben. Ihre damahlige Armuth und die natürliche, gebürgige Befchaffenheit ihres Landes nöthigte fie, daraufzu
denken, wie fie der, damahls alles geltenden fchweren
Kavallerie Fufsvölker mit gutem Erfolg entgegen ftellen
könnten. Sie gaben ihnen demnach Bruftharnifche und
Stormhauben, als Schirmrüftungen, und zum Angriff lange
Spieffe, Hellebarden und fchwere Säbel; und ftellten fie
dann in grofsen Bataillonen, in tiefen und an einander gedrungenen Reihen, fo, dafs fie von allen Seiten dem
Feinde fürchterlich die Stirn bieten konnten. Die wiederbohlten Beweife der entfcheidenden Wirkung diefer Infanterie verfcheuchten das im ganzen Mittelalter gehegte Vorurtheil, als wenn Fufsvölker bey Kriegsoperationen von
keiner befondern Wichtigkeit wären. Andere Mächte
nahmen nun Schweitzer in Sold, und reformirten durch
fie ihre eigene Nationalinfanterie.

In der andern Hälfte des 15ten Jahrh. fieng man in
Frankreich und Teutfchland während Friedenszeiten an,
Uebungslager zu halten.

Die Flotten im Mittelalter beſtanden gewöhnlich blos
aus Transportſchiffen, die nur zufällig und durch die Umſtände dazu gezwungen, ſich in Seetreffen einliefsen. Die
Spanier, und dann die Genueſer und Venetianer, ſcheinen
zuerſt den frühern Beyſpielen der Normänner und anderer
nördlichen Völker gefolget und eigentliche Kriegsflotten
ausgerüſtet zu haben, die aus verſchiedenen Gattungen
von Schiffen beſtanden, unter denen die Galeeren oder
langen Ruderfahrzeuge immer den erſten Rang behaupteten, und vorzugsweiſe gegen die übrigen zum Gefecht
beſtimmt waren. Sie führten derwegen auch gewöhnlich
Kriegsmaſchinen und Feuergeſchütze, deren unbehülfli-
che Gerüſte kein Hindernifs waren, ſie im Seekrieg anzuwenden. Ihre Beſatzung machten die Ruderer und die
Armbruſtſchützen aus, die oft auch noch durch Ritter oder
Gewapnete angeführt oder verſtärkt wurden.

IX. Zuſtand der philoſophiſchen Wiſſenſchaften.

1.

Die ſchon im vorigen Zeitraum emporgekommene
ſcholaſtiſche Philoſophie breitete im jetzigen ihre
Herrſchaft überall aus. Ihr Urſprung und ihre allmählige
Ausbildung darf ja nicht in Einem Zeitalter und in dem
Einfluſs eines einzigen Mannes geſucht werden: vielmehr
entſprang ſie aus mehrern, ganz verſchiedenen Quellen.
Sie iſt eine Frucht der Bemühungen älterer und ſpäterer
chriſtlichen Gelehrten, der Philoſophie eine ſyſtematiſche
Geſtalt zu geben; und ſo fällt ihre Entſtehung ſchon in
das 8te Jahrhundert: nur folgte man damals nicht Einem
Führer, erkannte nicht die Autorität eines ſolchen Einzigen
an, und zog das Platoniſche, noch mehr aber das Alexan-
driniſche Syſtem allen übrigen vor. An Ariſtoteles wurde

II. Bbb

wenig gedacht, zumahl da fein für jene Zeit brauchbarftes
Werk, die Dialektik, durch Auguftins ähnliche Arbeit
entbehrlich fchien.   Uebrigens wurde der Lehrer einer
Klofterfchule S c h o l a ft i c u s genannt, und die von ihm
vorgetragene Philofophie erhielt daher auch ihre Benennung.

Doch, die Ariftotelifchen Schriften fanden unter den
Abendländern, befonders unter den Franzofen, bald wieder viele und warme Liebhaber. Vielleicht wurden fie
zuerft durch das Organon, das Karl der Grofse aus Konftantinopel bekam und ins Lateinifche überfetzen liess, mit
ihnen bekannt: aber erft Abälard im 12ten Jahrh. wagte
es, als erklärter Verehrer der peripatetifchen Philofophie
aufzutreten, und fie, nach Porphyrius Einleitung in die
Kategorien und Boëthius Ueberfetzung derfelben, öffentlich vorzutragen, und nun fah fich die Auguftinifche Dialektik, Trotz aller Hinderniffe von Seiten der Päpfte und
der Theologen, bald von der peripatetifchen verdrängt.
Man fühlte die Ueberlegenheit, die fie dem mit ihr ver-
trauten Streiter in Difputationen gewährte; ihre Trockenheit und ftreng fyftematifche Form befriedigte vollkommen
den rohen Gefchmack jenes Zeitalters; und der gute Kopf
freute fich des Reichthums der Vorftellungen, des Scharffinns der Entdeckungen und Erklärungen, und der Neuheit des Ausdrucks in den Werken des Stagiriten. Sie
wurde nun auf den berühmteften hohen Schulen eingeführt
und — was nachher ihre Hauptftütze war — der chriftlichen Theologie angefchmiegt: oder vielmehr, fie wurde
Sklavin der Theologie. Dafs weder die eine noch die andere Wiffenfchaft bey diefer feynfollenden Verbefferung
gewonnen habe, bewies der Erfolg deutlich.

2.

Die Beschaffenheit der Ariftotelifch-fcholaftifchen Philofophie zeigt fich am richtigften in der Quellen, woraus
fie gefchöpft wurde, und in dem Umfange der Wiffenfchaft. Ariftoteles war die einzige, aber fehr trübe Quelle; denn man ftudirte deffen Werke, bey der damahligen
allgemein vernachläffigten Kenntnifs der griechifchen Sprache, nur in lateinifchen Ueberfetzungen, die aus fchlechten arabifchen gemacht wurden, fo wie diefe gröfstentheils
auch nicht nach den griech. Originalien, fondern nach fyrifchen Ueberfetzungen gebildet waren. Noch unreiner
wurde die Quelle, weil man zugleich mit den Ueberfez-
zungen die Auslegungen des Averrhoës und anderer Araber in das Latein. übertrug und ihnen ein beynahe kanonifches Anfehn einräumte, zu welchem weiterhin fogar
die Commentarien und Auszüge der Scholaftiker felbft ge-
langten. Bedenkt man nun überdies, dafs A. das gröfste
philofophifche Genie des Alterthums war, dafs er, bey allem Streben nach fyftematifcher Ordnung, oft mit Vorfatz
fich dunkel und zweydeutig ausdrückte, dafs feine ächten
Schriften von den unächten kritifch abgefondert und jene
in einer, zu ihrem Verftändnifs erfoderlichen zufammen-
hängenden Folge gelefen werden müffen, dafs zum Verftehen derfelben eine innige Vertraulichkeit mit der Gefchichte der philofophifchen Dogmen unentbehrlich ift; fo
mufs man erftaunen, wie folch' ein Philofoph in dem
Zeitalter und unter den Umftänden zum Führer gewählt,
und noch mehr, wie er für fo ganz untrüglich gehalten,
ja fogar vergöttert werden konnte.

3.

Der Umfang der fchol. Phil. war fehr eingefchränkt;
denn fie beftand faft nur aus der Dialektik und einer Art

von Metaphyſik. Dialektik war, nach Johanns von Salisbury Geſtändniſs, eine eitle, vorlaute, aber ſehr mächtige Schwätzerin; ſie herrſchte über alle Wiſſenſchaften, ſelbſt über die Theologie; ſie allein wurde bewundert und führte zu Reichthum und Ehre; ſie war überladen mit barbariſcher Terminologie, und
mit ſpitzfindigen, ja abentheuerlichen Fragen; ſie führte
eben ſo wenig näher zur Wahrheit, als ſie Einſichten und
Moral zu verbeſſern im Stande war. Die Metaphyſik war
noch mehr ein Gewebe abſtracter Vorſtellungen, ſehr ent-
behrlicher Beſtimmungen, unfruchtbarer Diſtinctionen,
Diviſionen und Wortzänkereyen; ſie verwirrte Alles, um
deſto erhabener und gelehrter zu ſcheinen, und blähte ihre Anhänger auf, weil ſie ſich für unüberwindlich hielten.
Der Stil der ſchol. Philoſophen hat ſo ziemlich Einen allgemeinen Charakter, wenn gleich einige gelehrtere und
geiſtreichere Schriftſteller ſich nach den Alten bildeten
und vom groſsen Haufen vortheilhaft auszeichneten. Er
hat alle Fehler und Unannehmlichkeiten des Ariſtoteliſchen, ohne eine ſeiner Tugenden zu beſitzen; iſt trocken,
geſucht, kurz und doch dabey langweilig und weitſchwei-
fig, ſteif und unbehülflich; oft ein fortgehender Ketten-
ſchluſs, deſſen einzelne Syllogiſmen ſich ſogleich auffinden
laſſen; überall Kunſt, nirgends Natur; immer reich an
Worten und arm an Gedanken.

4.

Unter den Scholaſtikern ſind beſonders zwey Secten,
die Nominaliſten und Realiſten, merkwürdig. Die
Zeit des Urſprungs von beyden iſt unbekannt. Wahrſcheinlich iſt er zu Ende des 11ten und im Anfange des
12ten Jahrhunderts zu ſuchen, wo man die Dialektik wieder eifrig zu treiben anfieng. Beyde Parteyen entſtanden

aus den ganz entgegengefetzten Vorftellungen von der eigentlichen Befchaffenheit des Ueberfinnlichen oder Abftracten, und ftritten über die Natur der allgemeinen Begriffe
(univerfalia), die einen Hauptgegenftand ihrer Unterfuchungen ausmachten, Die Frage, worüber man uneins
war, wird am deutlichften fo ausgedrückt: Haben die allgemeinen Begriffe auch auffer dem Verftande Wirklichkeit
oder find fie blos Abftractionen des menfchlichen Geiftes?
exiftirt das Subjective auch objectiv? exiftiren die Eigenfchaften und unterfcheidenden Merkmahle, die wir den
Dingen in unfern Vorftellungen von ihnen beylegen, und
wodurch wir fie von einander abfondern, auch wirklich oder
nur in unferm Vorftellungsvermögen? Plato nahm Ideen,
unveränderliche Urbilder der einzelnen Dinge, exiftirend
im Verftande Gottes an (univerfalia ante rem),
Formen, nach denen Gott die Individuen gebildet habe.
Nach des Ariftoteles Meynung war Gott, die Urfache der
Welt, von diefer nicht verfchieden; er verwarf aber nicht
alle Arten von allgemeinen Begriffen, fondern läugnete
nur ihre Selbftftändigkeit auffer den einzelnen empfindba-
ren Dingen felbft (univerfalia in re); ihm folgten
die Realiften. Zeno, der Stoiker, geftand den allgemeinen Begriffen keine felbftftändige Wirkung zu, fondern
hielt fie für Verftandesbegriffe, Worte, wodurch gewiffe
Arten von Vorftellungen in der Seele ausgedrückt werden,
(univerfalia poft rem); und dies war die Meynung
der Nominaliften. Ihnen waren die Worte Zeichen
von allgemeinen Vorftellungen, nicht aber von wirklichen
Dingen. Der erfte, der dies öffentlich zu fagen wagte,
war Rofcelin. Auffer ihm gab es zwar im 12ten Jahrh.
auch verfchiedene Nominaliften; aber fie unterlagen bald
den mächtigen und zahlreichern Realiften, die es theils im
platonifchen, theils im ariftotelifchen Sinne waren. Erft

Im 14ten Jahrh. wurde der Nominalifmus von Wilhelm
Occam wieder erweckt und fand viel Beyfall, indem sich
mehrere beruhmte Männer für ihn erklärten. Zwar wurde
er von der fast mit lauter Realiften beferzten Univerfität
zu Paris förmlich zweymahl verboten, und Ludwig der
IIte lies ein ftrenges Edikt gegen ihn ergehen: aber doch
wurde er nicht unterdrückt, fondern behauptete fein Anfehn bis zur Reformation, und hatte unter feinen Anhängern die gelehrteften und berühmteften Männer.

Häufig fpricht man nur von den Nachtheilen der fcholaftifchen Philofophie, und pflegt fie auch blos in diefer
Hinficht darzuftellen: allein, es läfst fich doch nicht läugnen, dafs auch manches Gute den Scholaftikern feine wei-
tere Verbreitung, auch wohl Entftehung, zu verdanken
habe. Sie legten durch ihre oft fcharffinnigen Unterfuchungen der erften Gründe der menfchlichen Erkenntmiffe,
zu einer vorher faft gänzlich übergangenen natürlichen
Theologie den Grund; und hielten durch ihre Beurtheilun-
gen und Unterfuchungen der Glaubenslehren dem Anfehen des päpftlichen Hofes und der Kirche einigermafsen
das Gegengewicht. — Auch kommt ja vieles, was der
fcholaftifchen Philofophie als Nachtheil allein beygemeffen
wird, den damahligen Zeitumftänden überhaupt zu.

Vergl. Adami Tribbechovii de doctoribus
fcholafticis et corrupta per eos divinarum humanarumque
rerum fcientia liber fingularis. Editio fecunda, cui acceffit
C. A. Heumanni praefatio, qua de origine, natura atque ἀσοφία theologiae et philofophiae fcholafticae difputa-
tur. Jenae 1719. 8. Joh. Launoi de varia Ariftotelis
in Acad. Parif. fortuna etc. liber. Parif. 1653.- 4. ibid.
1662. 8. — acc. Joh. Jonfii de hiftoria Peripatetica
differtatio; Joh. Hermannus ab Elswich ediдft et
de varia Ariftotelis in fcholis Proteftantium fortuna fche-

diafma praemifit. Vitemb. 1720. 8. Cramer's Fortfez-
zung von Bossuet's Geschichte Th. 5. B. 2. S. 328 u. ff.
392 u. ff. 435 u. ff. Tiedemann's Geist der fpekul.
Philof. B. 4 u. 5. — C. Meiners de Nominalium et
Realium initiis atque progressu; in Commentt. Soc. Scient.
Goett. per a. 1793 et 1794. Vol. 12.

5.

Gewöhnlich nimmt man 3 Zeitalter der schol. Philof.
an und vertheilt demnach die Scholaftiker in 3 Klaffen.
Das 1fte Zeitalter rechnet man vom 11ten bis in die Mitte
des 13ten Jahrh. und fetzt folgende Männer in daffelbe:
Hildebert, vom Schloffe Lavardin, Berengar's
Schüler, Bifchoff zu Mans, zuletzt Erzbifchoff zu Tours
(geb. 1057. geft. 1133 oder 34), ein vielfeitiger Schriftfteller. Als Philofoph that er es an Deutlichkeit, Gründlichkeit und Kürze vielen Scholaftikern der folgenden Zeiten zuvor. Schriften: Tractatus de querimo-
nia f. conflictu carnis et animae; eine Nachahmung der Boëthifchen Confolatio philofophiae. Moralis
philofophia f. Tractatus de utili et honefto l. 4;
wo er hauptfächlich Seneca'n folget. Ausgabe: Opera,
labore et ftudio Antonii Beaugendre. Parif. 1708. fol.
(Bey der Dichtkunft und Theol. mehr von ihm). — Joh.
Rouffelin oder Rofcelinus aus Bretagne († nach
1120) legte zu Compiegne eine berühmte dialektifche
Schule an, erlitt viele Verfolgungen von der Geiftlichkeit,
wurde 2mahl auf franz. Concilien verdammt, in Frankreich
und England verfolgt, und konnte kaum einen Ort finden,
wo er ruhig hätte fterben können. Er war der Urheber
der Nominaliften und ein Herkules in der gelehrten Kampf-
kunft, ohne jedoch von feinen fürchterlichen Angriffen auf
philofophifche Lehren nur Einen ausführlich zu befchrei-

ben. Schriften von ihm find nicht vorhanden. Vergl. J. F.
Künneth (Praef. Chladenio). D. de vita et haerefi
Rofcelini. Erlang. 1756. 4; et in Waldavii Thef. bio.
et bibliogr. p. 1—59. — Peter Abeillard oder Abälard von Palais in Bretagne (geb. 1079. geft. 1142),
vielleicht der merkwürdigfte Schriftfteller des 12ten Jahrh.
fowohl in Anfehung der Gelehrfamkeit, als der befondern
Schickfale; nach den Ausfprüchen feiner Zeitgenoffen:
Galliens Sokrates, Occidents Plato und der Mönche Ariftoteles. Nach der Grundlegung in den Studien im Schoos
feiner adelichen Familie zog er die Dialektik allen übrigen
Wiffenfchaften vor. Rouffelin und Wilh. v. Champeaux
waren feine vorzüglichften Lehrer. Mit letzterem gerieth
er in Streit über die Realität der allgemeinen Begriffe und
befiegte ihn. Er eröfnete eine Schule zu Melun, hernach
zu Corbeil, mit ausnehmendem Beyfall. Als fein Gegner
Wilhelm Bifchoff zu Chalons wurde, befchlofs er, Theologie zu ftudiren. Er wählte fich den im vorigen Zeitraum erwähnten Anfelm zu Laon, der damahls für den
gröfsten Theologen gehalten wurde, fand aber nicht, was
er erwartet hatte. Er fieng dort an, biblifche Bücher nach
Anfelms Methode unter grofsem Zulauf zu erklären. Anfelm, darüber aufgebracht, verjagte ihn. Nun hielt er
mit demfelben Beyfall theol. Vorlefungen zu Paris, wurde
unglücklich durch feine unerlaubte Liebe mit Heloifen,
und trat in den Mönchsftand. Als er hernach feine theol.
und philof. Vorlef. mit dem ehemahligen Beyfall fortfetzte
und auch als Schriftfteller grofsen Ruhm erwarb, erwachte
gegen ihn der Neid zu neuen Verfolgungen, bis er endlich zu Clugni, als Mufter eines vollkommenen Mönches
ftarb. Schriften: Epiftolae 12 (mehr Abhandlungen, als Briefe, brauchbar zur Kenntnifs feiner Schickfale
und feines Charakters; — cura Ricardi Rawlinfon.

Lond. 1718. 8); introductio ad theologiam L. 3
C. de fide S. Trinitatis (dies Werk zog ihm die meisten Drangsale zu. Sein Bestreben, die geheimnißvollsten
Lehren des Christenthums, selbst aus heydnischen Schriftstellern, zu erklären und ihre Uebereinstimmung mit der
menschlichen Vernunft zu zeigen, ist ihm nicht ganz miß-
gelungen); L. 5 theologiae christianae (von Lombard gut benutzt; das 1ste und 5te Buch ist fast wörtlich
aus dem vorherigen genommen. Als vorzüglich merkwürdig findet man darinn die Aeusserungen über die Selig-
keit der Heyden, über den Gebrauch und Mißbrauch der
Philosophie, über die Gottheit des heil. Geistes u. s. w. —
ex MSS. codd. c. obss. praeviis in Martène Thes.
T. 5. p. 1139 sqq.); Theologia morum (mehr theo-
logisch, als philosophisch — ex cod. MS. eruta a Bened.
Boneto in Pezii Thes. T. 3. P. 2. p. 625 sqq.) u. s. w.
Opp. (sed non omnia) ex MSS. codd. a Franc. Am-
boesii. Parif. 1616. fol. Einige Exemplarien haben folgenden Titel: — studio ac diligentia Andr. Querce-
tani. ibid. eod. — A. besaß nicht allein ausserordentli-
chen Scharfsinn, sondern auch, zumahl für seine Zeit, eine eben so ausserord. Belesenheit in ältern und neuern
Schriften. Aber die Araber waren ihm unbekannt. Die
Arten der Verschiedenheit giebt er genauer an, als die
Vorgänger, und vermehrt sie mit einigen neuen, welche
die folgenden Metaphysiker zum Grunde legten, anders
benennten und näher bestimmten. Weder hierinn noch
anderwärts beruft er sich auf Aristoteles, der doch in seiner
Metaphysik zum Theil schon vorgegangen war. Seine
Schriften bleiben, ungeachtet ihrer Dunkelheit, wenigstens zum Theil, auch jetzt noch lesenswerth. Sein Vortrag ist mehr rhetorisch als dialektisch, verräth aber doch
den Freund der Klassiker. Vergl. Bayle in Dict. Cra-

mer zu Boſſuet Th. 6. S. 309—441; und oben unter
Nr. 3. Joſ. Berington. — Hugo, regulärer Chorherr
zu St. Victor in Paris, deshalb bekannt unter dem Namen
Hugo de S. Victore, aus Niederſachſen (geb. 1097,
†1140), wurde im Kloſter Hamersleben unterrichtet, kam
zeitig nach Paris und lehrte dort Philoſ. und Theol. mit
ſolchem Beyfall, daſs er der 2te Auguſtin genannt wurde,
und ſich um den Ruhm ſeiner Kloſterſchule weſentliches
Verdienſt erwarb. Schriften: de meditatione;
de modo diſcendi et meditandi; Didaſcalicon
l. 7; de ſcripturis et ſcriptoribus ſacris prae-
notionés; annott. elucidatoriae in varios libros V. T.; inſtitutiones in decalogum; de ſa-
cramentis chriſtianae fidei; de anima l. 4 (iſt
vielleicht unächt: wenigſtens zum Theil) etc. Opp. omnia
tribus tomis digeſta — ſtudio Canonicorum regula-
rium Abbatiae S. Victoris Pariſienſis, Rothomagi 1648.
fol. Auch H. kennt die Ariſtotelifche Metaphyſik und
Phyſik ſo wenig, als die Araber. Auguſtin iſt auch ihm
der vornehmſte Theolog und Philoſoph. Er klagt über
ächten Philoſophengeiſt. Gottes Daſeyn und Unveränder-
lichkeit erweiſet er mit neuen und ſcharfſinnigen Gründen.
Die Schwierigkeiten, die ſich in Anſehung der Ueberein-
ſtimmung des Uebels mit der Vortrefflichkeit des göttl.
Willens erheben, lehnt er zwar mit mehr Subtilität als
Gründlichkeit ab, giebt aber eben damit Anlaſs zu beſſern
Antworten. Auguſtin hatte damit den erſten Anfang ge-
macht, aber nicht ſo deutlich alles unterſchieden. Vergl.
Keuffel et Derling D. de Hugone a S. Victore.
Helmſt. 1745. 4. Cramer zu Boſſuet Th. 6. S. 791. 848.
Tiedemann's Geiſt der ſpekul. Phil. B. 4. S. 289—296.
— Robert Pullein oder Pullenus, ein Engländer
(† um 1153), Lehrer der Theol. zu Paris u. Oxford, zuletzt

Kardinal und Kanzler der röm. Kirche zu Rom, lieferte unter
andern Sententiarum — l. 8 (opera Hugonis Mathoud. Parif. 1655. fol.), eine Sammlung, worinn er die
Lehren und Meynungen der Kirche feiner Zeit umftändlicher und gelehrter, als alle feine Vorgänger, unterfuchte:
aber er ift nicht weniger fpitzfindig und metaphyfifch, philofophirt auch, wie fie, nach den Regeln der damahligen
Dialektik über die von ihm aufgeworfenen, gröfstentheils
mehr philofophifchen, als theologifchen Lehrfragen, und
faft immer in dilemmatifchen und unvollftändigen Schlufs-
arten. Vergl. Cramer a. a. O. S. 442—529. — Peter, aus einem Flecken bey Novara in der Lombardey
(Lombardus), einer der berühmteften Schüler Abälard's,
erfter Lehrer der Theol. und zuletzt Bifchoff zu Paris
(† 1164). Sein Hauptwerk find Libri 4 fententiarum (im 15ten und 16ten Jahrh. häufig gedruckt), wovon
er Magifter fententiarum und feine Anhänger, Sen-
tentiarii genannt wurden. Es ift ein Inbegriff der Theologie, der von den Zeitgenoffen fowohl, als von den
nächft folgenden Jahrhunderten mit dem gröfsten Beyfall
angenommen wurde, der alle ähnliche ältere oder gleichzeitige Schriften diefer Art aus den Schulen und Hörfälen
verdrängte, und worüber unfäglich viel commentirt und
gloffirt wurde. Setzt man voraus, dafs die Sätze und Fragen, die L. in feinem Werk zufammenfafste, zur ächten
chriftl. Theologie gehören; fo mufs man es für das gröfste
Meifterftück erklären, das im 12ten Jahrh. gefchrieben
werden konnte; denn kaum kann man alle Haupt- und
Nebenftücke der Theol. kürzer, deutlicher und in einer
lichtvollern Ordnung vortragen. Hierzu kam die damahlige Art zu ftudiren. Faft alle junge Theologen trieben
nicht blos die freyen Künfte und die Theologie, fondern
auch das weltl. und geiftl. Recht, oder die Arzneykunde.

Sie wünfchten daher, daſs der Vortrag der Theol. ſo wie
der Phil. ſo viel, als möglich, eingeſchränkt werden möchte, damit noch Zeit für die Rechte und Medicin übrig
bliebe; und dieſe allgemeinen Wünſche wurden in Rückſicht der Theol. durch Peters Buch befriedigt. — Hugo,
Erzbiſchoff zu Rouen († 1164), hinterlieſs mehrere Schriften, in deren vorzüglichſten (l. 7 dialogorum ſ. quaeſtionum theologicarum; in Martène Theſ. T. 5.
p. 895 ſqq.) er als ein Mann von eigenem Nachdenken
und nicht gemeinem Scharfſinn erſcheint. Die neuplatoni-
ſchen Begriffe ſind auch bey ihm noch die herrſchenden,
und die Ariſtoteliſche Metaphyſik kennt auch er nicht. —
Johann von Salisbury (Sarisberienſis), der Kleine
genannt, hielt ſich von Jugend an in Frankreich auf, vollendete dort, hauptſächlich unter Abälard's Anführung, ſeine Studien, und ſtarb als Biſchoff zu Chartres (1180). Er
war der ſchönſte Geiſt ſeines Jahrhunderts, mit dem ganzen Umfange der damahligen Gelehrſamkeit bekannt, noch
in unſern Zeiten einer vorzügl. Achtung deſto würdiger,
je beleſener er vor allen ſeinen Zeitgenoſſen in den beſten
Werken des Alterthums war, je richtiger und vernünftiger
er über die Beſchaffenheit und den Werth der Philoſophie
ſeines Jahrh. und über die in Wiſſenſchaften und Künſten
wieder einreiſſende Barbarey urtheilte, je mehr er Kenntniſs der Welt und Geſchmack hatte, je mehr er ſich auch
durch eine beſſere latein. Schreibart vor andern auszeichnete. In das Weſen der Philoſophie drang er indeſſen
nicht tief ein, weil er mehr zum Fühlen, als zum tiefen
Denken, gemacht war. Darum verachtete er auch alle
Wortphiloſophie im Gegenſatz der Werkphiloſophie, d. i.
der Spekulation, und ſchränkte alle Würde der Phil. auf
das Sittliche ein. So beleſen er auch war; ſo blieben ihm
doch die Araber und die Ariſtoteliſche Metaphyſik unbe-

kannt. Schriften: Polycraticus f. de nugis curialium et veftigiis philofophorum l. 8. (Gedanken und Collectaneen über Magie, über Naturkunde und Mathematik, über Tugenden und Lafter u. f. w.). Metalogici l. 4 (eine Schutzfchrift für die Grammatik, Philologie and Logik. Sehr freymütbig und lehrreich wird zugleich der damahlige Zuftand der Wiffenfch. gefchildert). Diefe beyden Werke find zuletzt gedruckt worden Amft. 1664. 8. Eine Sammlung von 302 Briefen (mit Gerbert's Briefen. Parif. 1611. 4) enthält viel Intereffantes. — Alexander von Hales (Alefius) von dem Klofter Hales in Gloucefter, wo er zuerft in den Wiffenfch. unterrichtet wurde; ftudirte hernach zu Oxford und Paris, und lehrte in letzter Stadt Theol. mit grofsem Beyfall. Wegen der Unwiderftehlichkeit feiner Gründe bekam er den Namen Doctor irrefragabilis. Zuletzt wurde er Francifcaner und ftarb 1245, nachdem er mehrere Schriften, vorzüglich eine Erklärung über das Lehrbuch Pet. Lombard's, verfertigt hatte. Sie ift die erfte, und Mufter aller folgenden (Venet. 1576. 4 Voll. fol.). Vergl. J. G. Hager. Commentatt. V de Alexandro de Ales, theologorum monarcha illiusque fumma theologica. Chemnic. 1750 fqq. 4.

Mit diefem Alexander fchliefst fich das 1fte Zeitalter der fchol. Philofophie: das 2te begreift die andere Hälfte des 13ten Jahrh. und 30 Jahre vom 14ten. Diejenigen, die fich vor andern während deffelben hervorthaten, find: Der fchon vorhin (VIII. 3) erwähnte Albrecht der Grofse. Mit ihm erft fängt eigentlich die ariftotelifch-fcholaftifche Philof. im ftrengern Sinne an. Er las zuerft alle damahls überfetzten Werke des Ariftoteles und fchrieb Auslegungen darüber. Er räumte ihm das entfcheidendfte

Anfehn neben der Bibel ein und befchränkte feine Studien auf das Lefen der arab. Ausleger deffelben. Der Gefchichte und Litteratur war er ganz unkundig; daher auch ohne allen Gefchmack. Griechifch verftand er gar nicht. Bey dem allen dachte er aber doch felbft und erwarb fich um die Philof. nicht zu verkennende Verdienfte. Weitläufige, mit Nachdenken verknüpfte Belefenheit gab ihm oft Anlafs, mehr Licht und Gründlichkeit in manche Lehren zu bringen und manche Schwierigkeiten zu heben. Vor ihm hatte man über die wichtigften Fragen der natürl. Theologie, der allgemeinen Philofophie und Seelenlehre, unter den lateinifchen Chriften nichts einigermafsen vollftändiges, tief eindringendes und zufammenhängendes. Von den Arabern und den jetzt durch fie bekannter werdenden Griechen trug es A. in die Chriftenheit herüber, und ward dadurch Vater des philof. Geiftes, und, mittelft eigener Verbefferungen, mehr als blofser Verpflanzer. Von nun an erft hies Ariftoteles ausfchlieffend der Philofoph und fein verunftaltetes Syftem Philofophie. Die Klaffiker wurden gar nicht mehr gelefen, wenigftens nie mit Rückficht auf die Schönheiten ihres Ausdrucks, und es herrfchte nun faft 300 J. lang eine unglaubliche Barbarey, Dunkelheit und Verwirrung in den Schriften der meiften Philofophen und Theologen. — Robert Grosthead oder Groffeteft (Capito) aus der engl. Provinz Suffolk, ftudirte zu Oxford und Paris mit fo glücklichem Erfolg, dafs er bald felbft einen Lehrer abgeben konnte, und für einen der fcharffinnigften und gröfsten Philofophen gehalten wurde: er war aber auch in allen Theilen der damahligen Gelehrfamkeit bewandert; vorzügl. noch in der Theologie. Er ftarb als Bifchoff zu Lincoln 1253. Schriften: Opufcula 19 de artibus liberalibus (Venet. 1514. fol.); Comment. in li-

bros poſteriorum Ariſtotelis (ib. 1504. fol.); compendium ſphaerae mundi (ib. 1508. fol.); Epiſtolae 101. Vergl. Sam. Pegge's Life of Rob. Großereſte,
the celebrated Biſhop of Lincoln; with an Account of the
Biſhop's Works and an Appendix. Lond. (ungef. 1796).
4. — Bonaventura, eigentl. Joh. Fidanza, aus
Bagnarea in Toſcana, ein Franciſcaner (geb. 1221. geſt.
1274) machte zu Paris ſo ſchnelle Fortſchritte in der Theol.
und Philoſophie, daſs er beyde bald öffentl. lehren konnte.
Schon in ſeinem 34ſten J. wurde er General des Franciſca-
nerordens und bald hernach Cardinal. Im 15ten Jahrh.
ward er unter die Heiligen verſetzt. Es ſind über 70
Schriften, meiſtens theol. und aſcet. Inhalts, von ihm
gedruckt, z. B. ein Commentar über den Magiſter ſententiarum (Opp. Lugd. 1668. 7 Voll. fol.). B. ſteht
zwar an Gelehrſamkeit und weitem Umfange der Kenntniſſe Albrechten ſehr nach: man zieht ihn über allen andern Scholaſtikern deshalb vor, weil er ſich faſt gar nicht
mit unnützen und magern Materien beſchäftigt und überall
mit Empfindung ſchreibt, die ihn indeſſen auch bisweilen
zum Myſtiſchen verleitet. Seine aſcetiſchen und moral.
Schriften waren deswegen von jeher Lieblingsbücher der
Mönche. — Thomas von Aquino (geb. 1224. geſt.
1274), Dominikaner, ſtudirte zu Paris, Rom und Cöln,
und lehrte Theol. und Phil. zu Paris und auf dringendes
Verlangen faſt in allen angeſehenen Städten Italiens, zuletzt in Neapel. Seine Anhänger nennten ihn Doctor
angelicus. Er wurde auch unter die Heiligen verſetzt.
Seine weit über 100 ſich belaufende Schriften ſind meiſtens
theol. und philoſophiſch; z. B. Commentarien über 52 ariſtotel. Schriften, über Lombard's Sentenzen u. ſ. w. [Aus-
gaben: — cura Vincentii Juſtiniani et Thomae
Manriquez. Rom. 1570—1571. 18 Voll. fol. Opera

etc. Venet. 1745 fqq. 20 Völl. 4. (Diefe Ausg. erhält blos die theol. Schriften). Thomas übertraf feinen Lehrer Albrecht an Gröſſe des Geiſtes und Ruhms. Der beträchtlichſte Theil feiner Philofophie ift Ariſtotelifch, untermifcht mit Zuſätzen aus dem Alexandrinifchen Lehrgebäude. Obgleich auch er, aus Unkunde des Griechifchen, feine Kenntnifs peripatetifcher Lehren nur aus fchlechten Ueberfetzungen fchöpfen konnte; fo gebührt ihm doch das Lob, fehr gut über Ariſt. commentirt zu haben. Vorzüglich äuſſert er eigene Gedanken in den theol. Schriften und in einigen kleinern Abhandlungen, woraus fich ergiebt, dafs er ein Mann von eigner Kraft und in den abſtracteſten Unterfuchungen von nicht gemeinem Scharffinn war, der manche Lücken füllte, manchen Begriffen mehr Deutlichkeit gab und manchen Schlüffen neue Bündigkeit mittheilte. Eben darum ward er auch Stifter einer eigenen, mit dem Namen der Thomiſten bezeichneten Sekte, die noch jetzt unter den Kathöliken fortdauert. Vergl. Chaufepié u. Mazzuchelli. Tiedemann a. a. O. S. 474—550. — Raymund Lull, gewöhnl. Lullus oder Lullius aus der Inſel Majorca (geb. 1236. geſt. 1315), einer der wunderbarſten Köpfe, der aus Vernunft und Unvernunft zufammengefetzt war; über den die Urtheile der Gelehrten fehr verfchieden klingen. Er war Senefchall am Hofe des K. Jakob zu Majorka, führte eine Zeit lang ein ausfchweifendes Leben, verfiel hernach in Schwärmerey, wurde Francifcaner und fuchte die Muhamedaner zu bekehren. Bey der Nachwelt machte er fich unvergefslich durch feine chemifche Wiffenfchaft und durch die allgemeine Kunſt, welche die Geheimniffe aller Wiffenfchaften lehren follte. Diefe Ars magna des Doctor illuminatiffimus beſteht darinn, dafs man jeder Sache einige pofitive und negative Prädicate beyzulegen

weifs und auswendig lernt. Alle diefe Prädicate fammlete
L., brachte fie unter gewiffe Klaffen und verfah fie mit
Buchftaben aus dem Alphabet; diefe ftellte er in concen-
trifchen Zirkeln herum; wo dann jeder Buchftabe das ihm
angewiefene Prädicat bezeichnen mufste. Man follte dadurch in den Stand gefetzt werden über jedes aufgegebene
Thema aus dem Stegreif, nicht felten ohne fich felbft zu verftehen, eine Zeitlang zu plaudern. Weit verdienftlicher für
ihn ift, dafs er zur Verbefferung und Umfchaffung der Philofophie aufmunterte und die Vernunft aus dem tiefen
Schlummer der Scholaftik zu wecken fuchte. Er foll über
3000 Tractate gefchrieben haben. Es ift eine Logik und
Metaphyfik darunter. Neuefte Ausgabe feiner Werke von
Yvo Salzinger. Mainz 1721 — 1742. 10 Voll. fol.
Vergl. Vie de R. Lulle par M. Perroquet. à Vendome
1667. 8. — Johann Duns Scotus aus Dun in Irland
(geb. 1275. geft. 1308), ein Francifcaner, ftudirte und
lehrte zu Oxford mit aufferordentl. Beyfall. Er war e.ner
der fcharffinnigften Denker, wurde deswegen Doctor
fubtiliffimus genannt, erfand eine Menge neuer fpitz-
findiger Fragen, Diftinctionen und Definitionen, und
ward Schöpfer einer höchft barbarifchen und unverftändlichen Terminologie, wozu fich eine fchreckliche Verwor-
renheit der Schreibart gefellte. Was bis auf feine Zeit von
Latein. Philofophen, auch von Arabern, war gefchrieben
worden, hat er mit fcharfdenkender Sorgfalt gröfstentheils
gelefen. Die Francifcaner vergötterten ihn, und feine Anhänger nennten fich Scotiften. Schriften: Gramma-
tica fpeculativa f. Tractatus de modo figni-
candi; in logicam univerfam quaeftiones; in
metaphyficam quaeftiones; Commentarien über
die Ariftotel. Schriften u. f. w. Opp. omnia, collecta, recognita, notis, fcholiis et commentariis illuftrata a PP. Hi-

II. Ccc

bernis, collegii Romani S. Ifidori profeſſoribus. Lugd.
1639. 12 Voll. fol. Vergl. Tiedemann a. a. O.
S. 578—643.

Das 3te Zeitalter der fchol. Phil. erſtreckt ſich bis zur
Religionsverbeſſerung durch Luther, und beginnt mit
Wilhelm Durandus von St. Pourçain in Auvergne
(Durandus de Sancto Portiano), Francifcaner,
Lehrer der Theologie zu Paris und Rom, Doctor refo-
lutiſſimus genannt, ſtarb als Bifchoſ von Meaux 1332.
Er macht Epoche, weil er in ſeiner Auslegung der Sentenzen Lombard's in vielen Behauptungen von Thomas
d'Aquino abwich und ſich darüber heftige Feindfeligkeiten
von den Thomiſten zuzog. Seine philof. Unterfuchungen
tragen das Gepräge eines vorzüglichen Scharffinns, und er
iſt hierinn von dem Vorwurf der Dunkelheit ſeiner nächſten
Vorgänger ſo weit entfernt, dafs vielmehr überall gröfsere Deutlichkeit und Beſtimmtheit in den Begriffen, ver-
eint mit mehr Kürze und Präcifion des Ausdrucks, durch-
fcheint. Vergl. Crämer zu Boſſuet Th. 7. S. 801—812.
Tiedemann a. a. O. B. 5. S. 125—162. — Wilhelm
Occam, ein engliſcher Francifcaner († 1347), Schüler
von Duns, Lehrer der Theol. zu Paris, zog ſich durch die
Vertheidigung K. Philipp des 4ten gegen Papſt Bonifaz den
8ten den Unwillen des röm. Hofs zu, wurde excommuni-
cirt, und fand zuletzt einen Befchützer an Kaifer Ludwig
dem 4ten, für welchen er wider Papſt Joh. den 22ſten
gründlich und vorfichtig fchrieb. Er war dieſemnach der
erſte und fcharffinnigſte Schriftſteller, der den päpſtlichen
Anmafsungen Gränzen zu ſetzen wägte. Er erklärte ſich
für den Nominalifmus und verurfachte dadurch eine heil-
fame Reformation in der von den Realiſten verderbten Logik und Metaphyſik. Schriften: Summa totius lo-

gicae (Oxon. 1675. 8); Quaeftiones fuper 4 libros fententiarum (Lugd. 1495. fol.); Centilo-
quium theologicum (ein kurzer, aber ziemlich vollftändiger Abrifs der fpeculativen Theologie, worinn eine
Menge unwahrfcheinlicher und für uns ungereimter Sätze
als möglich dargeftellt werden. ib. eod. fol.); Dialogus inter magiftrum et difcipulum, 3 partes.
(ib. eod. fol.). Die Streitfchriften gegen den röm. Hof in
Goldafti Monarchia S. R. I. (1614. fol.) T. 2. Sie find
nicht allein für die Kenntnifs der damahligen geiftl. und
weltl. Gefchichte wichtig, fondern ftehen auch mit der
Theol. der Zeit, befonders in der Lehre von der Schrift,
von dem Anfehn der Concilien und der Päpfte in Sachen
des Glaubens u. f. w. in genauem Zufammenhang. Vergl.
Cramer zu Boffuet Th 7. S. 812—828. Tiedemann
a. a. O. B. 5. S. 163—214. — Walther Burleigh
(Burlaeus), Occam's Mitfchüler bey Scotus, deffen Meynungen er hernach auch annahm, Lehrer der Philof. und
Theol. zu Oxford (geb. um 1275. geft. nach 1337). Er
hinterlies eine beträchtl. Menge Schriften und darunter
auch — welches vom merklichen Fortfchritte zu gröfserer
Aufklärung zeugt — ein Buch über das Leben und die
Sitten der Philofophen, das, feiner wefentl. Mängel ungeachtet, in jenen Zeiten fehr brauchbar war. Gedrockt ohne
feinen Namen Strasburg 1516. 4. — Joh. Buridan
von Bethüne in Artois, Occam's Schüler (alfo im 14ten
Jahrh.), Lehrer der Theol. zu Paris, mufste aber in der
Mitte deffelben Jahrh. aus Paris entfliehen, da alle Nominaliften verfolgt und vertrieben wurden. Er begab fich
nach Teutfchland und ward Urheber der Errichtung einer
Univerfität zu Wien. Er fchrieb eine Menge Commenta
rien über Ariftotel. Schriften, z. B. über die Ethik.
Oxon. 1637. 4). Vergl. Bayle in Dict. — Marfi-

lius von Ingen oder Inghen (Ingenbus), ein Teutfcher, Domherr zu Cöln, Lehrer der Theol. zu Paris und
Heidelberg, ft. 1396. In feinen Quaeftionen über Lombard's Sentenzen und in dem Comment. über Ariftotel.
Schriften (Argent. 1501. fol.) zeigt er fich als Selbftdenker und fehr fcharffinniger Mann. Vergl. über die 3
letzten Philof. Tiedemann a. a. O. S. 215—261. —
Joh. Charlier, von feinem Geburtsort Gerfon in Champagne gewöhnlicher Gerfon genannt (geb. 1363. geft.
1429), ftudirte zu Paris, wurde hernach Kanzler der dortigen Univerfität, mufste aber der Händel wegen zwifchen
den Herzogen von Orleans und Burgund aus Frankreich
fliehen, wurde zwar Profeffor zu Wien, mufste aber auch
dort bald wieder weg und ftarb in Dürftigkeit zu Lyon.
G. war Nominalift und unter den Philofophen feiner Zeit
der gefchmackvollefte, beredtefte und in. den Klaffikern
belefenfte. Seine meiften Werke find Gelegenheitsfchrif-
ten und kleine Abhandlungen, welche durch die darinn
herrfchende Menfchenkenntnifs, Freyheit von vielen damahls herrfchenden Vorurtheilen, Beftreitung gewiffer
autorifirter Misbräuche und angenehmen Vortrag Intereffe
erhalten. Opp. omnia ftudio L. Ellies du Pin.
Antverp. 1706. 5 Voll. fol. — Joh. Weffel Gansfort,
einer der berühmteften Philof. und Theol. des 15ten Jahrh.
hatte den letzten Namen von einem Dorfe in Weftphalen,
aus dem feine Vorfahren herftammten *). Er felbft war
zu Gröningen geb. 1419 und ftarb dafelbft als Lehrer der
Philof. 1489. Nachdem er lange zwifchen dem Nominalifmus und Realifmus gefchwankt hatte, entfagte er aller

---

*) Dies ift die gewöhnliche Meynung. Richtiger ift, dafs
er eigentlich Weffel Herrmanns hies und den Beynamen Goefevoet (Gänfe-Fufs) von einem Gewächfe an einem feiner Füfse bekommen hatte.

Scholafterey, zeigte fich als den ftandhafteften Gegner derfelben und wurde dadurch der Vorläufer der grofsen Veränderung im folgenden Zeitraume. Seine Freunde nannten ihn Lux mundi; feine Gegner aber Magifter contradictionum. Er verftand die ebr. und griech. Sprache, und war in den Humanioren nicht unerfahren. Seine gedruckten Schriften find meiftens theol. Inhalts und gröftentheils edirt unter dem Titel: Farrago rerum theologicarum. Amft. 1617. 4. — Gabriel Biel aus Speyer ftarb als Propft zu Urach im Wirtemb. 1495 und ift der letzte Scholaftiker von einiger Bedeutung. Er war ein Nominalift: welche Sekte feit Buridan's Zeit die herrfchende in Teutfchland war. Dabey war er in die Moral des Ariftoteles fo verliebt, dafs er fie auch von der Kanzel lehrte. Er war auch eines der erften und nützlichften Werkzeuge bey Errichtung der Univerf. zu Tübingen. Seine Schriften, an denen man die Simplicität des Stils lobt, find unbedeutend. Vergl. H. W. Biel D. de Gabriele Biel, celeberrimo Papifta Antipapifta. Vitemb. 1719. 4.

6.

Bey den Arabern blieb die Phil. noch immer auf Ueberfetzungen, Auslegungen und Abkürzungen der Griechen eingefchränkt, und Ariftoteles die einzige Quelle woraus fie gefchöpft wurde; denn der freyer denkende Plato konnte, bey dem Religions- und Staatsdefpotifmus, keinen Eingang unter ihnen finden. Unter den 72 Sekten der Muhamedaner ift eine, die hier erwähnt zu werden verdient, weil fie eine wahre philofophifche Sekte ift. Ihr Stifter war Wafel Ebn Ata, ein Schüler von Al-Hafan zu Basra, der fich mit Al-Amri von feinem Lehrer abfonderte und eine eigene Sekte ftiftete, die von diefer Trennung den Namen Al-Motazali oder Motazaliten (Separatiſten) erhielt. Durch die metaphyſiſche Geſtalt, die ſie dem ganzen Lehrbegriff gab, unterſchied ſie ſich von den übrigen; wobey denu manches aus der chriſtl. Theol. entlehnt wurde.

Ibn Bajah oder Abubekhr Muhamed Ibn. Jahya Ebn ol Sajeh (gewöhnl. Sajeg) aus Spanien († um 1140), hielt ſich zu Fes auf und gehört zu den wenigen Selbſtdenkern unter den arab. Philoſophen. Auſſer den Erläuterungen Ariſtoteliſcher Schriften, die damahls Modebeſchäftigung waren, ſchrieb er ein Buch über die Grundurſachen der Dinge (das ſogar von einigen dem Ariſtoteles, von andern dem Proklus beygelegt wird), über die Seele, über die Einſamkeit u. ſ. w. Eines und das andere iſt ins Latein. überſetzt und gedruckt worden. — Algazel oder Abu Ahmed Algazel, aus Thus in Choraſan, Lehrer an der groſsen Schule zu Bagdad († 1119), einer der gelehrteſten und fleiſſigſten Autoren, der nahe an 600 Schriften hinterlaſſen haben ſoll, von denen aber ſchwerlich eine gedruckt iſt. Als die merkwürdigſte, zu Leiden in Mſcpt. liegende wird gerühmt: Niederreiſſung aller philoſ. Syſteme, worinn er alle Philoſophen zu widerlegen ſuchte, um vielleicht dafür ein eigenes, mit der muham. Religion ganz harmonirendes Gebäude zu errichten. — Abu Jarfar Ibn Tophail aus Sevilla († 1176) zeigte ſo groſsen Scharfſinn in Erklärung des Ariſtoteles, daſs ſich ſehr viele Schüler zu ſeinem Unterrichte drängten. Mit einem durchdringenden Verſtande verband er ausgebreitete Gelehrſamkeit und zierlichen Ausdruck. Er iſt Verf. eines philoſophiſchen Romans: der Naturmenſch oder Geſchichte des Gai Ebn Joktan; worinn er zwar häufig gegen die Geſetze der Wahrſcheinlichkeit anſtöſst, aber doch ſo angenehm erzählt und ſo erhabene Begriffe von der Gottheit äuſſert, daſs ſein Buch

nicht allein von feiner Nation hoch gefchätzt, fondern auch
in faft alle lebende europ. Sprachen überfetzt worden ift:
Arabice et Latine ab Ed. Pocockio. Lond. 1700.
4 Teutfch von J. G. Eichhorn. Berl. und Stettin
1783. 8. — Averrhoës (f. oben VIII. 2) fchrieb eine
Auslegung des Ariftoteles; worüber diefer faft vergeffen
und der arab. Commentator über ihn erhoben wurde: Ariftotelis omnia, quae exftant, opera, felectis translatio-
nibus etc. Averrois Cordubenfis in ea opera omnes, qui
ad haec usque tempora pervenere, commentarii etc. Venet..1562. II Voll. 8. Ferner: eine Paraphrafe von Plato's Republik: interprete J. Maurino. Rom. 1539. 8.
Liber fubtiliffimus, qui dicitur deftructio deftructio-
num philofophiae Algazelis — transtulit Calo Calonymos. Venet. 1527. fol. — Aufferdem viele logifche,
metaphyfifche und andere Schriften. Einiges, wo er des
Arift. Sinn offenbar nicht richtig gefafst oder abfichtlich
verdreht hat, und manche eigene Vorftellungen in der Seelenlehre abgerechnet, weicht feine Philofophie in keinem
Stücke von der peripatetifchen ab. Uebrigens haben feine Erläuterungen des Arift. für die Zeit grofsen Werth,
und man wundert fich, wie er oft den Sinn fo richtig treffen konnte: welche Verwunderung jedoch aufhört, fo bald
man findet, dafs er die vornehmften griechifchen Erklärer
brauchte, und neben ihnen noch die Araber Avicenna,
Alpherabius u. f. w. Da er kein Griechifch verftand, fo
mufs er arabifche Ueberfetzungen jener Erklärer vor fich
gehabt haben. Bemerkt mufs noch werden, dafs die lat.
Ueberfetzungen, woraus wir allein die Philofophie des Av.
kennen lernen, fehr fchlecht, und nicht aus dem Original,
fondern aus ebräifchen Verfionen gemacht worden find.
Vergl. Tiedemann a. a. O. B. 4. S. 138 u. ff.

7.

. Die Griechen jener Zeit erwarben ſich Verdienſte
nm die Philoſophie dadurch, daſs ſie das Studium der Pla-
toniſchen Werke erweckten und den Vorzug zeigten, den
die Platoniſche Philoſophie vor der Ariſtotel. habe; daſs ſie
auf praktiſches und gemeinnütziges Philoſophiren aufmerk-
ſam machten. Hauptſächlich that dies Bárlaam aus Apulien († 1348), ein Mönch, der, um Phil. und Math. zu
ſtudiren, nach Griechenland gieng, wo er bald national-
ſirt und in Konſtantinopel ehrenvoll verſorgt wurde. In
der Folge trat er wieder zu der latein. Kirche und erhielt
ein Bisthum im Neapolitaniſchen. Er ſchrieb ein kurzes
Syſtem der Moral nach ſtoiſchen Grundſätzen (in Caniſii
Lectt. antiq. T. 4. p. 405 ſqq. ex ed. Baſnagii). — Georg.
Gemiſtus Pletho (ſ. oben VII. 4), der Wiederherſteller der Plat. Phil., zeigt in ſeinen philoſ. Schriften vertraute Bekanntſchaft mit den alten griech. philoſ. Syſtemen.
Er war in alle Geheimniſſe der Alexandriniſchen Phil. eingeweiht und in keinem, nur etwas merkwürdigen Syſtem
ganz Fremdling. Schriften: Kurze Darſtellung der
Zoroaſtriſchen und Plat. Lehrſätze (ed. V. H. Tryllitſch.
Viteb. 1719. 8). Ueber den Unterſchied der Plat. u. Ariſt.
Phil. (Gr. Venet. 1540. 4). Ueber das Fatum (cum
verſ. H. S. Reimari. Lugd. Bat. 1722. 8) u. ſ w.

Anhang von der Paedagogik.

Die Entſtehung des dritten Standes, der zur Cultivi-
rung der Nationen ſo nothwendig iſt, die durch den ſich
immer weiter ausbreitenden Handel geweckte Thätigkeit,
und die Errichtung vieler Univerſitäten, brachte mehrere
und mannigfachere Kenntniſſe in ſtärkern Umlauf, ſo daſs
die Rohheit des Charakters der meiſten Nationen nach und

nach dadurch gemildert wurde. Weit mehr würde freylich
gefchehen feyn, wenn die Schulen beffer eingerichtet gewefen und in denfelben mehr auf die Bearbeitung des Ver-
ftandes, als des Gedächtniffes, wäre Bedacht genommen
worden, und wenn man nicht überall das Schulwefen als
einen Anhang des geiftlichen Standes betrachtet hätte.
Auch blieb diefer Stand immer das Hauptziel, das jedem
Jünglinge bey feinem Studiren vor Augen fchwebte. In
den Schulen der meiften Länder, Italien ausgenommen,
wurde eben deswegen an die Lektur der Klaffiker nicht
nur nicht gedacht, fondern man machte fie fogar, als blinde
Heyden, verdächtig. Erft in der andern Hälfte des 15ten
Jahrh. fieng man an, diefes Vorurtheil abzulegen. An
Geographie, Gefchichte, Mathematik u. f. w. wurde gar
nicht gedacht. Es war fchon genug, zum kirchlichen Gebrauch den aus 24 latein. Verfen beftehenden Kalender,
Cifio-Janus, eine Erfindung des 10ten oder 11ten Jahr.
hunderts, gelernt und begriffen zu haben, in Mönchs-La-
tein zu fprechen und zu verfificiren, oder fpäterhin ein
wenig aftrologifche Kenntniffe zu erlangen. Mufik wurde
zwar geübt: aber auch meiftens blos für den kirchlichen
Gebrauch.

Selbft die Univerfitäten leifteten das nicht, was fie
hätten leiften können. Anfangs zwar lafen die Studirenden, befonders da, wo die Artes liberales im Anfehn waren, neben ihren Kollegien, auch andere nützliche Bücher: aber, fo wie die Kompendien mehr in Gang kamen,
verlohr fich allmählig diefe löbliche Sitte. Man trieb nun
gewöhnlich nur fein Fach, ganz nach dem, was man von
dem Lehrer hörte und auffchrieb. Und als die fchol. Philofophie überall herrfchend wurde, fchränkte man fich blos
auf Unterfuchung, Beftreitung oder Vertheidigung der
verfchiedenen Sätze und Spitzfindigkeiten ein, die ihr ei-

gen waren oder gerade die Aufmerkſamkeit auf ſich zogen.
Geſchichte, alte Litteratur und zweckmäſſiges Studium der
Sprache wurden unter dieſen Umſtänden ganz vernachläſſigt. Statt daſs Gelehrſamkeit und gemeinnützige Kenntniſſe
durch jene höhere Lehranſtalten allgemeiner hätten werden
ſollen, gewannen vielmehr Barbarey und Unwiſſenheit immer
ſtärkern Einfluſs. Zwar würden bey dieſerBehandlung der
Wiſſenſchaften einige Geiſteskräfte geübt, ein gewiſſer Grad
von Scharfſinn und Nachdenken erreicht, hier und da auch
wohl eine neue Idee zu Tage gefördert: aber deſto ſchädlicher war dieſe herrſchende Richtung der Philoſ. und des
Geiſtes auf alles, was meiſtens auſſer dem Kreiſe unſrer
Erfahrung und der Gemeinnützigkeit liegt. Es muſste dadurch Einſeitigkeit im Denken und Urtheilen entſtehen.
Durch die ital. Dichter, Petrarca u. ſ. w. würde zuerſt
eine gewiſſe Ausbildung des Sinnes für das Gute und
Schöne bewirkt.

Schriftſteller von Belang über die Pädagogik, zumahl
was die häusliche Erziehung betrift, ſind aus dieſem Zeitraume nur folgende 2 Italiener vorhanden: Petrus Paulus Vergerius aus Capo d'Iſtria (geb. um 1349. geſt.
1428?), ſchrieb mit vieler Kenntniſs des menſchlichen
Herzens über die ſittliche Bildung der Jugend, und empfahl
Studien, die vorher in Schulen nicht getrieben und geduldet
worden: de ingenuis moribus ac liberalibus
ſtudiis. Lipſ. 1604. 8. — Maphaeus Vegius, aus
Lodi (geb. 1407. geſt. 1458), päpſtlicher Sekretar, ſchrieb
über dieſelbe Materie mit viel Geſchmack und guter Einſicht, nur nicht ſo freymüthig und philoſophiſch, wie der
vorige: de educatione liberorum et claris eorum ſtudiis ac moribus ll. 6. Baſil. 1541. 8.

X. Zuſtand der ſchönen Künſte und Wiſſen-
ſchaften.

A. Dichtkunſt.

I.

Während die Poëſie im Morgenlande nach und nach in Abnahme gerieth, erhob ſie ſich im Abendlande deſto ſtärker dadurch, daſs in mehrern Staaten Dichter auftra-ten, die ſich bey Bildung ihrer poëtiſchen Produkte der zu dieſem Zweck vorher nicht benutzten Mutterſprachen be-dienten und mit den alten griechiſchen und römiſchen Klaſſikern wetteiferten. Dabey fuhren andere fort, in der lateiniſchen Sprache zu dichten, zum Theil nicht ohne Begeiſterung und feines Gefühl.

2.

In den erſten Zeiten dieſer Periode gab es unter den Arabern noch einige ausgezeichnete Dichter; z. B. Abu Iſmael Thograi aus Iſpahan, ein Polyhiſtor, der we-gen ſeines großen Reichthums durch den Emir Maſud auf das grauſamſte ermordet wurde 1120. Er dichtete treffliche Elegien und Lieder, wovon einige dem Koran beygefügt und von den Knaben auf Schulen auswendig gelernt wur-den. Ausgabe: von Golius und Ancherſen. Ul-traj. 1707. 8. — Ithiel Hariri aus Baſra († 1120), von dem ein Gedicht über die Freuden der Welt in 50 Ab-ſchnitten ſich erhalten hat. (Sex priores ed. Alb. Schul-tens. Franeq. 1731. 4. Lugd. Bat. 1746. 4. 26 confeſſus ed. Reiske. Lipſ. 1737. 4). — Abul Fadhli Ach-met Ebn Muhamed Al Meidani († 1164), veran-ſtaltete eine Sammlung von 6000 Sprüchwörtern, worun-ter ſich manche durch Naivetät, Witz und Gedankenfülle auszeichnen. Sie ſtehen znm Theil in A. Scholtens Anthologia ſententiarum Arabicarum. Lugd. Bat. 1772. 4; und in Reiske'ns Samml. einiger Spiüchwörter, die von Stöcken und Stäben hergenommen ſind. Leipz. 1753. 4.

3.

Die Perfiſche Dichtkunſt iſt eine Tochter der Arabiſchen; dem Innern nach weniger kriegeriſch, ſtolz und majeſtätiſch, aihmet ſie mehr Wolluſt, Fröhlichkeit und Samftmuth; eine natürliche Folge deſſen, was der Nation von ihrem urſprünglichen Charakter und von dem Einfloſſe des Klima, der Sitten und der Lebensart in denſelben übrig geblieben war. Ganz verſchieden würden wir ſie finden, wenn ältere, vor der Arabiſchen Eroberung verfertigte Gedichte übrig wären. Vor andern ſtechen folgende Dichter vor: Ferduſi, eigentlich Firduſi oder Haſſan Ben Scharffchah († 1020), der Perfiſche Homer, erzählte in einem epifchen, aus mehrern Gefängen beſtehenden Gedichte, Schah-nämeh þetitelt, die Thaten der erſten Perf. Könige und Helden von dem älteſten mythiſchen Zeitalter an bis auf den Sturz der Saſſaniden, im reinſten und eleganteſten Stil, mit groſser Begeiſterung und glühender Phantaſie. Iſt auch für den Geſchichtforfcher wichtig. Dennoch ſind nur Proben davon gedruckt in Jones Poëſeos Aſiaticae commentariis l. 6 und zwar im 4ten Buche (Lond. 1774. 8. recudi curavit J. G. Eichhorn. Lipſ. 1777. 8 mai.). Auszugsweiſe und nicht ſehr treu überſetzt in: The Poëms of Ferdoſi, translated from the Perſian by Joſ. Champien. Lond. 1788. 4. — Anweri († 1200), Hofaſtrolog des Sultans der Seldfchucken, Sangiar, deſſen Gedichte zu den beſten unter den Perſiſchen gerechnet werden, von denen aber noch nichts gedruckt iſt. — Sadi oder Scheikh Mosle-

hedin Saadi Al Schirazi aus Schiraz (geb. 1175.
geft. 1292) fchrieb nach mancherley Schickfalen fein berühmtes Werk Guliftan, der Rofengarten, eine moral.
Darftellung der menfchl Schickfale, theils in Verfen, theils
in Profa; worinn er von den Sitten der Könige und der
Geiftlichen, von dem Werthe der Enthaltfamkeit, von den
Vortheilen des Stillfchweigens, von der Liebe und Jugend,
vom Alter und deffen Befchwerlichkeiten u. f. w. handelt.
Es herrfchet darinn die anmuthigfte Mannigfaltigkeit; bald
ftöfst man auf treffliche Elegien, bald auf anakreontifche
Lieder, bald auf Erzählungen und Parabeln, bald auf finn-
reiche Sprüchwörter. (Perfice et Lat. ed. Ge. Gentius.
Amft. 1651. fol. Lat. ib. 1655. 12. Teutfch von
Adam Olearius. Schleswig 1654 u. 1666. 8. Neue
verbefferte Auß. v. J. G. Schummel. Wittenb. u. Zerbft
1775.18). Vergl. Effai hift. fur la legislation de la Perfe;
précédé de la traduction complette du Jardin des rofes de
Saady; par Gaudin. à Paris 1789. 8. Canzler's u.
Meifsner's Quartalfchrift St. 3. S.71—106. Von einem
andern Gedichte Sadi's, Boftan (der Baumgarten) fteht der
Anfang bey Alnafaphi carmen Arabicum; ed. Joh. Uri.
Oxon. 1770. 4. — Hafez oder Hafys oder Muhamed Schemfeddin aus Schiraz († 1386), der Horaz
der Perfer; denn er behauptet eine hinreiffende Stärke in
der lyrifchen Poëfie. (Specimen poëfeos Perficae, f. Mu-
hammedis Schemfeddini, notioris agnomine Ha-
phyzi, Ghazelae f. Odae 16 ex initio Diwani depromtae,
nunc primum latinitate donatae, cum metaphrafi ligata et
foluta, paraphrafi item et notis (a Carolo L. B. de Rewitzky). Vindob. 1771. 8. Vergl. Allg. teut. Bibl.
B. 49. S. 186—196).

4.

Von Griechifchen Dichtern, 'die mehr Früchte
des Fleifses, als des Genies, lieferten, nennen wir nur
folgende: Cyrus Theodorus Prodromus aus Konftantinopel († nach 1143), wahrfcheinlich Mönch und Lehrer am dortigen Waifenhaufe. Unter feinen vielen Gedichten find ¦die merkwürdigern: Liebesgefchichte der Rho-
dante und des Dofikles, 9 Bücher in Jamben (Gr. et Lat.
interprete Gilb. Gaulmino. Parif. 1625. 8); Amarantes
oder über die Liebe im Alter, ein Gefpräch in Profa (fteht
mit in der eben erwähnten Ausgabe); über die Freundfchaft, ein Dialog in Jamben (Gr. Conr. Gefnero interprete, cum notis Mich. Maittaire; in huius Mifcell. graecor. aliquot fcriptor. carminibus. Lond. 1722. 4.
p. 92 fqq.). Es herrfchen in diefen Gedichten gute, fromme Empfindungen; auch die Sprache ift ziemlich rein:
aber poëtifchen Geift fucht man vergebens. — Joh.
Tzetzes (f. vorhin VI. 3). — Manuel Philes aus
Epbefus (geb. um 1275. geft. 1340), fchrieb ein Gedicht
in Jamben über die Eigenfchaften der Thiere, worinn er
faft allein dem Aelian folget (ed. J. C. de Pauw cum
eiusd. animadv. et verf. lat. Greg. Bersmanni. Traj. ad
Rhen. 1730. 4); über die Schiffahrt; Epigrammen u. f. w.
(Philae carmina graeca — omnia nunc in unum, exce-
pto poëmate de animalibus,' collecta, emendata, latine interpretata (fic!) et annotatt. illuftrata; praemittitur diff de
Philae vita, aetate et fcriptis, curis Gottl. Wernsdorfii. Lipf. 1768. 8. Faft die Gefchichte allein kann aus diefen, im damahligen Mönchsgefchmack gefchriebenen Gedichten, Gewinn ziehen. Vergl. Saxii Onomaft. T. 2.
p. 347—349. — ,Maximus Planudes aus Konftantinopel († nach 1353), ein gelehrter Mönch, der fich nicht
fo fehr durch feine eigenen Schriften, als durch einige

Sammlungen und Ueberfetzungen um die Litteratur verdient machte. Er fammlete die Aefopifchen Fabeln und trug fie in Profa über (f. oben S. 289); feine aus Traditionen und Vermuthungen beftehende Lebensbefchreibung Aefop's verdient keinen Glauben. Ihm verdanken wir die, wiewohl |nicht in ihrer beffern Geftalt erhaltene griechifche Anthologie (f. oben .....) Vergl. Leffing zur Gefchichte und Litt. Beytr. 2. S. 421—446. — Syntipas, ein Perfer, von dem man übrigens nichts weifs, hinterliefs eine Sammlung von 62 Fabeln (Gr. et Lat. ed. C. F. Matthaei. Lipf. 1781. 8 mai.).

§. 5.

Im Abendlande war in den lebenden oder neuern Sprachen, mit Ausnahme der Teutfchen, die Provenzal-qder Limofinifche Poëfie die älteste. Sie fteigt mit der Provenzalfprache (f. oben VI. 6) bis ins 11te Jahrhundert hinauf. Sie breitete fich durch alle Länder aus, wo diefe Sprache blühte. Mit ihr fangen die Italiener, Franzofen und Spanier die Gefchichte ihrer Dichtkunft an. Ob fie gleich eine für fich befondere Poëfie ausmacht, welche in der Folge Gaya ciencia oder Gay faber (eine luftige und unterhaltende Wiffenfchaft) hies; fo war fie doch die Quelle, woraus die übrigen fchöpften und die ihrige verbefferten. Im 11ten, 12ten und 13ten Jahrhundert, die das goldene Zeitalter derfelben ausmachen, fanden fich viele vortreffliche Dichter, die fich ihrer bedienten und die fich Trovatori oder Trobadores oder Troubadours nannten. Es befanden fich darunter Könige, Fürften und viele andere regierende Herren. Die in Spanien bey Gelegenheit der Kriege der Chriften mit den Arabern entftandene und in Frankreich ausgebildete Ritterfchaft (Chevalerie) und die dazu gekommenen Kreutzzüge

machten den Adel unter sich bekannter; die Glieder deffelben wetteiferten, es in Anfehung der Feinheit der Sitten
und des Gefchmacks an Dichtkunlt einander zuvor zu thun.
Die Ritterfchaft, die ftets Abentheuern ausgefetzt war,
bot den fruchtbarften Stoff zur Dichtkunft dar, zumahl in
jenen, an Gefchmack und Begriffen noch armen Zeiten.
Das ganze Ritterinftitut war vorzüglich gefchickt, die Dich-
terphantafie zu erwecken und zu nähren. Hierzu kam
während der Kreutzzüge die Bekanntfchaft der Ritter mit
den Bequemlichkeiten und dem Luxus des griechifchen
Reiches und mit den Seltenheiten Afiens. Wahrfcheinlich
ift es auch, dafs der Adel den Gedanken, die Dichtung
zur Ausfüllung feiner leeren Stunden zu wählen, von den
Arabifchen Grofsen entlehnte; denn bey diefen gehörten
poëtifche Uebungen mit zu dem Glanz und zur Unterhaltung ihrer Höfe; und ihre Dichtkunft befchäftigte fich
auch mit ritterlichen Abentheuern. So ungefähr entftand
die Ritterpoëfie. Aber nicht blos Ritter dichteten oder
reimten: vielmehr ergriff eine poëtifche Epidemie alle
Stände. Man verfertigte lyrifche und moralifche Gefänge,
reimte wahre und gedichtete Begebenheiten, verfificirte
Chroniken und Leben der Heiligen, luftige Schwänke und
Gebete an die Mutter Gottes u. f. w. Diefe Allgemeinheit des Verfificirens, fo lächerlich fie war, hatte dennoch
ihren Nutzen. Sprache und Ausdruck, Mechanifmus und
Rhythmus des Verfes, Gedanken und Vorftellungsarten
wurden durch fo häufige Verfuche beffer; die geiftige Kultur gewann. Auf der andern Seite hatte aber freylich
auch ein fo allgemeines Reimen fchlimme Folgen. Könige
und Fürften reimten oft, blos um hinter andern Rittern
nicht zurückzubleiben, und gaben fchlechte Mufter. Die
beffern Dichter waren bald erfchöpft und follten dennoch
ferner dichten; nun übertrieben fie Dichtungen und Aus-

druck, um fich nicht zu wiederhohlen, oder dichteten
räthfelhaft, um Aufmerkfamkeit zu erregen. Die Materien, von denen die Ritterdichter am liebften fangen, waren, nach dem Genius der Zeit, Krieg und Liebe, Religion
und Abentheuer: am allerliebften aber huldigten fie der
Heiligkeit des weiblichen Gefchlechts und feinem Lobe.
Das Ganze der dahin zielenden Lieder thut zwar felten dem
Gefchmack Genüge: doch zeichnen fich auch viele durch
Einfalt und Naivetät, durch glückliche Schilderungen der
Natur und einzelne zarte Stellen mit platonifch-metaphyfi-
fchen Liebesfchwärmereyen aus. Andere kleine Lieder
befchreiben Krieg und Heldenthaten; manche find voll der
devoteften Inbrunft. Auffer diefen und andern kleinen
Stücken verfertigte die Ritterfchaft auch grofse gereimte
Erzählungen oder Romane, die entweder fpanifchen
oder franzöfifchen Urfprungs find. Sie waren theils blofse
Reimerzählungen aus den Protokollen der Wappenkönige,
theils Heldengedichte in romantifchem Gefchmack. Zur
Versart wählte man kurze, fingbare Zeilen, die man in
Strophen theilen konnte, weil jeder, auch noch fo lange
Roman, zum Abfingen unter Begleitung eines Saiteninf-
ftruments eingerichtet werden mufste. — Die Ritter-
poëfie erhielt fich, wie Eichhorn fich ausdrückt, bis
die Ritterfchaft vom platten Lande an die Höfe, wie in ihre
Gräber, zog, und dort in kurzer Zeit verarmte.

In Südfrankreich, Italien und dem füdlichen Spanien
wirkten, auffer den angeführten Umftänden, zwey edle
Männer aus Aragonifchem Geblüte zur Vervollkommnung
der Ritterpoëfie oder des Provenzalgefangs, Raymund
Berengar der 3te, Herr von ganz Provence, im weitläufigen Sinne diefes Worts (feit 1162), und Raym. Berengar der 5te, Beherrfcher weitläufiger Länder, mit

II.   c   D d d

dem der Aragonifche Mannsftamm ausftarb 1245. Beyde,
Fürften von grofsem Anfehn, liebten Dichtkunft und Gefang ; fie verfammelten die Dichter ihrer Zeit an ihre Höfe
und fangen felbft mit ihnen um die Wette. Ihr Beyfpiel
wirkte mächtig, und feit ihrer Herrfchaft gehörte es zum
guten Ton der Fürften in Provence und Catalonien, einen
Kreis von Dichtern aus dem Adel um fich zu verfammeln
und fie fürftlich zu belohnen. Seit der Zeit nahm man
die Fertigkeit zu dichten in den Charakter eines ächten
Ritters auf. Die Lieder, deren Hauptthema die Liebe war,
fangen diefe Ritterdichter in wechfelnder Manier und in
verfchiedenen Gattungen, bald in luftigen und fchalkhaf-
ten Liedern (Soulas), bald in traurigen und melancholi-
fchen Gefängen (Lais), bald mit galanter Schüchternheit,
bald in naiver Einfalt, bald in ftarker und entfchloffener
Sprache. An fie gränzten auch die wenigen Schäferpoë-
fien (Paftourelles), die man von den Provenzalen hat.
Häufiger befchäftigten fich die Troubadoure mit poëtifchen
Anweifungen zur Sittlichkeit, mit der Bildung junger Edel-
leute als künftiger Kandidaten der Chevalerie, oder der
Edelfrauen und ihrer Töchter; mit Regeln für Dichter,
Miniftrele (Ménétriers) oder Jongleure (Spielleute
oder Mufikanten, die den Troubadouren accompagnirten
und weiterhin in Poffenreiffer und Bänkelfänger ausarteten)
und für andere Perfonen; eine Art didaktifcher Poëfien,
hier und da durch Dichtungen belebt, und angefüllt mit
moralifchen Maximen, fo gut der Geift der Zeit fie geben
konnte, aber auch mit Kleinigkeiten und ermüdenden Al-
legorien überladen. Aufferdem liebten fie verfificirte Dis-
curfe, im hiftorifchen und fatirifchen, im klagenden und
drohenden, im höhnenden und bittern Ton; Lobreden
und Invectiven (Syrventen). Solche Lieder fangen diefe
Dichter einzeln, an den Höfen, an füftlich frohen Tagen,

zur Vermehrung ihrer Feyer: bisweilen aber traten auch
zwey Dichter, zur Beluftigung der Gefellfchaft, ein oder
gegen über, und wechfelten fcherzhafte Worte über allerley Materien der Galanterie, die man Tenfons oder
Tenzen nannte. Um folchen Jeux partis mehr An-
ftand und mehr äuffern Schein von Wichtigkeit zu geben,
formirte fich die Gefellfchaft unter einem Präfidenten in
einen förmlichen Gerichtshof (Cour d'amour), in welchem Damen entfchieden. Ueber diefe Dichtungsarten
giengen die poëtifchen Verfuche der Provenzalen nicht hinaus. Denn vom Drama und der Epopoe, von Feendichtungen und verfificirten Erzählungen, die man in Nordfrankreich und andern Ländern liebte, findet man unter
ihren Werken keine Spur. Ungefähr 300 Jahre dauerte
die Poëfie der Troubadoure. Der ältefte, den man noch
kennt und von dem noch einiges exiftirt, ift Graf Wilhelm von Poitiers und Herzog von Guyenne (geb.
1071. geft. 1126). Er befchrieb in Verfen die Abentheuer
feines Kreutzzugs, von dem er 1102 nach Haufe kam. Si-
cher war er aber nicht der erfte aller Provenzalen überhaupt: vielmehr mufsten kleinere Verfuche vor den gröfsern
und bedeutenden vorausgegangen feyn. Den Anfang der
vollen Blüte der Provenzaldichtkunft fetzt man in das J.
1162, als Kaifer Friedrich der 1fte den Grafen Raymund
Berengar den 3ten mit Provence belehnte. Um jene Zeit
wurden nicht nur alle Grofse diefes Landes, Könige. Herzoge und Grafen von der Süffigkeit des Provenzalgefanges
begeiftert, fondern auch die erften Fürften des Auslandes,
wie der eben erwähnte Kaifer, der englifche König Richard
Löwenherz, und der ganze Adel von Italien. Sein Verfall
erfolgte nach 1382, nach dem Tode feiner letzten Be-
fchützerin, der Königin von Neapel und Sicilien und Gräfin
von Provence, Johanne der 1ften, aus dem Haufe
Ddd 2

der Könige von Frankreich, — Vergl. Les vies des plus
célèbres et anciens Poëtes Provenſaux, qui ont fleury du
temps des Comtes de Provence (par Jean de Noſtra-
damus). à Lyon 1575. 8. Italieniſch mit Bereiche-
rungen und einem ſtarken Anhang v. Creſcimbeni in
ſeiner Iſtoria della volgare poëſia (Venet. 1730.
2 Voll. 8). Jagemann (oder vielmehr Tiraboſchi).
in der Geſch. der Wiſſ. in Italien B. 3. Th. 1. S. 451—463.
Hiſt. littéraire des Troubadours, contenant leurs vies, les
extraits de leurs pièces et pluſieurs particularités ſur les
moeurs, les uſages et l'hiſt. du 12me et 13me ſiècle. à Paris 1774. 3 Voll. gr. 12. (Millot iſt Herausgeber dieſes Werks, eines Auszugs aus 15 von Curne de Ste
Palaye geſchriebenen Folianten).

Die durch die Provenzaldichter verfeinerte Romaniſche Sprache blieb in Italien bis zum Ende des 12ten
Jahrhunderts noch roh, und diente in ihren mannigfachen Dialekten dem Volk allein im Umgang
und zu mündlichen Verhandlungen. Durch wech-
ſelſeitiges Verkehr wurden die Italiener nach und
nach mit dem provenzaliſchen Romanzo bekannt und fanden bald Geſchmack an den darinn gedichteten ſüſsen Liedern. Auch ital. Fürſten ehrten und belohnten den Geſang. So verſammelte Markgraf Azzo der 7te von
Eſte (reg. 1215—1264) die berühmteſten Trovatoren an
ſeinen Hof; auch Gerhard da Camino, Herr von
Trevigi, war ihr groſser Gönner. Ungefähr 2 Jahrh.
(1100—1300) ward auch in dieſem Lande der Provenzal-
geſang geliebt. Der erſte namentlich bekannte Provenzale
in Italien war Folchetto († 1213), und Sordello
(geb. 1189) der gröſste und berühmteſte unter ihnen. Alle wurden durch Dante und Petrarca (von denen her-

ṇach) verdunkelt. — Vergl. Dell' origine della poëſia·
rimata; opera di G. Barbieri, publicata ora per la prima
volta è con annotazioni illuſtrata dal Cav. A. G. Tiraboſchi. Modena 1790. 4.

So bald der Berengariſche Regentenſtamm die ſüdlichen Provinzen Spaniens mit den ſüdlichen von Frankreich zu Einem Reich zuſammenknüpfte, fieng Südfrankreich an, mit Macht auf Catalonien und Aragònien
zu wirken; es gab dieſen Ländern eine beſſere Sprache
und beſſern Geſchmack. Was die ſchön gebildete und reiche Dichterſprache der Provence Liebliches und Schönes
hatte, nahm die Limoſiniſche allmählig in ſich auf; und
zuletzt war ſie mit der provenzal. völlig einerley, bis auf
den Vorzug einer gröſsern Feinheit, der das Eigenthum der letztern vor der erſtern blieb. Mit dem Reich
der cataloniſch-aragoniſchen Regenten hielt der limoſiniſche Dialekt immer gleiche Gränzen, und ward daher mit
ihrer Herrſchaft ausgebreiteter. Als ihr Reich durch die
baleariſchen Inſeln und durch Valencia vergröſsert wurde;
ſo rückte auch die Sprache dieſer Länder dem limoſiniſchen
Dialekt ihrer Eroberer allmählig nach. Faſt 100 Jahre
früher, als in Südſpanien, lebten in Südfrankreich Dichter.
Hier fieng ihre Reihe um 1100 mit dem Gr. Wilh. von
Poitiers an: dort aber erſt um 1160 mit Alphons dem
2ten. Aus den Provenzalen arbeitete ſich Kultur und
Poëſie aus ihrem Innern langſam hervor: in die Catalonier
und Aragonier hingegen kam ſie von auſſen ſchnell hinein.
Eben deshalb hatte ſie nur wenig Eigenthümliches, und
ihre Dichterſprache gelangte nie zu gleicher Feinheit mit
der provenzaliſchen. Von 1160 bis 1479 waren die limoſiniſchen Trovadòren geehrt und aufgemuntert von ihren
Königen und andern Groſsen Aragoniens; und ſo lang
dauerte die Blüte ihrer Poëſie. Zu ihrer Erhaltung ſtiftete

Johann der 1fte im J. 1390 zu Barcelona eine eigene poё-
tifche Akademie (de gaye Ciencia) nach dem Mufter
der zu Touloufe 1324 errichteten Académie des Jeux
Fleuraux. Ferdinand der 1fte führte fogar um 1410
die limofinifche Sprache bey|allen öffentl. Verhandlungen
ein; welches ihr einen neuen Schwung verfprechen konnte: aber es war zu fpät; der Geift der Zeit verlangte keine limofinifchen Gedichte mehr.

In dem eigentlichen Spanien oder in Caftilien
wurde die Sprache erft um 100 Jahre fpäter gefchickt, der
Ritterpoёfie zu dienen. Denn das erfte fichere Beyfpiel ei-
'nes caftilifchen Dichters ift Alphons der 10te um
1250. Zu gleicher Zeit ftellten auch Galizien und
Portugal in ihren Dialekten Dichter auf. K. Dionys
v. Portugal (geb. 1261. geft 1325) ift der erfte portug.
Dichter, den die Gefchichte aufftellt; und der erfte galizi-
fche-Juan Suarez de Pavia. Uebrigens bildete fich
die caftilifche Poёfie unabhängig von der provenzalifchen,
indem fie einen ganz andern Geift, als diefe, haucht, und
fich meiftens mit Gegenftänden, über die kein Provenzale
reimte, befchäftigte. Ihr erftes Eigenthum war die fchöne
Liedergattung der Romanzen, kleine epifche Gefänge
in ordentlichen Stanzen über Krieg und Liebe; und das
zweyte, gröfsere verfificirte Erzählungen, deren Stoff
bald aus der Religion, bald aus der wahren Gefchichte, bald aus romanhaften Abentheuern genommen ift. Die
erfte gab verfificirte Leben der Heiligen, die zweyte Reimchroniken, die letztere Romane oder Rit-
terbücher. Die beyden erften verdienen wenig Achtung: defto mehr die letztern. Von Romanzen ward der
Uebergang zu den Ritterbüchern leicht; es ward nur Meh-
reres in die Erzählung aufgenommen, um fie zu verlän-

gern. An romantifchem Stoff konnt' es ohnehin in Spa-
nien nicht fehlen. Durch die unaufhörlichen Kämpfe mit
den Arabern ward der Rittergeift genährt, und hier und
da fogar durch maurifche Gefänge, an die fich auch die
Spanier gewöhnten, angefacht. Daraus entftand das Eigenthümliche der ältern fpanifchen Romane, ihr ftarker
Heroifmus und ihre vielen Zaubereyen, die fonderbare
Mifchung von Devotion und Liebe, von Aberglauben und
Galanterie, und die Anmuth in dem Ausdruck. Der
Hauptroman, an den man in Spanien die meiften neuern
Dichtungen anzuknüpfen pflegte, war der Amadis von
Gallien, eine, wie es fcheint, eigene fpanifche Erfin-
dung. Diefe und faft alle romantifche Dichtungen, die
fich caftilifch finden, z. B. das fabelhafte Leben Alexan-
ders, die Gefchichte der Zerftöhrung Troja's, befitzt auch
Nordfrankreich in franz. Sprache. Daher bey vielen Ge-
lehrten die Ungewifsheit ihres erften Urfprungs und der
Streit, ob fie für fpanifche Originalien oder für Ueberfez-
zungen aus dem Franz. zu halten find? — Vergl. Co-
leccion de poëfias Caftellanas anteriores al figlo 15; por
Thomas Antonio Sanchez. Madrid 1779. 3 Tomi. 8.
— Vergl. Velazquez oben Abth. 1. S. 27.

In Nordfrankreich ward alles fpäter reif, als im
Süden. Vor Philipp Auguft (1180—1223) wagte es kein
nordfranz. Chronift und kein Dichter, fich feiner bis dahin roh gebliebenen Mutterfprache zu bedienen, aus Be-
forgnifs, niedrig und gemein zu fprechen. Es gefchah
nur bey Volksgefängen und poëtifchen Kleinigkeiten.
Selbft Abälard und Bernhard, die erften Nordfranzofen von Bedeutung, die das Vermögen ihrer Mutterfprache zu verfuchen wagten, giengen nicht viel weiter; der
erfte in franz. Liedern an feine Heloife; der andere, indem

er während feiner Jugend Liebeslieder dichtete und im Alter Reden in derfelben Sprache hielt. Die Normänner,
die ih in Frankreich niederliefsen, nahmen die Landesfprache an, und bildeten fie zur Schrift- und Bücherfprache. Bey ihnen fuchte man Richtigkeit des Ausdrucks und
Ge limaks, und Bechada wagte erft in feiner Mutterfprache, der franzöfifchen, durch Gaubert, einen Nor-
mann, ermuntert, die Thaten Gottfrieds von Bouillon zu
reimen. Daher waren auch die erften gröfsern poëtifchen
Werke in franz. Sprache entweder von gebohrnen Normän-
nern felbft, oder doch von folchen Dichtern, die unter ihrem Einflufs dichteten. (Vergl. A. H. L. Heeren über
den Einflufs der Normannen auf franzöfifche Sprache und
Litteratur. Goett. 1789. 8). (Euftache) Wiftace
reimte eine Hiftoire des Bretons, auch von dem
Hauptthelden Brut d'Angleterre benitelt; und Wace
(Waffe, auch Gaffe), der 1160 diefe Reimchronik mit
der Gefchichte der Herzoge von der Normandie fortfetzte,
war entweder Wace, der Domherr von Bayeux und Kapellan K. Heinrichs des 2ten von England, oder doch ein
mit den normännifchen Königen eng verbundener Dichter,
weil er die Gefchichte ihrer Vorfahren zu feinen Reimen
wählte. Nach diefen poët. Verfuchen unter den Normän-
nern felbft, kam unter Phil. Auguft ein gebohrner Nor-
mann, Aléxander, nach Paris und verfertigte dort das
erftere gröfsere Gedicht, das am franz. Hofe erfchienen
ift: ein gereimtes Leben Alexanders des Grofsen, voll al-
legorifcher Anfpielungen auf die Thaten des Königs Philipp,
an deffen Hof er lebte. Nun erft wird Nordfrankreich
poëtifch. Dort fowohl, als in England, dichtete man feitdem franzöfifch. Die Könige der beyden Reiche ehrten
Dichter und Gefang, in denfelben Ton ftimmten andere
Grofse ihrer Reiche ein, fo dafs von nun an Poëfie ein

Hauptvergnügen ihrer Höfe und jeder beſſern Geſellſchaft wurde Dennoch vergiengen ungefäht 3 Jahrl. (2, 13,14), ohne daſs die franz. Nation auf dem betretenen Wege zur Geiſtesbildung merklich fortgerückt wäre, weil ſie bey jedem Schritt mit den Schwierigkeiten einer noch nicht recht gebildeten Sprache ringen muſste. Dies rührte hauptſächlich her von ihrer Verachtung der kultivirten Provenzalen. Eiſt unter dem Einfluſs des Studiums der alten Sprachen (im 15ten und folgg. Jahrh.) bildete ſich ihre Sprache völlig aus: jedoch freylich nicht ſo, als wenn dieſe Bildung \ aus innerer Kraft geſchehen wäre. Der poëtiſche Geſchmack der Nordfranzoſen fiel vorzüglich auf Erzählungen, Sagen, luſtige Mährchen, Feendichtungen und Romane (Contes, Fabliaux etc.). Sie ſtammten urſprünglich aus dem Orient, und theilten ſich weiter hin in 2 Gattungen: in luſtige durch Layen und in bigott devote (Miracles) durch Mönche. (Fabliaux ou Contes du 12e. et du 13e. fiècle, traduits ou extraits d'après divers manuſcrits du temps, avec des notes hiſt. et crit. et les imitations qui ont été faites de ces contes depuis leur origine juſqu'à nos jours; par M. le Grand. à Paris 1771. 4 Voll. 8 et 12. Nouv. Ed. augment. d'une diſſ. fur les Troubadours. ib. 1779. 5 Voll. 12. Engliſch Lond. 1786. 1789. 1795. 2 Voll. 12. Teutſch mit hiſt. und krit. Anmerk. (von St. L. A. Lütkemüller). Halle 1795—1798. 5 Theile. 8: Contes devots, Fables et Romans anciens pour ſervir de fuite aux Fabliaux; par M. le Grand. (à Paris 1781. 12). *Vergl. Mémoire fur les Fabliaux, par M. le Comte de Caylus; in Mém. de l'Ac. des Inſcr. T. 20. p. 352 ſqq.). Hierzu kamen gereimte Ritterbücher oder Romane, die urſprüngl. von den Waffenherolden, den beſtändigen Begleitern angeſehener Ritter und den nächſten Zeugen ihrer Thaten, abgefaſst

und auch von ihnen felbft unter mufikal. Begleitung an Höfen und auf Burgen zur Verherrlichung der Ritter, ihrer
Herren, abgefungen worden. In der Folge reimte, wer
zu reimen wufste, über alte und neue, frühe und gleichzeitige, wahre und erdichtete Begebenheiten: Knappen,
Pagen, Mönche und Studenten; alles reimte Ritterbücher.
Man theilt fie in folche, die wahre Gefchichten zum Grunde haben (wie in dem Roman von den Thaten Gottfrieds
v. Bouillon) und in folche, die auf Dichtungen beruhen
(wie in den Ritterromanen, die dem falfchen Türpin von
den Thaten Karls des Grofsen und den Sagen von Alexander und den griechifchen Helden folgen). Die normännifchen Romane, mit den Rittern von der Tafelrunde, wenn
fie nicht gar in der Normandie gedichtet wurden, fanden
aus Britannien bald den Weg über den Kanal nach Frankreich, und gefielen wegen ihrer eingemifchten Züge der
Chevalerie weit befler, als die blos devoten Dichtungen
von den Thaten Karls des Grofsen; daher verpflanzten fie
die Nordfranzofen in ihr Vaterland. Hierzu kamen noch
die Feenromane, die der franz. Adel auf feinen Fahr-
ten nach dem Orient in dem Umgange mit den Arabern
kennen lernte. Die Sprache der Romane war Anfangs lateinifch, und feit Philipp Auguft franzöfifch. Der erfte
Originalroman in franz. Sprache ift der Roman von der
Rofe, von Wilhelm von Lorris aus der Landfchaft
Gatinois († 1260). Mehrere Dichter fetzten ihn fort, und
nach 45 Jahren vollendete ihn Jean le Meun. Ein
Denkmahl der Schlechtheit des Gefchmacks in Nordfrankreich, das dennoch, zum gröfsten Schaden des beffern,
der dadurch aufgehalten wurde, Jahrhunderte lang mit
Entzücken gelefen wurde! Die Liebe zu den Ritterromanen erhielt fich bis in die Mitte des 16ten Jahrh. oder bis
zum Untergang des ganzen Ritterwefens. So viel ihrer

auch find; fo haben fie doch alle einen und denfelben
Plan,' diefelben Thaten und denfelben Schlag von Helden, es herrfcht in ihnen wenig dichterifcher Geift. Für
unfere Zeiten ift demnach ihr Werth fehr gering: nur als
Schilderungen der Eigenthümlichkeiten ihrer Zeit, der
Lehnsverfaffung und der Ritterfitten, und als die erften
Proben des für die Litteratur erwachenden Geiftes der Franzofen find fie fchätzbar. Von den bisher erwähnten Dichtungsarten der Ritterfchaft in Nordfrankreich mufs man
noch Erzählungen in Dialogen unterfcheiden; eine Art von Drama, aus dem fich nach der Zeit beym Bürgerftande das eigentliche Schaufpiel nach und nach entwickelte. Nur 3 davon kennt man etwas näher, von Ru-
teheuf, Joh. Bodel und Adam de la Hale, Dichtern des 13ten Jahrhunderts.

Die franz. Ritterpoëfie verbreitete fich bald in andere
Länder, vorzüglich nach Italien (durch das vielfache
Verkehr, das diefes Land mit dem nördlichen Frankreich
hatte; gebohrne Italiener machten fogar romantifche Verfuche in franz. Sprache) und nach England, wo, hauptfächlich durch die Normänner, die franz. Sprache zur Um-
gangsfprache war aufgenommen worden, und fich, als folche, 200 J. lang (1066—1307) erhielt. In diefe Zeit
fällt die Blüte der Chevalerie, und fie ward — wofern fie
nicht fchon früher unter den Angelfachfen angefangen hatte — durch den normannifchen Regentenftamm unter ihnen
eingeführt. Dem zu Folge mufsten auch die erften dortigen
Ritterdichter in franz. Sprache fich verfuchen. Während
jener ganzen Zeit war die franz. Sprache die allgemeine
Dichterfprache in Britannien, und die in England und
Frankreich abgefafsten Geifteswerke floffen während diefer
Zeit fo in und durch einander, dafs fie wie eines waren,

und man jetzt felten unterfcheiden kann, was jeder Nation
zugehört. Erft feit Eduard dem iften (1307), unter dem
fich die Städte merklich hoben, und mit dem Bürgerftande
zugleich die angelfächfifche Sprache, die fich während feiner Unterdrückung in feinen Hütten fort erhalten hatte,
empor kam, verblühte die franz. Sprache nach und nach.
Doch erhielt fie fich noch bis auf Eduard den 3ten, wo ihr
Gebrauch in Gerichten durch eine Parlamentsakte aufgeho-
ben wurde: doch ward auch felbft noch unter der Regierung
diefes Königs manches öffentl. Gefchäfte in derfelben ver-
handelt. Auffer wenigen, noch vorhandenen kleinen Liedern,
gab'es mehrere gröfsere Romane, die in normannifchem Dialekt gereimt wurden. Durch die fchon erwähnten fabelhaften Heldentharen Karls des Grofsen, die man unter
Türpin's Namen dichtete, und die um 1138 durch Gottfried von Monmouth, einen welfchen Benediktiner,
auf einen erdichteten K. Arthur in Wallis angewendet
worden, erfchien im J. 1155 die auch fchon angeführte
Reimchronik eines gewiffen Wiftace von den Thaten
Gottfrieds von Bouillon. Wace fetzte diefe Reimchronik
fort (1160). Doch kam diefe franz. Romanzerie erft feit
1250 recht in Umlauf, und nach diefer Zeit wurden ihre
Produkte in das Angelfächfifche bald überfetzt, bald umgearbeitet. König Arthur und die Ritter von der runden
Tafel waren nun die Helden, an denen die zahlreichen
Romanziers in England und in der Normandie ihre Dich-
tungskraft verfuchten.

Aus der angelfächfifchen und franzöfifchen Sprache
entftand die heutige englifche. Durch Ueberfetzungen
jener Reimchroniken und anderer Schriften aus dem Franzöfifchen wurde fie hauptfächlich gebildet. Balladen
oder heroifche Erzählungen von kriegerifchen Thaten fan-

gen fchon die Barden der alten Sachfen während ihres
Heydenthums. Durch die Normänner gieng der Geift der
Ritterfchaft auf die Sachfen über; und ihre Liebe zum Gefang zeigten fie von nun an in romantifchen Balladen, da
fie früher nur heroifche gefungen hatten. Von ihren Lehrern, den normannifchen Menetriers, nannten fich die
engl. Balladenfänger Minftrels: aber den Namen Romanzen, welchen jene ihren kürzern romantifchen Gefängen gaben, nahmen nie die fächfifchen Dichter an. Die
ältefte engl. Ritterballade, die man kennt, Kinghorn
betitelt, ift aus dem Franz. im 12ten Jahrh. wie man glaubt,
überfetzt. Die erfte noch vorhandene engl. Originalbal-
lade ift von 1264. Nach der Königin Elifabeth findet man
keine Spur mehr von Minftrels: obgleich Gefchmack an
Poëfie und Liebe zu Balladen, wie fie die Minftrels zu
fingen pflegten, ununterbrochen dauerten. Ritterbücher
und Romane wurden in englifcher Sprache fpäter verfertigt,
fo früh auch der romantifche Geift ins Land gekommen war.
Die ältefte engl. Reimchronik, die man kennt, ift von dem
Mönch Robert von Glocefter (um 1280), worinn
Gottfrieds von Monmouth fabelhafte Erzählungen zu finden find. Darauf reimte im J. 1303 Robert von
Brunne eine fehr ausführl. Chronik, deren franzöfifche
Quellen man noch grofsentheils nachweifen kann.) An
ihre Stelle traten nach und nach wirkliche und gedichtete Ritterabentheuer, und fie wurden, im Gegenfatz
von jenen froftigen Erzählungen, defto mehr bewundert,
je mehr ihre poët. Ausführung dem Rittergeifte fchmei-
chelte, der unter Eduard dem 1ften (um 1300) in neuen
Schwung gekommen war. Aus der Zeit von 1273 bis 1327
find die Ritterbücher: Sir Bewis von Southampton,
Guido, Graf von Warwick, und Richard Löwenherz, lauter engl. Originalromane. Bis nach der

Mitte des 15ten Jahrh. waren alle engl. Romane gereimt;
fie wurden Abfchnittweis von den Minftrels zur Harfe abgefungen, die auch manchmahl den Inhalt mimifch darzuftellen fuchten. Um 1470 überfetzte Caxton die Gefchichte von Troja, das Leben Karls des Grofsen, die Gefchichte Jafons, den Tod des Königs Arthur und andere
profaifche Stücke der Chevalerie aus dem Franz. in engl.
Profe; und man fieng nun an, profaifche Romane abzufaf-
fen. In der Mitte des 11ten Jahrh. gieng in Britannien
die Ritterfchaft zu Ende. S. Reliques of ancient englifh
Poetry, confifting of old Ballads, Songs and other pieces
of our earlier poets, chiefly to the lyric kind, together
with fome few of later date. Lond. 1765. 3 Voll. 8. (N.
Bibl. der fch. Wiff. B. 2. S. 54—89). Vergl. oben Abth.
1. S. 28. Warton; und dann: the progrefs of Romance
through times, countries and manners. Lond. 1785.
2 Voll. 8.

Schottlands alte Landesfprache, eine Schwefter
der fächfifchen in England, bildete fich nach und nach
durch den Dienft der französifchen: aber erft im 14ten
Jahrh., wo eben die Chevalerie in volle Blüte kam, wurde fie eines fortgehenden dichterifchen Vortrags fähig.
Wie allerwärts, wo das Ritterwefen blühte, war auch in
Schottland Poefie ein Hauptftück aller öffentl. Luftbarkeiten.
Jedes edle Haus hatte feinen Minftrel, der bey Feften und an
andern Tagen zum Vergnügen der Gefellfchaftven den
Thaten der berühmten Ahnen feines Herrn zur Harfe fingen
mufste. Andere Minftrels zogen, wie in Südbritannien,
mit ihren Harfen von einer Stadt zur andern, und fangen
für Bezahlung und Bewirthung Balladen u. f. w. Der fchottifche Gefang ward nun berühmt und vor jedem andern
wegen feiner Anmuth und der Gefchicklichkeit der fchott.
Harfenfpieler, felbft in Südbritannien, gefchätzt, zumahl

feitdem Jakob der 1fte (1424—1437) die fchott. Vokal-
mufik verbeffert hatte. Das älteſte bis jetzt bekannte Ge-.
dicht der Schotten ift die Gefchichte ihres Königs Robert
Bruce, von dem Archidiaconus Johann Barbour von
Aberdeen. (geb. 1326. geft. 1396); ein epifch-romantifches
Stück, das an innerem Gehalt allen Ritterbüchern in allen
neuern europäifchen Sprachen vorgeht. (Die neueſte,
20fte Ausgabe: with notes and a gloffary by J. Pinker-
ton. Lond. 1790. §). B. blieb ohne würdige Nachfolger.
Weder auf Heinrich den Minftrel, der in dem Leben
des Ritters Wallace (Edinb. 1758. 4) nichts, als eine
matte Reimchronik hervorbrachte, noch auf Gawin
Douglas, der eine holperichte Ueberf. der Aeneis
(Edinb. 1710. fol.) lieferte, ruhte ein verwandter Geift;
und andere reimten ohnehin nichts, als Chroniken oder
lahme Ritterbücher. Auffer Barbour's Bruce kennt man
kein fchottifches Dichterwerk von Werth, als einige romantifche Erzählungen und Balladen, die mit den englifchen gleiches Thema, auf eine völlig gleiche Weife, behandeln; weshalb auch häufig die fchott. Balladen mit den
Gefängen englifcher Minftrels zufammen ftehen: doch
werden die letztern von den erftern in angenehmer Einfalt und poetifchen Verdienften oft übertroffen. (Pinker-
ton's Ancient fcotifh poems. Lond. 1786. 2 Voll. §.
Vergl. Wilh. Tytler von Woodhoufelee über die
alten fchottifchen Balladen und Lieder und die fchottifche
Mufik [überhaupt; überf. aus den Tranfactions of
the Society of the Antiquaries of Scotland.
T. 1. Edinb. 1792. 4; in Gräter's Bragur B. 3.
S. 120—201).

Bey den Fortfchritten der Teutfchen in der Kultur feit Karl dem Grofsen, bey ihren, zum Theil glückli-

chen Vorübungen in der Dichtkunſt (ſ. den vorigen Zeit
raum X. A. 6) und bey der Theilnahme des Adels an den
Kreutzzügen, ſchlug die Ritterpoëſie bald Wurzel unter
ihnen; vorzüglich in Alemannien oder Schwaben, woher
das Hohenſtaufiſche Kaiſerhaus entſproſſen war. Unter
der Regierung und thätigen Ermunterung deſſelben (1136
bis 1254) ſchwang ſich unter den oberteutſchen Dialekten
der ſchwäbiſche empor, und erhielt das Uebergewicht über
alle teutſche Mundarten, weil er die Sprache des kaiſerli-
chen Hofs und ſeiner Dichter wurde. Der Adel folgte dem
Beyſpiele der gelehrten Kaiſer, Friedrichs des 1ſten und
2ten, mehr und weniger; manche ſeiner Glieder erwarben
ſich, ſo gut es damahls möglich war, Bekanntſchaft mit
der klaſſiſchen Litteratur der Römer; andere wanderten
des Studirens wegen nach Padua, Paris und Salamanca;
andere laſen wenigſtens die Dichterwerke ihrer Nachbaren,
der Provenzalen und Franzoſen, und eiferten ihnen nach.
Der ganze teutſche Adel ward zuerſt in Alemannien, und
darauf nach und nach in den übrigen Provinzen Teutſchlands, hier mehr dort weniger, poëtiſch. Durch das viele
Reimen ward die ſchwäbiſche Mundart immer reicher, ge-
ſchmeidiger, mahleriſcher und harmoniſcher; ſie kam in
einen ſchönen Einklang mit den erwachten zärteren Ge-
fühlen; ſie ward eine milde und ſonore Hof- und Dichterſprache. Der Ruhm der teutſchen Ritterdichter fieng mit
dem Ende des 12ten Jahrh. an und dauerte etwas über 100
J. bis gegen das Ende des 13ten Jahrh. (ungefähr von
1170—1300). An ihrer Spitze ſteht **Heinrich von
Veldeck** (um 1170) und ſchlieſſen kann man ihre blü-
hende Periode mit dem Heldengedicht auf den Landgrafen
Ludwig in Thüringen (um 1304). Während dieſer Zeit
nahmen die meiſten Groſſen Theil an der Dichtkunſt bald
durch Ermunterungen der Dichter, bald durch eigene poë-

tifche Verfuche. Kaifer Könige und Fürften fangen mit
dem Adel, wie Kaifer Heinrich der 4te, König Konrad
der jüngere (Konradin), König Wenzel von Böhmen und
deffen Ohrim, Markgr. Otto v. Brandenburg, Herz. Heinrich v. Breslau, Markgr. Heinrich v. Meiffen, und eine
lange Reihe von Grafen und Baronen. Häufig hielt man
poetifche Turniere; die Dichter reiften auf Gefang an die
erften Höfe, deren manche als Schulen des Gefchmacks
betrachtet wurden, wie unter Leopold dem 6ten der Hof
zu Wien. Die teutfche Ritterpoefie ift grofsentheils Nach-
hall der franzölifchen. Die Dichter felbft nannte und nennt
man noch gewöhnlich Minnefinger: welche Benennung jedoch den Fehler hat, dafs fie die Dichter blos von
der einen Gattung ihrer Lieder, dem Liebesgefang, be-
zeichnet. In der neuern Zeit will man fie lieber Schwä-
bifche Dichter nennen: aber diefer Name umfchliefst
weder das ganze poetifche Ritterchor, noch den ganzen Zeitraum ihrer Dauer. Man hat von ihnen kleinere und gröfsere Gedichte. Die erften find vermifchten geiftlichen und
weltlichen, lobenden und ftrafenden, verliebten und fatirifchen Inhalts. In den Sammlungen derfelben (befonders
in derjenigen von Rüdiger von Maneffe, des Raths
zu Zürich, um 1300) wechfeln lyrifche Stücke mit Erzählungen, Fabeln und Sittenfprüchen ab. Die meiften fchrän-
ken fich auf die Menfchen, unter denen ihre Verfaffe lebten, auf die vor ihnen liegende Natur und auf ihre Religion
ein; nur fehr wenige reimten philolophifche, theol. und
politifche Ideen. In ihnen dämmert fchon Gefchmack.
Zwar ziehen fich viele diefer Lieder matt und geiftlos hin:
aber manche unter ihnen find auch naiv, angenehm und
mit Begeifterung gefungen. Viele lind völlig national:
andere folgen fremden Muftern, befonders provenzalifchen
und franzöfifchen, denen fie fogar die äuffere Form ihrer

II.　　　　　Eee

Lieder abgeborgt zu haben fcheinen. Um onpartheyifch
über fie urtheilen zu können, mufs man vor allen ihre epifchen und dramatifchen Verfuche nicht mit den lyrifchen
Stücken zufammenftellen, und felbft unter diefen die mah-
lerifchen und verliebten von den frommen und religiöfen
unterfcheiden. Alles, was Erfindungskraft, anhaltende
Begeifterung, Studium und höhere Gefchmacksbildung
vorausfetzt, mislingt ihnen durchgehends. Ihre längern
Gedichte oder Ritterromane find alle froftig und leer, mit
feltfamen Epifoden, und zweckwidrigen Einfchaltungen
überladen, ohne Interefle und Plan. Diefe Ritterromane
find nicht den Provenzalen, die fich nie damit befchäftigten, nachgeahmt, fondern mehr den Nordfranzofen. Die
Gefchichte des teutfchen Ritterromans ift wenig von derjenigen des franz. und engl. verfchieden. Karl der Grofse
nach dem falfchen Türpin, Arthur und die runde Tafel,
der trojanifche Krieg und Alexander mufsten damahls auch
teutfchen Gedichten zum Stoff dienen. Die meiften teutfchen Ritterbücher find weiter nichts, als befondere Ausführungen der Gefchichte einzelner Ritter von der runden
Tafel. Durch Ueberfetzen kamen die Romanziers in
Teutfchland, wie in England, zu der Fertigkeit, romantifche Erzählungen zu reimen; man überfetzte meiftens
französifche, bisweilen auch lateinifche Originalien: nur
dafs der fremde romantifche Stoff beym Ueberfetzen durch
die teutfchen Köpfe faft immer eine neue eigene Geftalt
bekam und nach teutfchen Sagen umgebildet wurde.
Nächftdem reimen, auch die teutfchen Ritterdichter wirkliche Begebenheiten, wie Scenen aus den Kreuzzügen und
Vorfälle in dem teutfchen Vaterlande. Nur ift immer die
wahre hiftorifche Grundlage durch Riefen, Zwerge und
Drachen, durch Zaubereyen und Liebesabentheuer, durch
eingewebte fremde und felbft erfundene Dichtungen aus-

gefchmückt, und durch unkenntliche Namen, fo verändert,
dafs der Stoff aus der wahren Gefchichte nicht mehr aus-
zumittteln ift. Es find matte Chroniken, die keinem Lefer
von Gefchmack behagen werden, fondern nur etwa dem
Sprach- und Sittenforfcher. — Aufser vielen nur handfchriftlich vorhandenen Gedichten der Minnefinger hat
man viele gedruckt; z. B. Der Parzival von Wolfram
v. Efchenbach (Efchilbach) 1477. 4; auch in der
gleich folgenden Müllerifchen Sammlung B. 2. Das Heldenbuch (von W. v. Efchenbach u. Heinr v. Ofter-
dingen) oft gedruckt; zuerft (?) Strasb. 1509. fol.
Fabeln aus den Zeiten der Minneünger (von Joh. Jac.
Bodmer u. Joh. Jac. Breitinger). Zürich 1757. 8.
Sammlung von Minnefingern aus dem fchwäb. Zeitpunkt,
140 Dichter enthaltend (von denfelben) ebend.
1758. 1759. 2 Theile. 4. Chriemhilden Rache, und die
Klage, 2 Heldengedichte aus dem fchwäb Zeitpunkt,
famt einigen Fragmenten; dazu kommt ein Gloffarium (v.
denfelben). ebend. 1757. 4. Wilhelm der Heilige v.
Oranfe v. Turlin oder Ulrich v. Turheim, einem Dichter
des fchwäb. Zeitalters; herausgeg. von W. J. C. G. Ca-
fparfon. Caffel 1781. 1784. 2 Theile. gr. 4. (ein 3ter
Th. ift noch zurück. Vorausgieng eine umftändl. Ankünd.
diefes Gedichts. ebend. 1780. 8). Chriftoph Heinr.
Müller's Sammlung teutfcher Gedichte aus dem 12ten,
13ten und 14ten Jahr. Berlin 1784. 1785. 2 Bände. 4.
(enthält, auffer andern Gedichten, das Rit-
tergedicht: Der Niebelungen Liet und das Heldengedicht: Die Eneidt v. Heinr. v. Veldeck, die
vorher einzeln erfchienen waren). — Vergl.
J. C. Adelung's chronol. Verzeichnifs der Dichter und
Gedichte aus dem fchwab. Zeitpunkte; in deffen Magazin für die teut. Sprache (Leipz. 1784. 8) B. 2. St. 3.

S. 1—92. B. C. B. Wiedeburg's Abh. v. einigen alten
teut. poet. Manuscripten aus dem 13ten und 14ten Jahrh.
welche in der Jenaischen akad. Bibl. aufbehalten werden.
Jena 1754. 4. J. J. Rambach's Gedanken von den
Minnesingern; in deffen vermischten Abhandl. (Halle
1771. 8). K. W. Schuhmacher's Abh. von den Minnesingern und Meisterfängern, die sich an des Landgrafen
Hermanns Hofe zu Wartburg bey Eisenach aufgehalten
haben; in deffen Nachrichten zur sächs. Gesch. (1772. 8)
Samml. 6. J. J. Oberlin D. de poetis Alfatiae eroticis
medii aevi. Argent. 1786. 4. J. G. Herder's Andenken an einige ältere teutsche Dichter; in deffen Zer-
streuten Blättern Samml. 5. S. 165 u. ff. Gräter's Bragur hier und da. F. Adelung's Nachr. v. altteut. Gedichten, welche aus der Heidelberg. Bibl. in die Vatikan. gekommen sind. Königsb. 1796. 8. Altteutsche Gedichte
in Rom, oder fortgesetzte Nachr. u. s. w. ebend. 1799
(eigentl. 1798). 8. J. J. Eschenburg's Denkmähler
altteutscher Sprache und Dichtkunst. Bremen 1799. gr. 8.
— Von den Meisterfängern s. hernach unter 8.

　　Ein Zweig der germanischen Dichtkunst ist auch die
skandinavische. Von den ältesten Zeiten bis zum
13ten Jahrh. herab sangen in skandinavischen Dialekten
Dichter, die man Skalden nannte. Unter ihnen zeichnen sich die isländischen durch geläufige Versification
aus. In Schweden, Dänemark und Norwegen waren sie
der Regel nach die Hofpoeten, und als solche hatten sie
nicht allein den Rang vor allen Hofbeamten, fondern dienten auch zugleich den Königen als geheime Räthe. Von
ihren historischen Gedichten giebt es noch viele Refte aus
den Zeiten des nordischen Heydenthums. Um das J. 1000
wurde das Christenthum in Skandinavien eingeführt. Bald

hernach kam auch die Ritterfchaft dahin, und breitete fich,
nebft dem Gefchmack an Kreutzzügen, fchnell aus. Die
dadurch bewirkte Aenderung der Sitten mufste in die Skal-
denlieder eine andere Stimmung bringen. 'Der ältefte
Reimdichter fällt gerade in die Zeit, da das Ritterwefen in
dem Norden blühend wurde (1150). Bald darauf hörte
nicht allein der Skaldengefang felbft auf, fondern auch
fein ernfthafter Gebrauch zum Beften der Gefchichte.
Snorro Sturläfon (f. oben VII. 10) war der letzte, der
die alten Lieder und poetifchen Sagen für die wahre Gefchichte mit hiftorifcher Würde zu benutzen fuchte; und
der letzte Skalde war Sturle Tordfon, der um 1265
an dem Hofe Birger Jarl's als Hofdichter fang. Die erfte
Bekanntfchaft mit der Ritterpoefie machten die Skandina-
vier durch das teutfche Heldenbuch, das 1258 nach Norwegen kam. Bey der, den Isländern eigenen Kenntnifs
fremder Sprachen, fand fich bald ein Ueberfetzer in das
Isländifche, oder vielmehr ein Gelehrter, der es in isländifcher Sprache nach den nordifchen Landesfagen umarbeitete. Die nordifchen Sagen worden nunmehr nach dem
Ton des Heldenbuchs und anderer romantifchen Dichtungen der Teutfchen bearbeitet. Das ältefte romantifche
Gedicht diefer Art war die Niflunga Saga (oder die
Niebelungen). Sie diente allen andern ähnlichen Erzählungen im Norden, die hauptfächl. Isländer zu Verfaffern
hatten, zum allgemeinen Mufter. (Wilkinga-Saga f.
hiftoria Wilkinenfium, Theoderici Veronenfis ac Niflun-
gorum; opera J. Peringfkiold. Stockh. 1715. fol.).
Von diefer Zeit an mufs man fich unter Sagen lauter Werke
denken, die mehr Dichtungen, als wahre Gefchichte enthalten, und teutfche Begebenheiten norwegifchen Helden
und Oertern unterfchieben. Auch der übrige Cyclus der
Ritterpoefie (K. Arthur, der trojan. Krieg u. f. w.) war in

Skandinavien nicht unbekannt. Diefer Hang der Isländer
zu abentheuerl. Sagen dauerte bis zur grofsen Peft, von
1258 bis 1350.

Auffer den fchon angeführten Schriften vergl. man
noch über diefen 5ten Paragraphen: Mémoires für l'an-
cienne Chevalerie confidérée comme un établiffement politique et mili taire; par M. de la Córne de Sainte
Palaye. à Paris 1753. 4. i b. 1759 2 Voll. gr. 12. Nouv.
Ed. ib. 1781. 3 Voll gr 12. Teutfch, mit Anmerkungen Zufätzen und Vorrede von J. L. Klüber. Nürnb.
1786—1791. 3 Bände. gr. 8. Eichhorn von dem Ein-
fluís der Ritterfchaft auf die Bildung von Europa und den
erften Anfang der neuern Litteratur; in deffen Allgem.
Gefch. der Cultur u. Litteratur des neuern Europa B. 1.
S. 10—260.

6.

Es folge jetzt die Gefchichte des Dichtens in den noch
lebenden Sprachen, und zwar zuerft in der italienifchen! Während dafs viele fchöne Geifter Italiens fich
mit der Dichtkunft in der provenzalifchen Sprache befchäftigten, unterliefsen andere nicht, ihre Mutterfprache auf
die Probe zu ftellen, wodurch fie nach und nach verfeinert und zum Reimen viel bequemer wurde, als je die pro-
venzalifche gewefen ift. Die erften, die fich mit einigem
Glück darinn übten, deren Werke aber mehr der Sprache
als der Schönheiten wegen gelefen werden, find unter andern: Guido Guinicelli und Onefto von Bologna
(im 13ten Jahih.), Guittene von Arezzo, der dem
Sonnett eine beffere Gröftalt gab († 1294), Guido Ca-
valcanti († um 1300), Cino von Piftoja, dem vor
Petrirca kein Dichter an Eleganz und Sanftheit gleich
kam († 1336). Zeitgenoffe des letztern, der alle feine

Vorgänger übertraf, war Dante Alighieri aus Florenz (geb. 1265. geſt. 1321). Nachdem er die Humanioren, Philoſophie und Theologie ſtudirt hatte, diente er
ſeinem Vaterlande als Krieger und Staatsmann: aber ſeine
Anhänglichkeit an der Partey der Guelfen zog ihm Con-
fiſcation ſeiner Güter und Verbannung aus Florenz zu
(1302). Er ſchrieb mehrere Werke in lateiniſcher und italieniſcher Sprache: aber die Unſterblichkeit ſeines Namens
erwarb er ſich durch ein gröſseres Gedicht, betitelt: La
divina Comedia, ob es gleich nichts weniger, als eine Komödie, iſt: vielmehr kann man es unter keine von
den bekannten Gattungen von Gedichten bringen. Es iſt
ein vollkommenes Ebenbild ſeiner kauſtiſchen melancholi-
ſchen Gemüthsart und ſeiner unglücklichen Lage. Es beſteht aus 3 Haupttheilen: die Hölle, das Fegfeuer und das
Paradies: durch welche der Dichter eine von ihm, unter
Begleitung Virgil's und ſeiner geſtorbenen Geliebte Bea-
trix, gethane Reiſe erdichtet, oder vielmehr, ein Geſicht,
das er im J. 1300 in der Karwoche bis auf den erſten Oſtertag von der Hölle, dem Fegfeuer und dem Paradies gehabt
zu haben vorgiebt. Jeder Theil enthält 33 Geſänge, zu
140—150 Verſen; ein Theil, der dem Ganzen zur Einleitung dient, macht die Zahl von 100 Geſängen vollſtändig. Gleich bey ſeiner Erſcheinung erweckte das Werk
allgemeine Bewunderung. Auſſerdem, daſs die noch un-
gebildete ital. Sprache ſich hier auf einmahl in ihrer männ-
lichen Vollkommenheit darſtellte und zum Kolorit der
darinn enthaltenen Schätze aller damahls bekannten Künſte
und Wiſſenſchaften diente, gewann es auch dadurch Reitze,
daſs es die guten und böſen Handlungen damahls lebender
Perſonen aus allen Ständen mit den lebhafteſten Farben
ſchildert. Es wurden daher nicht nur unzählige Abſchrif-
ten davon gemacht, ſondern auch eine Menge Commenta-

rien darüher gefchrieben. Man errichtete fogar gegen die
Mitte des 14ten Jahrh öffentliche Lehrſtühle, um daſſelbe,
wie geheimniſsvolle Orakelfprüche, zu erklären, und man
befetzte fie mit den gelehrteften Männern jener Zeit, als:
Boccaccio, Villani, Landini. Einige überfetzten es fogar
in latein. Verfe. So viele gedruckte Ausgaben man auch
davon hat; fo hört man doch nicht auf, neue zu veranftal-
ten; z. B. per opera del Signor G. A. Volpi. Padova
1727. 3 Voll. 8. — con una breve e fufficientedichiarazi ne
del fenfo lettorale etc. Lucca 1732. 3 Voll. 8. Venezia
1772. 3 Voll. 8. Norimberga 1781. 3 Voll. 8. Opere,
con annotazioni dal Conte Zapata. Venezia 1757. 4 Voll.
4. ib. 1760. 7 Voll. 8. Da indeſſen das Werk, bey aller
feiner Originalität, grofse Fehler, befonders den noch fehr
rohen Gefchmack feines Jahrhunderts, an fich trägt; fo
fand es auch feine Tadler. Von 1570 — 1585 wurde in
Italien ein heftiger Streit über Dante's poetifchen Werth
geführt. Sein gründlichſter Vertheidiger ift J. Mazzoni
in der Difefa di Dante. Cefena 1573. 4. ib. 1587.
2 Voll. 4. Der ftärkfte Gegner war Belifario Bulga-
rini in Confiderazioni fopra il Difcorfo di J. Mazzoni etc. Siena 1583. 4. Vergl. Vita di Dante fcritta
da Giov. Boccaccio. Roma 1544. Janotii Manetti
Vita Dantis; in Laur. Mehus Specimine hift. litter. Florentinae. (Florent. 1747. 8). Bayle in Dict. Cres-
cimbeni Memorie per fervire alla vita di Dante; in Iftoria della volgar poefia T 4 P.2. p 1 fqq. Meinhard
(f. oben S. 97), der auch bey den meiften folgg. Dichtern
nachzufehen ift. La Vie de Dante, avec une notice de-
taillée de fes ouvrages; par M. de Chabaron. à Paris
1774. 8. (Jagemann) von der Divina commedia des
Dante; in Wieland's teut Merkur 1785. Jul. S. 56—76.
A. W. Schlegel über des Dante göttl. Komödie; in

Bürger's Akademie der fchönen Redekünfte St. 2. —
Franz Petrarca (geb. zu Arezzo 1304, † 1374), der
eigentliche Vater der ital. Dichtkunft und Wiederherfteller
der beffern Wiffenfch. im Occident, hat vor allen grofsen
Männern, die fich im 14ten und 15ten Jahrh. durch Lehren und Schriften um das menfchliche Gefchlecht verdient
machten, Anfprüche auf dankbare Ehrfurcht und Bewunderung der fpäteften Nachwelt. Er war von der Natur mit
einem fo tiefen und richtigen Gefühl für alles wahrhaft
Grofse und Schöne ausgerüftet, dafs der durch Unwiffenheit und Sophifterey verderbte Gefchmack feiner Zeit ihm
nichts anhaben konnte. Schon als Knabe hielt er fich ausfchlieffend an die grofsen Mufter des Alterthums; vor allen
andern wurden Virgil und Cicero feine Lieblinge. Seine
Jugendbildung erhielt er zu Avignon und Carpentras.
Nachdem er 7 Jahre zu Bologna wegen des Studiums der
Rechte, mehr aber im Umgange mit den Mufen, zuge-
bracht hatte, kam er nach Avignon zurück, wurde mit
der, durch ihn unfterblich gewordenen Laura, aus dem
Haufe de Noves, bekannt, und fafste eine Liebe zu ihr,
die, ob er fie gleich lang überlebte, fich doch erft mit feinem Tode endigte. Eine Leidenfchaft diefer Art war für
ein Herz, wie das feinige, Bedürfnifs; fie erwärmte gleichfam fortdauernd fein ganzes Wefen, verfeinerte fein Gefühl, hauchte feinen Gefängen ihren Geift ein; und, weit
entfernt, ihn zu erniedrigen, veredelte fie ihn vielmehr,
indem fie zur Bildung feines Herzens eben fo viel beytrug,
als fein ununterbrochener Fleifs zur Bildung feines Kopfs.
Er erweiterte feine Menfchenkenntnifs durch viele Reifen
und durch Bekanntfchaften mit vielen Grofsen und Gelehrten.
Unter vielem Gepränge erhielt er 1341 den poëtifchen Lor-
beerkranz auf dem Kapitol zu Rom aus den Händen des Sena-
tore di Roma. Zwar nur eine Cärimonie, die aber wichtige

Folgen hatte! Den angefehenften Ehrenftellen, die er
hätte erlangen können, zog er ein unabhängiges Leben
vor, und begnügte fich mit dem mäfsigen Einkommen, das
er von ein Paar Canonicaten und feinem eigenen befchränk-
ten Vermögen zog. Nur in einzelnen Gefchäften liefs er
fich bisweilen von Männern, denen er am meiften Ver-
bindlichkeit hatte, als Bothfchafter und Unterhändler brauchen; und fein perfönliches Anfehn trug immer fehr viel
dazu bey, dafs er fie glücklich endigte. Bis 1353 war
Vauclüfe, einige Meilen von Avignon, fein gewöhnlicher
Aufenthalt, wo er auch den gröfsern Theil feiner ital. und
latein. Werke verfertigte: alsdann aber hielt er fich meiftens zu Meyland an dem Hofe des Herzogs Galeazzo Vifconti, oder auch auf einem Landgute zu Garignano, unweit
diefer Stadt, auf. P. hatte Schüler und Nachfolger, die
ihn an Gelehrfamkeit übertrafen: aber keiner verfchaffte
fich einen fo ausgebreiteten Wirkungskreis und einen fo
wichtigen Einflufs in fein Zeitalter und feine Nation, als er.
Sein Beyfpiel, als Dichter in feiner Mutterfprache, wirkte
weit mehr, als er felbft ahnte, und vielleicht wünfchte.
Der ganze Zweig der lyrifchen Poëfie behielt in Italien,
fortdauernd die Geftalt, die er ihm gegeben hatte; und
wenn fie durch die Vorliebe für das Sonnett bey den Italienern vielleicht zu fehr befchränkt wurde, fo mufs man
die Schuld nicht auf P. wälzen, der felbft, obgleich mit
Unrecht, einen höhern Werth auf feine latein. als auf
feine ital. Gedichte legte. Schriften: Rime, Canzo-
ni, Sonnetti e Trionfi. Vielfältig gedruckt; z. B.
Rime rifcontrate con ottimi efemplari ftampati etc. Seconda edizione migliorata (von Volpi). Padova 1732. 8.
Rime brevemente efpofte per Lodovico Caftelvetro.
Edizione corretta, illuftrata ed accrefciuta. Venez. 1756.
2 Voll. 4. Africa f. de geftis Scipionis Africani ll. 9

(ein Gedicht, das feinem Verf. den Kranz erworben und von ihm felbft fehr geliebt wurde); de remediis utriusque fortunae lf. 2; de vita folitaria ll. 2; de vera fapientia dialogi 2; rerum memorandarum ll. 4 (nach dem Mufter des Valerius Maximus); Epiftolarum ll. 3 etc. Opera quae ex nc omnia etc. Bafil. 1581. 4 Voll. fol. Die ital., Werke allein find es, die Petrarchens Ruhm verewigten; und feine latein. Werke — ob fie gleich mehr, als jene, zur Aufklärung und Bildung des Gefchmacks beytrugen — würden längft vergeffen feyn, wenn fie nicht der durch jene erworbene Name des Verf. auf die Nachwelt gebracht hätte. Dafs P. durch den Geift und fanften Hauch der Provenzalen zu ital. Gedichten ermuntert worden, leidet wohl keinen Zweifel mehr. Sein vornehmftes Mufter in diefer Hinficht war Moffem Jorde aus Valencia, der im 13ten Jahrh. lebte. Vergl. de Chaufepié f. v. Petrarque. Mémoires pour la vie de Fr. Petrarque, tirés de fes oeuvres et des auteurs contemporains, avec des notes et differtations et les pièces juftificatives (par M. l'Abbé de Sade). à Amft. 1767. 3 Voll. 4. Teutfch (mit Weglaffung der beweifenden Beylagen). Lemgo 1774—1778. 3 Bände. gr. 8. (Vergl. Gatterer's hift. Bibl. B. 7. S. 101—112. Jagemann's Sendfchreiben über des Hrn. Abbts von Sade Mémoires; in Wieland's teut. Merkur 1779. May S. 120—137. Jagemann (Tirabofchi) Gefchichte der Wiff. in Ital. B. 3. Th. 2. S. 352—396. Effay on the life and character of Petrarch. Lond. 1784. 8. Meiners in der hift. Vergleichung der Sitten u. f. w. B. 3. S. 94—147 (vorher auch in dem N. Goett. hift. Mag. B. 3. St. 1. S. 1—34). Franz Petrarca (von Maufo) in den Nachtr. zu Sulzers Theorie B. 4. St. 1. S. 148—246. — Joh. Boccaccio (geb. 1313. geft. 1975) ward zwar nicht fo

als der erſte Mann ſeiner Zeit betrachtet, und hat daher
nicht in dem Maaſse auf ſein Zeitalter gewirkt, wie ſein
Herzensfreund Petrarca: aber er gehört dennoch unter
die Männer, die ſich um die eifrigere Kultur der feinern
Studien vorzugsweiſe verdient machten, beſonders auch
um die Bildung der bis dahin ganz vernachläſſigten italien.
Proſe. Bey einem Beſuche, den er Virgils Grabe abſtatte-
te, befiel ihn ein entſchiedener Hang zur Dichtkunſt:
doch vernachläſſigte er dabey ernſthaftere Wiſſenſchaften
nicht. Zu ſeiner Ausbildung half am meiſten der Umgang
mit den gelehrteſten Männern ſeines Zeitalters, das fleiſſige
Sammeln und Abſchreiben der beſten griech. und röm.
Autoren, und ſein unermüdliches Bücherleſen: vorzüglich
aber auch ſeine Bekanntſchaft und beſtändiger Briefwech-
ſel mit Petrarca. Die Florentiner brauchten ihn zu verſchiedenen Geſandſchaften, ſie gaben ihm auch eine Be-
ſoldung, um öffentl. Vorleſungen über Dante zu halten.
Nach vielen Ausſchweifungen trat er 1361 in den geiſtlichen Stand. Schriften, und zwar lateiniſche: De ge-
nealogia Deorum ll. 15 et de montium, ſylva-
rum, lacuum, fluviorum, ſtagnorum et ma-
rium nominibus liber (eine Encyklopädie der ge-
ſammten Mythologie, die während des 14ten und 15ten
Jahrh. in groſsem Anſehen ſtand. Baſil. 1532. fol.); de
caſibus virorum et mulierum illuſtrium ll. 9
(Aug. Vind. 1544. fol.) etc. Italieniſche: il Deca-
merone oder il principe Galeotto (eine Sammlung von 100 Novellen, die 7 Damen und 3 Jünglingen
in den Mund gelegt ſind). Auf dieſem Werke beruht
vornämlich Boccazens Ruhm. Es iſt das erſte in italien.
Proſe, worinn die Sprache rein, aber auch ſehr weitſchwei-
fig, geſchrieben iſt, und das allgemeinen und dauernden
Beyfall erhalten hat. Ital. Gelehrte wollten beweiſen, daſs

fast alles, was darinn erzählt wird, sich, den Hauptsachen
nach, wirklich zugetragen habe; unläugbar aber ist doch auch,
daß B. viel von den Troubadouren entlehnte. Man findet
darinn, wie in einer gut gezeichneten Gallerie, die Sitten
seines Jahrh. nicht allein in Charakteren erdichteter Perso-
nen aufgestellt, sondern auch in vielen Stücken der wahren
Geschichte den Pinsel einer Meisters. Es ist unzähligemahl
aufgelegt, und fast in alle Sprachen übersetzt worden. Eine der neuern Ausgaben besorgte von B a n d i e r a, Venet.
1754. 2 Theile. 12. Verzeichnisse von Ausgaben s. in
M a z z u c c h e l l i Scrittori d'Italia Vol. 2. p. 1315—1370;
und in C a n z l e r s u. M e i ß n e r s Quartalschrift Jahrg. 2.
Qu. 3. S. 34 u. ff. Vergl. D. M. M a n n i istoria del De-
camerone di Boccaccio. F i r e n z e 1742. 4); L a T e-
s e i d e in 12 Gesängen und in achtzeiligen Stanzen (o t-
t a v a   r i m a), deren Erfindung ihm fälschlich beygelegt
wird (— revista da T i z z o n e G a ë t a n o d i P o s i. Venez. 1528. 4); il F i l o s t r a t o — ora per la prima volta
dato in luce. P a r i g i 1790. 8. (V e r g l. Goett. gel. Anz.
1791. S. 295—298). O p e r e, riscontrate con più esem-
plari ed ella sua vera lezione ridotte da G e l l e n i o Z a c-
c l o r i. In Firenze (N a p o l i) 1723—1724. 6 Voll. 8.

7.

Nach der R i t t e r e p o c h e thaten sich in F r a n k-
r e i c h folgende Dichter hervor: Joh. F r o i s s a r t (s.
oben VII. 7) war auch als Dichter sehr beliebt und frucht-
bar, besonders an kleinen zärtlichen, geistl. und hist. Gedichten: es ist aber nichts davon gedruckt, außer dem,
was beyläufig vorkommt in: M é m o i r e s u r l a v i e d e
F r o i s s a r t par M. de la Curne de Ste. Palaye;
in Mém. de l'Ac. des Inscr. T. 10. p. 664—690. und in
desselben N o t i c e d e s p o ë s i e s d e F r o i s s a r t; ib.

T. 14. Hift. p. 219—227. — Chriftine von Pizza-
no oder Pifau (um 1415), als vielfchreibende Dichterin
und Gefchichtskennèrin fehr berühmt. Vergl. Vie de
Chriftine de Pifan et de Thomas de Pifan fon père; par M.
Boivin; ibid. T. 2. p. 704—714. Notice de deux ouvrages manufcr. de Chr. de Pifan; par l'Abbé Sallier;
ibid. T. 17. p. 515—525. Marchand f. v. Pizan.
Alain Chartier († 1458), Sekretär Karl des 6ten und
7ten, einer der beredteften und witzigften Männer feiner
Zeit, von dem wir, unter andern, eine Sammlung fehr
angenehmer franz. Gedichte haben. Opera ed. Andr.
du Chefne. Parif. 1617. 4. — Franz Corbeuil,
genannt Villon († nach 1461), der wegen feiner bittern
und beiffenden Satiren den Beynamen des franz. Juvenals
erhielt. Schrieb auch Balladen und Rondeaux, Oeuvres
à Paris 1723. 8. à la Haye 1742. 8.

8.

In Anfehung der Teütfchen find, auffer den erwähnten Minnefingern, noch anzuführen: Meifter Fry-
gedänk oder Freydank (um 1280), fchrieb ein lan-
ges Lehrgedicht in Reimen über allerley Gegenftände, das
unter allen didaktifchen Verfuchen jener Zeit der merkwürdigfte ift; gedruckt im 2ten B. der vorhin angeführten
Sammlung teutfcher Gedichte aus dem 12, 13 und 14ten
Jahrh. (von C. H. Müller). Seb. Brand und andere
haben es umgearbeitet, erweitert und erklärt; und fo er-
lebte es im 16ten Jahrh. einige Ausgaben, z. B. Augsb.
1513. längl. 4. Vergl. Hummel's N Bibl. v. felt. Büch.
B. 2. S. 195—202. Efchenburg in Leffings Beytr. V.
225 u. ff. Panzer's Annal. der alt. teut. Litt. S. 357—
359. — Hugo von Trymberg oder Trienberg
(† nach 1300), Schulmeifter zu Tuiltaut, einer ehemahli-

gen Vorstadt von Bamberg, schrieb mehrere moralisch-satirische Gedichte, worunter das berühmteste ist: Der Renner. Sittensprüche, Fabeln, Geschichten und Gleichnisse wechseln darinn ab, ohne Plan und Verbindung, aber mit viel Geschwätzigkeit. Sehr modernisirt gedruckt zu Frankf. am M. 1549. fol. Vergl. S. W. Oetteri Comment. de poëtis quibusdam medii aevi teutonicis, inprimis de Hugone Trienberga-Franco, eiusque satira, vulgo Renner dicta. Erlang. 1747. 4. Flögel's Gesch. der komischen Litt. B. 3. S. 11—23. — Boner (wahrscheinl. um 1330) hinterließ eine merkwürdige Sammlung gereimter Fabeln, deren Stoff größtentheils aus latein. Fabeldichtern entlehnt ist. Die älteste, sehr seltene Ausgabe, einer der ersten Drucke, erschien zu Bamberg 1461. kl. fol. und unter den oben (7) angeführten Fabeln aus den Zeiten der Minnesinger. Vergl. Lessing's Beytr. I. 1—42. V. 3 u. ff. J. J. Oberlin Bonerii Gemma f. Boners Edelstein, fabulas C ex Phonascorum aevo complexa, ex inclyta bibl. ordinis f. Joh. Hierof. Argent. 1782. 4. — Ehehin pflegte man einen Nürnberger, Hans von Rosenplut (Rosenblüthe) der Schnepperer (Schwätzer) genannt († nach 1460), als den teutschen Thespis anzugeben: allein, seine Faßnachtspiele sind aus lauter groben, beleidigenden Scherzen zusammengesetzt, und nähern sich dem Drama nicht einmahl der Form nach. Indessen verrathen sie doch einen nicht alltäglichen Kopf, sind von den Sitten ihrer Zeit treue Darstellungen, und wurden nachher häufig nachgeahmt. Man hat ausserdem viele kleinere Gedichte von ihm. Vergl. Meißner in dem teut. Museum 1782. Okt. S. 344—352. Derselbe in der Quartalschr. für ält. Litt. u. neue Lect. (1783) St. 1. S. 51—87. Jahrg. 3. Qu. 4. H. 7. S. 27—57.

Seitdem mit dem Rittergeist die Ritterpoëfie verfchwun-
den war (f. vorhin 6), wurde die teutfche Sprache immer
matter, kälter und zur Dichtkunst ungefchickter. Schon
während der Blüte des teutfchen Rittergefanges waren viele Wörter aus dem Lateinifchen, Provenzalifchen und
Französifchen aufgenommen worden; die Sprachmifcherey
ward immer ärger, und am Ende des 13ten Jahrh. finden
fich fchon halb latein. und teutfche Verfe. Ueberdies ward
die Sprache nicht mehr für rohe Poëfie allein gepflegt; der
Philofoph modelte an ihr zum Dienft für feine Speculationen, der Rechtsgelehrte für Statuten und rechtliche Er-
kenntniffe, der Myftiker zum Ausdruck feiner innern Empfindungen. Ein fo vielfeitiger Gebrauch der Sprache
kündigte ihr eine fchöne Zukunft an: aber in der Zwifchen-
zeit mufste fie ein ungeniefsbares Kauderwälfch feyn, das
zu keinem Zweck, weder für Poëfie noch Profe, zu brauchen war. Während deffen gab der Adel das Reimen gar
auf. Alles Dichten fiel daher dem Bürgerftande heim, und
die Dichtung, vormahls eine ritterliche Uebung, ward zum
Handwerk, getrieben von einer ehrfamen Meifterfänger-
zunft. Meifterfänger heifsen fie, weil fie Singfchulen,
Gefetze (Tabulatur) oder eigentlich 32 pedantifche
Warnungen gegen profodifche Sünden und viele Vorrechte
hatten; auch hielten fie bisweilen poetifche Wettftreite.
Gewöhnlich fangen fie Gelegenheitsgedichte oder biblifche
Gefchichten oder Chroniken. Ihr wahres Verdienft befteht
in der durch fie beförderten Publicität mit allen ihren ge-
fegneten Folgen. Sie züchtigten öffentlich den Thoren
und brandmarkten den Lafterhaften; fie erhoben die Tugend, rügten die Mängel der Verfaffungen und ftellten
die verdorbenen Sitten ihres Zeitalters in ihrer Schändlich-
keit dar. Jedermann fang die Volkslieder, und durch fie
wurde verhältnifsmäfsig mehr erreicht, als in unfern Tagen

Zeitungen und Journale bewirken können. Vergl. J. C.
Wagenfeil's Buch von der Meifter-Singer holdfeligen
Kunft Anfang, Fortgang, Nutzbarkeiten und Lehrfätzen;
mit deffen Commentatione de civitate Noribergenfi
S. 433—576 (Altdorf 1697. 4). J. H. Häfslein's
Abh. von den Meifterfängern; in Gräter's Bragur B. 3.
S. 17—103.

9.

Der jetzigen englifchen Sprache bediente fich zu
Gedichten befferer Art zuerft Gottfried Chaucer,
wahrfcheinl. aus London (geb. 1328. geft. 1405). Zu Oxford erwarb er fich viel fcholaftifche Gelehrfamkeit: aber
die ungemeine Lebhaftigkeit feines Geiftes, die natürliche
Munterkeit feiner wahrhaftig poëtifchen Laune verfchaffte
ihm bald die Gunft des prachtliebenden Königs Eduard des
3ten. Dies und häufige Reifen nach Frankreich und Italien
trugen zur Ausftattung feines Geiftes fehr viel bey. Schon
aus feinen Befchreibungen prächtiger Aufzüge und ritter-
licher Uebungen läfst fich feine Bekanntfchaft mit den Scenen der feinern Welt abnehmen; und der ganze Ton feiner Gedichte verräth es, wie geläufig ihm die Sprache des
beffern Umgangs war. Hierzu kam noch eine, damahls
fehr feltene Bekanntfchaft mit den Werken ausländifcher
Dichter in ihrer Landesfprache, z. B. der Provenzaldichter,
Dante, Petrarca, Boccaccio, die er zum Theil perfönlich
kannte. Auch mit dem klaffifchen Alterthum war er nicht
unbekannt. Aus franz. und italienifchen Dichtern entlehnte
er jedoch das Meifte. Aus ihnen fchöpfte er nicht nur
den Stoff, fondern die ganze Behandlungsart feiner beyden
und vornehmften Gedichte: The Knight's Tale und
The Romaunt of the Rofe. Das erfte ift im Grunde eine freye Ueberfetzung von Boccazens Thefeide, die

II.   Fff

aber unter Chaucer's Hand neue Schönheiten erhalten hat.
Auch in Anfehung des andern ift Ch. weit mehr, als blofser
Ueberfetzer des franzöfifchen Roman de la Rofe. Am
berühmteften find feine Canterbury-Tales: doch find
fie nicht alle von gleichem poëtifchen Verdienft, und von
ihrer Erfindung ift ihm wohl nur wenig eigen. Chaucer's Works, with a Gloffary, publifhed by Urry. Lond.
1721. fol. The Canterbury Tales. ib. 1775. 4 Voll. 8.
— completed in a modern verfion (by Mr. Lipfcomb).
ib. 1795. 3 Voll. 8. Vergl. de Chaufepié, und
Efchenburg in den Nachtr. zu Sulzers Theorie B. 2.
St. 1. S. 113—139. — An dichterifchen Verdienften ift
Chaucer'n der nächfte Joh. Gower, dem auch die engl.
Sprache nicht wenig Verfeinerung verdankt († 1402).
Sein vornehmftes Werk befteht aus 3 Theilen: Speculum Meditantis; Vox Clamantis; Confeffio
Amantis. Hierher gehört nur der 3te Theil; denn der
erfte, der wieder aus 10 Büchern befteht, und nie gedruckt worden, ift in franz. Reimen gefchrieben, und der
2te, gleichfalls nie gedruckt, enthält 7 Bücher elegifcher
Verfe in lat. Sprache: aber das Geftändnifs des Liebenden
ift ein engl. Gedicht in 8 Büchern (Lond. 1554. 4). G.
fcheint fich dabey den Roman de la Rofe zum Vorbilde gewählt zu haben: nur dafs er ihm an Stärke und Mannigfaltigkeit der Bilder und allegorifchem Gemählde weit nachfteht: defto reicher ift der engl. Dichter an Sittenfprüchen
und Maximen. Vergl. de Chaufepié.

10.

In diefem Zeitraume bedienten fich noch weit mehrere
Dichter der lateinifchen, als ihrer Mutterfprachen.
Nichts war allgemeiner, als lateinifche Versmacherey. Faft
alle Schriftfteller fuchten dadurch berühmt zu werden-

Selbst das weibliche Geschlecht ließ sich von dieser Seuche anstecken. Man schrieb die Historie, man lehrte die Physik und Arzneykunde in Versen. Man brachte die Grammatik und die Prosodie in Verse. Wenn man irgend eines berühmten Mannes Absterben durch Rotulos oder Trauerbriefe, die man umher schickte, mit dem Lobe seiner Verdienste bekannt machen, oder die Geburt eines Kindes von Stand und Rang feyern, oder jemand durch eine Grabschrift verewigen wollte; so frohlockte und weinte man in Versen. Obgleich die allermeisten jener Gedichte jetzt wenig mehr gelesen werden; so verdient doch ihr Andenken eine dankbare Erhaltung. Manche find auch dem Geschichtforscher werth. Italien erzeugte, unter andern, folgende latein. Dichter: Domnizo (auch Donizo und Donnizo), Benediktiner zu Canos. fa und Kaplan der Gräfin Mathilde, deren Leben er in Versen, theils in hexametrischen, theils leoninischen, beschrieb († nach 1115). Ein späterer Schriftsteller löste diese Biographie in Prose auf. Beyde gab viel verbesserter, als andere, heraus Muratori in Scriptt. rer. Ital. T. 5. p. 335 sqq. — Henricus Septimellensis von Settimello im Florentinischen († nach 1192), ein Landgeistlicher, der viele Verfolgungen erdulden müste. Dies veranlaste ihn zur Verfertigung eines elegischen Gedichts in 4 Büchern de diversitate fortunae et philosophiae consolatione. Am besten edirt von Domenico Maria Manni, Florenz 1730. 4. Es ist eine, ungefähr 100 Jahre später verfertigte ital. Ueberf. dabey, die zu den schätzbarsten Schriften in dieser Sprache gerechnet wird. — Albertinus Muffatus (f. oben VII. 5) war der erste, der das lateinische Schauspiel wieder hervorsuchte und selbst nach Art der Alten die dramatische Dichtkunst bearbeitete. Seine Trauerspiele, Eccerinis

und Achilleis, waren damahls feltene Erfcheinungen.
Aufferdem hat man von ihm Elegien, Selbftgefpräche,
Eklogen u. f. w. Alle verrathen innige Vertraulichkeit
mit der römifchen Dichterfprache und haben einen Anftrich
von Originalität. Sie ftehén am beften in Graevii et
Burmanni Thef. T. 6. P. 2. Befonders noch die Tragö-
die Eccerinis in Muratorii Scriptt. rer. Ital. T. 10.
p. 785 fqq. — Petrarca (f. vorhin 6). Boccaccio
(f. ebend.), deffen 16 Schäfergedichte hierher gehören.
Sie ftehen in: Carmina illuftrium poëtarum Ita-
lorum (Florent. 1719. 8) T. 2. p. 257 fqq. — Franzofen: Marbodus (Marboeuf) von Angers, erft Lehrer
dafelbft, hernach Bifchoff zu Rennes, zuletzt Mönch in einem
Klofter zu Angers (geb. um 1035. † 1123), hinterlies ein
Lehrgedicht von den geheimen Kräften der
edlen Steine, das zierliche Leichtigkeit im Versbau u.
eine erträgliche Sprache verräth, hauptfächlich aber Merkwürdigkeiten enthält, die dem biftorifchen Forfcher der
Naturkenntniffe und dem Litterator in der Mineralogie
lehrreiche Nachrichten, Winke und Erläuterungen darbie-
ten, wo aber freylich auch der Aberglaube jener Zeit überall durchblickt. Das Meifte ift aus andern, und zwar fpä-
ten Schriftftellern, die fich des Plinius und Solinus bedient
hatten, entlehnt. Nach 13 Ausgaben erfchien: Marbo-
di liber lapidum f. de Gemmis, varietate lectionis et perpetua annotatione illuftratus a Joh. Beckmano; additis
obff. Pictorii, Alardi, Cornarii etc. Goett. 1799 (eigentl. 1798). 8. (Vergl. A. L. Z. 1799 B. 2. S. 545
—555). Aufferdem fchrieb M. mehrere kleinere Gedichte,
die, nebft andern Marbodifchen Schriften, in den von
Beaugendre edirten Werken Hildebert's befindlich
find. — Erzbifchoff Hildebert (von dem oben IX. 5
und unten XV. 3) fchrieb Gedichte, die einiges Talent

und ziemliche Bekanntfchaft mit den römifchen Klaffikern,
befonders mit Ovid, verrathen. Sünden gegen das Metrum
und Reinheit des Ausdrucks mufs man wohl einem Schriftfteller des 12ten Jahrh. verzeihen. Unter feinen 19 gröfsern poëtifchen Werken ift eine Art von Cento, wo fchöne
Difticha aus Klaffikern mit fchlechten abwechfeln; am beften bearbeitet in Wernsdorf Poët. lat. min. T. 5. P. 1.
p. 203 fqq. Aufferdem Grab- und Sinnfchriften, — Philipp Walther, aus Brüffel gebürtig († nach 1201),
Propft an der Domkirche zu Dornik, fchrieb eine Alexandreis oder Heldengedicht von Alexander dem Grofsen in 10 Büchern, worinn er dem Curtius, oft mit Bey-
behaltung der Worte deffelben, folget. Im 13ten und
14ten Jahrh. wurde es fo bewundert, dafs man es in Schulen ftatt der klaffifchen Dichter las. Ausgabe: opera
Athanafii Gugger. In monafterio St. Galli 1659. 12.
— Wilhelm le Breton († nach 1223), lebte am
Hofe des Königs Philipp Auguft und befchrieb deffen Gefchichte in einem Gedichte in 12 Büchern, worinn er theils
die Profe des Mönches Rigord in Gefta Philippi
Augufti in Poöfie auflöfet, theils manches als Augenzeuge erzählt. Er hatte dabey, nach eigenem Geftändnifs,
Walthers Alexandreis vor Augen, aufferdem athmet er
Ovidifchen Geift. Ausgabe: Guilielmi Britonis Philippi-
dos ll. 12; Cafp. Barthius recenfuit et animadverfionum commentario illuftravit etc. Cygneae 1657. 4.
Vergl. Mémoire concernant la vie et les ouvrages de Rigord et de Guill. le Breton; par M. de la Curne de
Ste. Palaye; in Mém. de l'Ac, des Infcr. T. 8.
p. 528—548. Niceron T. 28. p. 97 fqq. und nach der
teut. Ueberf. Th. 22. S. 129—139. Bibl. hift. Vol. 7. P. 2.
p. 58 fq. — Nicolaus de Clamengis oder Cle-
mangis, aus Clamenge († nach 1434), ftudirte zu Paris,

lehrte dann auf dortiger Univerſität, wurde wegen ſeiner Beredſamkeit Sekretar bey Papſt Benedikt dem 13ten, und ſtarb nach mancherley Schickſalen als Oberauffeher des Navarriſchen Collegiums zu Paris. N. gehört unter die aufgeklärteſten Franzoſen und beſten Schriftſteller des 15ten Jahrh. Sein latein. Stil iſt rein und elegant. Als Dichter zeichnet er ſich nicht nur durch klaſſiſchen Ausdruck und glückliche Nachahmung der Alten, ſondern auch durch Gedankenfülle und Wahrheit der Empfindungen aus: als Proſaiſt, durch natürl. Beredſamkeit und Sachkenntniſs. Ueberall zeigt er eine ausgebreitete Gelehrſamkeit, einen edlen Charakter und einen faſt ſchwärmeriſchen Eifer für Tugend und Beſſerung des Sittenverderbs ſeiner Zeitgenoſſen. Von ſeinen vielen Schriften nenne ich nur: Deploratio calamitatis eccleſiaſticae per ſchiſma nefandiſſimum, carmine epico; Carmen de vitae ruſticae felicitate et de miſeriis tyrannorum, latine et gallice, in Phil. Camerarii opp. ſubcil. Cent. 3. c. 93. 94. Fragmentum deſcriptionis vitae tyrannicae, cum eius deteſtatione, carmine epico. Viele Briefe, welche herrliche Beyträge liefern. Opp. omnia (minime), quae — coniecturis notieque ornavit et primus edidit J. M. Lydius; acc. eiusd. Gloſſarium latinobarbarum. Lugd. Bat. 1613. 4. — Teutſche: Günther, ein Mönch, wahrſcheinlich in der Gegend von Baſel († nach 1208), Verfaſſer eines Gedichts, Ligurinus, worinn er die Thaten des Kaiſers Friedrich des 1ſten, vorzüglich deſſen Unternehmungen in Italien, beſingt, ohne Augenzeuge geweſen zu ſeyn, er folget vielmehr größentheils dem Biſchoff Otto von Freyſingen und deſſen Fortſetzer Radewich. Unter vielen proſaiſchen Stellen zeugen doch noch manche wirklich dichteriſche von poëtiſchen Talenten. Ausgabe: cum ſcholiis et annott-

Jac. Spigelii, Conr. Rittershufii et Cafp. Barthii; in Reuberi vett. fcriptor. Germ. ex ed. G. C.
Joannis (Francof. ad Moen. 1726. fol.) p. 407—736.
Vergl. J. H. Withofii Specimen emendationum ad
Guntheri Ligurinum etc. Duisb. 1731. 4. H. C. S. (Senkenberg) coniecturae de Gunthero, Ligurini fcriptore
fuppofititio; in Parerg. Gotting. T. I. L. 3. p. 149 fqq. —
Felix Hämmerlein oder Malleolus aus Zürich
(geb. 1389. geft. nach 1457), lebte dort, nachdem er in
Erfurt ftudirt hatte und zu Bologna Doctor der Rechte geworden war, von den Einkünften einiger geiftlichen
Pfründen, fammlete nicht blos eine für jene Zeit anfehnliche Bibliothek, fondern benutzte fie auch thätigft. Recht-
fchaffenheit, Gelehrfamkeit und Scharffinn verfchaften ihm
allgemeine Hochachtung. Er war der hellfte Kopf feiner
Gegend und eine Geiffel der ausgearteten Geiftlichkeit, die
ihn daher auch unaufhörlich verfolgte, zuletzt feiner Freyheit
beraubte und im Kerker zu Luzern fterben lies. Schriften: Variae oblectationis opufcula. Bafil. 1497. fol. (30
Traktate, von Seb. Brand herausgegeben; z. B. contra validos mendicantes dialogus, den Goldaft.
teutfch überfetzt hat im 19ten Th. feiner Reichshändel S
768 u. ff.). De nobilitate et rufticitate dialogus. (Argent.)
f. a. fol. In diefen fatirifchen Schriften herrfchet ein felt-
fames Gemifch von gefundem Verftand und Aberglauben.
Vergl. Helver. Bibl. St. I. S. 1—107. Meifter's berühmte Züricher Th. I. S. 34—71. — Engländer:
Gualterus Mapes (†nach 1197), zuletzt Archidiaconus zu Oxford, wurde während feines Aufenthältes in Rom
mit den verdorbenen Sitten der Geiftlichen bekannt und
griff fie nachher in mehrern Gedichten mit beiffendem
Witz an. 11 davon find gedruckt in: Varia doctorum de
corrupto ecclefiae ftatu poëmata, ed. Matth. Flacio

(Baſ. 1556. 8); und 6 derſelben in J. Wolfii Lectt. memorab. S. 1. p. 358—361. ſec. ed. fecundam. — Nigel-
lus (woraus Vigelllus gemacht wurde) Wireker
(um 1200), Mönch und Vorſänger zu Canterbury, ſchildert in einem ſatiriſchen Gedicht, Brunellus ſ. ſpecu-
lum ſtultorum, unter dem Bild eines Eſels, der ſtatt
ſeines kurzen Schwanzes einen längern haben will, das
Beſtreben eines mit ſeinem Stande unzufriedenen Mönches
nach einer Abbtey und thut dabey bittere Ausfälle auf die
ſittenloſe Geiſtlichkeit. Ausgaben: Welferbyti 1662. 8.
Ein vorher ungedrucktes Stück dieſes Gedichts ſteht in Polyc. Leyſeri hiſt. poët. medii aevi p. 751 ſqq. Vergl
Jac. Thomaſii D. de Nigello Wirekero. Lipſ. 1679. 4.
— Joſeph aus Devon († nach 1216), wurde zu Iſca erzogen, und hinterlies ein Heldengedicht über den Trojaniſchen Krieg in 6 Büchern nach dem Dares Phrygius, das
man im 16ten Jahrh. dem Nepos beylegte. Ausgaben:
Daretis Phrygii de bello Troiano libri 6, a Cornelio
Nepote (Joſepho Iſcano ſ. Exonienſi) latino car-
mine heroico donati, et Criſpo Salluſtio dedicati, nunc
primum in lucem editi; et librorum horum periocha per
Corn. Nepotem etc. Baſ. 1541. 8. — ex recenſione]Jo.
Mori. Lond. 1675. 8.

B. Redekunſt.

Auf die Kultur der Beredſamkeit wurde von den
Morgenländern gar kein Fleiſs mehr verwendet; auch
die Abendländer leiſteten nichts von Bedeutung. Unter den Italienern verdient Boccaccio als der erſte
Proſaiſt und gute Erzähler genannt zu werden. An lateiniſchen rhetoriſchen Uebungsſtücken iſt kein Mangel, und
unter Petrarch's Schriften befinden ſich artige Dialogen,
Reden und Briefe. Ein vorzüglicher latein. Redner war

Linus Colucius Pierius Salutatus aus Stignano
im Florent. (geb. 1330. geft. 1406), einer von den erften
Verbefferern der Gelehrfamkeit, Sekretar mehrerer Päpfte
und zuletzt Kanzler. Schriften: de nobilitate legum
et medicinae; ed. Hier. Gigante. Venet. 1542. 8.
Epiftolae (174) ed. a Jof. Rigaccio, bibliopola celeberrimo Florentino, (et fcholiis illuftratae. Florent. 1741—
1742. 2 Part. 8. — recenfuit, Colucci vitam edidit, prae-
fatione animaduerfionibusque illuftravit Laur. Mehus.
P. I. ib. 1742. 8. In diefem 1ften Theile, dem keiner
weiter folgte, find nur 31 Briefe. — Franz Barbarus
aus Venedig (geb. 1398. geft. 1454), der feiner Vaterftadt
treffliche Dienfte leiftete und zuletzt Procurator von S.
Marcus war, hinterlies Reden und Briefe. Von letztern
wurden 371 gedruckt. Brixiae 1743. 4.

XI.   Zuftand der Staatswiffenfchaften.

Weder für Politik noch für Oekonomie gefchah in
diefem Zeitraum etwas Erhebliches.   Für die Kultur der
erften findet man zwar manchen bedeutenden Wink, manche feine Bemerkung in den Gefchichtbüchern und Staatsbriefen der angeführten italienifchen Schriftfteller: aber
wiffenfchaftliche Behandlung wird man vergebens fuchen.
In Betracht der Oekonomie kann man kaum Peter de
Crefcentiis aus Bologna († 1307) nennen, der auf feinen Reifen, durch fleiffige Lektür und Erfahrung fich viele phyfikalifche und ökonomifche Kenntniffe erworben
hatte, die er öffentlich bekannt machte in Ruralium
commodorum ll. 12. Aug. Vind. 1471. fol. Lovan. 1473. fol. Urfprünglich war das Werk ital. gefchrieben und wurde in mehrere Sprachen überfetzt.   Zur Verbefferung des Textes der alten Scriptorum rei rufticae ift

Es gut benutzt worden. Vergl. Saxii Onomaft. P. 2. p. 327 fq.

XII. Zuftand der phyfikalifchen Wiffenfchaften.

I.

In der Phyfik herrfchte noch immer die gröbfte Un-wiffenheit. Noch wurden die natürlichften Erfcheinungen für Wunder und Vorbedeutungen gehalten. Der unter allen Ständen herrfchende Aberglaube und die irrigen Re-ligionsbegriffe erlaubten keine gründlichen Unterfuchun-gen und Aufklärungen. Es fehlte an den zu diefer Wif-fenfchaft unentbehrlichen Inftrumenten und Vorkenntnif-fen. Albrecht der Grofse und Albrecht aus Sachfen (der als Bifchoff zu Halberftadt 1390 ftarb. Vergl. Adelung zu Jöcher) verfertigten Ueberfetzungen und Erläuterungen der ariftotelifchen phyfikalifchen Schrif-ten: fie kamen aber theils wenig im Umlauf, theils waren fie äufferft unverftändlich, und mit unbrauchbaren Spitz-findigkeiten überladen. Die Naturgefchichte konnte unter folchen Umftänden nicht bearbeitet, noch viel weni-ger bereichert werden. Zwar hätte fie durch die ziemlich häufigen Reifen, zumahl der Teutfchen, in fremde Länder viel gewinnen können: aber die Reifenden befafsen keine Vorkenntniffe, hatten gewöhnlich beftimmte religiöfe oder politifche oder mercantilifche Zwecke, und waren meiftens ohne Sinn für die Natur u. ihre gränzenlofe Mannigfaltigkeit. Die Gelehrten begnügten fich mit Ariftoteles oder mit Plinius, welcher letztere jedoch weit felterner gelefen wurde. Am gleichgültigften fcheint man gegen die Thiergefchich-te gewefen zu feyn. Viele kannten nicht einmahl die Thiere ihres Vaterlandes, und diejenigen aus andern Län-dern wurden als Monftra angeftaunt. Der einzige Al-

brecht der Grofse macht eine Ausnahme. Er fchrieb
de motibus animalium ll. 2.; vorzüglich das fo betitelte Opus infigne ll. 26 (im 6ten B. feiner Werke):
deffen Inhalt er jedoch, nach eigenem Geftändnifs, meiftens aus Schriften der Griechen und Araber fchöpfte,
ohne diefe in den Grundfprachen lefen zu können; welches aber in Anfehung der Araber noch etwas zweifelhaft
ift. Er ordnete nur die vorgefundenen Materialien nach
einem befondern Plan, bereicherte fie hier und da aus eigener Erfahrung, und beurtheilte fie nach Maasgabe feiner Erkenntnifs. (Vergl. Buhle de fontibus, unde Al-
bertus M. libris fuis de animalibus materiem hauferit; in
Comment. Soc. reg. Goting. ad a. 1793 et 1794. 4 Voll.
12). Kenntnifs der Kräuter und Mineralien fuchte
fich der Arzt, fo viel feine Wiffenfchaft erfoderte, zu ver-
fchaffen: aber auch fie war fehr dürftig und unvollkommen; denn man hieng zu fklavifch an den Behauptungen
der Araber. Folgende Schriftfteller verdienen hier noch
Erwähnung: Der vorhin (X. A. 10) angeführte Marbodus — Alanus ab Infulis, auch Infulanus genannt, aus Ryffel (geb. um 1114. geft. 1203), ein Cifter-
cienfer, der allen Würden den einfamen Aufenthalt zu
Clairveaux vorzog. Unter den Scholaftikern ift er einer
der ruhigften und ordentlichften Denker, und brauchte
zuerft in feinen Schriften die mathematifche Methode. Seine ausgebreitete Gelehrfamkeit erwarb ihm den Beynamen
Doctor univerfalis. Von feinen zahlreichen Schriften gehört hierher: Liber de naturis quorundam
animalium; in Pezii Thef. T. 1. P. 2. p. 473 fqq.
Dicta de lapide philofophico. Lugd. Bat. 1599. S
und öfters. — Doppelt unerwartet ift in diefem Zeitraum
ein wichtiges Werk über die Ornithologie: Reliqua librorum Friderici II, Imperatoris, de arte venandi

cum avibus; cum Manfredi Regis additionibus;
ex membr. cod. Camerarii primum edita Aug. Vind. 1596,
nunc fideliter reperita et annotationibus iconibusque additis
emendata atque illuftrata; acc. Alberti M. capita de fal-
conibus, afturibus et accipitribus; quibus annott. addidit
fuas J. G. Schneider. T. 1. Lipf. 1788. — Ad reliqua
libror. Frid. II et Alberti M. capita commentarii, quibus
non folum avium, inprimis rapacium, naturalis, fed etiam
feculi 13 litteraria hiftoria illuftratur; cum auctario emendationum atque annott. ad Aeliani de natura animalium libros; auctor J G. Schneider. T. 2. ib. 1789. 4. Bey
aller Sonderbarkeit und Barbarey im Stil geben die vortrefflichen anatomifchen und phyfiologifchen, gröftentheils
auf eigene Erfahrungen gegründeten Bemerkungen, die
vielen eigenen Beobachtungen über Lebensart und Triebe
nicht blos der Raubvögel, fondern auch anderer Gattungen
diefer Thierklaffe, die Befchreibungen der zur Jagd gebräuchlichen Falkenarten, und die Lehre von ihrer Behandlungsart, diefem kleinen Werke eines grofsen Kaifers
einen Werth über die meiften neuern Schriftfteller über
diefen Gegenftand insbefondere, und über Ornithologie
im Allgemeinen. — Dafs der Engländer Roger Bacon
auch um die Phyfik und Naturgefchichte fich Verdienfte
erworben habe, wurde oben (VIII. 3) mit erinnert. —
Bemerkenswerth ift noch eine phyfikalifche Gefellfchaft, die fich um die Mitte des 15ten Jahrh. in dem
Auguftinerklofter zum heil. Geift in Florenz bildete.

2.

Das Studium der Chemie war auf dem Wege, beffer bearbeitet zu werden. Wenigftens gab es im 14ten
Jahrh. fchon mehrere Aerzte, die die Bereitung der Arzneymittel aus Mineralien nach chemifchen Gründen vor-

trugen. Allein vor der Hand war diefer nützliche Theil
der Naturlehre noch größtentheils in den Händen der Alchemiften. Einer der berühmteften war der oben (IX. 5)
erwähnte Raymund Lull, dem man, unter andern,
die Erfindung des Brandweins beylegt. Auch Albrecht
der Grofse und Thomas von Aquino gehören
hierher; vorzüglich noch Arnold von Villa nova
(von dem in der nächften Nr. mehr zu fagen ift). Förder-
lich war auch diefem Studium der im 13ten und 14ten
Jahrh. emporgekommene Wahn, es gebe Tincturen oder
fogenannte Arcana zur Bewirkung der Lebensverlänge-
rung. Denn indem man dergleichen Mittel durch chemifche Operationen ausfindig zu machen fuchte, kam man
zufällig auf nützliche Entdeckungen, z. B. des Scheide-
waffers und Königswaffers.

XIII. Zuftand der medicinifchen Wiffenfchaften.

I.

Noch ungefähr in der erften Hälfte diefes Zeitraumes
wurde die medicinifche Theorie, wie im vorigen, bearbeitet, wie man es nämlich von der Herrfchaft des fcholaftifchen Syftems und der Aftrologie erwarten kann. Statt
die Erfahrung zur Schiedsrichterin der Meynungen zu
wählen, verwirrte man fich in fpitzfindige Unterfuchungen, wobey Widerfprüche unmöglich zu vermeiden waren,
da Ariftoteles, Ebn Rofchd, Galen und Ebn Sina zugleich
als untrügliche Richter angefehen wurden. Hierzu kam
noch die Allgemeinheit des Vorurtheils, dafs der menfchl.
Körper im genaueften Zufammenhang mit dem Univerfum
und befonders mit den Planeten; ftehe, dafs alfo der Arzt
keine Veränderung im Körper bewirken dürfe, ohne auf
den Einflufs der Conftellation zu merken. Weiter hin,

im 14ten Jahrhundert, traten einzelne Männer auf, und
bearbeiteten verfchiedene vernachläffigte Fächer auf eine
neue glückliche Art. Sie fuchten die Vorurtheile der Schulen zu zerftreuen: allein, der Erfolg diefer Bemühungen
wurde gröftentheils vereitelt, weil das Anfehn der Griechen und Araber nur durch wiederhohlte und von verfchiedenen Seiten her gewagte Angriffe erfchüttert werden
konnte. Trotz aller ftrengen Verbote, die die Concilien
des 12ten und 13ten Jahrh. gegen die medicinifche Praxis
der Geiftlichen erlaffen hatten, findet man doch noch im
14ten Geiftliche genug, die fich durch Gefchicklichkeit in
Heilung der Krankbeiten Reichthümer und hohe Ehrenftellen erwarben.. Auch über die Hofpitäler hatten fie bis
dahin die Auflicht geführt: aber ihre Gewinnfucht und Be-
trügereyen brachten endlich die Verordnung auf dem Concilium zu Wien 1312 hervor, dafs künftig auch Layen den La-
zarethen vorftehen follten, damit die Kranken beffer ver-
pflegt würden. Dahin gehören auch die fortdauernden
Wunderkuren und Heilige, die fich durch diefelben berühmt machten. Diefe heil. Aerzte wurden fo zahlreich,
dafs in dem Procefs der Canonifation die Gefetze beftimmt
werden mufsten, nach denen die Kur einer Krankheit für
ein Wunder erklärt und der Arzt canonifirt werden follte.
Auch die Gefchichte zweyer epidemifchen Krankheiten,
die im 14ten Jahrh. ausbrachen, der Veitstanz und eine fchreckliche Peft, beftätigt die fortwährende Herrfchaft
des Aberglaubens und den Mangel medicinifcher Aufklärung.

Gegen das Ende diefes Zeitraumes wurde es, fo wie
in allen Gebieten der Gelehrfamkeit, alfo auch in demje-
nigen der Arzneykunde, aus den Nr. I. angeführten Urfachen, nach und nach heller. Das Quellenftudium der alt-
griechifchen Gelehrfamkeit gewann im Abendlande von

Jahr zu Jahr. Dennoch blieben die meiſten Aerzte, was
ſie vorher geweſen waren, abergläubiſche Verehrer ihrer
arabiſchen Idole, blinde Nachbeter der Vorgänger und un-
wiſſende Empiriker.

Den wichtigſten Einfluſs in die beſſere Bearbeitung
der Medicin hatte die Wiederherſtellung der Anatomie im
14ten Jahrhundert. Im J. 1315 zergliederte Mondini
de' Luzzi, Profeſſor zu Bologna, zuerſt öffentlich 2
weibliche Körper, und gab bald darauf eine Beſchreibung
des menſchl. Körpers heraus, die wenigſtens den groſsen
Vorzug vor allen ſeit Galen's Zeiten geſchriebenen anato-
miſchen Lehrbüchern hat, daſs ſie aus dem Anblick der
Theile des menſchl. Körpers ſelbſt entſtanden iſt. Daher
wird auch Mondini als Wiederherſteller der wahren Anatomie betrachtet. Sein Buch erwarb ſich ſo allgemeinen
Ruf, daſs noch am Ende des 16ten Jahrh. über kein anderes Anatomie gelehrt werden durfte. (cum commeut.
Matth. Curtii. Lugd. 1551. 16). Indeſſen verräth es doch
nur zu ſehr die Anhänglichkeit ſeines Urhebers an einmahl
hergebrachte Meynungen und Theorieen. Seitdem wurde
es auf allen Univerſitäten gebräuchlich, jährlich ein oder
ein Paarmahl öffentliche Zergliederungen menſchlicher
Leichname anzuſtellen. Einige neue Krankheiten, von
denen man vorher nichts wuſste, die in das bisherige Syſtem nicht paſsten und im 15ten Jahrh. zu wüten anfiengen,
(als das engliſche Schweiſsfieber, der Schar-
bock, der Weichſelzopf und die Luſtſeuche) waren zwar dem Menſchengeſchlecht verderblich, aber für
die Ausbildung der Heilkunde überaus nützlich. Man
kehrte nach und nach, von den bisher für untrüglich gehaltenen Grundſätzen und Kurmethoden der Arabiſten,
zum Hippokrates und zu ſeinem groſsen Commentator Galen zurück.

2.

Von medicinifchen Schriftftellern der Araber find
folgende zu bemerken: Khalaf Ebn Abbas Abu'l
Kafem, gewöhnl. Abulcafis oder Albucafis, aus
Zahera bey Cordua († 1122), fchrieb ein berühmtes Werk
über die chirurgifchen Operationen, worinn alle chirurg.
Werkzeuge befchrieben find und ihr Gebrauch gezeigt ift
(Arabice et Latine, cura Joh. Channing. Oxon. 1778.
2 Tomi. 4). — Abdel-malek Abu Merwan Ebn
Zohr, gewöhnl. Aben Zohar, auch Avenzoar,
aus Sevilla († 1168). Ein origineller Kopf und unabhängiger Beobachter, der als unumftöfslichen Grundfatz an-
nimmt, die Erfahrung fey die einzige und ficherfte Führerin
in der Arzneywiffenfchaft. Seine hellern Einfichten in die
Naturkunde verräth er dadurch, dafs er die Thorheit allgemeiner Heilvorfchriften und Univerfalarzneyen verlacht: ob er
gleich nicht frey von allem Aberglauben und von Empirie
war. Sein Hauptwerk: Al Taïfir (Berichtigung der bisher
gebräuchlichen Kurmethode) insLatein. überfetzt von Hier.
Surian (Venet. 1496. 1514. 1549. fol.) verdiente eine
neue Ausgabe. Seine Schriften von den Fiebern und Bä-
dern find auch in latein. Ueberf. gedruckt. — Abdallah
ben Achmad Dhiaëddin, gewöhnlich Ebn Bei-
thar, von Malaga († 1248), hatte, aus grofser Neigung
zur Naturgefchichte, weite Reifen durch Griechenland und
den Orient unternommen. Er wird der gelehrtefte Bota-
nift unter den Arabern genannt. Wir haben von ihm ein
grofses Werk über die einfachen Arzneymittel, befonders
über die Pflanzen, das nicht allein die Beobachtungen feiner Vorgänger, fondern auch eine grofse Menge eigener
Entdeckungen und Berichtigungen des Diofkorides enthält.
Nur ein lateinifch überfetztes Bruchftück davon ift gedruckt:
In Ebenbitar tractatum de malis limoniis com-

mentaria Paulli Valtarenghi. Cremonae 1768. 4. —
Ebn Rofchd oder Averrhoës (f. oben VIII.2. IX. 6)
hieng in der Medicin, wie in der Philofophie, mehr an
den Grundfärzen des arabifirten Ariftoteles, als an dem
Galenifchen Syftem. Man hat von ihm einen Auffatz über
die Widerfprüche zwifchen Galen und Ariftoteles, worinn
er mit Befcheidenheit die Grundfefte des Galenifchen Syftems zu erfchüttern und ftatt deffen das alte peripatetifche
wieder herzuftellen fucht. Ausgabe: De concordia inter Arift. et Galen. ed. Surian. S. l. et a. fol. Noch
mehr erhellet fein Eifer für die Aufrechthaltung des perip.
Syftems aus feinem Hauptwerk: Kollijàt (corrumpirt
Colliget) f. liber de medicina — acc. et M. A. Zima-
rae dubia et folutiones in fupradictum Averrois Colliget,
novam corollarium. Venet. 1549. fol. ib. 1562. 4.

3.

Die Aerzte des chriftlichen Orients fpielen in diefem Zeitraum eine traurige Rolle. Sie compilirten ihre
Schriften blos aus ältern Aerzten oder machten Zufätze
dazu, welche gröftentheils Zeugniffe der Thorheiten und
Vorurtheile ihres Zeitalters find. Höchftens kann man hier
folgende nennen: Johannes, eines gewiffen Zacha-
rias Sohn, Aktuarius genannt, d. h. kaiferl. Leibarzt
zu Konftantinopel, um das Ende des 13ten Jahrhunderts.
Schriften: 7 Bücher vom Urin (Latein. überf. Traj.
ad Rhen. 1670. 8); 6 Bücher über die medicinifche Praxis, worinn alles damahls Bekannte, die weiblichen Krankheiten und Chirurgie ausgenommen, abgehandelt wird
(Car. Henr. Matthifio interprete etc. Venet. 1554.
4); 2 Bücher von den Verrichtungen und Neigungen des
thierifchen Lebens (Graece ed. J. F. Fifcherus. Lipf.
1774. 8. Vergl. Philol. Bibl. B. 3. S. 139—146). Diefe

IL Ggg

Schriften enthalten die ganze Theorie Galen's in einem
gedrängten Auszuge, wobey jedoch immer Rückficht auf
die befondern Grundfätze der Nachfolger Galen's genommen wird. Etwas Neues oder Eigenthümliches findet man
nicht darinn. Die Schreibart ift ziemlich rein. — Demetrius Pepagomenus, ein Zeitgenoffe des vorigen,
der auf Verlangen des Kaifers Michael des 8ten eine Schrift
über das Podagra auffetzte (ed. Gr. et Lat. J. St. Bernard
Lugd. Bat. 1743. 8 mai.). Auch er bleibt dem Galenifchen
Syftem getreu: doch ift feine Theorie der Krankheiten weit
wahrfcheinlicher und mit neuern Erfahrungen einftimmen-
der, als die Theorieen der meiften feiner Nachfolger.

4.

Unter den Abendländern thaten fich die Italiener auch in Anfehung der Heilkunde am meiften hervor. Ein päpftliches Verbot hielt die Fortfchritte der Anatomie auf, konnte fie aber nicht ganz hemmen; die Chirurgie veredelte fich; die Chemie wurde zum Vortheil der
Medicin angewandt; und unter den ausübenden Aerzten
waren treffliche und gelehrte Männer; z. B. Roger von
Parma, in der Folge Kanzler der Univerfität zu Montpellier (im 13ten Jahrh.) fchrieb eine Chirurgie, meiftens
nach Abu'l Kafem (Venet. 1546. fol.), leuchtete aber in
einigen Materien den Neuern vor. Sein Schüler, Roland von Parma, Profeffor zu Bologna, fchrieb eine
Chirurgie, die faft nur als Commentar des Rogerifchen
Werks angefehen werden kann (Venet. 1546. fol.). In
demfelben Jahrh. that es beyden noch zuvor Wilhelm
von Saliceto, aus Piacenza, der Anfangs zu Bologna,
nachher zu Verona (1275) Arzneykunde ausübte und
lehrte. Er hinterlies in feiner Chirurgie (Venet. 1546.
fol.) fehr viele, nicht gemeine Beobachtungen. Sein

Schüler, L a n f r a n c h i aus Mayland, that fich noch weit
mehr hervor. Bey den Gährungen zwifchen den Welfen
und Gibellinen floh er 1295 nach Paris und hielt Vorlefungen mit aufferordentlichem Beyfall; zugleich that er fehr
viel zur Aufnahme des felt 1271 dafelbft beftandenen Collegiums der Wundärzte. S e h r i f t e n: Lanfranci Practi-
ca, quae dicitur ars completa totius chirurgiae. V e n e t.
1546. fol. — T h a d d a e u s v o n F l o r e n z († 1295),
ein gelehrter und praktifcher Arzt, der in der Medicin
eben das that, was Accorfi in der Rechtswiffenfchaft. Er
fchrieb Auslegungen über den Hippokrates und Galen, die
zu feiner Zeit nützlich werden konnten, weil man doch
einmahl noch nicht fo weit war, dafs man eigene Unterfuchungen dem Nachbeten der Griechen hätte vorziehen
können.— A r n o l d u s V i l l a n o v a n u s, aus Como im May-
ländifchen *) († 1312), ein Schüler Wilhelms von Saliceto,
lebte theils in Spanien, theils in Italien, theils in Paris. Seine
aufgeklärtere Denkart in der Religion verfchaffte ihm einen
ehrenvollen Platz unter den fogenannten Ketzern. In der
Gefchichte der Medicin macht er Epoche als Selbftdenker
und Chemiker; und von Alchemiften wird er bis auf den
heutigen Tag als der erfte, der über ihre windige Kunft
fchrieb, hochgefchätzt. Man hat von ihm 62 Abhandlungen, die aber zum Theil ihm untergefchoben zu feyn fcheinen. Den ftärkften Beyfall genofs der Traktat d e r e g i -
m i n e f a n i t a t i s und das C o m m e n t u m f u p e r r e g i -
m e n S a l e r n i t a n u m: worinn aber, fo wie in dem B r e -
v i a r i u m p r a c t i c a e a c a p i t e u f q u e a d p l a n t a m
p e d i s und in feinen übrigen Schriften viel fcholaftifcher

---

*) V e r g l. Ueber das Vaterland und die Lebzeit des Ar-
  noldus Villanovanus (von J o h. K a p p); in M e u f e l's
  Gefchichtforfcher Th. 1. S. 199–206.

und aftrologifcher Tand vorkommt. Opera omnia cum
Nic. Taurelli in quosdam libros annotationibus. Baf.
1585. fol. — Torrigiano Ruftichelli (Turrifa-
mus, Drufianus u. f. w.), auch Plus quam commentator genannt, war ein Schüler des Thaddaeus von
Florenz, lehrte Anfangs Arzneykunde zu Bologna, dann
zu Paris, endlich ward er Karthäufer, und lebte bis gegen
die Mitte des 14ten Jahrh. Sein Plusquam-Com-
mentum in parvam artem Galeni (Venet. 1504.
1526. 1543. 1557. fol.) ftand im 15ten Jahrh. in fo grofsem
Anfehn, dafs man auf den Univerfitäten alle 3 Jahre Vorlefungen darüber hielt. — Mondini de' Luzzi oder
Mundinus (f. vorhin 1). — Peter von Abano oder
Apono bey Padua (geb. 1250. geft. 1320), ein fehr eifriger Anhänger des Ebn Rofchd und grofser Beförderer
der Aftrologie, erwarb fich zu Konftantinapel viel griechifche Gelehrfamkeit, und lebte in der Folge zu Paris, Padua
und Trevigi. Er ward der Magie wegen öffentl. angeklagt
und gerieth zweymahl in die Klauen der Inquifition, ftarb
aber doch eines natürl. Todes. Unter feinen Büchern ift
das bekanntefte: Conciliator differentiarum philofophorum et praecipue medicorum. (Venet.
1483. fol. und mehrmahls). Man erkennt daraus deutlich
die Art, wie die damahligen Aerzte Theorie und Praxis
zu bearbeiten pflegten. Uebrigens fteckt es voll aftrologifcher Thorheiten. Vergl. Schelhorn und Heumann
in des letztern Actt. Philof. St. 15. S. 374—400. Leben
des Peter v. Abano (von K. G. Günther); in Canzler's und Meifsner's Quartalfchrift Jahrg. 2. Qu. 4.
H. 1. S. 63—84. — Simon de Cordo aus Genua,
Leibarzt des Papftes Nicolaus 4 und Kaplan Bonifaz 8 (alfo im 13ten Jahrh.), machte fich um die Materia medica
dadurch verdient, dafs er die Verwirrungen, die durch die

fehr abweichenden arab. Benennungen entftanden waren,
zu heben fuchte, in einem Werke, das man als das erfte
Wörterbuch der Arzney- und Kräuterkunde anfehen kann,
und betitelt ift: Clavis fanationis f. Synonyma
medicinae. Mediol. 1473. fol. Venet. 1507. fol. etc.
— Gentilis da Foligno, auch Gentilis de Gen-
tilibus († 1348), lehrte die Arzneywiff. zu Perugia und
Foligno, und fchrieb, auffer fchätzbaren Commentarien
über Avicenna und Aegidius (de urinis et pulfibus),
de balneis (inter Auctt. de balneis. Venet. 1553. fol.
p. 181 fqq.), de lepra, de febribus (cum Gatina-
ria de curis aegritudinum particularium. Venet. 1521.
fol.), und befonders Confilia, worunter das, die 1348
wütende Peft betreffende befonders merkwürdig ift (S. l.
et a. 4). Auch de dofibus et proportion. medi-
cam. (Venet. 1562. fol.). — Matthäus Sylvaticus
aus Mantua († 1340), Leibarzt des K. Robert von Sicilien,
lieferte in alphab. Ordnung einen Auszug aus dem arabifirten Diofkorides, Ebn·Sina, Mafawaih, Serapion und
zum Theil aus verlohrnen Schriften, worinn er einen
Schriftfteller durch den andern zu erklären fucht, aber wegen mangelhafter Kenntnifs der griech. und arab. Sprache
feinen Zweck bey weitem nicht ganz erreicht. Ausgabe:
Liber pandectarum medicinae. Lugd. 1534. fol. — Auch
Jakob und Johann de Dondis, Vater und
Sohn, machten fich im 14ten Jahrh. durch Schriften über
die Materia medica berühmt. Beyde waren Profefforen
in Padua, und der letztere ift auch als Aftronom und Me-
chaniker berühmt (f. oben VIII. 3). Jakob fchrieb ein
Promtuarium, enthaltend eine Sammlung der meiften
einfachen Arzneymittel, die von den Griechen und Arabern befchrieben worden (Venet. 1543. fol.): Johann
aber gab ein eigenes Kräuterbuch heraus, worinn er zwar

auch feinen Vorgängern folget, aber doch mehrere ein-
heimifche Pflanzen beffer, als die Arabiften, befchreibt. —
Barthol. Montagnana, Profeffor zu Padua (ftarb 1460),
einer der beften Schriftfteller des 15ten Jahrh. fchrieb unter
andern Confilia medica. (Venet. 1565. fol.), worinn
zwar eine läftige Gefchwätzigkeit herrfchet: indeffen gehört
doch ein Mann, der in jenen Zeiten fagen konnte, er habe 14 Leichenöffnungen felbft verrichtet, zu den feltenern
Erfcheinungen. Sehr merkwürdig ift auch feine Schilderung des Ausfatzes. — Michael Savonarola, von
Padua, des vorigen Kollege, hernach Profeffor zu Ferrara
(† 1462), fchrieb ein praktifches Kompendium, zwar völlig
im Gefchmack des Zeitalters, d. h. voll fcholaftifcher Spitzfin-
digkeit: aber doch nicht ohne merkwürdige Aeufferungen,
die fchon von mehrerer Denkfreyheit zeugen, mit manchen
wichtigen Beobachtungen (Ticini 1486. fol. u. f. w.). —
Saladin von Afculo, Leibarzt des Fürften und Groß-
connetabels von Neapel, Joh. Ant. de Balzo Urfinus von
Tarent (nicht im 11ten, wie es gewöhnl. heifst, fondern
im 15ten Jahrh.), fchrieb Compendium aroma-
tariorum, ¡ worinn fehr merkwürdige Beyträge der
Kenntnifs der Apothekerkunft jener. Zeit vorkommen.
Das Verzeichnifs der einfachen und zufammengefetzten
Mittel, die immer in den Apotheken vorräthig feyn müffen, ift ungemein intereffant. — Noch machten 2 Italiener gegen das Ende diefes Zeittaumes eine merkwürdige
Epoche, an welcher man fchon den Einflufs des beffern
Gefchmacks bemerkt. Sie waren Beobachter, die fich
nach dem Mufter der Griechen gebildet hatten, und, ungeachtet fie eben fo feft an dem hergebrachten Lehrfyftem
hiengen, als alle übrige Aerzte diefes Zeitalters; fo trugen fie doch in einer viel reinern Sprache weit mehr eigene
Beobachtungen vor, als feit Ebn Zohrs Zeit gewöhnlich

war. Der erſte iſt Anton Benivieni, Arzt zu Florenz († 1502). De abditis nonnullis ac mirandis morborum èt ſanationum cauſſis. Baſ. 1529. 8. Der andere, Alex. Benedetti, aus Legnago, gieng 1490 nach Griechenland und übte ſeine Kunſt in Kandia und Morea aus. Nach ſeiner Rückkehr 1493 nahm er eine Lehrſtelle in Padua an, gieng aber 1495 als Feldarzt unter die Armee der Venetianer († 1525). Er lieferte eine Anatomie, die zwar keine neuen Entdeckungen, aber eine bündige Phyſiologie, den Ideen des Zeitalters gemäſs, darbietet. Sein gröſseres Werk enthält eine Menge ſeltener und merkwürdiger Beobachtungen, noch jetzt der Beherzigung würdig (Opp. Baſil. 1539. fol.).

Auſſerdem machte ſich während dieſer Zeit eine Reihe italieniſcher Wundärzte durch Schriften bekannt, die uns hier und da Winke zur Beurtheilung des damahligen Zuſtandes der Chirurgie geben. Sie machten eigentl. nur 2 Hauptſchulen aus, die ſich dadurch unterſchieden, daſs die eine alte Wunden und äuſſere Verletzungen mit Breyumſchlägen und feuchten Mitteln behandelte, die andere aber gerade die entgegengeſetzte Methode anwandte und durchgehends austrocknende Mittel gebrauchte. Zur erſten Schule gehören: Roger von Parma, aus dem 13ten Jahrhundert, in der Folge Kanzler der Univerſität zu Montpellier (Chirurgia. Venet. 1546. fol.); Roland von Parma, des vorigen Zeitgenoſſe, den er aber überlebte, Profeſſor zu Bologna, ſchrieb eine Chirurgie, die faſt nur als Commentar zu Roger's Werk anzuſehen iſt, und von den ſogenannten 4 Magiſtern in Salerno erläutert wurde; der vorhin erwähnte Wilh. v. Saliceto und ſein Schüler Lanfranchi. In der 2ten Schule that ſich beſonders hervor Brunus, aus Longoburgo in Calabrien, Profeſſor

zu Padua (um 1250), durch feine Chirurgie (Venet. 1546.
fol.), worinn die Kenner intereffante Bemerkungen finden; Theodorich, Dominikaner und Beichtvater Papft
Innocenz des 4ten, dann Bifchoff zu Bitonti, hierauf zu
Cervia, und endlich hielt er fich in Bologna auf († 1298).
Er hatte weit weniger von dem Sektengeift, als die bisher
genannten Wundärzte; auch fchrieb er nicht blos aus, fondern hat manche eigene und einige feltene Bemerkungen.
(Libri tres chirurgiae. Venet. 1499. 1513. 1519.
fol.). — Unter die fehr erfahrnen und gelehrten Wundärzte des 14ten Jahrh. wird gerechnet Peter de la Cer-
lata oder Argelata, auch Argillata, Profeffor zu
Bologna († 1423), deffen libri 6 de chirurgia zu Venedig einigemahl gedruckt wurden, z. B. 1513. fol. —
Im 15ten Jahrh. brachte die Erfindung des Schiesgewehrs
auch eine neue Lehre in der Chirurgie hervor, diejenige
von den Schufswunden.

5.

Von Italien aus gewann auch in Frankreich die
Medicin eine etwas beffere Geftalt. Die erfte, in der
Folge zum herrlichften Flor gediehene medicinifche Schule
entftand (1150) zu Montpellier. (Vergl. Mémoires
pour fervir à l'hift. de la faculté de médécine de Montpellier; par M Aftruc à Paris 1767. 4). 70 Jahre fpäter erhielt
auch die Univerf. zu Paris eine medicin. Facultät, mit
zum Theil ziemlich fonderbaren Statuten. (Vergl. Notice
des hommes les plus célèbres de la faculté de Med. de Paris,
depuis 1110 jufqu'en 1750; extraite en plus grande partie
des manufcr. du feu M. Th. Ph. Bertrand etc. par M.
J. A. Hazon. à Paris 1778. gr 4). So fehr aber auch
durch diefe Inftitute das allgemeinere Studium der Arzneykunde befördert wurde; fo ftanden doch die ausländi-

fchen Aerzte in gröfserm Anfehn, als die inländifchen,
und die Juden behaupteten fich den gröfsten Theil diefes
Zeitraumes hindurch in ihrem alten Ruhm, die heften
praktifchen Kenntniffe zu befitzen. Originelle Verdienfte
können ihnen jetzt noch in keinem Fache der eigentlichen
Medicin zugeftanden werden. Ihre beffern Schriften find
Kompilationen oder erhalten durch zufällige Nebenumftände einigen Werth. Aftrologie ftand noch immer mit
der Medicin in der engften Verbindung, und noch am
Ende des 14ten Jahrh. ftiftete Karl der 5te ein Kollegium
zu Paris, worinn Aftrologie und Arzneykunde verbunden
gelehrt werden follten. Im 15ten Jahrh. zeigen fich etwas beffere Ausfichten.

Joh. Aegidius aus Paris († um 1280), Benediktiner im Klofter Corbeil, erwarb fich theils durch eigenes
Studium, theils zu Athen, wohin ihn feine Wifsbegierde
getrieben hatte, grofse medic. Kenntniffe, lehrte mit ausnehmendem Beyfall Arzneykunde zu Paris und Montpellier, und war Leibarzt König Philipp des 2ten. In feinem
hohen Alter fchrieb er, auffer den öfters gedruckten Gedichten de urinarum iudiciis und de pulfibus,
auch einen Kommentar in Verfen über Nicolaus, des
Vorftehers der Salernitanifchen Schule in der 1ften Hälfte
des 12ten Jahrh., Antidotarium (in Polyc. Leyferi
Hift. poët. med. aevi p. 502—691). Vergl. J. P. L.
Withof's Nachricht von dem Arzneygelehrten Aegidie
Corbolienfi. Duisb. 1751. 4. — Joh. von St. Amand,
Kanonikus zu Tournay (im 13ten Jahrh.), fchrieb Expo-
fitio fupra antidotarium Nicolai (Venet. 1562.
fol.), worinn eine, für jene Zeit vortreffliche allgemeine
Therapie fteckt. — Joh. Vitalis du Four (de Fur-
no), aus Bazar in Guyenne († 1327), ein Minorite, Bi-

fchoff von Albano und Kardinal, fchrieb pro confervanda fanitate tuendaque profpera valetudine
totins humani corporis etc. (Mogunt. 1531. fol.)
Das Buch enthält in alphab. Ordnung Auffätze über die
meiften Gegenftände der Phyfik und Medicin, gröfstentheils aus den Arabern und Arabiften entlehnt. — Bernhard von Gordon, nach einigen ein gebohrner Schotte († nach 1305), Profeffor zu Montpellier, verfchaffte
fich durch feine Praxis und durch feine mit dem gröfsten
Beyfall gehaltenen Vorlefungen einen folchen Ruhm, dafs
man ihn den Monarchen der Medicin nannte. Unter andern fchrieb er: Lilium medicinae infcriptum,
de morborum prope omnium curatione, parti-
culis 7 diftributum (una cum aliquot aliis eius libel-
lis. Lugd. 1574. 8. — per Petr. Uffenbachium an-
notatiunculis adauctum. Francof. 1617. 8). Er hat nicht
blos die Araber ausgefchrieben: fondern viel Eigenes. —
Guy von Chauliac (Guido de Cauliaco), aus Gevau-
dan an den Gränzen von Auvergne († nach 1363), lehrte
Anfangs zu Montpellier, und ward darauf Kapellan, Käm-
merer und Leibarzt des Papftes Urban 5 zu Avignon. Er
ift als der Wiederherfteller einer beffern Chirurgie anzu-
fehn. Er verachtete den Sektengeift und hütete fich vor
dem Vorurtheil des Anfehens. Man hat von ihm ein weit-
läufiges Werk über die Chirurgie in 7 Büchern, in fehr
barbarifchem Latein abgefafst, fo dafs Tagault nöthig
fand, es in befferes zu überfetzen, dabey aber den Sinn
des Verf. oft verfehlte. (Lugd. 1572. 8). — Valefcus
von Taranta aus Portugal († nach 1418), erft Profeffor zu Montpellier, hernach Leibarzt des franz. K. Karl
des 6ten, brachte die damahls bekannten, meiftens noch
immer von den Arabern entlehnten Kenntniffe in eine Art
von Syftem und fügte eigene Beobachtungen bey (Practi-

ea medicinae, quae Philonium infcribitur. Venet. 1501. fol. — in befferem Latein von J. H. Beyer.
Francof. 1599. 4. — c. praef. G. W. Wedelii. ib.
1688. 4).

6.

In Teutfchland hatte keine Wiffenfchaft eine fo
traurige Geftalt, als die Medicin. Sie befand fich faft ganz
in den Händen der Geiftlichen, die blofse Empiriker und
Nachbeter waren. Anatomie kannte man gar nicht; Frie-
drith des 2ten Befehl, fie zu lehren, worde nur in feinen
ital. Staaten, und auch dort nur fchwach, befolgt. Aftrologifche Grillen, Zaubermittel, religiöfe und fympatheti-
fche Kuren ftanden in dem gröfsten Anfehn. Anfteckende
Seuchen hielt man für Strafen Gottes, und Millionen Menfchen worden fo Opfer des Aberglaubens und des gänzli-
chen Mangels einer medicin. Policey. Wie felten gute
Aerzte damahls gewefen feyn müffen, erkennt man fchon
daraus, dafs Peter von Aichfpalt aus Trier, Bifchoff
von Bafel, für die Wiederherftellung des gefährl. kranken
Papftes, Clemens 5, mit dem Erzbisthum Mainz belohnt
wurde. Die meiften und gründlichften Kenntniffe zeigte
Albrecht der Grofse: aber feine Beobachtungen
fchwimmen in einem Meere barbarifcher Terminologieen
und aus den Alten und Arabern entlehnter, felten recht
gefafster und gut angewandter Sätze.

7.

In England gefchah für die Arzneykunde gar nichts.
Der einzige Gilbert, mit dem Beynamen Anglicus u.
Leglaeus († gegen Ende des 13ten Jahrh.), that fich
auf eine ausgezeichnete Art, als Praktiker und Schriftfteller, hervor. Unter andern fchrieb er: Laurea Angli-
eana f. compendium medicinae tam morbo-

rum univerfalium quam particularium etc.
(Venet. 1510. 4). Man findet darinn zahlreiche Beyfpiele von
der fcholaftifchen Bearbeitung der medic. Theorie und Praxis.
Beftändige Antithefen, fubtile Auflöfungen fubtiler Fragen,
fpitzfindige Diftinctionen, die gar kein Ende nehmen,
machen dem denkenden Arzt das Lefen diefes Buches zwar
bald überdrüfsig: er wird aber doch durch die eigenthümlichen Bemerkungen des Verf. fchadlos gehalten. Dahin wird
befonders gerechnet feine Befchreibung des Ausfatzes, die
faft für die erfte richtige Schilderung diefer Krankheit im
chriftlichen Occident gehalten werden kann.

XIV. Zuftand der juriftifchen Wiffenfchaften.

1.

Das bürgerliche Recht fieng während des 12ten Jahrh.
im Abendlande wieder an aufzuleben, und zwar, obwohl
nicht gleich, aber doch in der Folge, zum grofsen Vortheil der Nationen und felbft der Religion, weil dadurch
wichtige Unterfuchungen auch über die Moral veranlafst
worden. Faft zu gleicher Zeit, da Irnerius in Bologna
auftrat, und durch feine Vorlefungen das römifche Recht
in Anfehn fetzte, erhielt auch das kanonifche durch Gratian wiffenfchaftliche Form und machte einen Theil des
öffentlichen Unterrichts aus. Seitdem wurde bey Gefetz-
reformen auf beyde Rechtszweige ftets' Rückficht genommen. In Ermangelung allgemeiner Gefetzbücher bekamen manche Länder Land- und Stadtrechte; und
zum teutfchen Staats- und Lehnrecht wurde der
Grund gelegt.

2.

Im Morgenland oder im griechifchen Reich
erhielt fich bis zu deffen Untergang das Juftinianifche Recht

in feiner Kraft, und wurde nach wie vor als eine Hauptftütze des kaiferlichen Anfehens betrachtet. Den Mängeln
und Gebrechen deffelben fuchten die Kaifer durch einzelne
neue Verordnungen abzuhelfen. Bereichert und ausgebildet wurde dort die Rechtswiffenfchaft gar nicht: nur das
kanonifche Recht bekam gröfsere Vollftändigkeit.

Als Civilift verdient nur genannt zu werden: Konftantinus Harmenopolus aus Konftantinopel (geb.
um 1320. geft. 1380 oder 83) ftudirte von Jugend auf das
bürgerl. und das kanon. Recht, und erwarb fich durch deren genaue Kenntnifs das gröfste Anfehn und die höchften
Ehrenftellen. Zuletzt war er Befehlshaber und Oberrich-
ter zu Theffalonich. Unter andern fchrieb er ein jurifti-
fches Handbuch (ἑξαβίβλος oder πρόχειρον νόμον), deffen
befte, von Kuhnken und Reitz veranftaltete, mit einer latein. Ueberfetzung verfehene Ausgabe erfchien in: fup-
plementum novi thefauri iuris civilis et canonici, ex collectione et mufeo Meermannia-
no (Hag. Com. 1780. fol.) p. 1—436. K. verfertigte auch
einen Inbegriff des kanon. Rechts: Gr. et Lat. in Freheri
iure Gr. Rom. (Francof. 1596. fol.) p. 1—71.

Ueber die Concilienfchlüffe lieferten folgende Männer
Erklärungen: Joh. Zonaras, kaiferl. Staatsfekretär
(† nach 1118) fchrieb einen fortlaufenden Kommentar zu
den kanen. Verordnungen der Apoftel und der allgemeinen und Provinzialconcilien: Gr. et Lat. Parif. 1618. fol.
auch in Guil. Beveregii Pandectae canonum (Oxon.
1672. fol.). — Alexius Ariftenus, Nomophylax und
Oeconomus der Hauptkirche zu Konftantinopel, verfertigte um 1130 auf Befehl des K. Joh. Komnenus einen mit
Scholien verfehenen Auszug aus den Kirchengefetzen:

Gr. et Lat.' in Juſtelli Bibl. iur. can. vet. T. 2. p. 673
ſqq. und in Beveregiii Pand. can. T. 2. — Theodorus Balſamon aus Konſtantinopel, der gröſste Kanoniſt
unter den Griechen († nach 1192), bekleidete die anſehn-
lichſten Würden in ſeiner Vaterſtadt, und ſchrieb auf Befehl
des K. Manuel Komnenus Anmerkungen zu den ältern
Kirchengeſetzen und zu des Photius Nomokanon (am vollſtändigſten in Beveregii Pand. can. T. 2). Ferner:
Kaiſerl. Verordnungen in Kirchenſachen 3 Bücher, geſammlet aus dem Codex, den Pandekten und Novellen (in Juſtelli Bibl. iur. can. T. 2). Auch verſchiedene rechtliche
Gutachten und kaiſ. Edikte in Kirchenſachen (Gr. et Lat. in
Leunclavii Ias Gr. Rom. L. 2; wo auch L. 5 et 7 einige andere Abhandl. über das griechiſche Kirchenrecht
ſtehen).

3.

Im Abendlande lehrte man noch zu Anfang dieſes Zeitraumes die bürgerliche Rechtsgelehrſ. in den Kloſterſchulen. Mönche wurden ſogar Advokaten in den Gerichten. Dies gieng ſo weit, daſs ſie ſich mehr mit der
einträglichen Führung von Rechtsſachen, als mit den Pflichten ihres Standes, beſchäftigten, und daher Anlaſs gaben,
daſs ihnen die Kirchenverſammlung zu Rheims im J. 1131
unter dem Vorſitze des Papſts Innocenz des 2ten, das Studium der Rechte verbot. Auf 2 andern Kirchenverſamml.
(1162 und 1163) wurde dieſes Verbot wiederhohlt: dennoch fuhren Mönche fort, dagegen zu ſündigen. Es fehlte
auch nicht an bittern Klagen, daſs die damahligen Rechtsgelehrten mehr Rabuliſten, als Vertheidiger des Rechts und
der Unſchuld wären. Da trat Irnerius von Bologna *)

*) Daſs er weder ein Teutſcher noch ein Maylander war,
hat längſt bewieſen Sarti de claris Profeſſ. Bonon. T. r.
P. r. p. 12.

in feiner Vaterftadt auf, und belebte zu Ende des 11ten
und zu Anfang des 12ten Jahrh. durch feine mit ausnehmendem Beyfall gekrönten Vorlefungen und durch feine
Gloffen über die römifchen Gefetze das Studium der beffern
Jurisprudenz. Dadurch gelangte er zu folchem Anfehn,
dafs ihn die Gräfin Mathilde 1113 und Kaifer Heinrich der
4te 1116, 17 und 18 zu Rath zogen. Durch ihn und feine
Schüler kam die Univerfität zu Bologna in einen fo grofsen
Ruf, dafs aus allen Ländern Europens junge Leute, die
fich der Jurisprudenz widmen wollten, dahin zogen. Irnerius und feine Nachfolger auf dem Lehrftuhl nannten fich
felbft Doctoren (Lehrer) der Rechte; woraus fpäter
hin die Würde entftand, die, nach vorher gegangener
Prüfung, ihren gefchicktern Zöglingen ertheilt wurde.
Von der Mitte des 12ten und noch mehr vom Anfange des
13ten Jahrh. an wählten Kaifer und Könige ihre Kanzler
und Räthe, und die freyen Städte in Italien ihre Podefta's
oder Praetoren meiftens unter den Doctoren der Rechte.
Von jener Zeit an wurden die römifchen Gefetze faft in
ganz Europa, wenn auch nicht feyerlich anerkannt,
wenigftens ftillfchweigend gebraucht.

Unter Irnerius Nachfolgern in Italien find vorzüglich zu bemerken: Bulgarus († 1166), wegen feiner
Beredfamkeit goldener Mund genannt. Sein Rival,
Martinus Gofianus († um 1167) wurde von Kaifer
Friedrich dem 1ften vorzüglich gefchätzt, weil er die kaiferl. Rechte fo weit ausdehnte, als es ein Kaifer nur immer
wünfchen konnte. Er hinterlies kurze und deutliche Gloffen über die Gefetze. Da Bulgarus feft an dem Buchftaben
des Gefetzes hieng: Martin aber auch die Billigkeit dabey
zu Rathe zog, und da beyde viele Anhänger hatten; fo
entftanden daher die Sekten der Bulgarianer und Go-

fianer. — Portius Azo oder Azzo, ein Bononier, († nach 1220), lehrte in feiner Vaterftadt feit 1190 ununterbrochen (nicht auch zu Montpellier) die Jurisprudenz. Er war der erfte Summift, d. h. er fchrieb ein vollftändidiges theoretifches Syftem des röm. Rechts. Summa Azonis (locuples iuris civilis thefaurus — ftudio Henr. Drefii. — Acc. eiusd. Azonis quaeftiones, quae Broccardicae appellantur etc. Venet. 1610. fol. — Accorfius (Accorfo) aus dem florent. Dorfe Bagnuolo (geb. ungef. 1182. geft. 1260), des vorigen Schüler, D. u. Prof. der Jurispr. zu Bologna, verewigte feinen Ruhm durch die Sammlung der Gloffen von mehr als 30 Juriften, verbunden mit eigenen, über die römifchen Rechtsbücher; welches Werk er in wenig Jahren (um 1220) mit fo grofser Gefchicklichkeit vollendete, dafs diejenigen, denen feine barbarifche Sprache und Unwiffenheit in der Gefchichte oft lächerlich wurde, doch die Richtigkeit und Gründlichkeit feiner praktifchen Entfcheidungen bewundern mufsten. Sie find mit den römifchen Rechtsbüchern oft gedruckt. Vergl. De claris archigymnaf. Bonon. Profeff. P. I. p. 136 —147. Sein älteſter Sohn Franz (geb. um 1225. geft. 1293) gab ihm nichts nach; auch er lehrte die Rechtsgel. zu Bologna, vermehrte durch Vorlefungen das fchon anfehnl. väterl. Vermögen fo fehr, und, wie es fcheint, auf fo unerlaubte Art, dafs er fich deshalb vom Papft Ablafs geben liefs; und machte treffliche Zufätze zu den Gloffen feines Vaters. Aufserdem fchrieb er noch manches andere. Vergl. De claris etc. P. I. p. 176—184. — Jakob Ardizzone aus Verona (vor 1300) lehrte die Rechte zu Pavia und Perugia, lebte zuletzt zu Avignon, und fchrieb ein Lehrbuch des Lehnrechts, welches, wenigftens der Materialien wegen, jetzt noch gefchätzt wird: Summa in ufus feudorum, zuerft von

Daniel Scarameo edirt Lugd. (?) 1518. fol. her-
- nach öfters.

Die bisher erwähnten Juriften nennet man Glof-
fatoren, folgende aber Commentatoren: Bartolus
von Saffoferrato in der Mark Ancona, der gröfste Rechtsgelehrte feiner Zeit (geb. 1313. geft. 1359? ftudirte zu
Perugia und bekleidete auf der dortigen Univerfität fpäterhin die Stelle eines öffentlichen Lehrers der Rechtsgel.
mit fo grofsem Ruhme, dafs er Studirende aus den entfern-
teften Gegenden herbeyzog und dabey ein fehr grofses
Vermögen fammlete. Er wandte zuerft die fcholaft. Philofophie auf die Jurisprudenz an, erdichtete die feltfamften
Rechtsfälle, um den Scharffinn feiner Zuhörer in Entfcheidungen zu üben, öffnete durch feine Spitzfindigkeiten
und überfeinen Diftinctionen der Schikane den Weg,
macht aber als praktifcher Jurift unftreitig Epoche. Sein latein.
Ausdruck ift höchft barbarifch. Opp. omnia—adnotationibus Jac. Anelli de Bottis et Petri Mangrellae
etc. Venet. 1615. 11 Voll. foL Vergl. Tho. Di-
plovatatii Vita Bartoli a Saxoferrato; ed. J. A. Fabricius. Hamb. 1724. 4. — Baldus do Ubaldis aus
Perugia (geb. 1319. geft. 1400; Schüler u. Nacheiferer des
Bartolus, den er zwar an Witz, aber nicht an reifer Klugheit übertroffen haben foll, lehrte die Rechte zu Bologna,
Pifa, Padua, Perugia und Pavia. Durch feine Vorlefungen
wurde er unermefslich reich. So bewandert er auch in
allen Theilen der kanonifchen und weltlichen Rechtsgelehrfamkeit war; fo hatte er doch auch grofse Fehler, z. B.
er war fehr unbeftändig in feinen Meynungen, und nahm
dabey doch einen diktatorifchen Ton an. Seine Schriften
find durch das viele Abfchreiben fehr verdorben worden.
Am häufigften find die Commentarii in Digefta,
Codicem et Inftitutiones gedruckt; z. B. cum

II. Hhh

adnotatt. J.B. Mangrellae. Venet. 1611.— 1616. 11 Voll.
fol.4 Vergl. D. M. Manni Qffervazioni fopra alcuni
punti principali, ma dubbiofi della Vita del famofo Baldo;
in deffen Offerv. fopra i figilli antichi (Firenze 1741 4.)
T. 7. p. 69—83. — Barth. Baraterius aus Piacenza
(† 1442). lehrte das Lehnrecht zu Pavia, Ferrara, und machte
fich um diefen Theil der Rechtsgel. durch die fyftematifche
Ordnung, nach welcher er die Lehngefetze ftellte, fehr verdient: De feudis liber fingularis. Argent. 1697. 4

4

Zu gleicher Zeit mit dem römifchen Recht erhielt auch das
kanonifche wiffenfchaftliche Form, wurde von dem Gratian, der es zuerft in ein Syftem brachte, zu Bologna
öffentlich vorgetragen, und von den Päpften und ihren
Anhängern möglichft befördert und erhoben. Gratians
Vorgänger hatten fich begnügt, die Decrete zu fammeln:
er aber fetzte fich vor, fie zu vereinigen. Zu dem Ende
warf er Fragen auf, brachte für diefe bey, was nach entgegengefetzten Anfichten darüber gefagt werden konnte,
und fuchte diefes zuletzt mit einander zu vergleichen.
Eine grofse Schaar von Schriftftellern gloffirte und commentirte über fein Werk oder machte Auszüge daraus.
Gratian felbft, gebürtig aus der florent. Stadt Chiufi
(† 1158), lebte in der Mitte des 12ten Jahrh. zu Bologna
in dem Kamaldulenfer- (nicht Benediktiner-) klofter des
heil. Felix, wo er fich ganz dem kanonifchen Recht wid-
mede und an feinem Dekret arbeitete, das er zwifchen
1140 und 1151 endigte: nach andern foll es weit früher
gefchehen feyn. Auf alle Fälle wurde es erft in der
Mitte des 12ten Jahrhunderts bekannt gemacht. Der
Titel wird fehr verfchieden angegeben: Decretum
Gratiani Monachi; Decreta Gratiani; Codex

Decretorum; gewöhnlich: Concordia difcordantium canonum. Es besteht eigentlich aus 3 Theilen: 1) 101 Diftinctiones (Abfchnitte) die den Stand der kirchlichen Perfonen betreffen; 2) 36 befondere Fälle, (Caufae und) jeder wieder in befondern Fragen z. B. über Kirchenverbrechen, Bann, Ehe; — denen zuletzt eine Abhandlung von der Buffe folgt. 3) De confecratione in 5 Abfchnitten, mit verfchiedenen Verordnungen. Alles ift zufammengefetzt aus Concilienfchlüffen, päpftl. Ausfprüchen, Stellen aus Kirchenvätern, Gefetzen weltlicher Fürften, und Gratians eigenen Gedanken. Um die Aechtheit feiner Quellen bekümmerte fich G. ganz und gar nicht: verbefferte aber verfchiedene Fehler der älteren Sammlungen und verräth gelehrte Kenntniffe. Gratians Dekret erlangte ohne päpftliche Sanction, blos durch den Gebrauch, Rechtskraft; und macht den erften Theil des kanonifchen Gefetzbuches aus. Steht, unter andern, in J. H. Boehmeri Corp. iur. can. (Hal. Magd. 1747.4.) T. 1. Kaum war Gratians Dekret erfchienen, fo fieng man an, um die Wette darüber zu lefen u. zu fchreiben. Zu Bologna wurden fogleich Vorlefungen darüber gehalten, und dort eine befondere Facultät des kanonifchen Rechts geftiftet. Daffelbe gefchah bald hernach zu Paris. Auch in Teutfchland bekam das Dekret durch die zu Bologna ftudirenden Teutfchen fehr bald grofses Anfehen, und man brauchte es fehr häufig, felbft bey öffentlichen Gerichten. Vergl. J. H. Boehmeri D. de varia decreti Gratiani fortuna (in der Vorrede zu feinem Corp. iur. can.) Beyträge zur Gefchichte Gratians und feines Dekrets; in (J. Kern's) Magazin für Kirchenrecht und Kirchengefch. (Leipz. 1778. 8.) St. 1. S. 1—30. Der ältefte bekannte Schüler und Ausleger Gratians heifst Paucopalea, von dem die Canones den Namen

haben, die unter dem Titel Palea e dem Dekret einver-
leibt find. Ein anderer fehr berühmter Ausleger und Epi-
tomator deffelben war Omnibonus († 1185). Johannes Teutonicus (in 13ten Jahrh.) ift der erfte Verfaffer
der fogenannten gemeinen Gloffe über das Dekret, die
noch vorhanden ift und hernach von andern, befonders
von Barthol. v. Brefcia († 1258) verbeffert und vermehrt wurde. Wilhelm Duranti oder Durand,
auch Durantes, ein Franzofe, ftudirte zu Bologna, trug
das geiftliche Recht dort vor und wurde von verfchiedenen Päpften mit Ehrenämtern bekleidet († zu Rom 1296).
Er fchrieb einen kurzen Auszug aus dem Text und den
Gloffen des kanonifchen Rechts: Repertorium aure-
um iuris canonici ll. 5. Venet. 1496. 5. fol. Auch öfters
mit deffen Hauptbuche, dem Speculo Juris, worinn
der Prozefs vorgetragen wird, und welchen Werks wegen
der Verf. Speculator und Pater practicae genannt
wurde. (Bafil.) 1574. 4 Partes fol.) Sehr berühmt und
oft gedruckt ift auch fein Rationale divinorum
officiorum, eine hiftorifche Nachricht von dem Urfprunge der Fefte und Gebräuche in der römifchen Kirche
und zugleich eine allegorifch myftifche Erklärung derfelben. Von den Ausgaben handelt am genaueften Cle-
ment in Bibl. hift. et crit. T. 7. p. 466 — 474. — Joh.
Andreae, aus Bologna, nicht aber aus Tofcana, († 1348),
ftudirte in feiner Vaterftadt, und lehrte dort das kanon.
Recht. Seine grofse Gelehrfamkeit erwarb ihm den Beynamen eines Vaters des kanonifchen Rechts und des
Fürften aller Ausleger deffelben. Schriften: Novellae
f. Commentaria in Decretales; fehr häufig gedruckt: das
letztemal, mit Anmerk. von Pet. Vendramini. Venet.
1612. 5 Voll. fol. Clementinae f. fuper Novellas Cle-
mentis V; cum comment. Aeg. Perrini. Paris 1612. 4.

Quaeſtiones mercuriales ſuper regulas iuris. Lugd. 1551.
8. Man findet zwar in dieſen und in ſeinen vielen andern
Schriften meiſtens nur Urtheile anderer Gelehrten: wo
er aber ſelbſt unterſucht, zeigt er ausnehmenden Verſtand und Scharfſinn. — Unter einer Menge anderer berühmter Kanoniſten iſt nur noch zu nennen: Peter von
Ancarano († 1415), ein Schüler von Baldus, lehrte das
kanon. Recht in einigen italieniſchen Städten, vorzüglich
aber zu Bologna. Unter ſeinen Schriften ſind die Commentarien über die Dekretalien und die Conſilia
die wichtigſten. — Nik. Tedeſchi aus Catania
(geb. 1386. geſt. 1445), Benediktiner und Lehrer des
geiſtl. Rechts zu Bologna und Siena, war zuletzt Kardinal
und Erzbiſchoff zu Palermo. K. Alphons von Sicilien ernannte ihn zu ſeinem Rath und ſchickte ihn zur Kirchenverſammlung nach Baſel. Was Bartolus in bürgerlichen
Rechten war, das war Tedeſchi in den päpſtlichen. Von
ſeiner Gelehrſamkeit zeugen die vielen Bände, die er zur
Erläuterung aller Theile des kanoniſchen Rechts ſchrieb,
und andere gedruckte Werke, die ſich beſonders durch
Ordnung und Deutlichkeit auszeichnen. Opp. omnia,
c. additionibus Jac. Aneſli de Bottis. Venet. 1617.
9 Volum. fol. — Marianus Socinus, der berühmteſte
Schüler des vorigen, von Siena (geb. 1401. geſt. 1467);
in den meiſten Wiſſenſchaften, auch in ſchönen Künſten
bewandert, gründet ſich jedoch ſein Ruhm hauptſächlich
auf ausnehmende Kenntniſs der Rechte, beſonders der
päpſtlichen, die er auch bis an ſein Ende zu Siena lehrte.
Man hat von ihm: Commentarii in librum 5 De-
cretalium (Parmae 1575. fol.); Reſponſa (Venet.
1571. 4. Voll. fol. Die 3 letzten Voll. ſind von ſeinem Sohne Bartholomaeus, der in verſchiedenen
ital. Städten Rechtsgelehrter war und zu Siena 1507 ſtarh.

5.

In Spanien herrfchte noch lang in diefem Zeitraum diefelbe regellofe Mifchung in den Gefetzen und
in der Gerichtsverfaffung, wie im übrigen Europa. Erft
unter Jakob dem 1ften (1247) erhielt Aragonien, eine vom
Bifchof zu Huefca veranftaltete, feyerlich bekannt gemachte
und vom König beftätigte Gefetz - und Statutenfammlung.
Caftilien wurde noch fpäter, mit einem von Ferdinand
dem 3ten (1265) angefangenen und von Alphons dem
10ten vollendeten und noch heut zu Tage gültigen Gefetzbuch verfehen, unter dem Titel: Las fiete Parti-
das (mit Anmerkungen von Joh. Berni. Valencia 1759.
3 Voll. fol.) Von juriftifchen Schriftftellern kann man
hier nur nennen:
        Raymund de Penna forti, von Barcelona (geb.
1175. geft. 1275), D. der Rechte zu Bologna, dritter,
General des Dominicanerordens, Auditor Rotae und Poenitentiarius Gregor des 9ten, verfertigte auf Befehl diefes
Papftes im J. 1230 eine Sammlung von Dekretalien in
5 Büchern, die den 2ten Theil des kanonifchen Rechts-
buches ausmachen. Sie enthält auffer päpftl. Briefen,
die Verfügungen und Schlüffe der Kirchenverfammlungen von 1150 bis 1230: ift aber ziemlich unvollftändig
und unordentlich. (In Boehmeri Corp. jur. can. T. 2)
Von ihm ift noch: Summa de poenitentia et
matrimenio L. 4. Ed. nova, cum appendice, quae
canonica complectitur documenta, ftudio Honorati
Vincent. Loget. Lugd. 1718. fol.

6.

In Frankreich galt bis zu Ende des 11ten Jahrh.
das Theodofifche Gefetzbuch, und die königlichen Kapitularien erläuterten, ergänzten und beftimmten deffen

Verordnungen. Geiſtliche beſchäftigten ſich faſt allein
mit der Rechtsgelehrſamkeit, und es bedurfte königlicher
Befehle, um junge Layen, die Staatsbedienungen be-
kleiden wollten, zum Studium derſelben zu ermuntern.
Die Verbindung oder vielmehr Vermiſchung des geiſtl.
und weltl. Rechts war eine natürliche Folge; zumahl da
der angenommene Codex einigermaſsen ſelbſt darauf führte:
doch war zu Paris ein Hofrichter, an den die ſtreitenden
Parteyen appelliren konnten, der dann die Prozeſſe im
Namen des Königs entſchied. So wie in andern europ.
Ländern, alſo auch in Frankreich, bediente man ſich noch
weit in dieſen Zeitraum herein bey verwickelten Streitigkeiten der ſogenannten Gottesurtheile, um ein
Endurtheil fällen zu können. K. Ludwig der 9te (von
1226 bis 1270) ſchafte ſie nicht allein ab, ſondern machte
auch noch andere Reformen. Er lies die Inſtitutionen
ins Franz. überſetzen; und man erklärte ſie öffentlich
in allen Provinzen: aber Geſetzeskraft hatten ſie nur in
den Landſchaften des geſchriebenen Geſetzes: diejenigen,
die nach beſondern Gewohnheiten regiert wurden, nahmen
ſie nur in ſolchen Fällen an, wo ſie dem Herkommen
nicht widerſprachen. Ludwig lies auch ſeine in beſondern
Fällen ergangenen Verordnungen ſammlen, unter dem
Titel: Etabliſſements de St. Louys (— ſuivant le
texte original et rendus dans le language actuel, avec
des notes etc. par M. l'Abbé de St. Martin. à Paris
1786. 8.).

Das allgemeine Studium des Juſtinianiſchen Rechts
wurde dadurch gehemmt, daſs Papſt Honorius der 3te
zu Anfang des 13ten Jahrhunderts die Vorleſungen über
daſſelbe auf der Univerſität zu Paris verbot. Erſt durch
eine 1679 ergangene Verordnung Ludewig des 14ten
wurden die dortigen Lehrer wieder in den Stand geſetzt;

das bürgerliche Recht vorzutragen. Während deffen langen Verbannung blühte zu Paris das Studium des kanonifchen Rechts defto mehr: es erhielt oft fogar den Vorzug vor der Theologie. Der Aufenthalt der Päpfte zu Avignon trug viel dazu bey. Unterdeffen wurde das bürgerliche Recht doch auch auf mehrern franz. Univerfitäten eifrig ftudirt.

Placentinns aus Montpellier, nach andern aus Piacenza, († 1192) ftudirte Jurisprudenz zu Bologna, und errichtete zu Montpellier eine jurifliche Schule und ftarb auch dafelbft, nachdem er auch eine Zeit lang zu Bologna gelebt hatte. Er fchrieb einen Auszug aus den Inftitutionen, einen Kommentar über den Titel von den Rechtsregeln und 6 Bücher über die Actionen: It. fummam inftitutionum II. 4. eiusd. de varietate actionum II. 6. Mogunt. 1537. fol.

7.

In den meiften Ländern Teutfchlands wurden in dem 2ten Jahrh. die Befolgung gefchriebener Gefetze immer feltener. Die Entfcheidung der Rechtshändel blieb immer mehr der Willkühr der Richter überlaffen; und erft damals fchlich fich das Recht des Stärkern und die Ordalien in die Gerichtshöfe ein. Dies dauerte bis gegen Ende des 13ten Jahrhunderts. Endlich als die kaiferl. oberfte Gerichtsbarkeit immer weniger geachtet wurde, als die Fürften neben den kaiferl. Vögten ihre eigenen Beamten anftellten, die Städte ihre Obrigkeiten wählten, und mitten in der Anarchie jeder das Bedürfnifs der Ordnung fühlte, fieng man an, die bisherigen Gewohnheitsrechte (Weisthümer, Praejudicia) aufzuzeichnen, nach den römifchen Rechten zu verbeffern und einzurichten und mit den neuen kaiferlichen Verordnungen

zu vermehren. So entſtanden die Land- und Stadtrechte, worinn Geſetze und Strafen ſehr gunau beſtimmt waren. Im 14ten Jahrhundert bekam das Juſtinianiſche Geſetzbuch volle Rechtskraft. Die Teutſchen
ſtudirten es auf ausländiſchen Univerſitäten, und bald genug wurde es auch auf vielen einheimiſchen gelehrt.
Es erhielt in Teutſchland dieſelbe Achtung, wodurch es in
Italien ſo hoch emporgekommen war. Die Kaiſer wähnten,
als Nachfolger Juſtinians, zu deſſen Aufnahme und Erhaltung verpflichtet zu ſeyn, und wählten geſchickte Italieniſche Juriſten zu ihren Räthen. Die Rechtsgelehrten
machten ſchon am Ende des 14ten Jahrhunderts einen
Stand aus, der gleiche Ehre mit dem Adel genoß und
dieſen von den angeſehenſten Stellen verdrängte.

Dem römiſchen oder Civilrecht wurde auch in Teutſchland das kanoniſche beygeſellt. Die vielen geiſtlichen
Fürſten in dieſem Lande, welches aufferdem in ſehr
enger Verbindung mit Italien ſtand, der mächtige Einfluß
des Papſtes und die Bigotterie des groſsen Haufens, ver-
ſchafften dem kanoniſchen Rechte einen ſtillſchweigenden
Vorzug. In allen Land- und Stadtrechten wurde Rückſicht
darauf genommen; und ſchon in der Mitte des 13ten Jahrh.
beſchäftigten ſich Teutſche mit deſſen gelehrten Bearbeitung; z. B. Joh. Semeca, auch Teutonicus genannt,
Domprobſt zu Halberſtadt († um 1268) ſah die Gloſſen über
Gratians Decret durch, ordnete ſie und ſetzte vieles zu;
Barthol. v. Breſcia verbeſſerte und bereicherte dieſe
Arbeit; und ſo ſteht ſie im Corpus iur. canonici.

In Lehnſachen wurde nach dem Herkommen, nach
den zwiſchen Lehnherrn und Vaſallen gemachten Verträgen
und nach den wenigen Lehngeſetzen Lothar des 2ten, Friedrich des 1ten u. 2ten geſprochen. Im 13ten Jahrh. veranſtalte-
ten Privatperſonen Sammlungen der Lehngeſetze, die wegen

ihrer grofsen Braüchbarkeit allgemeines Anfeben bekamen.
Die älteſte ift wahrſcheinlich von einem Italiener (vetus
auctor de beneficiis; in Senkenberg, Corp. iur.
Germ. T. 2. P. 2. p. 191. fqq.). Sie wurden, vermuthlich
von Epko von Repgow, beynahe wörtlich ins Teutſche
überfetzt und als ſächſiſches Lehnrecht bekannt
gemacht. Nicht lange nachher erſchien das Schwä-
biſche Lehnrecht, welches ſich durch Vollftändigkeit
und Beſtimmtheit der Begriffe auszeichnet. Schilteri
Codex iur. Aleman. feud. Argent. 1728. fol. auch in
Senkenberg l. c. T. 2. P. 2. p. 1 fqq. Vergl. E. J.
Weſtphal oben S. 41,

　. Das teutſche Privatrecht fängt mit Aufzeichnung
der Stadtgewohnheiten oder Statuten an, erft
in lateiniſcher, nicht lange nachher aber in teutſcher Sprache.
Es wurden ihrer mit jedem Jahrh. mehrere. Die älteſten find die von Soeft (in Emmingshaus Memorab.
Suſat. p. 101 — 119; und in Haeberlins Anal. med. aev.
p. 507 — 532) und Freyburg in der Schweitz (in
Schoepflini Hift. Zaringo-Bad. T. 4. Nr. 8.). — Der
Uebergang zu den Landrechten war ganz natürlich.
Epko (d. i. Heinrich) von Repgow, ein ſächſiſcher
Edelmann und Vafall des Fürſten von Anhalt, in der
erften Hälfte des 13ten Jahrhunderts, fammlete das ſäch-
ſiſche Landrecht unter dem Titel: Sachfen-
ſpiegel *). Er legte dabey die teutſchen oder ſächſiſchen
Gewohnheitsrechte, das ältere Magdeburgiſche Weichbild
(ſchon berühmt im 12ten Jahrh. und im 14ten ſehr erweitert), hier und da auch die Fränkiſchen Kapitularien
zum Grund; und bediente ſich dabey der lateiniſchen
Sprache, überfetzte aber hernach das Werk ins Teutſche.

---

　*) Spiegel war ein Modetitel im Mittelalter. Man ver-
: ſtand darunter jede deutliche Vorſchrift des Verhaltens.

Darüber wurde das lateinifche Original vergeffen, und
in den folgenden Zeiten überfetzte man jene teutfche,
Ueberf. in die neuere teutfche Sprache, aber nicht eben
glücklich. Man überfetzte fogar die alte teutfche Ueberf.
wieder ins Lateinifche. Auch ohne kaiferliche Beftätigung,
erhielt der Sachfenfpiegel nicht allein in Meiffen, Thüringen und dem nördlichen Teutfchland, fondern auch in
der Laufitz, in Schlefien, Böhmen, Mähren, Polen und
Preuffen gefetzliche Kraft. Von 22 verfchiedenen Ausgaben giebt Nachricht Karl Wilhelm Gärtner in der
Vorrede zu feiner Ausgabe Leipz. 1732. fol. Es gab
auch Gelehrte, die über den Sachfenfpiegel Gloffen fchrieben; der berühmtefte ift Burkhard von Mangel-
feld. Vergl. Ayrer de aetate fpeculi Saxonici, fpeculo
Suevico antiquioris. Goett. 1742. 4. — Das fchwäbi-
fche Landrecht wurde um 1282 von einem Ungenannten gefammlet und heifst, wiewohl nicht ganz paf-
fend, der Schwabenfpiegel. Der Verf. felbft hat
fein Werk Landrechtsbuch oder ius provinciale
Alemannicum betitelt. Er fcheint den Sachfenfpiegel
zum Grund gelegt und nur deffen Hauptfätze näher auf
die Denkart, Sitten und Gebräuche der Schwaben und
Bayern angewandt zu haben. Er hat manches aus dem
römifchen und kanonifchen Recht eingemifcht, auch aus
den alten bayrifchen und fchwäbifchen Gefetzen einiges
beybehalten und eigene Weisheit hinzugethan. Der
Spiegel hatte, auch ohne kaiferliche Beftätigung, Gefetz-
kraft im füdlichen Teutfchland und in der Schweitz. Die
bis jetzt befte Ausgabe rührt her von Hieron. van
der Lehr; in dem 2ten B. des Senkenberg-Königs-
thalifchen Corporis iur. Germ. Die Probe einer noch
beffern Ausgabe von B. G. Walch fteht in Meufel's
hift. litter. Magazin Th. 1, und 3. Vergl. J. G. Gonne

de commento fpeculi Suevici nec non iuris Suevici f. Alc-
mannici. Erlang. 1753. 4. — Viele andere Provinzial-
und Stadtrechte entſtanden in dieſem Zeitraume; zum
Theil geſammlet in A. F. Schott's Sammlungen zu den
teutſchen Stadt- und Landrechten. Leipz. 1772—1775.
3 Bände 4. und in K.|F.]Walchs vermiſchten Beyträgen
zu dem teutſchen Recht. Jena 1771—1794. 8 Bände 8.

Das Kaiferrecht ſammlete ein Ungenannter um
1300 aus den Reichsſatzungen, dem Ritterrecht, dem
röm. und kanoniſchen Recht, in 4 Büchern. Bey welchen
Gerichten es gebräuchlich war, läſt ſich nicht genau beſtimmen. Den Sachſen ſcheint es unbekannt geweſen zu
ſeyn. Beſte Ausgabe in Senkenberg's Corp. iur.
Germ.

Das Staatsrecht war bis auf Karl den 4ten blos
Gewohnheitsrecht und ſo ſchwankend, daſs die Reichsver-
faſſung immer darunter leiden muſste. Dieſem Uebel ſuchten die Kurfürſten durch den Kurverein 1338 abzuhelfen;
dann durch die Concordaten der teutſchen Nation mit
dem Papſt 1448; auch durch die Reichsabſchiede wurde
die Verfaſſung des teutſchen Reichs näher beſtimmt. Das
erſte Grundgeſetz aber erhielt dieſer Staat im J. 1356.
durch die ſogenannte goldene Bulle (vergl. J. D. v.
Olenfchlager's neue Erläuterung der güldenen Bulle
Kaiſer Karls des 4ten. Frankfurt und Leipzig 1766.
4.) Der erſte Staatsrechtsſchriftſteller war Peter von
Andlö (um 1460.) Er ſchrieb mit einer, damals ſeltenen
Freymüthigkeit, aber auch mit einer Menge irriger Vor-
ſtellungen aus der Geſchichte, eine Art von theoretiſcher
Abhandlung des teutſchen Staatsrechts unter dem Titel:
De imperio Romano-Germanico libri duo (ex edit. Marqu.
Freheri, Argent. 1612. 4.) Seine Quellen waren die

Bibel, die Gefetzbücher des Römifch - Juftinianifchen u.
päpftlichen canonifchen Rechtes, die Gloffen über diefe
Rechte, und die goldene Bulle. Vergl. Pütter's Litt,
des teut. Staats-Rechts. Th. I, S. 77—88.

8.

In England gewann die Rechtsgelehrfamkeit fehr
und bildete fich fo aus, dafs in den folgenden Zeiten nicht
viel hinzuzufetzen war. K. Heinrich der 2te theilte 1176
das Reich in 6 Kreife, welche jährlich dreymahl von
königlichen Richtern (Juftices in Eyre: Juftitiarii
itinerantes) bereifet wurden, um Civil- und Crimi-
nalfälle in der letzten Inftanz zu entfcheiden. Eine noch
fortdauernde Anftalt! Durch die Magna Charta (1215)
wurde die Nation in ihren Privatrechten und Privatftrei-
tigkeiten unabhängiger vom Hofe. Ordalien und gericht-
liche Zweykämpfe verlohren fich nun, und die Gefchwor-
nen wurden gewöhnlich. Unter Eduard des 1ften Regierung
(1272—1307) bildete fich eigentlich das Englifche gemeine Recht (common law) oder Landrecht aus. Es befteht theils aus den allgemeinen alten Gewohnheitsrechten,
und den vor 1189 gegebenen Statuten, gefetzl. Verordnungen und den Parlamentsfchlüffen feit Richard dem 1ften,
theils aus ältern gerichtlichen Entfcheidungen; auch ift
das Römifche Recht benutzt worden. Denn obgleich deffen Einführung, womit Heinrich der 2te und mehrere
Könige umgiengen, grofsen Widerfpruch fand und vereitelt wurde; fo lehrte es doch fchon um 1150 Vacarius
zu Oxford mit vielem Beyfall, und fchrieb in England das
erfte juriftifche Kompendium. Häufig nahmen die Richter
in zweifelhaften Fällen Rückficht darauf. Vergl. Gatzert.
l. c. Zeitr. 4. Nr. XIV. 11.

Sehr bemerkenswerth ift das, für die Gefchichte der
Menfchheit und des Mittelalters noch nicht genug benutzte
Gefetzbuch von Wales, unter dem Titel der Gefetze
des Königs Hoel Dha oder des Gütigen.
Wilhelm Wotton unternahm, mit Hülfe eines welfchen
Geiftlichen, Mofes Wilhelm, eine vollftändige Aus-
gabe deffelben, ftarb aber über der Arbeit, die dann
Wilh. Clarke, ein Rechtsgelehrter, zu Stande brachte
und unter diefem Titel edirte: Cyfreith Jen Hywel
Dha ac Erail, i. e. Leges Walliae ecclefiafticae et ci-
viles Hoeli Boni et aliorum principum. Lond. 1730. fol.

XV. Zuftand der theologifchen Wiffenfchaften.

I.

Die theologifchen Wiffenfchaften lagen im Anfange
diefes Zeitraums durch Unwiffenheit und Aberglauben
faft gänzlich darnieder. Die Anwendung der fcholaftifch-
philofophifchen Spitzfindigkeiten auf diefe fchien ihnen
zwar in der Folge etwas aufzuhelfen, war aber im Ganzen,
obgleich die Bildung der Dogmatik in fyftematifcher Hinficht vollendet wurde, nur von geringem Gewinn. Zum
Theil wirkten auch die Kreuzzüge zum Verfall der Theologie. Noch fchädlicher wurden ihr die, befonders feit
dem 13ten Jahrh. vervielfältigten Mönchsorden, vorzüglich die Bettelmönche, die fich unglaublich fchnell verbreiteten. Durch fie wurde die letzte Spur der alten
Kirchenzucht vertilgt; durch fie wirkten die Päpfte auf
Könige und Unterthanen mit gleich glücklichem Erfolg,
und verdüfterten die Köpfe der Chriften noch ärger, als
vorher; durch fie fetzte der römifche Hof der ihm gefährlich
werdenden Unabhängigkeit der Univerfitäten Gränzen und
herrfchte felbft über das weite Gebiet der Gelehrfamkeit, die

den gröſsten Theil dieſer Zeit hindurch blos adoptirtes Kind
der Scholaſtik war. Es fehlte indeſſen doch nicht ganz
an Verſuchen, hellere Begriffe in die Religionswiſſen-
ſchaft zu bringen. Schon Bernhard von Clairvaux
hatte in der erſten Hälfte des 12ten Jahrh. aus der Bibel
und den ältern Kirchenlehrern über manche Religionslehren viel richtigere Einſichten geſchöpft, als der groſse
Haufe der Theologen vor und nach ihm. Sein ſchimmern-
der Witz und der beſtändige Einklang von biblifchen
Ausſprüchen gaben feinen Gedanken mehr Gewicht, als
andere den ihrigen durch ſtrenge Beweiſe zu geben ver-
mochten. Indeſſen blieben ſie doch für die Wiſſenſchaft
ſelbſt fruchtlos, weil ſie bey den angeſehenſten Gelehrten
dieſer Zeit, den Scholaſtikern, deren eifrigſter Gegner er
war, keinen Eingang fanden. Ueberhaupt hätten Materien,
die für die ganze chriſtl. Menſchheit unläugbar wichtig
waren, nicht in gelehrten Werken und auf den Kathedern
abgehandelt werden müſſen. Daher hatte auch die auf
Univerſitäten erzeugte und genährte Freymüthigkeit ſo
wenig Einfluſs in das Glück der Welt. Ehrgeitz und Eigen-
nutz waren die Haupttriebfedern der Univerſitätsdiſpüten,
welche ſtatt Licht zu verbreiten, vielmehr Finſterniſs her-
vorbrachten, die beſſern Kenntniſſe verdrängten, und die
geiſtloſe Dialektik zur Königin aller Wiſſenſchaften erhoben. Viel gemeinnütziger werden die Reformen der Wäl-
denſer (im 12ten Jahrh.) Joh. Wiclef's († 1387)
und Joh. Huſſens († 1415) geworden ſeyn, wenn
ihre Wirkſamkeit nicht durch Feuer und Schwerd wäre
gehemmt worden. Indeſſen bahnten ſie doch dem groſsen
Werke der Reformation, womit der letzte Zeitraum beginnt,
den Weg.

2.

Die Gefchichte der Exegefe und Hermeneutik enthält wenig einladende Refultate. Griechenland hat nicht einen einzigen berühmten Exegeten aufzuweifen, und im Abendlande fehlte denen, welche die heil. Schrift auslegen wollten, gewöhnlich Kenntniß der ebr. und griech. Sprache, der Gefchichte und Alterthümer. Es wurde für unerlaubt gehalten, ja fogar verboten, ebräifch von den Juden, die es allein verftanden, zu lernen, und im Griechifchen Unterricht zu erlangen, koftete, vor der Eroberung Konftantinopels durch die Osmannen, auch viele Mühe. Man fammlete oder verfuchte moralifch-myftifche, tropologifche und anagogifche Deutungen: nur daß man vom 12ten Jahrh. an auf eine feinere Art dabey verfuhr, weil die Scholaftiker, um fich über den Schwarm der Sammler zu erheben, ihre Dialektik zu exegetifchen Subtilitäten nutzten. Defto abgefchmackter verfuhren die Myftiker, um ihre fchwärmerifche Weisheit auf die Bibel zurückzuführen. Im 14ten Jahrh. trieben Myftiker und Scholaftiker ihr altes Spiel fort, und allein Lyra wagte es, einen andern Weg einzufchlagen. Das 15te Jahrh. berechtigt, wenn gleich die alten Methoden blieben, zu beffern Hoffnungen, weil das Sprachftudium zu blühen begann, und der kühne Valla mit feinem Beyfpiel vorleuchtete. Doch drohten der Hermeneutik und Exegefe neue Feffeln, durch die von Gerfon im Geifte des ftrengen Katholicismus entwickelten hermeneutifchen Grundfätze, deren Alleinherrfchaft in der Kirche noch glücklich durch Luther'n vorgebeugt wurde. Durch die damahls entftandenen Concordanzen, fo wenig fie auch fonft der Auslegung Gewinn brachten, ward man doch darauf aufmerkfam gemacht, den biblifchen Sprachgebrauch in dogmatifch-moralifcher Hinficht aus Parallelftellen zu erläutern. Am

, verdien-

verdienteſten machten ſich gegen' das Ende dieſes Zeitraums diejenigen, welche die Bibel, wiewohl unverſtänd-
lich genug, in die Landesſprache überſetzten: obgleich
der Zweck ihrer Bemühungen durch das Concilienverbot,
daſs Layen die Bibel nicht leſen ſollten, vereitelt wurde.
Für die Homileten war indeſſen auch dadurch geſorgt,
daſs für ſie ein Commentar über die Perikopen da war,
der ihnen zeigen konnte, wie ſie ihren Text moraliſch-
myſtiſch anwenden ſollten. Von ſolchen Producten hatte
dieſe Periode mehrere aufzuweiſen.

. Der Benedictiner Rupert aus dem Lüttichſchen,
Abbt zu Deutz bey Cöln († 1135), ſchrieb Commentarien
über das ganze A. T. und über einige Bücher des neuen,
wie auch mehrere theologiſche, meiſtens polemiſche Schriften. Opera. Mogunt. 1631. fol. — Hugo von St.
Victor (ſ. oben IX. 5.) verfertigte eine Einleitung in die
heil. Schrift und Erklärungen mehrerer Bücher des A. T. —
Stephan von Langtoun in Schottland, Erzbiſchof zu
Canterbury († 1228) ſchrieb, auſſer vielen theol. Schriften
und einer Lebensbeſchreibung des K. Richard, Commentarien über viele bibl. Bücher und theilte ſie in Kapitel
ab, wie ſchon lange vorher die Griechen gethan hatten. —
Hugo de S. Caro, von Vienne, ein Dominikaner († 1262),
revidirte die Bibel und bemerkte am Rande die Lesarten
aus ebr. griech. und latein. Handſchriften, die zur Zeit Karl
des Groſsen waren geſchrieben worden. Die aus 4 Folianten
beſtehende Handſchrift ſoll noch in Paris liegen. Ferner
ſchrieb er einen Commentar oder Poſtillen über die ganze
Bibel und verfertigte mit mehrern Gehülfen eine bibl. Concor-
danz, worinn aber nur die Wörter, die ſich decliniren laſſen,
geſammlet ſind. — Von Nik. Lyranus ſ. oben VI. 8. —
Joh. Charlier oder Gerſon (ſ. oben IX. 5.) war ein
ziemlich guter Ausleger, nur zu ſehr der Myſtik ergeben

Seine exeget. Schriften füllen den 4ten B. feiner Werke. — Alphonſus Toſtatus aus Mädrigal (geb. 1400 †geſt. 1455), Bifchoff zu Avila, zeichnete ſich vor feinen Landsleuten vortheilhaft aus durch Sprachgelehrſamkeit und Kenntniſſe in der Theologie, Jurisprudenz und Philoſophie. Seine meiſten Schriften ſind exegetiſch und in den erſten 24 Bänden feiner Werke (V.enet. 1728. 27 Voll. fol.) enthalten.

3.

Die Form der Dogmatik war ganz auf das Intereſſe der Hierarchie berechnet; und ſie wurde in diefe Form mit einer folchen Confequenz hineingebildet, daſs fie als Syſtem, allen Angriffen trotzen zu können fchien. Die 3 Hauptquellen diefes Syſtems wurden während diefer Zeit zuſammengeleitet. Myſtik und Patriſtik gaben den Stoff her, den die Dialektik verarbeitete. Anfangs hörte man wohl noch auf die Stimme der poſitiven Theologen und ihr Einfluſs bewirkte eine gemiſchte Lehrart, die durch Peter den Lombarden bald kirchlich wurde. Sie bereicherten die Theologie nicht, fondern hielten ſich ſtreng an die Kircheulehre, die ſie aus den Schriften der kirchlichen Orakel oder aus dogmatifchen Sammlungen ſchöpften, und dadurch dem Geiſt der Nachbeterey eine feſte Stütze gaben. Sie beſtritten die Anmaaſungen der Dialektik, und erſt durch den genannten Lombarden wurden ſie wieder mit ihr ausgeföhnt, fo dafs die Freunde feiner Lehrart jetzt den Namen poſitive Theologen oder Senfentiarii erhielten. Jene andere nannte man nunmehr biblifche Theologen, weil ſie von der Dialektik nichts wiſſen wollten, und eben darum auch gering gefchätzt wurden. — Die berühmteſten Myſtiker waren zugleich dialektifche Theologen, und nur diefe find für die Gefchichte der Dog-

matik wichtig, weil die bloßen Myftiker fich faft nur durch
ihre religiöfen Schwärmereyen auszeichneten.

Dem Orient gebührt zwar der Ruhm, die erfte
fyftemartige Dogmatik aufgéftellt zu haben (Zeitr. IV.
XV. I.); aber an Vervollkommnung derfelben wurde auch
nicht weiter gedacht, weil man auf das Mangelhafte derfelben
nicht aufmerkfam gemacht und weder auf polemifche noch
andere Veranlaßung vermocht wurde, durch neue Materialien dem Mangel abzuhelfen oder Lücken auszufüllen.
Man verfertigte zwar einige dahin gehörige Werke: aber
die davon vorhandenen Notitzen geben fo wenig über die
Methode als über das Eigene derfelben Auffchlufs. Der
Einfluſs der orientalifchen Dogmatik in die occidentalifche
war überhaupt fehr wenig bedeutend.

Der erfte Verfuch eines dogmatifchen Syftems für den
Occident fällt gegen das Ende des 11ten und den Anfang des 12ten Jahrhunderts. Als erfter Verfuch mufste
er entfchiedenen Einflufs in alle folgende haben; und in
fo-fern ift Hildebert für die Gefchichte der Dogmatik
fehr wichtig. Er war einer der fleiffigften Schriftfteller
feiner Zeit und zwar in mehrern Fächern. Von ihm als
Philofophen f. oben IX. 5, und als Dichter X. A. 10. Unter den theologifchen Schriften gehört aber vorzüglich
hierher der Tractatus theologicus (in feinen oben
angeführten Werken). H. legte dabey einigermafsen Ifidor's
Sammlung zum Grunde: Auguftin aber ift fein Haupt-
führer; damit verbindet er die Autorität der Bibel, die er
im Geifte des Zeitalters erklärt. Dabey werden die verfchiedenen Meynungen der Theologen angeführt und dabey viele fubtile Unterfuchungen angeftellt. Diefelbe
Ordnung, die H. den Religionslehren gab, und diefelbe
Methode des Vortrags nahm hernach Peter der Lombarde
an, und nach diefem behielten fie alle deffen zahllofe Com-

mentatoren. Alſo Form und Zuſchnitt empfieng die ſcholaſt. Theologie vonHildebert, innern Gehalt aber vonNachfolgern durch ſtärkere Ausbreitung der Philoſophie, beſonders der Ariſtoteliſchen und Arabiſchen; beyde kannte H. noch nicht. Abälard (ſ. oben IX. 5.) war es, der dieDialektik vollſtändig in die Theologie einzuführen und ihre problematiſche Behandlungsart zur herrſchenden zu erheben ſuchte, indem er den erſten Verſuch machte, die wirklichen Dogmen zu einem philoſ. Lehrgebäude zu verarbeiten. Poſitive und myſtiſche Theologen ſtellten ſich, ſo gut ſie konnten, der Dialektik entgegen, und bewirkten dadurch eine gemiſchte Lehrart, die als die eigentliche ſcholaſtiſche betrachtet werden kann und das Intereſſe beyder Parteyen zu befriedigen ſuchte. In dieſem Streite gewann ſelbſt die poſitive Theologie mehr innere Haltbarkeit, weil ihre Sätze mehr geordnet und verarbeitet wurden, indem ſelbſt ihre Vertheidiger ſich der dialektiſchen Methode bedienen mußten, um ihren Gegnern beſſer beyzukommen.

Der heil. Bernhard, Abbt zu Clairvaux (geb. 1091. geſt. 1153), der ſich mit ſeinem Anſehen dieſem Verfahren nachdrücklich widerſetzte, verband poſitive Theologie und Myſtik. Dies that auch Hugo von S. Victor, der ſich nicht minder als ein Feind der Dialektik betrug, aber dennoch ihrer zur Widerlegung ſeiner Gegner ſich bediente. Von ſeinem Hange zur Myſtik finden ſich häufige Spuren in ſeinen Schriften, und ſein Werk von den Sakramenten iſt in Hinſicht auf den Inbegriff der kirchlichen Sätze beynahe vollſtändiger und zuſammenhängender, als Lombard's Sammlung. Hugo trug viel dazu bey, eine aus poſitiver und dialektiſcher Methode gemiſchte Lehrart zu bewerkſtelligen. Dies thaten auch einige andere; und die poſitive Theologie könnte ſich immer noch neben der dialektiſchen aufrecht erhalten, als Peter der Lombarde durch feine Sentenzen ein neues Syſtem aufführte, das beyde vereinigen follte (f. davon fchon oben IX. 5.). Es war voll- ſtändig, enthielt die Materialien geordnet, und diente als Vor- rathskammer aller theol. Gelehrſamkeit. Es gefiel denen, die ihre Dialektik in der Theologie anbringen wollten, und auch denen, die ihr die poſitive Lehrart vorzogen. Dies erkennt man unter andern auch daraus, daſs faſt zu gleicher Zeit das Lehrbuch Roberts Pulleyn, eines Engländers, erfchien, der zu Paris Theologie lehrte und zuletzt Kardinal und Kanzler der römifchen Kirche war († vor 1147). Es iſt betitelt: Sententiarum L. 8. (ſtudio Hugonis Mathoud. Paris. 1655. fol.) und über- trifft an Vollſtändigkeit und Ordnung andere Sammlungen, iſt aber zu fehr nach der dialektifchen Methode eingerichtet, indem alle Sätze problematifch abgehandelt werden. Dabey legt P. patriſtifchen Autoritäten zu viel Gewicht bey, um den heil. Bernhard für fich zu gewinnen.

Lombard's Anfehen ſtieg bald noch höher, als ein Streit über feine Lehrart entſtand, in welchem feine Ver- theidiger obfiegten. Eine Folge davon war, daſs feine Methode bald allgemeiner, und daſs felbſt über fein Lehr- buch commentirt wurde. Peter von Poitiers, fein Schüler, Prof. der Theol. zu Paris, hernach Kanzler der dortigen Univerfität und zuletzt Erzbifchoff zu Embrun († 1205), fchrieb ein neues Lehrbuch (Diftinctiones f. fententiarum L. 5.; opera H. Mathoud. Paris. 1655. fol.) nach Lombard's Grundfätzen, jedoch mit dem Eige- nen, daſs er mehr Gebrauch von der Dialektik machte. Walter von S. Victor und andere traten gegen ihn auf: aber ihre Vertheidigung der pofitiven Lehrart wirkte fo wenig, daſs diefe fich nur in fo fern erhielt, als fie dem Lehrbuche Lombard's zum Grunde lag. Die neuen Dia- lektiker giengen immer weiter, und bewirkten allmählig

eine Veränderung in der fcholaft. Methode, wobey zwar
ihre Grundlage blieb, aber in den Auffenwerken fo viel
geändert wurde, dafs man mit dem J. 1230 eine neue
Periode der fchol. Lehrart annehmen kann; die Periode
ihrer Verfeinerung oder vielmehr ihrer Verfchlimmerung,
Lombard's Lehrbuch blieb und ohne etwas an der pofitiven
Grundlage feines Syftems zu ändern, fuchte man nur in
der dialektifchen Methode nachzuhelfen; welches dann,
mit mehr oder weniger Glück gefchah. An der Spitze
der Scholaftiker. diefes 2ten Zeitalters fteht Alexander von Hales (f. oben IX. 5.), der allen folgenden
zum Mufter diente. Er trägt die Gründe für und wider
in fyllogiftifcher Form vor, und läfst dann die Autorität des
Ariftoteles und der Kirche entfcheiden. Indeffen wurde
auf die letzte immer weniger gefehen; fie mufste der
Syllogiftik nachftehen; und eben dies beftimmt den Charakter der Theologie diefes 2ten Zeitalters. Auffer den Schriften jenes Alexanders können die Werke Albrechts
des Grofsen, Bonaventura's und Thomas von
Aquino (f. oben IX. 5.) als Hauptbeweife gelten. Alle.
Bücher aus diefer Periode gleichen fich im Inhalt und in
der Anlage, fo dafs Abweichungen feltene Ausnahmen find.
Nur in der gröfsern oder kürzern Ausführung der Materien und in der Anordnung und Stellung der einzelnen
Sätze find fie von einander unterfchieden. Hier entwickelten,
fich die Folgen der dialektifchen Methode in ihrem ganzen
Umfange. Alle Sätze wurden in Fragen zerlegt, und die
ganze Metaphyfik mit der Theol. in Verbindung gebracht.
Man verlohr darüber die pofitive Grundlage des Syftems
aus den Augen; fo einen ganz dialektifchen Anftrich hatte
es in den Grund- und Nebenfätzen erhalten. Indeffen wurden dadurch diefe Sätze einander näher gerückt, und eben
dadurch die fyftematifche Geftalt der Dogmatik vervoll-

kommnet. Im 3ten Zeitalter erfolgte der im 2ten vor-
bereitete Verfall der dialektifchen Theologie. Es trat nun
eine zahllofe Menge von Commentatoren über Lombard'en
auf, die unter dem Namen der Sententiarier immer denfelben Ton wieder anftimmten. Thomiften und Scotiften,
Eklektiker und Occamiften oder Nominaliften, fuchten
einander in Subtilitäten, die durch den barbarifchen Ausdruck noch unerklärlicher wurden, zu übertreffen. Zeugen
find die Schriften Durand's (f. oben IX. 5.), Peters
Oriol's oder Aureolus († 1328), Joh. Baco's oder
Bacondorp's († 1346), Peter's Paludanus oder
de la Palu († 1342), Adam's Goddam († 1344 oder
1358), Robert's Holkot († 1349), Gregor's von
Rimini († 1358), Alphonfens de Vargas († 1359),
Joh. Capreolus († 1444), Nicol. de Orbellis
(1455), Wilhelm's Vorillon († 1464), Dionyfens
de Leewis oder von Rickel († 1471), G. Biel (f.
oben IX. 5.). Uebrigens kann es diefer Periode als Verdienft angerechnet werden, dafs in ihr die erften Verfuche
gemacht wurden, die Theologie von der Philofophie abzu-
fondern. Peter d'Ailly (f. oben VIII. 5.) wagte es
zuerft; aber er behielt noch die dialektifche Methode
bey und unterfcheidet nicht genug die philof. u. theol.
Materien. Dagegen verdient Raymund de Sebonda
oder Sabunda, Prof. der Medicin, Phil. u. Theologie
zu Touloufe († 1432) als Erfinder der natürlichen
oder philof. Theologie genannt zu werden, indem
er fie zuerft als eigene Wiffenfchaft vortrug und von der
Offenbahrungstheologie abfonderte. Seine Theologia
naturalis, die bald Liber creaturarum f. de ho-
mine, bald Viola animae, bald de natura homi-
nis betitelt wird, ift fehr oft gedruckt; z. B. Amfterd.
1661. 8.

4.

Die griechifchen Polemiker blieben bey ihrer alten Weife; fie vertheidigten alles mit Zeugniffen der Kirchenlehrer und der Kirchenverfammlungen; von der Bibel wufsten fie keinen Gebrauch zu machen; überhaupt erklärten fie ihre Meynungen felten ganz deutlich, fondern ftritten mit feinen Diftinctionen über Terminologie, nicht um der Wahrheit näher zu kommen, fondern um ihre Gegner zum Stillfchweigen zu zwingen. Auffer den fortdauernden ekelhaften Streitigkeiten mit der lateinifchen Kirche, befchäftigten fie fich hauptfächlich mit Vertheidigung der chriftl. Religion gegen die Araber, und arbeiteten auf ihren Concilien in der erften Hälfte diefes Zeitraums an der Vertilgung der Schwärmer, die man Euchiten oder Bogomilen nannte. Die etwas beffern griech. Schriftfteller diefes Faches find: Kaifer Joh. Kantakuzenus († nach 1375) der nach Niederlegung der Krone im Klofter eine Apologie der chriftl. Religion gegen die Muhamedaner in 4 Büchern fchrieb. (Gr. et Lat. a Rodolpho Gualthero. Bafil. 1543. fol.) — Theophanes, Bifchoff zu Nicaea (um 1347) bewies die Wahrheit des Chriftenthums gegen die Einwürfe der Juden in einem Werke, das betitelt ift: Uebereinftimmung des A. und N. T. — Simeon, Erzbifchoff zu Theffalonich († 1429) fchrieb ein gelehrtes Werk gegen die Ketzereyen, das noch jetzt im grofsen Anfehen fteht: Κατὰ αἱρέσεων καὶ περὶ τῆς μόνης ὀρθῆς τῶν χρισιανῶν ἡμῶν πίςεως etc. Εν Γιασίῳ τῆς Μολδεβίας 1683. kl. fol.

In dem Abendlande, war bey allen Kämpfen mit den Gegnern des Chriftenthums, doch noch kein Grund zur wiffenfchaftlichen Apologetik gewonnen worden. Es fchien, als wenn dies nur durch Einmifchung der Philofophie gefchehen könne; und in der That hatte man Urfache, dies zu hoffen, als gegen das Ende diefes Zeitraums gelehrte Platoniker und Ariftoteliker fich des Chriftenthums wider deffen Beftreiter annahmen. Marfilius Ficinus fah wohl ein, dafs man fich bey diefem Gefchäfte am beften der hiftorifchen Beweife bedienen könne, und er war es, der diefe, die fo lange verkannt waren, geltend zu machen fuchte. Mit der wachfenden Anzahl der Apologeten wur- de auch ihr innerer Gehalt fchlechter. Die meiften ver- liefsen den Weg der ruhigen Unterfuchung, hielten ihren Gegnern eine Menge von Diftinctionen entgegen, und fchimpften zum Theil fo arg, dafs jene fich lieber zurück- zogen. Bey Bekämpfung der Juden und Muhamedaner benutzte man fogar Verläumdungen und fabelhafte Sagen, um fie fowohl lächerlich als verhafst zu machen. Das 13te Jahrh. zeichnete fich indeffen vortheilhaft vor den übrigen aus, weil damahls ein angefehener Mann, Raymund de Penna forti (f. vorhin XIV. 5.), darauf drang, Juden und Mahomedaner durch Gründe, nicht aber durch Strafen und Läfterungen zu widerlegen. Bald folgten ihm meh- rere, erwarben fich Kenntnifs der ebräifchen und arabifchen Sprache, und bedienten fich befferer Waffen. Das nächfte Jahrhundert gieng hierinn fchon wieder rückwärts. Es entwickelte weniger die Beweisgründe, führte fie minder glücklich aus, und ftellte fie viel fchlechter dar. — Die Wiederherftellung der feinern Wiffenfchaften wirkte nicht fo vortheilhaft auf die Polemik, als man erwarten konnte. So fehr man auch einfehen mochte, dafs mit der alten Me- thode nicht auszukommen war; fo kam es doch nicht zu der fo nöthigen Revifion diefes Theils der Theologie. Der tiefe Verfall der Religion bewirkte einen gewiffen Indifferen- tifmus, der durch die ftärkere Mifchung verfchiedener Reli- gionsverwandten noch verftärkt wurde. Man fühlte wohl, dafs das tief gefunkene Anfehen des Chriftenthums einer neuen und beſſern Stütze bedürfe, und ſah ein, daſs man von ganz andern Grundſätzen ausgehen müſſe. Ficin u. Hieron Savonarola († 1498) machten ſich alſo verdient um die Polemik, da ſie ihrem Vorgänger in der freyern Denkart, Raymund de Sebonda (ſ. vorhin 3.) folgten. Dieſer hatte in ſeiner natürlichen Theologie viele Begriffe geläutert und in Umlauf gebracht, und vorzüglich auf die Bibel, als die Quelle der geoffenbarten Wahrheiten, hingewieſen. — Auſſer den ſchon erwähnten Polemikern bemerkt man noch folgende.

Moneta aus Cremona († nach 1233), Dominicaner und Profeſſor zu Bologna, ſchrieb ein wirklich gelehrtes Werk gegen die Katharer und Waldenſer (nunc primum edidit atque illuſtravit Th. A. Ricchinius. (Rom. 1743. fol.) — Raymund Martini aus Subirats in Catalonien († nach 1286), Dominicaner, beſaſs eine groſse Kenntniſs der ebräiſchen Sprache und ſchrieb in derſelben und in der lateiniſchen eine Schrift gegen die Mauren und Juden, die von andern fleiſſig benutzt worden iſt. (cum obſſ. Joſephi de Voiſin et introductione J. B. Carpzovii. Lipſ. et Francof. 1687. fol. — Thomas v. Aquino (ſ. oben IX. 5.) vertheidigte die Religion gegen die Heyden in einer Summe mit groſsem Scharfſinn (Burdigalae 1664. 8.).

5.

Im Morgenlande wurde die Bearbeitung der Moral bey den vielen kirchlichen Streitigkeiten ganz verſäumt: doch war der populäre Vortrag nicht ganz ſchlecht, und einige Geiſtlichen ſchrieben ziemlich gute Homilien.

Im Abendlande wurde die Moral, bey der faſt auſschlieſslichen Beſchäftigung mit der Dogmatik, ſehr ver-

nachläſſigt. An wiſſenſchaftl. Begründung der phil. Moral
war gar nicht zu denken, weil ſie in einem bloſſen Aggregat von Lehren de virtutibus et vitiis beſtand, und
die Dialektik ſich überdem mit der Moral nicht beſchäftigte.
Am traurigſten aber ſtand es um die populäre Volks-
moral; denn dieſe wurde ganz in der erbärmlichen Geſtalt,
wie im vorigen Zeitraume, fortgepflanzt. Dies beweiſen
alle dort herſtammende moraliſch-ascetiſche Schriften. Die
moral. Blumenleſe (Summa de ſugillatione vitiorum et commendatione virtutum, auch Ver-
bum abbreviatum genannt — c. nott. Greg. Galopini.
Montibus Hannoniae 1639. 4.) des Petrus Can-
tor, D. u. Prof. der Theol. zu Paris († 1180), iſt bey weitem die beſte moral. Schrift in dieſer Hinſicht, weil ſie
gröſtentheils doch aus der Bibel und dann aus Kirchen-
und Profanſcribenten gezogen iſt. Andere Schriftſteller
kämpften nur gegen die Sittenloſigkeit ihrer Zeit, ohne
auf die Moral ſelbſt Rückſicht zu nehmen. Gegen das Ende
unſerer Periode ſcheint es etwas beſſer zu werden, weil
man mit Ernſt auf Abſtellung der Misbräuche drang, um
der tiefgeſunkenen Moralität wieder aufzuhelfen. — Die
populäre Moral wurde zum Theil noch in der Sprache der
Bibel vorgetragen; aber darum konnte die bibliſche Moral
noch nicht auf ſie zurück wirken, weil dieſe eben ſo verdorben war. Die Quellen der bibliſchen Moral waren ganz
getrübt, und es konnte aus ihnen nur eine myſtiſche Moral abgeleitet werden, die ſo ausgeartet ſeyn muſte, wie
die Myſtik ſelbſt. Am meiſten beweiſen den tiefen Verfall
der bibliſchen Moral die ungeheuern Kompilationen über
den Dekalogus, die einen eben ſo deutlichen Beweiſs von
der elenden Beſchaffenheit des Bibelſtudiums, als der Moral,
liefern. — Die Scholaſtiker handelten ſie in der Dogmatik, und zwar nach derſelben Methode ab. Auguſtin's

Dogmatik war demnach Hauptquelle ihrer Moral. Dies
fieht man an dem Lehrbuche. Peter's des Lombarden, wo fie fchon in der Form vorgetragen ift, die fie
bey dem fteigenden Anfehen derfelben auch im Ganzen
behalten mufste. Auf die Definitionen der Tugenden und
Lafter läfst er bibl. u. patrift. Autoritäten folgen und fchliefst
dann mit dialektifchen Fragen und Beantwortungen derfelben, ohne in irgend einer Hinficht feinen Vortrag mit
Beweggründen zu unterftützen. Seiner Darftellung fehlt
ganz die Anlage zum Syftem, und fie ift nur dadurch merkwürdig, dafs fie der ganzen fcholaftifchen Moral zur Grundlage dient. Diefe Grundlage blieb, und fpäter hin wurde
ihr in fo weit nachgeholfen, dafs wenigftens die Errichtung
des Syftems dadurch vorbereitet wurde. Seine Commentatoren giengen freylich nicht über die von ihm gefteckte
Gränze hinaus: aber dagegen trat Thomas von Aquino
mit einem andern Werke hervor, und feine Autorität ent-
fchied für die Moral, fowohl in Anfehung des Umfanges,
als der Methode. Er baute die chriftl. Moral auf Principien der Ariftotelifchen Ethik, und folget dabey der pro-
blematifchen Methode, die alles in Fragen zerlegt und
auflöfst; wozu er dann bibl. und patrift. Belege fügt. Seine
Bearbeitung hat fchon einen allgemeinen und fpeciellen
Theil, und, abgefehen davon, dafs er die Wiffenfchaft
noch nicht von der Dogmatik trennt, verdient er immer
als Vater der wiffenfchaftlichen Moral betrachtet
zu werden. Dadurch, dafs Vincenz von Beauvais
ein Dominicaner († 1264), fein Speculum morale
(mit feinen übrigen Spiegeln, die eine Art von Encyklopädie bilden, Duaci, 1624. 4 Voll. fol.) gröftentheils
aus dem Thomafifchen Werk entlehnte, kamen die in diefem enthaltenen Ideen mehr im Umlauf, u. fetzten eine auf

Grundfätze beruhende Moral an die Stelle myſtiſcher
Spielereyen.

Sehr reich iſt dieſer Zeitraum an myſtiſchen Schriften,
beſonders populären Inhalts, die indeſſen faſt durchgehends im Ton und im Geiſt der vorigen Perioden abgefaſst ſind. Der Areopagite (ſ. Zeitr. 4 XV. 1 und 5.)
und ſeine Commentatoren gaben den Stoff dazu her. Hier
übertraf der Occident den Orient, weil er mehr, als dieſer,
das Aggregat myſtiſcher Sätze in eine wiſſenſchaftliche
Ordnung zu bringen ſuchte. Richard von S. Victor,
ein Schotte, regulärer Chorherr zu S. Victor in Paris (†
1173), ſetzte zuerſt die Dialektik mit der Myſtik durch
ſeine Arca myſtica in Verbindung (Opp. Rothomagi
1650. fol.) Aber mehr noch, als er und Albrecht der
Grofse, leiſtete Bonaventura (ſ. oben IX. 5.) aus
deſſen einzelnen Schriften ſich eine vollſtändige Theorie
der Myſtik zuſammenſetzen lies. Einzelne myſtiſche Ideen
und mit ihnen ein ſchädlicher Fanatiſmus wurden vorzügl.
durch populäre Myſtiker weiter verbreitet. Dieſem wollte
Gerſon (ſ. oben IX. 5.) vorbeugen, indem er die
Scholaſtik mit der Myſtik zu verbinden, und die Empfindungen mit dem Verſtand zu vereinigen ſuchte. Neben
ihm verdient nur noch Heinrich von Palma oder
Balma (ein Franciscaner aus Burgund, Verfaſſer aſce-
tiſcher Schriften, die andere dem Bonaventura und Thomas
von Kempen zuſchrieben † 1439) genannt zu werden.
Vorzügliche Stützen der populären Myſtik waren noch:
Joh. Tauler, Dominikaner zu Strasburg, der mit aus-
nehmender Frömmigkeit ſeltene Predigertalente verband
(† 1361), ſchrieb unter andern: Divinae inſtitutiones (Colon. 1587. 8.); Predigten auf alle Sonn- und
Feyertage, ſammt deſſen übrigen Schriften; mit einer Vorrede von P. J. Spener. Frankf. am M. 1720. gr. 4.

Vergl. J. J. Oberlini D. de Joh. Tableti dictione
vernacula et myftica. Argent. 1786. 4., — Thomas
Hammerken (Malleolus) von Kempen (geb. 1380.
geft. 1471.) trat in den Orden der regulären Chorherren
des heil. Auguftin zu Zwoll, wo er hernach Subprior und
Prokurator wurde. Seine Frömmigkeit legte er in vielen
Schriften an den Tag. Die bekannteften find die 4 Bücher
de contemtu mundi, die gewöhnlich nach dem Inhalt des iften Buches de imitatione.Chrifti betitelt
werden. Sie fanden fo grofsen Beyfall, dafs fie unzähli-
gemal aufgelegt und faft in alle Sprachen überfetzt wurden. Neuefte Ausgabe von Desbillons, Manhemii.
1780. 8. Eine neue teutfche Ueberfetzung von Ant.
Stribel erfchien zu Augsb. 1790. 8. Ueber den Streit,
den die Auguftiner - Chorherrn mit den Benediktinern
über den wahren Verf. diefes Werks führten, f. Eufebii
Amort Scutum Kempenfe (Colon. 1725. 4.), wo
auch ein kritifches Verzeichnifs der Ausgaben ftehet.
Man verbinde hiermit Heidegger von einigen Ausgaben
des Th. a Kempis; in Meufel's hift. litt. bibl. Mag. St. 1.
S. 184—191.

6.

Von der Gefchichte der Kirchengefchichte eher
zu handeln, als nunmehr, verlohnte fich der Mühe nicht.
Sie glich felbft nach den Bemühungen des Eufebius
und Beda Venerabilis, einem brachliegenden Felde.
Fanatifmus und gefchmacklofer Aberglaube, verbunden
mit gränzehlofer Unwiffenheit, beftimmten nicht blos die
Behandlungsart, fondern auch die Sammlung der hiftorifchen
Materialien. An hiftorifche Kunft liefs fich nicht denken,
zu einer Zeit, wo es für die Gefchichte keine Sprache mehr
gab, und wo man alles gethan zu haben glaubte, wenn
man

man fabelhafte Legenden und Heiligengeschichten in zahl-
loser Menge zuſammenſtoppelte. Biſchoff Haimo zu Hal.
berſtadt († 853) machte in ſeinem Werke de chriſti-
anarum rerum memoria L. 10. (cura J. J. Maderi,
Helmſt. 1671. 4.) nicht vielmehr, als einen Auszug aus
der latein. Ueberſ. Rufin's von der Kirchengeſchichte des
Euſebius. Anaſtaſius (ſ. Zeitr. 4. VII. 3.) giebt nur un-
kritiſche Sammlungen zur Papſtgeſchichte. Nicephorus
Calliſtus Xantopulus zu Konſtantinopel († nach
1341) iſt in dieſem Zeitraum der einzige, der eine allgemeine Kirchengeſchichte lieferte, wenn anders ſeine Compilation aus griechiſchen Chroniken Anſpruch an dieſen
Namen machen darf. Seine eigenen Zuſätze beſtehen in
einer Menge ungereimter Fabeln, die ſeinen hiſtoriſchen
Charakter äuſſerſt verdächtig machen, ſo daſs ſein Zeugniſs
allein nie gelten kann. Er geht ganz von theol. u. aſcet.
Grundſätzen aus, und ſein Geſichtspunkt war durchaus po-
lemiſch. Nicephori eccleſiaſticae hiſtoriae L. 18; gr.
et lat. ed. a Frontone Ducaco. Paris. 1630. 2 Tomi
4.) Man mag übrigens die kirchenhiſtoriſchen Sammlungen des Mittelalters oder ihre Bearbeitung betrachten,
wie man will; ſo wird ſich immer das Reſultat ergeben,
daſs der eigentliche Begriff einer Kirchengeſchichte noch
nicht einmahl aufgefaſst war. Ihr Umfang war ſo wenig
beſtimmt, als ihr Zweck entwickelt. Doch fieng gegen das
Ende dieſes Zeitraums der Geiſt freyerer Unterſuchung an,
aufzukommen und der blinden Leichtgläubigkeit entgegen
zu arbeiten. Dieſer muſste bald auf hiſtoriſche Forſchungen
hin lenken, und das Bedürfniſs hiſtoriſcher Kritik wecken,
welche bald Reſultate ans Licht brachte, die der Hierarchie eben nicht günſtig waren. Lorenz Valla (ſ. oben
VI. 5.) war muthig genug, das groſse Gebiet kirchlicher
Sagen mit der Fackel der hiſt. Kritik zu beleuchten, und

II. Kkk

zugleich kühn genug, feine Entdeckungen bekannt zu machen. Er enthüllte die römifche Lüge von der Schenkung Konftantins und wenn er gleich zum Widerruf gezwungen wurde; fo war fein Verdienft dennoch grofs, weil er es gewagt hatte, zu fagen, dafs es auch kirchenhiftorifche Lügen gebe.

7.

Wenig gefchah in diefem Zeitraume für das Studium der Theorie und Ausübung der Homiletik. Im Anfange deffelben mufsten noch die Homilien, die aus dem vorigen Zeitraum vorhanden waren, ihre Dienfte leiften. Allein, der Gebrauch der lateinifchen Sprache nahm immer mehr ab; felten fand fich jemand, der aus den lateinifchen Predigtfammlungen Predigten in lebende Sprachen übertragen konnte. Man mufste fich daher blofs an die Meffe halten. Mit der Enftehung der Schulen in diefer Periode wurden auch die Köpfe mehr geweckt; man machte Predigten in den lebenden Sprachen, die gröfstentheils ein einfältiges Gewebe von Legenden enthielten, oder auch aus gemeinen afcetifchen, moralifchen und myftifchen Betrachtungen beftanden. Dies wurde von mehrern erkannt; und befonders die Waldenfer und Albigenfer richteten, nach ihrer Trennung von der römifchen Kirche, ihre Predigten viel beffer ein. Der römifche Hof, dadurch aufmerkfam gemacht, fuchte es den Genannten gleich oder noch zuvor zu thun. In diefer Hinficht wurden die Orden der Franciskaner und Dominikaner (die auch Fratres praedicantes heiffen) errichtet, die dann von Land zu Land liefen, und auf Kanzeln, Märkten und andern öffentlichen Orten predigten. Rühmlich zeichneten fich in diefem Zeitalter aus die italienifchen Predigten des Dominikaners Hieron. Savonarola (geb. 1452, † 1498.) Man darf

zwar auch in ihnen keine regelmäſſige Eintheilung des
Thema, keine wohlgeordnete Folge von Beweggründen,
keine Wahl in Ausdrücken, noch Zierlichkeit der Schreibart fuchen: aber dieſe Mängel werden durch eine unwi-
derſtehliche Ueberredungskraft reichlich erſerzt. Ob ſie ihm
gleich meiſtens nur nachgeſchrieben ſind, und er ſelbſt ſich
über ſo viele Lügen und Halbwahrheiten, die man ihm nach-
trüge, beſchwerte; ſo herrſchet doch darinn durchaus eine
männliche Stärke, und in vielen Stellen, wo er in heftige
Affekten geräth, lodert ein verzehrendes Feuer. (Firenze
1496. fol.) Vergl. Schröckh in Lebensb. ber. Gel. Th.
I. S. 28—41. — Unter Teutſchlands geiſtl. Rednern
ragt hervor: J.Geyler v.Kayfersberg, D. der Theol.
u. Prediger zu Strasburg (geb. zu Schafhauſen 1445, † 1510).
der unter andern 110 merkwürdige Predigten über Seb.
Brand's Narrenſchiff hielt. Sie, ſo wie ſehr viele andere
ſeiner Predigten, ſind gedruckt: alle aber heut zu Tage
äuſſerſt rar. Vergl. Wieland's teut. Merkur 1776. Febr.
S. 172 u. f. 1783. Nov. S. 121—144. Dec. S. 193—212.

8.

So wie die Verbindung der Philoſophie mit der chriſtl.
Religion Spaltungen in der Kirche verurſachte; ſo äuſſerte
ſich dieſe Wirkung auch unter den Arabern, ſo bald ſie
durch Hülfe der Philoſophie ein wenig heller zu ſehen
glaubten, als vorher: nur mit dem Unterſchiede, daß ſich
die Philoſophie in die chriſtl. Religion miſchte, ehe noch
der Lehrbegriff ſeine Feſtigkeit hatte; daher vieles von ihr
mit in denſelben übergehen muſste: die Araber hingegen
erſt Geſchmack an der Philoſophie fanden, nachdem ihr
Lehrbegriff bereits mehrere Jahrhunderte vorher war feſt-
geſetzt worden. Daher konnte die Wirkung der Philoſophie
auf denſelben ſo heftig nicht ſeyn: und doch veranlaßte ſie

verfchiedene Sekten und Spaltungen. Muhamed fah dies voraus, und fuchte daher feine Rhapfodie von Religion durch das ftrengfte Verbot aller Unterfuchung und alles Difpu- tirens vor dergleichen Einflüffen zu fichern. So bald in- deffen die Araber mit der peripatetifchen Dialektik bekann- ter wurden, fehlte es ihnen nicht an Hülfsmitteln, das Gefetz ihres Stifters bey Ehren zu erhalten, und doch darüber zu grübeln. Gleich die erfte Trennung, die Muhameds Schwie- gerfohn Ali unter deffen Anhängern verurfachte, läfst fich ge- wiffermafsen auf Rechnung der Philofophie fchreiben, weil er in den fpeculativifchen Wiffenfchaften erfahren war. Noch fichtbarer ift der Einflufs der Philofophie zu Al Mamun's Zeit und hernach, als man mit den chriftlich- peripatetifchen Begriffen von Gott, deffen Eigenfchaften und der Vorfehung über den Koran kam; da denn nicht weniger, als 72 mu- hamedifche Sekten entftanden: wenigftens nahmen die meiften auf die jetzt gedachte Art ihren Urfprung, befonders nachdem die durch Philofophie ein wenig aufgehellten Köpfe anfiengen, fich der Ungereimtheiten des Korans zu fchämen, und daher die Spitzfindigkeiten der peripatetifchen Dialektik zu Hülfe nahmen, ihnen wenigftens durch Erklä- rungen eine erträglichere Geftalt zu geben; und von jener Zeit an wurde der gelehrte oder efoterifche Lehrbegriff der Muhamedaner in ein eben fo metaphyfifches Gewebe ver- wandelt, wie der chriftliche.

Wegen Zeitmangels in der Buchdruckerey mufs die Gefchichte des fechften und letzten Zeitraumes in einer dritten Abtheilung nachfolgen.